编写组成员：
（以姓氏笔画为序）

王育松　甘　勇　帅锦平　李　纲

李军湘　李漫天　陈祥高　张玖青

张春媚　罗晓静　周德梅　胡德才

姜金元　祥　耘　鲁小俊　谢维强

大學語文

COLLEGE CHINESE

主编／胡德才　副主编／李军湘　周德梅

北京大學出版社
PEKING UNIVERSITY PRESS

图书在版编目(CIP)数据

大学语文/胡德才主编．—北京:北京大学出版社,2009.8

ISBN 978-7-301-15611-7

Ⅰ．大…　Ⅱ．胡…　Ⅲ．汉语-高等学校-教材　Ⅳ．H1

中国版本图书馆 CIP 数据核字(2009)第 133152 号

书　　名:**大学语文**
著作责任者:胡德才　主　编　李军湘　周德梅　副主编
责 任 编 辑:徐丹丽
封 面 设 计:奇文云海
标 准 书 号:ISBN 978-7-301-15611-7/H·2290
出 版 发 行:北京大学出版社
地　　址:北京市海淀区成府路 205 号　100871
网　　址:http://www.pup.cn　电子邮箱:pkuwsz@yahoo.com.cn
电　　话:邮购部 62752015　发行部 62750672　出版部 62754962
编辑部 62752022
印　刷　者:北京大学印刷厂
经　销　者:新华书店
650mm×980mm　16 开本　26 印张　440 千字
2009 年 8 月第 1 版　2016 年 12 月第 12 次印刷
定　　价:45.00 元

目　录

先秦文学

秦汉文学

魏晋南北朝文学

隋唐五代文学

宋元文学

明清文学

中国现代文学

中国当代文学

外国文学

先秦文学

“先秦”即秦朝统一六国之先、之前，上溯至远古这一段历史时期。先秦时期是中华民族文化的源头，也是中国文学的源头。

一、什么是“文学”？什么是“文”？

什么是文学呢？我们可能会很自然地联想到诗歌、小说、散文、戏剧等文学形式。然而，这些只是文学的主要“形式”，并不是文学本身。文学的形式是在历史中不断地生灭、演化的，现代人不会写出远古的神话，古人也没有影视文学。但在文学历史演变中有不变的东西，那就是文学本身。正是文学本身赋予我们判断某作品是不是文学作品的依据。

中国文学的自觉始于魏晋南北朝时期。南朝宋文帝元嘉十六年(439)设立文学馆，与玄学、儒学和史学并称“四馆学”(见《南史·雷次宗传》)，这时才有了现代意义上的“文学”概念。但这并不等于说此前没有文学，只是此前一般称“文”或“诗”，而不称“文”之“学”。

什么是“文”？从“文”字的字形上看，“文”最初的含义是在人的肌肤上刺画花纹，后来指一切有交错图案的事物或状态。《周礼·冬官·考工记》上说：“青与赤谓之文；赤与白谓之章。”古人用“文”和“章”来泛指色彩丰富的事物。人世间有“文”即“人文”；天上有“文”即“天文”；地面上的许多事物都具有“文”，如贝壳有文称“文贝”，马有文称“文马”(即斑马)，豹有文称“文豹”……总之，一切色彩斑斓、形式感强的事物都可以划定在“文”的范围之内。所以刘勰喟叹：“文之为德也大矣！”(《文心雕龙·原道》)

事物色彩斑斓的状态，或者说事物丰富的状态，也就是不同的事物交相混杂的状态。《国语·郑语》引史伯的话：“声一无听，物一无文。”《周易·系辞下·传》则说：“物相杂，故曰文。”这种不同事物的“交杂”、“汇聚”，也就是德国现代哲学家海德格尔所说的“聚集”，是蕴涵在“物”之中的天、地、神、人的“四重奏”。当天边的云霓呈现出五彩图案时，这就是“文”；当层层梯田上不同的植物交汇在一起的时候，这就是“文”；当一名儿童在沙地上画出一道道线条时，这就是“文”；当我们心中漾起情感的涟漪时，这就是“文”；当我们面对空壁，却联想到曾经的人事的时候，这就是“文”……。凡此种种，在我们目力和心力所及的任何地方，都有“文”呈现出来。

只有我们首先能从最宽泛的意义上来理解“文”，我们才会突破现代狭义的“文学”观念和文学分类，而将《周易》、《尚书》、《左传》等视为文学；才会突破文字写成的文学书籍，突破文学文本形式，从更广泛的角度来理解文学。

二、中国文学的本原是什么？

所谓“文学的本原”，是我们对文学进行理论思考时，从逻辑原点上对文学所作的一种追问。中国古代哲人认为，“道”是文学的本原。刘勰认为，文学源于“道”，所以他作了《原道》放在《文心雕龙》的开端，并在此篇的开头写道：

> 文之为德也大矣。与天地并生者，何哉？夫玄黄色杂，方圆体分，日月叠璧，以垂丽天之象；山川焕绮，以铺理地之形：此盖道之文也。

什么是“道”呢？作为文学之本的“道”不是“道德”意义上的“道”，而是具有高度思辨性的、形而上的“道”。道家老庄哲学将“道”理解为万物尚未分化的一种原始状态，即“道之为物，惟恍惟惚”（《老子·二十一章》）。《周易》则将“道”理解为阴、阳两种对立的因素的关系，即“一阴一阳之谓道”。中国古代思想家将促使事物生产、变化的两个对立因素概括为“阴”和“阳”，它们相互作用、相互联系，产生出万物，也包括“文学”。中国古人在论及文学的本原或本质时，往往将其与“道”相联系。中国文学就是在“阴”与“阳”、“刚”与“柔”、“虚”与“实”等等的结构中展开的；中国诗歌的最高境界就是“溟漠恍惚”的道境。

三、中国文学的源头——先秦文学

所谓“文学的源头”是从历史或者发生学的角度对文学所作的一种追问。西方文学的源头一般被追溯到希腊神话，中国文学的源头则是先秦文学。

先秦文学的“主流”当然是《诗经》、《楚辞》和先秦散文（含“历史散文”和“诸子散文”），但它们又由来有自，我们可以追溯到更上游的“微澜”，这包括三种基本形式：

其一，神话传说。

在文字产生之前，人们就用口语从事文学的创作和传播，神话传说就是以口耳相传的方式存在，并被后人追记在文化典籍中的早期文学形式。《山海经》、《左传》、《国语》、《楚辞》以及《吕氏春秋》等典籍中记载了大量古代神话，特别是《山海经》。

远古神话大致可分两大类型：第一种类型是天地开辟神话。这类神话主要是解释宇宙以及自然界众多现象的起源。如盘古开天地的传说、女娲补天、后羿射日、夸父追日、精卫填海等神话故事。第二种类型是种族和文明起源的传说。这类神话主要是解释人类文明的起源以及本族始祖的故事。如后稷等始祖神的感生神话和大禹治水神话等等。

神话是人类童年对世界的幻想性的理解，是集体性的口语制作，在其流传过程中历史性地融进了人们的各种观念。我们现在所看到的神话是以文字的形式进入典籍的神话，它是稍晚的人们对远古神话的修改和定型，带有历史化的痕迹。

其二，原始歌谣。

中国上古时期的诗歌是合乐的，诗、乐、舞三位一体。《吕氏春秋·古乐》记载："昔葛天氏之乐，三人操牛尾，投足，以歌八阕。"这里记载的就是传说时期的一个部落首领葛天氏的一组音乐，其形式是三人手持牛尾，边舞边唱。诗歌和音乐的结合在文字产生之后，依然持续了很长时间。如《诗经》中的"诗"都是合乐的"歌"，即都是可唱的，宋代的"词"也是唱的。

原始歌谣就内容而言大致可分为：

1. 原始祭歌和咒语：如《吕氏春秋·音初》："有娀氏有二佚女，为之九成之台，饮食必以鼓。帝令燕往视之，鸣若谥隘。二女爱而争搏之，覆以玉筐。少选，发而视之，燕遗二卵，北飞，遂不反。二女作歌，一终曰：'燕燕往飞！'实始作为北音。"《礼记·郊特牲》所载则是咒语："迎猫，为其食田鼠也。迎虎，为其食田豕也。"

2. 原始劳动歌谣：如《吴越春秋》所记载的一首《弹歌》："断竹，续竹，飞土，逐宍（肉）。"

3. 早期爱情歌谣：《吕氏春秋·音初篇》记载了现存最早的一首情歌《候人》："禹行功，见涂山之女，禹未之遇而巡省南土。涂山氏女乃令其妾候禹于涂山之阳。女乃作歌，歌曰：'候人兮猗！'实始作南音。"

其三，散文的雏形。

散文的产生与文字的发明和运用密切相关。中国古代的散文肇始于殷商时代，即刻画在龟甲和兽骨上的文字。完整的甲骨卜辞包括誓辞、命辞、占辞、验辞四个部分。体现了一个事件的发生、发展和结束的全过程。一条完整的甲骨卜辞实际上是一篇记叙文。

继甲骨卜辞之后，有铭刻在金属器皿上的文字，即金文。殷商时代的钟鼎铭文字数极少，西周的钟鼎铭文字数渐多，最长的接近500字，并形成一定的结构模式，初具"文章"的规制。

周代文献增多，产生了中国历史上的一大批文化原典。如儒家的原始经典“六艺”:《诗》、《书》、《礼》、《乐》、《易》和《春秋》。中国文学经历漫长的发展,迎来了它的第一次高峰。就散文而言出现了历史散文(如《左传》、《国语》)和诸子散文(如《论语》、《庄子》)。就诗歌而言产生了具有现实主义品格的、伟大的诗歌集《诗经》,以及屈原创造的具有浪漫主义精神的新诗体——楚辞。它们以原创性和丰赡性为中国文学开辟了源头活水。

先秦文学经典作品选目:
屈万里:《尚书释义》
高　亨:《周易大传今注》
杨伯峻:《论语译注》
杨伯峻:《孟子译注》
杨伯峻:《春秋左传注》
陈鼓应:《老子注译及评介》
陈鼓应:《庄子今注今译》
余冠英:《诗经选译》
陈子展:《楚辞直解》
沈德潜:《古诗源》
袁　珂:《中国神话选》

(姜金元撰稿)

诗　经

静　女

（《诗经·邶风》）

静女其姝①，俟我於城隅。
爱而不见②，搔首踟蹰③。

静女其娈④，贻我彤管⑤。
彤管有炜⑥，说怿女美⑦。

自牧归荑⑧，洵美且异。
匪女之为美⑨，美人之贻。

【注释】

①静女：娴静的少女。姝（shū）：面色红润娇美。　②爱："薆"的假借字，隐藏。③搔首：挠头。　④娈（luán）：少年男女体态姣好。　⑤贻：赠送。彤管：红色茅草管。彤：红白色。　⑥炜（wěi）：红而有光泽。　⑦说怿：即悦怿，心喜。"说"同"悦"。　⑧牧：指放牧牛羊的地方。归：通"馈"，赠送。荑（tí）：荑草，即茅草的嫩芽。　⑨匪女：不是你。"女"通"汝"，你，指彤管。

【题解】

《诗经》是我国最早的一部诗歌总集，共收入自西周初年至春秋中叶约五百年间的诗歌311篇，因"小雅"中的笙诗六篇有目无辞，实只有305篇。《诗经》据音乐的不同分为《风》、《雅》、《颂》。"风"是带有地方色彩的音乐。"雅"即"正"，当时把王畿之乐视为正声典范，有《大雅》、《小雅》之分。"颂"是专门用于宗庙祭祀的音乐。

《诗经》里除了周朝乐官制作的乐歌和公卿、列士进献的乐歌外，还有民谣。现存《诗经》主要为四言句式。《诗经》遭秦焚毁，汉代又得以流传。汉传《诗经》有齐、鲁、韩、毛（前二者取国名，后二者取姓氏）四家（即齐之辕固生，鲁之申培，燕之韩婴，赵之毛亨、毛苌）。东汉以后，毛诗日盛，并为官方所承认；前三家则渐衰，至南宋完全失传。《诗经》在中国文学史上具有崇高的地位和深远的影响，它所表现出的关注现实的热情、强烈的政治和道德意识、真诚积极的人生态度，直接影响了后世诗人的创作，奠定了我国诗歌的优良传统。

《静女》选自《邶风》，历代选家甚爱。而旧时之说多有曲解，未得其旨，代表观点有两种：一、言及妇女，标榜“后妃之德”。《毛诗序》云：“《静女》，刺时也。卫君无道，夫人无德。”《易林》云：“季姬踟蹰，望我城隅；终日至暮，不见齐侯，居室无忧。”皆拘于礼教。二、指涉淫奔，头巾气十足。欧阳修《诗本义》以为“此乃述卫风俗男女淫奔之诗”，朱熹《诗集传》也以为“此淫奔期会之诗”。

现代学者认为《静女》是一首描述男女青年幽期密约的爱情诗。诗分三章，首章是即时的场景：小伙子与姑娘约好在城墙角落会面，他早早赶到约会地点，急不可耐地张望，抓耳挠腮，一筹莫展，徘徊原地。第二、第三两章，从辞意的递进来看，是痴情的小伙子在等候时的回忆，“贻我彤管”、“自牧归荑”之事是倒叙的。而读第二、第三两章，我们对诗人的“写形写神之妙”（陈震《读诗识小录》）有很深的感受。按理说，彤管比荑草要贵重，但男主人公对受赠的彤管只是说了句“彤管有炜”，欣赏的是它鲜艳的色泽，而对受赠的荑草却由衷地大赞“洵美且异”，显然欣赏的不是其外观而别有所感。原来，荑草是她远涉郊野亲手采来的，物微而意深，一如后世之“江南无所有，聊赠一枝春”，重的是情感的寄托。接受彤管，想到的是恋人颜容，其“说（悦）怿”是对外在美的欣赏；而接受荑草，感受到小草也“洵美且异”，则是对她所蕴涵真情的深切体验。这已经超越了对容颜的迷恋，而进入了灵性谐和的爱之境界。

【思考与训练】

1. 试将本诗改写成小故事，语言要活泼，有文采，增添必要的细节描写。

2. 将《静女》一诗与《蒹葭》相比较，分析两者意境的异同。

3. 背诵这首诗。

（张玖青撰稿）

鹿　鸣

（《诗经·小雅》）

呦呦鹿鸣[①]，食野之苹[②]。
我有嘉宾，鼓瑟吹笙。
吹笙鼓簧[③]，承筐是将[④]。
人之好我，示我周行[⑤]。

呦呦鹿鸣，食野之蒿[⑥]。
我有嘉宾，德音孔昭[⑦]。
视民不恌[⑧]，君子是则是效[⑨]。
我有旨酒[⑩]，嘉宾式燕以敖[⑪]。

呦呦鹿鸣，食野之芩[⑫]。
我有嘉宾，鼓瑟鼓琴。
鼓瑟鼓琴，和乐且湛[⑬]。
我有旨酒，以燕乐嘉宾之心。

【注释】

①呦（yōu）呦：鹿的叫声。朱熹《诗集传》："呦呦，声之和也。"　②苹：藾蒿。陆玑《毛诗草木鸟兽虫鱼疏》："藾蒿，叶青色，茎似箸而轻脆，始生香，可生食。"　③簧：笙上的簧片。笙是用几根有簧片的竹管、一根吹气管装在斗子上做成的。　④承筐：指奉上礼品。《毛传》："筐，篚属，所以行币帛也。"将：送，献。　⑤周行（háng）：大道，引申为大道理。　⑥蒿：又叫青蒿、香蒿，菊科植物。　⑦德音：美好的品德声誉。孔：很。⑧视：同"示"。恌：同"佻"。　⑨则：法则，楷模，此作动词。　⑩旨：甘美。　⑪式：语助词。燕：同"宴"。敖：同"遨"，嬉游。　⑫芩（qín）：草名，蒿类植物。　⑬湛：深厚，《毛传》："湛，乐之久。"

【题解】

《鹿鸣》为小雅第一篇，《鹿鸣》是古人在宴会上所唱的歌。马瑞辰说："此诗三章，文法参差，而义实相承。"诗共三章，每章八句，开头皆以鹿鸣起兴。在空旷的原野上，一群麋鹿悠闲地吃着野草，不时发出呦呦的鸣声，此起彼应，十分和谐悦耳。诗以此起兴，营造了一个热烈而又和谐的氛围，把读者从"呦呦鹿鸣"的意境带进"鼓瑟吹笙"的音乐伴奏声中。《诗集传》

云:“瑟笙,燕礼所用之乐也。”按照当时的礼仪,整个宴会上必须奏乐。《礼记·乡饮酒义》云:“工入,升歌三终,主人献之。笙入三终,主人献之。……知其能和乐而不流也。”据陈澔注,乐工升堂,“歌《鹿鸣》、《四牡》、《皇皇者华》,每一篇而一终。……”由此可知,歌唱《鹿鸣》时又以笙乐相配,故诗云“鼓瑟吹笙”。此诗自始至终洋溢着欢快的气氛。

恰如朱熹《诗集传》所云:“盖君臣之分,以严为主……故先王因其饮食聚会,而制为燕飨之礼,以通上下之情;而其乐歌,又以鹿鸣起兴。”而《鹿鸣》三章大部与首章重复,唯最后几句将欢乐气氛推向高潮。末句“燕乐嘉宾之心”,则是卒章见志,将诗之主题深化,表明这次宴会不是一般的吃吃喝喝,“非止养其体、娱其外而已”,而是带有一定的政治色彩,为了“安乐其心”,使得参与宴会的群臣心悦诚服,自觉地为君王的统治服务。

东汉末年曹操作《短歌行》,还引用了此诗首章前四句,表示其渴求贤才的愿望,说明千余年后此诗还有一定的影响。

【思考与训练】

1. 解析《鹿鸣》全诗。

2. 结合《鹿鸣》,分析《诗经》的“比”之手法的特征。

3. 同曹操《短歌行》相比较,曹诗开头有“人生苦短”之叹,后段有“忧从中来,不可断绝”之悲,唯有中间所引“鹿鸣”四句显得欢乐舒畅,请分析《诗经》的作者与曹操对人生的领悟有何不同。

(张玫青撰稿)

屈　原

离　骚(节选)

(《楚辞》)

帝高阳之苗裔兮[①],朕皇考曰伯庸[②]。
提摄贞于孟陬兮[③],惟庚寅吾以降[④]。
皇览揆余初度兮[⑤],肇锡余以嘉名[⑥]:
名余曰正则兮,字余曰灵均[⑦]。
纷吾既有此内美兮,又重之以修能[⑧]。

扈江离与辟芷兮，纫秋兰以为佩[9]。
汩余若将不及兮，恐年岁之不吾与[10]。
朝搴阰之木兰兮，夕揽洲之宿莽[11]。
日月忽其不淹兮，春与秋其代序[12]。
惟草木之零落兮，恐美人之迟暮[13]！
不抚壮而弃秽兮，何不改乎此度[14]？
乘骐骥以驰骋兮，来吾道夫先路[15]！
昔三后之纯粹兮，固众芳之所在[16]。
杂申椒与菌桂兮，岂维纫夫蕙茝[17]？
彼尧、舜之耿介兮，既遵道而得路[18]。
何桀纣之猖披兮，夫唯捷径以窘步[19]？
惟夫党人之偷乐兮，路幽昧以险隘[20]。
岂余身之惮殃兮，恐皇舆之败绩[21]！
忽奔走以先后兮，及前王之踵武[22]。
荃不察余之中情兮，反信谗而齌怒[23]。
余固知謇謇之为患兮，忍而不能舍也[24]。
指九天以为正兮，夫唯灵修之故也[25]。
曰黄昏以为期兮，羌中道而改路[26]！
初既与余成言兮，后悔遁而有他[27]。
余既不难夫离别兮，伤灵修之数化[28]。
余既滋兰之九畹兮，又树蕙之百亩[29]。
畦留夷与揭车兮，杂杜衡与芳芷[30]。
冀枝叶之峻茂兮，愿俟时乎吾将刈[31]。
虽萎绝其亦何伤兮，哀众芳之芜秽[32]。
众皆竞进以贪婪兮，凭不厌乎求索[33]。
羌内恕己以量人兮，各兴心而嫉妒[34]。
忽驰骛以追逐兮[35]，非余心之所急[36]。
老冉冉其将至兮，恐修名之不立[37]。
朝饮木兰之坠露兮，夕餐秋菊之落英[38]。
苟余情其信姱以练要兮，长顑颔亦何伤[39]。
掔木根以结茝兮，贯薜荔之落蕊[40]。

矫菌桂以纫蕙兮，索胡绳之𫄧𫄧[41]。
謇吾法夫前修兮，非世俗之所服[42]。
虽不周于今之人兮，愿依彭咸之遗则[43]。
长太息以掩涕兮，哀民生之多艰[44]。
余虽好修姱以鞿羁兮，謇朝谇而夕替[45]。
既替余以蕙纕兮，又申之以揽茝[46]。
亦余心之所善兮，虽九死其犹未悔[47]。
怨灵修之浩荡兮，终不察夫民心[48]。
众女嫉余之蛾眉兮，谣诼谓余以善淫[49]。
固时俗之工巧兮，偭规矩而改错[50]。
背绳墨以追曲兮，竞周容以为度[51]。
忳郁邑余侘傺兮，吾独穷困乎此时也[52]。
宁溘死以流亡兮，余不忍为此态也[53]。
鸷鸟之不群兮，自前世而固然[54]。
何方圜之能周兮，夫孰异道而相安[55]？
屈心而抑志兮，忍尤而攘诟[56]。
伏清白以死直兮，固前圣之所厚[57]。
悔相道之不察兮，延伫乎吾将反[58]。
回朕车以复路兮，及行迷之未远[59]。
步余马于兰皋兮，驰椒丘且焉止息[60]。
进不入以离尤兮，退将复修吾初服[61]。
制芰荷以为衣兮，集芙蓉以为裳[62]。
不吾知其亦已兮，苟余情其信芳[63]。
高余冠之岌岌兮，长余佩之陆离[64]。
芳与泽其杂糅兮，唯昭质其犹未亏[65]。
忽反顾以游目兮，将往观乎四荒[66]。
佩缤纷其繁饰兮，芳菲菲其弥章[67]。
民生各有所乐兮，余独好修以为常[68]。
虽体解吾犹未变兮，岂余心之可惩[69]。
女媭之婵媛兮，申申其詈予，曰[70]：
“鲧婞直以亡身兮，终然殀乎羽之野[71]。

汝何博謇而好修兮，纷独有此姱节[72]？
薋菉葹以盈室兮，判独离而不服[73]。
众不可户说兮，孰云察余之中情[74]？
世并举而好朋兮，夫何茕独而不予听[75]？”
依前圣以节中兮，喟凭心而历兹[76]。
济沅、湘以南征兮，就重华而陈词[77]：
启《九辩》与《九歌》兮，夏康娱以自纵[78]。
不顾难以图后兮，五子用失乎家巷[79]。
羿淫游以佚畋兮，又好射夫封狐[80]。
固乱流其鲜终兮，浞又贪夫厥家[81]。
浇身被服强圉兮，纵欲而不忍[82]。
日康娱而自忘兮，厥首用夫颠陨[83]。
夏桀之常违兮，乃遂焉而逢殃[84]。
后辛之菹醢兮，殷宗用而不长[85]。
汤、禹俨而祗敬兮，周论道而莫差[86]。
举贤才而授能兮，循绳墨而不颇[87]。
皇天无私阿兮，览民德焉错辅[88]。
夫维圣哲以茂行兮，苟得用此下土[89]。
瞻前而顾后兮，相观民之计极[90]。
夫孰非义而可用兮？孰非善而可服[91]？
阽余身而危死兮，览余初其犹未悔[92]。
不量凿而正枘兮，固前修以菹醢[93]。
曾歔欷余郁邑兮，哀朕时之不当[94]。
揽茹蕙以掩涕兮，沾余襟之浪浪[95]。
跪敷衽以陈辞兮，耿吾既得此中正[96]。
驷玉虬以椉鹥兮，溘埃风余上征[97]。
朝发轫于苍梧兮，夕余至乎县圃[98]。
欲少留此灵琐兮，日忽忽其将暮[99]。
吾令羲和弭节兮，望崦嵫而勿迫[100]。
路曼曼其修远兮，吾将上下而求索[101]。
饮余马于咸池兮，总余辔乎扶桑[102]。

折若木以拂日兮，聊逍遥以相羊[103]。
前望舒使先驱兮，后飞廉使奔属[104]。
鸾皇为余先戒兮，雷师告余以未具[105]。
吾令凤鸟飞腾兮，继之以日夜。
飘风屯其相离兮，帅云霓而来御[106]。
纷总总其离合兮，斑陆离其上下[107]。
吾令帝阍开关兮，倚阊阖而望予[108]。
时暧暧其将罢兮，结幽兰而延伫[109]。
世溷浊而不分兮，好蔽美而嫉妒[110]。

【注释】

①高阳：传说中古代部落首领颛顼（Zhuānxū）的称号。苗：初生的植物。裔：衣服的末边。苗裔：指远末子孙；相传颛顼是楚人的远祖。春秋时期，楚武王熊通封其子瑕于屈邑，熊瑕的子孙因而以屈为氏，屈原即瑕的后代。 ②朕：古代第一人称的通称，至秦始皇才成为皇帝的专称。皇：大，光大。考：亡故的父亲。伯庸：屈原父亲的字。 ③提摄：提摄格的简称，古人纪年的术语。古代以岁星（木星）运行的方位纪年，寅位叫“提摄格”，即寅年。贞：通“正”，正当，正处于。孟陬（zōu）：夏历正月，也即寅月。孟：开始。陬：正月。正月为一年的开始，故称“孟陬”。 ④惟：居首语助词。庚寅：庚寅日，古代用干支纪日。降：降生，出生。这里是说自己的出生时间很特别，寅年寅月寅日。 ⑤皇：即皇考。览：观察。揆（kuí）：揣度，估量。初度：初生时的仪态。 ⑥肇：开始。锡：通“赐”。嘉：美好。⑦名：取名。正则：公正的法则。屈原名平，“正则”含有“平”之意。字：取字。灵：善；均：均平。屈原字原，“灵均”含有“原”之意。 ⑧纷：众盛貌。内美：内在之美质。重（chóng）：加上。修：长。修能：长于才干，即富于才干。一说，“修”为修饰；“能”，通“态”，仪态，容态。 ⑨扈（hù）：楚地方言，披上。江离：也作“江蓠”，香草名，又名蘼芜。辟：通“僻”。芷：香草名，即白芷，多生于幽僻之处，故称“辟芷”。纫：连缀，贯穿成串。秋兰：香草名，即兰草，秋天开花，故名“秋兰”。佩：佩戴在身上的饰物。 ⑩汩（gǔ）：水流急速貌，此处指时光流逝迅疾。与：等待。“不吾与”即“不与吾”。 ⑪搴（qiān）：楚地方言，拔取。阰（pí）：大的土丘。戴震：“楚南语，大阜（土山）曰阰。”一说，“阰”为山名，在楚国南部。木兰：香木名，皮似桂，状如楠，高数仞，去皮不死。揽：采摘。洲：水中的陆地。宿：隔年，去年。莽：草。《方言》：“莽，草也……南楚、江湘之间谓之莽。”宿莽：宿草，即经冬不死的草。《礼记·檀弓上》：“朋友之墓，有宿草而不哭焉。”郑玄注：“宿草，谓陈根也。”孔颖达疏：“草经一年陈，根陈也。” ⑫忽：迅速貌。淹：久留。代：替代。序：时序。代序：时序转换。一说，“序”通“谢”，“代序”即“代谢”。 ⑬惟：思，思念。美人：比喻国君，即楚怀王。一说，美人是屈原自喻。 ⑭不：即“何不”，与下句的“何不”为互文。抚：把握。壮：壮年。抚壮：即趁着年壮力强的时候。秽：荒芜，芜秽。此指政治上的混乱状态。度：

法度。 ⑮骐骥：骏马，此喻指贤智之臣。道：通“导”，引导，领路。夫：语助词。 ⑯后：君王。三后：指楚国历史上的三位君王：熊绎、若敖和蚡（fén）冒。熊绎是楚国的开国之君，若敖和蚡冒是对楚国开疆拓土有贡献的国君。一说三后指夏禹、商汤和周文王。纯：没有杂质的丝。粹：没有杂质的米。“纯粹”在此喻指三后品德纯正。固：因果连词，因此，所以。众芳：众多的香草、香木，喻指众多贤人。在：聚集，荟萃。 ⑰杂：交汇，聚集。申：地名，现今河南南阳北。椒：香木名，其果实为花椒。菌桂：香木名，即肉桂。此以申椒、菌桂等香木比喻群贤。维：通“唯”，唯独。蕙：香草名，又名薰草。茝（zhǐ）：香草名，通“芷”，即白芷。 ⑱耿介：即光明正大。耿，光明。介，大。道：正道。路：途径，方法。⑲何：何故，为什么。猖披：衣不束带之貌，喻指放纵、狂乱不检。捷径：旁出的小路，喻指施政上的邪路，与前面三后的“正道”相对。窘：困顿，窘迫。 ⑳党人：结党营私的人。偷乐：苟且偷安。幽昧：昏暗不明。险隘：险要处，指国家到了生死存亡的关键时刻。㉑惮（dàn）：害怕，畏惧。殃：祸害，祸殃。皇舆：君王所乘坐的车，喻指国家。舆，车厢，车子。败绩：战车倾覆，战败。 ㉒忽：迅疾貌。及：赶上。前王：前代明君。踵：脚踵，脚后跟。武：足迹。 ㉓荃（quán）：香草名，喻指楚怀王。中情：内心。齌（jì）怒：大怒。齌，疾速。 ㉔固：本来，原本。謇（jiǎn）謇：忠言貌。舍：停止。 ㉕九天：上苍，上天。古人认为天有九重。正：通“证”。指九天为证，即对天发誓。灵：神明。修：远。灵修：指具备神明远见的人，此指楚怀王。此句是说我的一切谏言都是为了君王的缘故。㉖羌（qiāng）：楚地方言，发语词。洪兴祖《楚辞补注》认为“曰黄昏以为期兮，羌中道而改路”两句为后人所增添的衍文。 ㉗成言：说定，约定。悔：后悔。遁：迁，改变。有他：有别的主意。 ㉘难：作“惮”解，畏惧。夫：句中语助词。数（shuò）化：屡屡变化，摇摆不定。数，屡次。化，变更。 ㉙滋：栽培。畹（wǎn）：古代土地面积单位，三十亩为一畹，一说十二亩为一畹。树：栽种。 ㉚畦（qí）：以土埂隔开的方块地，即田垄，此处用作动词，按垄来种植。留夷：香草名。揭车：香草名，又名乞舆。杂：穿插栽种，即套种。杜衡：香草名，俗名马蹄香。 ㉛峻茂：高大而茂盛。俟（sì）：等待。刈（yì）：收割，收获。㉜萎绝：枯萎零落。何伤：何妨。芜秽：荒芜，杂草丛生。《楚辞·招魂》：“主此盛德兮，牵于俗而芜秽。”王逸注：“不治曰芜，多草曰秽。” ㉝竞进：竞相追逐，投机钻营。贪婪：爱财为贪，爱食为婪。凭（pīng）：楚地方言，满，指众人所拥有的已经很多了。厌：满足，指群小贪得无厌，不断索取。 ㉞恕：以己度人，以自己之心推测他人。王逸注：“以心揆心为恕。”此言群小以小人之心度君子之腹。量（liáng）：揣度，度量。兴心：起了邪念。 ㉟驰骛（wù）：狂奔乱跑。 ㊱急：急需，向往。 ㊲冉（rǎn）冉：渐渐。修：美。㊳落：作“始”讲，落英，指初开的花。一说，落：坠落。 ㊴苟：如果。信：真实，确实。姱（kuā）：美。练要：“言所修精练，所守要约也”（朱熹），即精诚专一。长：长期。顑颔（kǎnhàn）：因饥饿而面呈黄色。 ㊵擥（lǎn）：通“揽”，持，拿着。木根：香木之根。结茝：系上白芷。贯：贯串。薜荔（bìlì）：香草名。蕊：花蕊，花心。 ㊶矫：举起。索：绳索，此处用作动词，即搓成绳索。胡绳：香草名，藤蔓状，可作绳。纚（xǐ）纚：相连属貌，形容绳索之美。 ㊷謇（jiǎn）：楚地方言，发语词。法：效法。前修：前代贤人。服：佩戴。此句指上述佩饰不是世俗之人所佩戴。㊸周:相合,相一致。依:依从,依照。彭咸:商朝贤臣,劝谏其君而不被采纳,投水而亡。遗则:遗留下来的榜样。㊹太息:叹息。掩涕:擦拭眼泪。民生:人生,一说指民众的生活。㊺好:爱好。修姱:美好。鞿(jī):马缰绳。羁(jī):马笼头。此处均用作动词,意为受约束,受牵制。屈原以马受到牵制自喻,说明自己虽有美好的品德,但受到约束,难以实现自己的理想。谇(suì):进谏。替:废弃,指屈原自己被楚王贬黜。㊻纕(xiāng):佩带。申:重,重叠。㊼亦:若,假如。善:喜好。㊽浩荡:放荡恣肆,不思虑貌。㊾众女:喻指群小。蛾眉:蚕蛾状的美眉。此处喻屈原自己的美德和美质。谣:造谣。诼(zhuó):诽谤。善:擅长,会。淫:粉饰,一说淫邪。㊿固:本来。工巧:善于取巧。偭(miǎn):违背。规矩:画圆与画方的工具,此处喻指法度、规则。错:通"措",措施。51背:背弃。绳墨:画直线用的工具,此处亦喻指法度。曲:不直,偏邪。周容:苟合取容。度:姿度,仪态。言群小争着苟合取容,扭捏作态。52忳(tún):忧愁貌。郁邑:通"郁悒":烦闷貌。侘傺(chàchì):失意貌。吾独穷困乎此时:我独自感受这个时代的穷困。53宁:宁愿。溘(kè):依凭。溘死:抱着必死的念头。一说,溘即"突然"。流:流放,放逐。亡:逃亡,漂泊异乡。此态,即前句描述群小的"周容以为度"。54鸷(zhì)鸟:猛禽,如鹰隼之类。固然:原本的样子。55何:岂,怎么。圜:通"圆"。周:相合。夫:句首语助词。孰:哪能。56尤:责怪,非难。攘:作"让"解,意即容让、容忍。诟(gòu):辱骂。57伏:通"服",保持。死直:为正义而死。厚:重视,嘉许。58相(xiàng):视,看。察:仔细看。言后悔自己看路没有将道路看清楚。延:长久。反:通"返"。59复路:回复到原来的道路上去。及:趁着。行迷:迷失行路。60步:徐行,使动用法,即让我的马在兰花盛开的水滨徐徐前行。皋(gāo):水边高地。驰:疾行。椒丘:长着椒树的山丘。且:暂且。焉:于此,在那里。61进:进身君前。不入:不被容纳。离:通"罹"。离尤:遭受责怪。退:离开君王,隐身而退。复:重新,再。修:修饰,装饰。初服:原初的服装。62制:裁剪。芰(jì):菱。荷:荷叶。衣:上衣。集:聚集,拼合。芙蓉:荷花。裳:下衣。63不吾知:"不知吾"。其:句中语助词。已:罢了。64岌(jì)岌:高耸貌。陆离:绵长貌。65芳:芳香。泽:光泽。杂糅(róu):交织,聚集。唯:句首语助词。昭质:光洁澄明的本质。亏:亏蔽,遮蔽。一说,泽为污垢,喻指群小,言屈原虽然与群小共处一处,但其本性没有亏损。66反顾:回首。游目:目光流连顾盼的样子。往:前往。四荒:四方荒远之地。67缤纷:盛多貌。繁:繁多。菲菲:芬芳馥郁貌。章:通"彰"。68民生:人生。修:美。常:恒常,永恒。好修以为常,即"以好修为常",言人生各有其乐趣,我唯独以美为永恒的追求。69体解:肢体被破坏,古代的酷刑。惩:恐惧,害怕。《广雅·释言》:"惩,恐也。"言为了追求美,不畏惧肢体解散。一说惩指惩戒,受伤而知戒。70女媭(xū):王逸注:"屈原姊也。"《说文》引贾逵语:"楚人谓姊为媭。"一说指侍妾。婵媛(chányuán):同"啴咺",哭泣貌。《集韵·戈韵》:"啴咺,泣貌。"一说,婵媛,情意缠绵貌。王逸注:"犹牵引也。"即因关切而牵持不舍。一说,"婵媛"通"啴咺(chānxuǎn)",恐惧。扬雄《方言》卷一:"凡恐而噎噫,南楚江湘之间曰啴咺。"钱绎笺疏:"惧而喘息谓之啴，哀而恐惧谓之咺，合言之则曰啴咺。”一说，舒缓貌。《集韵·仙韵》：“啴咺，迂缓貌。”申申：反复，多次。詈(lì)：责骂。 ⑪鲧(gǔn)：夏禹之父。《史记·夏本纪》记载：尧帝使鲧治水，九年无功，被舜帝杀死在羽山。又《山海经》载：鲧盗取天帝之息壤（一种生长不息的神土）以治水，天帝令祝融杀鲧于羽山之野。婞(xìng)直：刚直。亡：通“忘”，忘记，不顾及。终然：最终，结果。殀：通“夭”，夭折。 ⑫汝：你，女媭称屈原。博謇：博学而忠诚。謇，直言貌。纷：盛多貌。姱节：美好的节操。一说，“节”当作“饰”。 ⑬薋(zī)：草多貌。此处作动词用，即将草堆集在一起，聚集。菉(lù)：荩(jìn)草，又名王刍，俗称菉蓐草。葹(shī)：又名枲(xǐ)耳，形似鼠耳，诗人谓之卷耳。菉葹：两种恶草，喻指世俗之人。判：判然，截然。独离：独立而离群。 ⑭户说：挨家挨户地去说服。余：此处指“我们”，指女媭站在屈原的立场来劝解屈原。 ⑮世：指世俗之人。并举：互相抬举。好朋：喜欢结党营私。茕(qióng)独：孤独。不予听：即“不听予（女媭自称）”。 ⑯依：依循，遵照。节：验证，亲证。如《荀子·性恶》：“善言古者，必有节于今；善言天者，必有征于人。”中：内心。言参照前代圣贤的做法，并亲身加以验证。喟(kuì)：叹息。凭：依，随顺。凭心：顺应本心。历兹：至此，到现在。一说，凭：愤怒貌。王逸注：“喟然舒愤懑之心。”《方言》卷二：“凭，怒也。楚曰凭。” ⑰济：渡过。沅、湘：二水名，在今湖南省境内。南征：南行。就：往。重华：舜帝的名。相传舜帝死后葬于九嶷山（今湖南南部）。陈词：陈述自己的言辞。 ⑱启：夏启，夏禹之子。《九辩》、《九歌》：乐曲名。据《山海经·大荒西经》载，《九辩》和《九歌》均为天帝之乐，启登天偷来用于人间。夏：五色华彩，形容天乐的华美，也可将“夏”解为“大殿”、“大屋”。《楚辞·九章·哀郢》：“曾不知夏之为丘兮，孰两东门之可芜？”一说，夏，大也。夏康娱即大大地淫乐。一说，夏指夏启。康娱：沉湎于安乐。自纵：自我放纵。 ⑲顾：顾念，考虑。难：灾难，灾祸。图：图谋，打算。后：将来，未来。五子：即五观，又作武观，启的小儿子。相传由于启耽于乐舞，武观曾据西河之地发动叛乱（见《竹书纪年》）。用：因而。失：错误，过失。巷：通“哄”(hòng)，争斗。《说文·斗部》：“哄，斗(dòu)也。”家巷：家庭内部争斗，即内讧。言五子因此错在家庭内讧。一说，巷即胡同。朱本“巷”作“衖”(xiàng)小路，小巷。 ⑳羿(yì)：后羿，相传为夏初诸侯，有穷国国君，曾因启的儿了太康失德，夺取了夏的政权。淫：过分，过度。佚(yì)：通“逸”，放纵。畋(tiǎn)：打猎。夫：句中语助词。封：大。《广雅·释诂一》：“封，大也。” ㉑固：本来。乱流：淫乱之流，指羿。其：语助词，鲜终：少有善终。浞(zhuó)：人名，即寒浞，后羿相，曾指使其家臣逢蒙（著名射手）弑羿，霸占羿之妻。厥(jué)：指示代词，其，指羿。家：妻室。 ㉒浇(ào)：人名，即过浇，寒浞之子。被：通“披”。被服：本指穿着，此处意指依仗，自恃。强圉(yù)：强暴有力。不忍：不能节制。 ㉓厥首：他（过浇）的脑袋。用：因此。颠陨：坠落。 ㉔常违：“违常”的倒文，即悖逆常理。乃：于是。遂：就。焉：因之。逢殃：遭殃。 ㉕后辛：即商纣，历史上著名的暴君。菹醢(zūhǎi)：纣王发明的一种刑罚，即将人剁成肉酱。殷宗：殷商的宗祀，指代商朝的政权。用：因此。 ㉖俨(yǎn)：敬畏。祗(zhì)：恭敬。周：周朝，指周代的开国君臣周文王、周武王和周公旦等。论道：讲论大道。莫差：没有差错。 ⑧颇:偏邪,偏颇。 ⑧私:偏爱,偏私。阿(ē):偏袒。览:看,考察。民德:人的德行。焉:就。错:通“措”,施,施行。辅:辅佐。言上天没有偏私,考察人的德行,有德的就实施辅佐。一说,民德指人民所戴德者。 ⑧维:只,仅仅。以:作“与”解。茂行:茂盛的德行。苟得:方能。用:享用。下土:天下。 ⑨前:前朝。后:后代。相观民之计极:疑为“观相民之计极”。相:治也。相民:治理民众。计:计谋。极:指极则,即最高标准。一说,“相”与“观”同义,察看之意。 ⑨夫:发语词。孰:哪有。用:指享用天下。服:任用,指得到上天的重用。 ⑨阽(diàn):临近危困之境。危:几乎,差点儿。朱熹注:“危死,言几死也。”初:指初志,初心。 ⑨凿(zuò),木工所凿(záo)的卯眼。枘(ruì)木工所削的榫(sǔn)头,将榫头纳入卯眼中,使之严合。正:矫正,修改,使之符合标准。此言不会按照圆形的卯眼来改造方形的榫头,比喻不会用苟合取容的手段去迎合周遭环境。固:表因果的连词,所以。 ⑨曾:通“层”,重叠,屡次。歔欷(xūxī):悲泣,抽泣。时之不当:生不逢时。 ⑨茹:柔软。沾:浸湿。浪浪:泪流貌。 ⑨敷(fū):铺开。衽(rèn):卧席。一说,衽为衣襟。耿:光明,指襟怀坦白。中正:正直。一说,中正指中正之道。 ⑨驷:四马驾的车子,此处用作动词,驾着,赶着。虬(qiú):传说中的一种有犄角的小龙。玉虬:白色的虬龙。椉(chéng):通“乘”。鹥(yī):五彩鸟名,凤凰之类。溘(kè):依凭。埃风:云气。上征:飞向天宇。一说,溘,疾速貌。埃,当作“俟(sì)”,等待。 ⑨轫(rèn):置于车轮前制止车轮转动的木头。发轫:撤去轫木,意指出发。苍梧:地名,舜帝埋葬之处,即九嶷山。县圃(Xuánfǔ):神话中的山名,在昆仑山之上。 ⑨少:作“稍”解,稍微。琐:门上雕刻的花纹,指代门。灵琐:神灵的大门,即县圃之门。忽忽:疾速貌。 ⑩羲和:神话中日神,也是太阳的御者,他以六龙为太阳驾车。弭(mǐ):止。节:与“策”同,鞭子。崦嵫(Yānzī):神话中的山名,太阳没入之处。迫:迫近。 ⑩曼曼:远貌,与“漫漫”同。 ⑩咸池:神话中的池名,太阳沐浴之处。总:系结,拴。扶桑:神话中的树名,太阳穿过之处。《淮南子》:“日出于旸(yáng)谷,浴于咸池,拂于扶桑。” ⑩若木:神话中的树名,青叶赤花,生长在日落之处。拂:拂拭,擦拭。言折下若木的枝条拂拭太阳,使其明洁。一说,拂为遮蔽。聊:姑且。逍遥:安闲缓步貌。相羊:通“徜徉”:悠闲徘徊。 ⑩望舒:神话中的月神,也是月亮的御者。飞廉:神话中的风神,即风伯。属(zhǔ):连缀,跟随。奔属:跟在后面奔跑。 ⑩鸾(luán):鸟名,凤凰之类。皇:鸟名,雄为凤,雌为凰(故作“皇”)。《尔雅·释鸟》:“鶠、凤,其雌皇。”郭璞注:“瑞应鸟。鸡头,蛇颈,燕颔,龟背,鱼尾。五彩色,高六尺许。”先戒:在前面警戒。雷师:神话中的雷神。未具:未准备就绪。 ⑩飘风:旋风。屯(tún):聚合,聚集。屯其相离:将相互分离的聚合在一起。一说,“离”通“罹”,遭遇。帅:率领。云霓:泛指云霞。御(yà):通“迓”,迎接。 ⑩总总:簇拥聚集貌。离合:忽离忽合,形容云霓在飘风中聚散不定。斑:色彩错杂。陆离:光彩奇丽。 ⑩帝阍(hūn):天帝守门之神。阍,守门者。关:门栓。阊阖(chānghé):传说中的天门。 ⑩暧(ài)暧:昏暗貌。罢(pí):极,终了。结:编织。 ⑪溷(hún):通“混”。不分:指是非不分。蔽:掩盖。

【题解】

屈原，名平，字原，战国末期楚国人。屈原出身贵族，与楚王同宗。他"博闻强志，明于治乱，娴于辞令"，曾得到楚怀王的重用，"入则与王图议国事，以出号令；出则接遇宾客，应对诸侯"。历任左徒（仅次于令尹）、三闾大夫等职。在政治上，屈原推崇"美政"，主张改革弊政，举贤授能。在外交上，他主张联齐抗秦。但怀王听信谗言，疏远了屈原。屈原被免除左徒后，联齐抗秦的政策失去支柱，楚国亲秦派得势，屈原被黜置汉北。怀王被骗受辱，客死于秦。屈原对亲秦派的奸佞误国进行了抨击，致使小人进一步报复，被顷襄王流放至人迹罕至的沅水流域。不久，秦将白起攻破楚国都城郢都。眼见楚国恢复无望，屈原自沉汨罗江。传说屈原自沉之日是五月初五，楚人以此日纪念屈原。《史记》首次对屈原作传，盛赞这位先哲。

屈原是我国第一位伟大的诗人。他继承和发扬楚国的民间歌辞，开创了书楚语、作楚声、记楚地、名楚物的"楚辞"这种新诗体，成为先秦文学中与《诗经》比肩的文学丰碑。屈原的作品有《离骚》、《九歌》（十一篇）、《九章》（九篇）、《天问》、《招魂》、《渔父》等。其中《离骚》是中国古代最伟大的政治抒情诗，是浪漫主义文学的标志。在诗歌中诗人叙述了自己的高贵、圣洁，描写了自己的瑰丽、伟岸，展示了现实与理想的激烈冲突，表明了自己爱国忧民之情和追寻理想义无反顾的坚贞，树立了殉道者的形象。诗中运用神话传说，把地上和天国、过去和现在交织在一起，开拓了无垠的审美空间。诗人采用比兴、象征和铺陈等手法，展示了"惊采绝艳"的审美世界。鲁迅先生称赞其为"逸响伟辞，卓绝一世"（《汉文学史纲要》）。屈原的人格魅力和《楚辞》的华美辞章对汉代以后的文学产生了巨大的影响。

【思考与训练】

1. 结合具体例子，谈谈《离骚》运用了哪些艺术表现手法？

2.《离骚》表现了诗人什么样的思想感情？你心目中的屈原是一个什么样的形象？

3. 找出诗中运用楚方言的词汇。

（李漫天撰稿）

湘夫人

（《楚辞·九歌》）

帝子降兮北渚，目眇眇兮愁予①。
嫋嫋兮秋风，洞庭波兮木叶下②。
白薠兮骋望，与佳期兮夕张③。
鸟何萃兮蘋中，罾何为兮木上④？
沅有茝兮澧有兰，思公子兮未敢言⑤。
荒忽兮远望，观流水兮潺湲⑥。
麋何食兮庭中？蛟何为兮水裔⑦？
朝驰余马兮江皋，夕济兮西澨⑧。
闻佳人兮召予，将腾驾兮偕逝⑨。
筑室兮水中，葺之兮荷盖⑩。
荪壁兮紫坛，匊芳椒兮成堂⑪。
桂栋兮兰橑，辛夷楣兮药房⑫。
罔薜荔兮为帷，擗蕙櫋兮既张⑬。
白玉兮为镇，疏石兰兮为芳⑭。
芷葺兮荷屋，缭之兮杜衡⑮。
合百草兮实庭，建芳馨兮庑门⑯。
九嶷缤兮并迎，灵之来兮如云⑰。
捐余袂兮江中，遗余褋兮澧浦⑱。
搴汀洲兮杜若，将以遗兮远者⑲。
时不可兮骤得，聊逍遥兮容与⑳。

【注释】

①帝子：即湘夫人。相传舜帝之妃为尧帝之女，故称帝子。渚（zhǔ）：水中小岛。眇（miǎo）眇：远眺貌。愁予：使我忧愁。这是湘君的唱词，予，湘君自指。 ②嫋嫋（niǎo niǎo）：微风拂吹貌。波：用作动词，生波。下：落。 ③白薠（fán）：草名，生湖泽间。骋望：远眺。佳：佳人，指湘夫人。期：期约，约定。张：陈设，张设，这里指张设帷帐。④萃：聚集。蘋（pín）：水草名，即大蘋，俗称四叶菜、田字草。罾（zēng）：用竹竿或木棍做支架的方形渔网。鸟本当聚集在木上，却为何集于水中？渔网本当沉于水中，却为何又在木上？言失其应处之所，喻指所愿不得。 ⑤沅、澧：洞庭湖水系的两条河流，沅

水、澧水。茝(zhǐ):香草名,即白芷。公子:即帝子。一说,公子指湘君,《湘夫人》为湘君和湘夫人互唱互应之词。 ⑥荒忽:通“恍惚”,隐约莫辨貌。潺湲:水缓流貌。⑦麋(mí):兽名,似鹿而大。水裔:水边。此二句意为:麋本当在山林之中,为何现在在庭中谋食?蛟龙本当在深渊,为何现在停在水滨?言失其所处,喻希望渺茫,亦说明湘君内心的期盼和紧张。 ⑧江皋:江边。济:渡河。澨(shì):水边。 ⑨腾驾:奔腾起车驾。偕逝:同往。此句言湘君听信使说湘夫人邀请自己,便驾着马车奔腾飞驰,与信使一道前往湘夫人的处所。 ⑩葺(qì):以草盖屋。荷盖:荷叶屋顶。 ⑪荪(sūn):香草名。荪壁:以荪草装饰墙壁。紫:紫贝,贝类。坛:庭院。《淮南子·说林》:“腐鼠在坛,烧薰于宫。”高诱注:“楚人谓中庭为坛。”紫坛:以紫贝修饰庭院。匊:古“播”字,播撒。椒:香木名,即花椒。成堂:满堂。 ⑫栋:屋脊横木,俗称正梁。橑(liáo):屋椽(chuán),即安在檩子上承接屋面和瓦片的木条。辛夷:香木名,初春开花,又名迎春。楣(méi):门楣,即门框上的横木。药:香草名,即白芷。 ⑬罔:通“网”,此处用作动词,编织。薜荔(bìlì):蔓生香草,又名木莲,攀援他物而生。帷:帐幔。擗(pǐ):析开,剖开。櫋(mián):檐际木,俗称屋檐板。此言将蕙草剖析为丝线,悬挂在屋檐下。一说,櫋为屋内的隔扇。既张:已经张设完备。 ⑭镇:镇子,即压坐席之物。古人席地而坐,以镇来压坐席。疏:散布,播撒。石兰:香草名,兰草的一种。 ⑮缭(liáo):束缚,缠绕。杜衡:香草名。“衡”亦作“蘅”。 ⑯合:聚集,集合。百草:指众香草。实:充实,装满。建:陈列。馨(xīn):远播的香气。庑(wǔ):回廊。言在廊下和门前陈列各种香草。⑰九嶷:山名,即苍梧,在湘水南,相传为舜帝葬身之处,亦是神话中湘君的居所。这里指九嶷山的众神。缤:盛多貌。灵:神。这里指湘夫人及其侍从。 ⑱捐:抛。袂(mèi):衣袖。褋(dié):外衣。澧浦:澧水之滨。言湘君将衣衫投赠给湘夫人,表达忠贞的爱情。 ⑲搴(qiān):拔取。汀:水中或水边平地。杜若:香草名。遗(wèi):赠送。远者:远方之人,这里指湘夫人。 ⑳骤得:屡得,数得。此句言时光不会再来。聊:姑且。逍遥:安闲舒缓貌。容与:安闲舒缓貌。

【题解】

《湘夫人》是《九歌》中的一篇。《九歌》是屈原以楚国民间祭神乐曲和神话传说为基础而创作的一组祭祀乐歌,凡十一篇。其中《湘君》与《湘夫人》为湘君和湘夫人互相表达相思之情的乐歌,两篇内容密切相关,可合为一歌看待。

湘君和湘夫人均为湘水之神,且为一对配偶。传说,尧帝之女娥皇、女英为舜帝妃。舜帝南巡,二妃追至洞庭湖畔,惊闻舜帝崩于苍梧之野,二妃啼,泪挥斑竹,自投湘江而亡。人们将其视为湘水之女神,立祠祭祀;而舜帝也就成了湘水的男神。

《湘君》和《湘夫人》以浩淼的洞庭湖以及绵长的潇湘、沅澧为背景,借传说中的凄美故事,演绎了一段刻骨铭心的爱情。《湘夫人》是湘君面向湘夫人所作的告白。首叙湘君张设晚宴,期待湘夫人的降临;在此等待的过程中,表现了湘君的迫切、焦虑和一往情深。次叙湘君闻湘夫人之召而前往,幻想在芳洁、灵圣之所相聚。末叙湘君以物相赠,表达对湘夫人的情意。在表现手法上,以景结情,状无穷之趣如在目前。清代刘熙载《艺概》云:"叙物以言情谓之赋。余谓《九歌》最得此诀。如:'袅袅兮秋风,洞庭波兮木叶下',正是写出'目眇眇兮愁予'来;'荒忽兮远望,观流水兮潺湲',正是写出'思公子兮未敢言'来。俱有目击道存,不可容声之意。"

【思考与训练】

1. 试分析这首诗的抒情手法。
2. 将这首诗翻译成现代汉语,最好用新诗的形式加以翻译。
3. 背诵这首诗。

(李漫天撰稿)

周　易

乾卦　坤卦

(《周易》)

䷀乾:元,亨,利,贞[①]。

初九,潜龙勿用[②]。

九二,见龙在田,利见大人[③]。

九三,君子终日乾乾,夕惕若,厉无咎[④]。

九四,或跃在渊,无咎[⑤]。

九五,飞龙在天,利见大人。

上九,亢龙有悔[⑥]。

用九:见群龙无首,吉[⑦]。

《彖》曰[⑧]:大哉乾元!万物资始,乃统天[⑨]。云行雨施,品物流形[⑩]。大明终始,六位时成,时乘六龙以御天[⑪]。乾道变化,各正性命,保合太和,乃利贞[⑫]。首出庶物,万国咸宁[⑬]。

《象》曰[⑭]:天行健,君子以自强不息[⑮]。"潜龙勿用",阳在下也[⑯]。"见龙在田”,德施普也[17]。“终日乾乾”,反复道也[18]。“或跃在渊”,进无咎也[19]。“飞龙在天”,大人造也[20]。“亢龙有悔”,盈不可久也[21]。“用九”,天德不可为首也[22]。

《文言》曰[23]:元者,善之长也;亨者,嘉之会也;利者,义之和也;贞者,事之干也[24]。君子体仁足以长人[25];嘉会足以合礼;利物足以和义;贞固足以干事[26]。君子行此四德者,故曰:“乾:元、亨、利、贞。”

初九曰“潜龙勿用”,何谓也?子曰[27]:“龙德而隐者也。不易乎世,不成乎名[28];遯世而无闷,不见是而无闷[29];乐则行之,忧则违之,确乎其不可拔[30],‘潜龙’也。”九二曰“见龙在田,利见大人”,何谓也?子曰:“龙德而正中者也[31]。庸言之信,庸行之谨[32];闲邪存其诚,善世而不伐,德博而化[33]。《易》曰:‘见龙在田,利见大人 。’君德也[34]” 。九三曰“君子终日乾乾,夕惕若,厉无咎”,何谓也?子曰:“君子进德修业[35]。忠信,所以进德也;修辞立其诚,所以居业也[36]。知至至之,可与言几也[37];知终终之,可与存义也[38]。是故,居上位而不骄,在下位而不忧。故乾乾,因其时而惕,虽危而无咎矣。”九四曰“或跃在渊,无咎”,何谓也?子曰:“上下无常,非为邪也;进退无恒,非离群也[39]。君子进德修业,欲及时也,故无咎。”九五曰“飞龙在天,利见大人”,何谓也?子曰:“同声相应,同气相求;水流湿,火就燥;云从龙,风从虎[40]。圣人作,而万物睹,本乎天者亲上,本乎地者亲下,则各从其类也[41]。”上九曰“亢龙有悔”,何谓也?子曰:“贵而无位,高而无民,贤人在下而无辅,是以动而‘有悔’也[42]。”

“潜龙勿用”,下也[43]。“见龙在田”,时舍也[44]。“终日乾乾”,行事也[45]。“或跃在渊”,自试也[46]。“飞龙在天”,上治也[47]。“亢龙有悔”,穷之灾也[48]。乾元“用九”,天下治也[49]。“潜龙勿用”,阳气潜藏。“见龙在田”,天下文明。“终日乾乾”,与时偕行。“或跃在渊”,乾道乃革[50]。“飞龙在天”,乃位乎天德。“亢龙有悔”,与时偕极[51]。乾元“用九”,乃见天则[52]。“乾元”者,始而亨者也;“利贞”者,性情也[53]。乾始能以美利利天下,不言所利[54],大矣哉!大哉乾乎!刚健中正,纯粹精也[55]。六爻发挥,旁通情也[56]。时乘六龙,以御天也[57]。云行雨施,天下平也。君子以成德为行,日可见之行也[58]。“潜”之为言也,隐而未见,行而未成,是以君子弗用也。君子学以聚之,问以辩之,宽以居之,仁以行之[59]。《易》曰:“见龙在田,利见大人。”君德也。九三,重刚而不中,上不在天,下不在田[60]。故乾乾,因其时而惕,虽危无咎矣。九四,重刚而不中,上不在天,下不在田,中不在人,故“或”之[61]。“或”之者,疑之也,故无咎。

夫“大人”者，与天地合其德，与日月合其明，与四时合其序，与鬼神合其吉凶[62]。先天而天弗违，后天而奉天时[63]。天且弗违，而况于人乎？况于鬼神乎？“亢”之为言也，知进而不知退，知存而不知亡，知得而不知丧。其唯圣人乎[64]？知进退存亡，而不失其正者，其唯圣人乎？

☷坤：元，亨，利牝马之贞[65]。君子有攸往，先迷，后得主，利[66]。西南得朋，东北丧朋，安贞，吉[67]。

《彖》曰：至哉坤元！万物资生，乃顺承天[68]。坤厚载物，德合无疆[69]。含弘光大，品物咸亨[70]。牝马地类，行地无疆，柔顺利贞[71]。君子攸行，先迷失道，后顺得常。西南得朋，乃与类行；东北丧朋，乃终有庆[72]。安贞之吉，应地无疆。

《象》曰：地势坤，君子以厚德载物[73]。

初六，履霜，坚冰至[74]。

《象》曰：“履霜坚冰”，阴始凝也；驯致其道，至坚冰也[75]。

六二，直，方，大，不习无不利[76]。

《象》曰：六二之动，直以方也。“不习无不利”，地道光也[77]。

六三，含章可贞；或从王事，无成有终[78]。

《象》曰：“含章可贞”，以时发也。“或从王事”，知光大也[79]。

六四，括囊；无咎，无誉[80]。

《象》曰：“括囊无咎”，慎不害也。

六五，黄裳，元吉[81]。

《象》曰：“黄裳元吉”，文在中也[82]。

上六，龙战于野，其血玄黄[83]。

《象》曰：“龙战于野”，其道穷也[84]。

用六，利永贞。

《象》曰：用六“永贞”，以大终也[85]。

《文言》曰：坤至柔，而动也刚，至静而德方；后得主而有常，含万物而化光。坤道其顺乎！承天而时行。积善之家，必有余庆；积不善之家，必有余殃。臣弑其君，子弑其父，非一朝一夕之故，其所由来者渐矣，由辩之不早辩也[86]。《易》曰：“履霜坚冰至。”盖言顺也。“直”其正也，“方”其义也。君子敬以直内，义以方外，敬义立而德不孤[87]。“直，方，大，不习无不利”，则不疑其所行也。阴虽有美，含之；以从王事，弗敢成也。地道也，妻道也，臣道也。地道无成而代有终也。天地变化，草木蕃；天地闭，贤人隐。《易》曰：“括囊；无咎，无誉。”盖言谨也。君子黄中通理，正位居体，美在其中；而畅于四支，发于事业，美之至也[88]。阴疑于阳，必战；为其嫌于无阳也，故称龙焉[89]。犹未离其类也，故称血焉[90]。夫玄黄者，天地之杂也，天玄而地黄。

【注释】

①☰：乾卦卦画，象征“天”。乾：卦名。卦名相当于每一卦的标题，指示着该卦的主旨。《说卦传》：“乾，天也”，“乾，健也”。意即乾卦象征着“天”，它由纯阳（六阳爻）构成，以“刚健”为本性。元、亨、利、贞：乾卦卦辞，用以解释乾卦的含义。唐孔颖达《周易正义》：“《子下传》云：‘元，始也；亨，通也；利，和也；贞，正也。’言此卦之德，有纯阳之性，自然能以阳气始生万物，而得元始、亨通，能使物性和谐各有其利，又能使物坚固贞正得终。”此句可译为：乾卦象征着“天”，它具有元始、亨通、和谐和纯贞这四种品德。一说，元亨利贞与下文的“勿用”、“厉”、“无咎”、“有悔”等，皆为占筮时表吉凶的术语，“元亨”为大吉，“利贞”意即有利于贞问。 ②初九：《周易》六十四卦每卦由六爻组成，各爻的位置自下而上，称作“初”、“二”、“三”、“四”、“五”和“上”。爻分为“阴爻”（--）和阳爻（—），“阴爻”用数字“六”来表示，“阳爻”则用数字“九”来表示。“初九”即第一爻为阳爻，象征阳气始发，事物处在萌芽状态。潜龙：潜伏的龙。龙是我国古人创造出来的象征刚健雄奇的动物，《周易》以“龙”为乾卦六爻的象征，喻指事物发展的进程。勿用：不用，指时机尚未成熟，不要轻举妄动。此句可译为：初九，阳气刚刚萌生，潜龙潜伏在水中，暂时不要施展才用。 ③见龙在田：意谓九二，龙出现在地上，有利于出现伟大的人物。见，通“现”（xiàn），显现、出现。田，地上。 ④乾乾：刚健、振作的样子。惕：警惕、惊惧。若：语助词。厉：危险。咎：灾害、咎害。此句可译为：九三，君子整天自强不息，到夜晚仍警惕戒惧，这样，即使处于危险的境地也能避免灾害。 ⑤此句可译为：九四，龙或者腾跃而上，或者退藏在深潭，没有咎害。或，或许。跃，腾跃。 ⑥此句可译为：上九，龙飞到极高处，盛极而衰，势必导致灾害，所以有所悔恨。亢：极度、过分。⑦用九：《周易》占筮过程中，筮得阳爻者，其数字为“七”或者“九”，筮得阴爻者，其数字为“六”或者“八”。乾卦言“用九”，坤卦言“用六”，体现了《周易》崇尚变易的特点，因为《周易》占筮的六、七、八、九中，六和九可以变动，而七、八不可变。乾卦虽然六爻均为阳爻，但它们皆可变，即由阳刚变为阴柔。《周易尚氏学》云：“阳极反阴，乃天地自然之理。乾为首，以阳刚居物首，易招物忌；变坤则无首，无首则能以柔济刚，故吉。”此句可译为：用“九”数，出现了一群龙，却没有独霸首位的，吉利。 ⑧彖（tuǎn）：断也，断定一卦之义。彖辞往往结合卦象来解释卦名、卦辞。 ⑨大哉：赞叹之词。元：大也，始也。乾卦为纯阳之卦，代表刚健、雄奇；乾卦的刚健品性蕴涵着无穷的创造功能，万物凭借它得以产生、存在。资：凭借，依赖。此句可译为：多么伟大啊，开创宇宙的元气，万物凭借它得以生长，它统领着天地万物。 ⑩品物：各种品类的事物。流形：流布成形。此句可译为：云气流动，雨露散布，各个品种的事物在阳气的催化下发展成形。《周易正义》：“言《乾》能用‘天’之德，是云气流行，雨泽施布，故品类之物流布成形，各得亨通，无所

壅蔽。” ⑪大明:日,太阳。日为天地间最大的光明之物,故古人称之为“大明”。终始:日入为终,日出为始。六位:指乾卦六爻。时:按时。六龙:指乾卦中六爻所说的龙。此句可译为:太阳运行,六爻的位置依时而成;时间借助六爻的变化来统驭自然界。一说“六位”指上下四方之位置;时:于是,因此;《尔雅释诂》:“时,是也。”成:确定;意即上下四方的位置因太阳的运行而确定。 ⑫乾道:即天道。此句可译为:天道运行不已,万物在天道的运行中各自保持自己的特征和规定性,保全和聚集太和之气,因此十分吉祥。 ⑬首:元也,本也,指乾卦为宇宙之开端。庶物:万物。此句可译为:阳气产生万物,天下都安宁、太平。 ⑭《周易》的思维方式是“观物取象”,“象”在《周易》中有三种用法:其一是指卦象、爻象;其二是指卦辞、爻辞;其三是指《象传》。“《象》曰”的“象”指的是《象传》。《象传》包括《大象传》和《小象传》,前者是对卦象、卦辞的解释,后者是对爻象、爻辞的解释。 ⑮ 天行:天道。健:刚健。此句可译为:天道刚健强壮,永不衰竭;君子效法天道,自强不息。此句解释乾卦的卦象和卦体,是《大象传》,此后数句解释爻象,为《小象传》。 ⑯阳在下:初九阳气初生而暂时居于下位,以此推衍人事,指君子此时应像潜龙那样,不宜施展才用。 ⑰施:布施。普:广泛、普遍。九二阳气渐渐强盛,龙出现在地上,以此推衍人事,指君子恩德广布。 ⑱反复:返回、回复。指君子每每刚健振作,不断回复本源,不离正道或道体。 ⑲进:跃进,腾起。进无咎:承前,或跃进或退隐,审时度势,没有咎害。 ⑳造:至,降临。《周易尚氏学》依刘歆父子之说,改“大人造”为“大人聚”。大人:与“君子”同义。 ㉑此句以阳气太盛将会亏虚,终将有所悔恨,来说明人事不能一味强调刚强,否则不会持久。 ㉒天德:乾德,也即刚健之性。《周易正义》:“天德刚建,当以柔和接待于下,不可更怀尊刚为物之首,故云‘天德不可为首’也。” ㉓文言:文饰之言。《易传》对于《乾》、《坤》二卦格外重视,不仅用《彖》、《象》加以解释,还以《文言》对其作进一步的展开和发挥。如接下来的对“元、亨、利、贞”的解释和发挥。这些发挥偏重于社会生活视角,与《彖传》从哲学高度的理解往往并不一致。 ㉔干:树木的主干,此处喻指事物的根本。此句可译为:元,是众善之首;亨,是美之大全;利,是办事适宜、恰当;贞,是办事的规则。 ㉕体仁:以“仁”为体,以“仁”为本。长人:作为人们的首长。 ㉖干:立,建立。 ㉗旧说《文言》为孔子所作,此说未必确当,但在依托孔子的言论中掺进了孔子的思想,这是可以确定的。如此处言“不见是而无闷”的龙德,显然与《论语》中“人不知而不愠”的君子之风相类似。
㉘此句意为不被世俗改变自己,不仰仗世俗功名成就自己。 ㉙是:肯定、赞许。此句意为远离俗世,心中没有烦闷,即使不被世人认可仍心志爽快。 ㉚《周易正义》:“心以为乐,己则行之;心以为忧,己则违之。”指君子能坚守自己的本心,不被世俗观念和情势所动摇。 ㉛九二居下卦之中,故曰“中正”。中正即不偏不倚。 ㉜庸:常,平常。平常的言论要践履,平常的举动要谨慎。 ㉝闲:防范、阻止。防止邪恶的言行而持存诚信。伐:夸耀。即使为世界做了善事,也不自我夸耀。化:感化,教化。德行博大,感化世俗。 ㉞君德:君主之德。言九二虽不像九五居至尊之位,然而拥有“正中”之德,具备君主的品德。 ㉟进德修业:精进德行,经营事业。 ㊱修辞:修饰言辞。居:蓄

积。修饰言辞立足于诚心，这是蓄积功业的途径。 ㊲几：事物极细微的变化，事物发展的萌芽状态。前一个“至”指事物的萌芽状态或事物的开端，后一个“至”作动词用，指达到。知道事物的开端并使这种开端发展、扩大，这就可以与他讨论事物发展的几微了。 ㊳义：办事适宜。知道事物终结并适时终结事物，对这种人就可以与他一道保存道义了。 ㊴上下无常：九四居于可上可下之位，上谓居五，下谓居初。“上下无常”与下句“进退无恒”为互文，指君子的上与下、进与退并不是固定不变的。此两句意为：君子上升与下降并不是出于私意；君子的进与退并非故意脱离群众，标新立异。 ㊵同声相应，同气相求：此句及以下数句都是指事物之间相互感应。感应之发生既可在性质相同的事物之间，如水向低湿处流，火往干燥处烧；也可在性质不同的事物之间，如阴阳相感应，乾为龙，为虎，坤为云，为风。《周易尚氏学》：“风云者阴，龙虎者阳，言阴必从阳也。” ㊶睹：同“见”。此句言圣人兴起，万物各显现其本原之性。依托于天的亲近于阳刚之性，依托于地的亲近于阴柔之性，万物各自遵循其类型和特性。 ㊷上九居上位，故为“贵”，但不处九五帝王之位，故“无民”。此句比喻有的人尊贵而没有实位，没有民众；也得不到贤人的辅助，因为贤者居于下位，因此一旦轻举妄动就会有咎害和悔恨。 ㊸下：初九居下位，阳气始发，犹如潜龙，象征人地位低下，此时宜静不宜动。 ㊹舍：通“舒”，舒展。九二，阳气进一步发展，犹如龙出现在地上，象征时势逐步展开。 ㊺行事：九三，阳气渐盛，君子整天振作强健，努力实现自己的事业。 ㊻自试：自我验证。言君子应根据不同的情况自我检验，或者腾跃向上，或者退处深渊。 ㊼上治：居于上位治理。一说，“上”通“尚”。“上治”指九五之时出现了最好的政治局面。 ㊽穷之灾：穷极、过分所带来的灾祸。 ㊾乾元“用九”：乾元用九数，天下太平。《周易尚氏学》：“用九者，刚变柔。” ㊿革：变革，转换。 (51)与时偕极：上九阳气随时节而穷极，盛极而衰。 (52)则：法则，规律。 (53)性情：天地本有之性质、情状。言乾元为万物之开端，含蕴、通达万物，利贞是对天地之性状的描述。 (54)以美利利天下：前一个“利”指利益、好处；后一个“利”指“对……有利”。言乾为万物的开端，它能以丰美的利益施恩天下，而且不夸耀它给予的恩惠。 (55)纯粹精：乾卦六爻均为阳爻，“纯”、“粹”、“精”用来描述乾元作为万物之开端的纯而不杂的本原状态。 (56)旁通：通达各方。言乾元虽然纯而不杂，但乾卦六爻的运动变化，又可以通达万物之情状。 (57)此句意为乾卦六爻的运动，犹如随着时节而变化的六条巨龙，统驭着大自然。 (58)成德：成就品德。日：他日，异时。言君子以成就品德作为自己行为的准则，品德为行为的根本，它刚开始之时尚不明显，但它日将变得显著。《周易尚氏学》认为，君子成德以行，是说明“儒者之责任”，“潜龙志在行道，与甘心隐遁鸣高者异”。 (59)此句意为君子靠学习来积累知识，靠提问来辨别是非，以宽阔的胸襟面对世人，以仁慈之心看待万物。 (60)重刚而不中：初九、九二均为阳刚之爻，九三仍为阳刚之爻，故称“重刚”。每卦只有二、五两爻居中，九三为“不中”。九五“飞龙在天”，九二“见龙在田”，九三介乎“天”与“田”之间。 (61)中不在人：六爻中，上、五为“天”，四、三为“人”，二、初为“地”。九四与九三唯一不同之处即“中不在人”。《周易正义》：“三之与四，俱为人道，但人道之中，人下近于地，上远于天，九三近二，是下近于地，正是人道，故九三不云‘中不在人’；九四则上近于天，下远于地，非人所处，故特云‘中不在人’。” ㉒大人：指理想的人格境界，即天人和合的境界。言大人之德与天地的创生之德相吻合，大人的生命辉光与日月相辉映，大人的生命秩序与大自然的秩序相协调，大人对万物吉凶的感应与鬼神相契合。 ㉓先天：先于天象。言大人与天相和合，居于天地之先也不与天相违背，居于天地之后也能顺从天时。 ㉔其：语气词，表推断。 ㉕牝马：雌性鸟兽为“牝”，与“牡”相对。牝马：母马，象征着柔顺。“坤”六爻全阴，象征“地”，《说卦》云：“坤，地也。”一方面，地与天一道共同生养万物，故云：“坤，元，亨”；另一方面，地又以顺承天为德，故《说卦》云：“坤，顺也。”利牝马之贞：利于像母马一样柔顺、贞正。 ㉖攸往：所往、所行。言君子有所前行，如果抢先进发，会迷失道路；如果跟随而行，会得到主人的照料，这样才吉利。这里说明“坤”德以柔顺守正为吉利，表现在“攸往”上，则居后而不抢先。 ㉗安贞：安顺、守持正固。此句言往西南将得到朋友，往东北则失去朋友，不论得与失，只要安顺守正，就都吉利。 ㉘至：大也。言多么伟大啊，坤元！万物仰仗她而生长，她顺承着天。 ㉙坤厚载物：大地敦厚，广载万物；坤德和顺，绵延无际。 ㉚弘：大也。大地涵容广大，各种品类的事物都顺利生长。 ㉛牝马地类：母马属于地面上的物类，行进在广袤的大地上，漫无际涯。 ㉜庆：福，吉庆。此句言往西南将得到朋友，可以与之偕行；往东北将失去朋友，但最终仍然吉庆幸福。 ㉝地势坤：与“天行健”相对应，坤象征大地，大地的情势敦厚而柔顺，君子取法坤卦，因此增厚美德，广载万物。 ㉞履：践踏，踩。初六，阴气始凝，但随着事态的发展，阴气将逐渐加重，犹如微薄的霜将迎来坚冰。《周易正义》云：“初六阴气之微，似若初寒之始，但履践其霜；微而积渐，故坚冰乃至。” ㉟履霜坚冰：当为“履霜”。驯致：以渐而致，循序渐进。言履霜表明阴气已开始凝聚，沿着这种发展趋势渐次演进，就会迎来坚冰。 ㊱直：平直，指地平面的平坦。方：方正，指大地的性状，中国古人认为天圆地方。《淮南子·本训》：“戴圆履方。”高诱注：“圆，天也；方，地也。”大：宏大。言大地本然地具有直平大的品格，无须修习，而一切皆吉利。 ㊲光：广大。高亨《周易大传今注》：“‘光’借为‘广’，地道广，谓地道广大，兼载万物，无所不容。” ㊳含章：隐含文采。从：参与。无成：不以成功自居。有终：守职至终。 ㊴此句意为：含藏着的文采，可以守持贞正，根据时机显现；或者参与君王的事业，智慧广大恢宏。 ㊵括囊：束紧口袋，比喻缄口不言，这样不会招致咎害，也不会获得赞誉。括，结扎、束紧。囊，有底的口袋。 ㊶黄裳：黄色的下裳。古代以黄色为中和之色，以黄色为贵。裳：古代服装上为衣，下为裳。元吉：大吉。 ㊷文在中：文采蕴涵在内部。王夫之云：“衣着于外，裳藏于内，故曰在中。” ㊸战：接，交接，指阴阳交接会合。坤卦至上六，阴已发展到极致，然而单纯的阴不能生长万物，它还须与阳（龙代表“阳”）结合。其血玄黄：言阴阳二气交合，产生青黄杂糅之血。血为生命之本，《周易尚氏学》：“万物出生之本由于血；血者，天地所遗氤氲之气，天玄地黄；其血玄黄者，言此血为天地所和合，故能生万物也。” ㊹其道穷也：上六，坤卦的纯阴之道已发展到极致，则转化为阴阳交合。 ㊺以大终：阳为大，阴为小。以大终，言阴极必返阳，以阳为归宿。

㊱辩:同"辨",辨别。言弑杀之类恶行的发生并非一朝一夕的事,而是逐渐发展的,是由于没有尽早辨别真相。 ㊲德不孤:美德广布,众人应和而不孤独。言君子内心保持敬畏、正直,外在行动上保持道义、方正;内心虔敬,行为适宜,德行广布而不孤独。 ㊳黄中通理:六五居上卦之中位,黄为中和之色,故称"黄中";黄色亦为美丽之色,故下言"美在其中"。理:文采,文理。言六五柔顺居中,但向外显发,可以通达可见的文采。正位居体:"体居正位",言六五居于中正之位。四支:四肢。言内在之美流布于外,表现在事业中,这是美的极致。 ㊴疑:通"凝",凝神,专注。嫌:疑惑。言阴气凝神于阳气就一定会相互交合;担心人们疑惑坤卦中无阳,《周易》便在爻辞中指称"龙"来代表"阳"。㊵类:朋类,配偶。言因为阴不曾离弃其配偶"阳",所以在爻辞中称呼"血"来象征阴阳交合。

【题解】

《周易》既是西周初年占筮之书,也是中国古代的哲理之书,被誉为"群经之首"。《周易》含"经"、"传"两部分。"经"部分包括两项内容:(1)六十四卦符号。六十四卦(即由六爻组成的"别卦")符号由八卦(即由三爻组成的"经卦")两两重叠而成;而每一经卦由三爻重叠而成。"爻"分为"阴爻"(--)、阳爻(—)。"阴"、"阳"是中国古代哲人从万物中抽象出来、并用以说明万物生成演化规律的一对哲学范畴。"盈乎天地之间无非一阴一阳之理"(《朱子大全·易纲领》)。(2)与卦爻符号相联系的卦辞、爻辞。因此,"经"中的每一卦均含卦画(卦象)、卦名、卦辞、爻名、爻辞等五项内容。以"乾卦"为例,"☰"是卦画,"乾"是卦名,"元,亨,利,贞"是卦辞,"初九"、"九二"、"九三"、"九四"、"九五"、"上九"为爻名,爻名后面的"潜龙勿用"等为爻辞。

"传"是对"经"的解释、阐发,《周易》的"传"部分包括七种:《彖传》(上、下)、《象传》(上、下)、《文言》、《系辞》(上、下)、《说卦》、《序卦》、《杂卦》,共十篇,故称之为"十翼",意即解释"经"的羽翼。《乾卦》和《坤卦》是《周易》六十四卦中起首的两卦,同时也是六十四卦的基础,被视为《周易》之门户。"乾卦"由六阳爻组成,代表"天",象征着刚健;"坤卦"由六阴爻组成,代表"地",象征着柔顺。乾(天)坤(地)构成中国古代对于宇宙的设计图式,乾(阳刚)坤(阴柔)也成为中国古人对自然、社会、人生的解释模式。在这两个简易的符号中蕴涵着无穷的哲理,成为后代阐发不尽的源泉。例如,在本文所选部分,《彖传》将"乾"、"坤"视为"万物"的本原;《象传》以"乾"(天)的属性——"刚健"来类比"君子"之德——"自强不息",以"坤"(地)的属性——"柔顺"来描述"君子"之风——"厚德载物"。

【思考与训练】

1. 结合自己的生活实际，谈谈你对《周易》乾坤卦中所包含的哲理的理解。

2. 举例谈谈《周易》中的文学色彩。

3. 背诵《乾卦·象传》和《坤卦·象传》。

（姜金元撰稿）

尚　书

吕　刑

（《尚书·周书》）

王曰："吁！来！有邦有土[①]，告尔祥刑[②]。在今尔安百姓，何择非人[③]？何敬非刑？何度非及[④]？两造具备[⑤]，师听五辞[⑥]。五辞简孚[⑦]，正于五刑[⑧]。五刑不简，正于五罚[⑨]。五罚不服，正于五过[⑩]。五过之疵[⑪]，惟官、惟反、惟内、惟货、惟来[⑫]。其罪惟均[⑬]，其审克之[⑭]。五刑之疑有赦[⑮]，五罚之疑有赦，其审克之。简孚有众，惟貌有稽[⑯]。无简不听[⑰]，具严天威。墨辟疑赦[⑱]，其罚百锾[⑲]，阅实其罪[⑳]。劓辟疑赦，其罚惟倍，阅实其罪。剕辟疑赦，其罚倍差[㉑]，阅实其罪。宫辟疑赦，其罚六百锾，阅实其罪。大辟疑赦，其罚千锾，阅实其罪。墨罚之属千，劓罚之属千，剕罚之属五百，宫罚之属三百，大辟之罚，其属二百。五刑之属三千。上下比罪[㉒]，无僭乱辞[㉓]，勿用不行，惟察惟法，其审克之。上刑适轻，下服[㉔]；下刑适重，上服。轻重诸罚有权。刑罚世轻世重[㉕]，惟齐非齐[㉖]，有伦有要。罚惩非死，人极于病。非佞折狱，惟良折狱，罔非在中。察辞于差，非从惟从。哀敬折狱[㉗]，明启刑书胥占[㉘]，咸庶中正。其刑其罚，其审克之。狱成而孚，输而孚[㉙]。其刑上备[㉚]，有并两刑。"

王曰："呜呼！敬之哉！官伯族姓[㉛]，朕言多惧。朕敬于刑，有德惟刑。今天相民[㉜]，作配在下[㉝]。明清于单辞[㉞]，民之乱[㉟]，罔不中听狱之两辞[㊱]，无或私家于狱之两辞[㊲]。狱货非宝[㊳]，惟府辜功[㊴]，报以庶尤[㊵]。永畏惟罚，非天不中，惟人在命。天罚不极[㊶]，庶民罔有令政在于天下[㊷]。"

【注释】

①有邦有土：有邦国（的诸侯），有封地（的大臣）。　②祥刑：善刑。一说祥刑指慎

用刑罚。 ③何择非人:选择什么呢?难道不是好的法官吗?何择:择何。 ④及:适宜,意指用刑轻重适宜。 ⑤两造:指原告和被告。钱大昕说:两造,一作两遭。两遭,等于说两曹。《说文》:“曹,狱之两曹也。”段玉裁注:“两曹,今欲所谓原告被告也。” ⑥师:指士师,即狱官。听:审理、处理。五辞:“五听”,是古代狱官审案时探究当事人心理活动以把握案情的五种方法。《周礼·小司寇》记载:“以五声听狱讼,求民情。一曰辞听,二曰色听,三曰气听,四曰耳听,五曰目听。” ⑦简:核实。孚:验证。 ⑧正:治。五刑:指古代的五种刑罚:墨、劓、剕、宫、大辟。 ⑨五罚:指与五刑相对应的五等罚金。⑩五过:五种过失。 ⑪五过之疵:采用五过惩治常见的弊端(即下文所说的官、反、内、货、来)。 ⑫官:畏官势。反:报恩怨。内:接受说情。货:收受贿赂。来:受人请托。⑬其罪惟均:狱官在惩治犯人时,因官、反、内、货、来而出入人罪者,其罪与犯人同等。⑭克:通“核”,核实。 ⑮五刑之疑有赦:用五刑处治有可疑不实之处,就从轻处治。⑯稽:考察、考证。貌:神态、表情。惟貌有稽,即稽貌。 ⑰无简不听:没有核实不能治罪。 ⑱墨辟:墨刑。 ⑲锾(huán):古代重量单位,六两为一锾。 ⑳阅实其罪:检阅核实其所犯之罪,使罪与罚相当,以收取赎金。 ㉑倍差:一倍半。 ㉒上下比罪:若所犯罪行无法律条文规定的,可参照上下刑而比附其罪,即类推定罪。比,比照、比附。比于重罪者,为上比;比于轻罪者,为下比。 ㉓僭:超越本分,任意、随意。 ㉔此句言犯重罪而宜于从轻处罚的,就减等治罪。 ㉕刑罚世轻世重:刑罚应根据社会情况决定轻重。 ㉖齐:同,一致。一说“惟齐非齐”意为用法律规范整治越轨的行为。齐,用如动词,整治。非齐:指越轨行为。 ㉗敬:通“矜”,怜悯。 ㉘明启刑书胥占:明白地打开刑书,查阅法律条文,依法判断。占:判断、揣度。 ㉙输:变更。 ㉚上备:以慎重为上。备,“慎也”(《说文》)。 ㉛官伯:狱官和诸侯。族姓:同族的大臣和异姓的大臣。㉜相民:治民。 ㉝作配在下:(人君)在下配合天来治民。作配,配合。 ㉞明清:作动词,察明、弄清楚。单辞:诉讼一方之辞。 ㉟乱:反训,治。《尔雅·释诂》:“乱,治也。” ㊱中听狱之两辞:公正地审理诉讼双方的讼辞。 ㊲“无或”句:绝不能在审理案件中自营私利,而偏袒任何一方。私家:谋私利。 ㊳狱货:审理案件接受的贿赂。㊴府:聚。辜功:罪状、罪迹。 ㊵报以庶尤:指遭到众多灾祸的报应。尤,灾祸。㊶极:至,达到。 ㊷令政:善政。

【题解】

《尚书》初称《书》,至西汉方称《尚书》,因被儒家奉为经典,故又称《书经》。

《尚书》大约在先秦就已有定本,乃商周时期汇集而成,非一人之作。传原有百篇,遭秦火至汉初仅存29篇。《尚书》的内容大多为统治者的誓词、文告和谈话记录,它是我国古代的一部政治文献。《尚书》的核心思想是“敬天”、“明德”、“慎刑”、“保民”。《尚书》为我们了解远古政治制度、思想意识、社会状况提供了珍贵史料。同时,《尚书》是我国第一部散文集,为后世散文创作奠定了基础。

《吕刑》出自《尚书·周书》,是周穆王的一篇诰词,是我国历史上最早的刑法专著,对了解西周法律制度和法制思想具有极高的史料价值。因穆王的诰词实际体现了吕侯(穆王相)的法律思想,故名《吕刑》。

【思考与训练】

1.《吕刑》中体现了西周时期的哪些法律思想?

2.《吕刑》提出了"刑"与"德"这一对治理国家的基本范畴,结合现实谈谈"道德"与"法律"在治理国家中的地位和作用,以及两者之间的关系。

3. 作为中国第一部散文集的《尚书》在语言上有哪些特征?请通过《吕刑》加以说明。

(李漫天撰稿)

左　传

子产论政宽猛

(《左传·昭公二十年》)

郑子产有疾[①],谓子大叔曰[②]:"我死子必为政。唯有德者,能以宽服民,其次莫如猛。夫火烈,民望而畏之,故鲜死焉;水懦弱,民狎而玩之,则多死焉。故宽难。"疾数月而卒。大叔为政,不忍猛而宽。郑国多盗,取人于萑苻之泽[③]。大叔悔之曰:"吾早从夫子,不及此。"兴徒兵以攻萑苻之盗,尽杀之,盗少止。

仲尼曰:"善哉,政宽则民慢,慢则纠之以猛;猛则民残,残则施之以宽。宽以济猛,猛以济宽,政是以和。《诗》曰[④]:'民亦劳止,汔可小康[⑤]。惠此中国,以绥四方[⑥]。'施之以宽也。'毋纵诡随,以谨无良。式遏寇虐,惨不畏明[⑦]。'纠之以猛也。'柔远能迩,以定我王。'平之以和也。又曰:'不竞不絿,不刚不柔[⑧]。敷政优优,百禄是遒[⑨]。'和之至也。"及子产卒,仲尼闻之,出涕曰:"古之遗爱也[⑩]。"

【注释】

①子产:春秋时郑国人,姓公孙名侨。简公、定公时,在郑国执政。②子大叔:春秋时郑国人,姓游名吉。继子产为相。子:古代士大夫的通称。③萑苻(huánfú):泽名,以其泽芦苇丛生,故名。④此下三节均出自《诗经·大雅·民劳》。⑤亦:表强调的语气词。止:表确定的语气。汔:通“祈”,求、希望。⑥中国:即国中,指京师,周王直接统治的地区。四方:与“中国”相对,指四方诸侯国,即天下。绥:安抚。⑦憯:通“曾”,“竟然”之意。⑧竞:争、逐。絿:急躁。⑨敷:布、施。优优:平和、宽裕的样子。遒:汇集、聚。此二句引自《诗经·商颂·长发》。⑩遗爱:仁爱的遗风。

【题解】

《左传》是我国第一部叙事详明的编年体历史著作。《左传》是对大事记性质的史书《春秋》的“传”(zhuàn,阐释,解说),其作者据说是春秋末年鲁国史官左丘明。所以《左传》又称《春秋左氏传》或《左氏春秋》。

《左传》所记载的历史大致与《春秋》相当。它比较系统、详细地记述了春秋时期各国的政治、经济、军事、文化等各个方面的历史事件,具有珍贵的历史价值。

《左传》是我国先秦时期叙事文学的典范。其叙述富有戏剧性,善于叙写战争。对后世叙事文学产生了深远的影响。

本文选自《左传·昭公二十年》,题目是选者所加。文章记述了春秋时期郑国杰出政治家子产对其继任者的告诫,说明在当时仅仅依靠德化是不能治理好国家的。文章通过游吉为政的经验教训,证明了孔子治国的基本观点,即宽猛相济,德刑兼用。文章最后表达了孔子对子产的高度评价。

【思考与训练】

1. 简述“和”的含义。孔子在《论语》中指出:“君子和而不同,小人同而不和”(《子路》);“君子周而不比,小人比而不周”(《为政》)。结合生活观感谈谈“和”在日常生活中的具体表现和作用。

2. 分析第二段的论述层次。

3. 孔子说过,“不学《诗》,无以言”(《季氏》),这在本文中得到了充分的体现。结合你的写作经历,谈谈经典理论学习对于文章写作的重要性。

(李漫天撰稿)

国　语

召公谏厉王弭谤

（《国语·周语上》）

厉王虐[①]，国人谤王[②]。召公告王曰："民不堪命矣！"王怒。得卫巫，使监谤者，以告[③]，则杀之。国人莫敢言，道路以目。

王喜，告召公曰："吾能弭谤矣[④]，乃不敢言。"

召公曰："是障之也。防民之口，甚于防川。川壅而溃，伤人必多，民亦如之。是故为川者决之使导，为民者宣之使言[⑤]。故天子听政，使公卿至于列士献诗[⑥]，瞽献典[⑦]，史献书[⑧]，师箴，瞍赋[⑨]，矇诵[⑩]，百工谏[⑪]，庶人传语[⑫]，近臣尽规，亲戚补察[⑬]，瞽史教诲，耆艾修之[⑭]，而后王斟酌焉。是以事行而不悖。民之有口，犹土之有山川也，财用于是乎出；犹其有原隰衍沃也[⑮]，衣食于是乎生。口之宣言也，善败于是乎兴。行善而备败，其所以阜财用衣食者也[⑯]。夫民虑之于心而宣之于口，成而行之，胡可壅也？若壅其口，其与能几何[⑰]？"

王弗听，于是国人莫敢出言。三年，乃流王于彘[⑱]。

【注释】

①厉王：周厉王姬胡。因暴虐无道，故恶谥厉王。　②谤：诽谤，此处指批评。　③以告：即"以之告王"，将批评的人报告给厉王。　④弭（mǐ）：消除、制止。　⑤宣：引导、开放。　⑥公卿至于列士：周代官职分为公、卿、大夫、士等级别，公卿是高层官员，士是下层官吏，士又可细分为上士、中士、下士三等。列士：各级士。　⑦瞽（gǔ）：盲人。古代以瞽者为乐官，故为乐官代称。此指乐官中的太师。典：乐典。　⑧史：史官。书：指古代历史典籍。　⑨瞍（sǒu）：没有瞳仁的盲人。　⑩矇：有瞳仁而看不见东西的盲人。　⑪百工：指管理各种工奴的工官。一说百工即"百官"。　⑫庶人传语：平民百姓因其不能直接接触君王，故其批评意见只能间接地辗转传达。　⑬亲戚：指与国君有亲属关系的大臣。　⑭耆艾：年高有德的人。古时60岁者为"耆"，50岁者为"艾"。修：劝诫、警戒。　⑮原：高而平的土地。隰（xí）：低湿的土地。衍：平原。　⑯阜：丰厚、盛多，此处为使动用法。　⑰与：参与者、追随者、同盟者。　⑱流：放逐。彘（zhì）：地名，在今山西霍县境内。

【题解】

《国语》是我国第一部国别史。《国语》凡21卷，以国为单位分别记载了从周穆王至春秋末期周、鲁、齐、晋、郑、楚、吴、越等8国的历史片断。传说《国语》是左丘明所作，司马迁在《报任安书》中说："左丘失明，厥有《国语》。"

《国语》以记言为主，故称《国语》，作者精选历史人物的一些言论，以此来表明人物的思想及人物在历史事件中的功过得失，从而警戒世人。如本篇"防民之口，甚于防川"的比喻，说明让老百姓开口发表意见的重要性，以及压制人民言论所带来的严重后果。文章还反映了古代先民原始、朴素的民主观念和原始民主制的一些情况。

【思考与训练】

1. 试从"谤"分析中国远古原始民主制度及其在封建王权时代的衰落。
2. 如何理解中国古代诗歌的认识功能？
3. 试分析厉王这个人物的形象。

（李漫天撰稿）

战国策

触龙说赵太后

（《战国策·赵策四》）

赵太后新用事[①]，秦急攻之。赵氏求救于齐，齐曰："必以长安君为质[②]，兵乃出。"太后不肯，大臣强谏[③]。太后明谓左右[④]："有复言令长安君为质者，老妇必唾其面。"

左师触詟愿见太后[⑤]，太后盛气而揖之[⑥]。入而徐趋[⑦]，至而自谢[⑧]，曰："老臣病足，曾不能疾走[⑨]，不得见久矣，窃自恕，而恐太后玉体之有所郄也[⑩]，故愿望见太后。"太后曰："老妇恃辇而行[⑪]。"曰："日食饮得无衰乎？"曰："恃粥耳。"曰："老臣今者殊不欲食[⑫]，乃自强步，日三四里，少益嗜食，和于身[⑬]。"太后曰："老妇不能。"太后之色稍解。

左师公曰："老臣贱息舒祺[⑭]，最少，不肖；而臣衰，窃爱怜之。愿令得补黑衣之数，以卫王宫[⑮]。没死以闻[⑯]。"太后曰："敬诺[⑰]。年几何矣？"对曰："十五岁矣。虽少，愿及未填沟壑而托之[⑱]。"太后曰："丈夫亦爱怜其少子乎？"对曰："甚于妇人。"太后笑曰："妇人异甚。"对曰："老臣窃以为媪之爱燕后[19]，贤于长安君[20]。"曰："君过矣！不若长安君之甚。"左师公曰："父母之爱子，则为之计深远[21]。媪之送燕后也，持其踵[22]，为之泣，念悲其远也，亦哀之矣[23]。已行[24]，非弗思也，祭祀必祝之，祝曰：'必勿使反[25]。'岂非计久长，有子孙相继为王也哉？"太后曰："然。"

左师公曰："今三世以前[26]，至于赵之为赵[27]，赵主之子孙侯者[28]，其继有在者乎？"曰："无有。"曰："微独赵[29]，诸侯有在者乎？"曰："老妇不闻也。""此其近者祸及身，远者及其子孙[30]。岂人主之子孙则必不善哉[31]？位尊而无功，奉厚而无劳[32]，而挟重器多也[33]。今媪尊长安君之位，而封之以膏腴之地，多予之重器，而不及今令有功于国，一旦山陵崩[34]，长安君何以自托于赵[35]？老臣以媪为长安君计短也，故以为其爱不若燕后。"太后曰："诺，恣君之所使之[36]。"于是为长安君约车百乘[37]，质于齐，齐兵乃出。

子义闻之[38]，曰："人主之子也，骨肉之亲也，犹不能恃无功之尊，无劳之奉，而守金玉之重也，况人臣乎！"

【注释】

①赵太后：即赵威后，赵惠文王之妻，赵孝成王之母。新用事：刚刚执政，此事发生在赵孝成王元年（前265），孝成王初即位，年幼，由赵太后执政。　②长安君：赵太后幼子的封号。质：抵押，以财物或人作保证。先秦时，两国结盟大多以国君的弟兄或儿子居于盟国作为抵押，即人质。　③强（qiáng）：坚决，强行。强谏：竭力谏诤。　④明谓：明白地告诉。　⑤左师：官名。春秋战国时，宋、赵等国官制，有左师、右师，为掌实权的执政官。触詟（zhé）：《史记·赵世家》和长沙马王堆三号汉墓出土的《战国策》残本记录此事均作"触龙言"。　⑥揖：《史记·赵世家》"揖"作"胥"，胥通"须"：等待。⑦徐：慢慢地。趋：疾走。古时下位者见上位者，按礼当疾走。因触龙脚有毛病，徒具趋的姿势，而实际速度并不快，故曰"徐趋"。　⑧谢：谢罪。　⑨曾：竟然。　⑩玉体：即贵体。郄（xì）：同"隙"，欠缺，不舒服。　⑪辇（niǎn）：两人共挽的车子。　⑫今者：犹言"近来"。殊：很。　⑬和于身：使身体舒适。　⑭贱息：对人谦称自己的儿子为"贱息"。息：子。舒祺：触龙儿子的名字。　⑮黑衣：当时王宫的卫士都穿黑衣，故以黑衣指代卫士。宫：原作"官"，从《史记·赵世家》改。此句是说，希望让他得以补充卫士的名额，即让他当一名卫士，来守卫王宫。　⑯没死：冒死。臣对君的谦卑用语。以：介词，省略了宾语"之"，即上面的请求。闻：使闻，告知。　⑰敬诺：犹言遵命。　⑱及：趁。填沟壑：指死亡。这里是谦虚的说法，自比为贱民奴隶，死后弃尸于山沟。　⑲媪（ǎo）：对年老妇人尊称。燕后：燕国王后，指赵太后之女，远嫁燕国为后。　⑳贤：胜过，超过。　㉑计深远：考虑长远利益。计：考虑，谋划。　㉒踵：足跟。言女儿出嫁登车将行，太后不忍别，在车下抚摸女儿的足后跟。　㉓哀：爱之兼有思念之意。此句是说，太后惦念、悲伤女儿的远嫁，愈发思念不舍。　㉔已行：已经出嫁之后。　㉕反：通"返"。

古代诸侯嫁女于他国，只有被废或亡国才返回本国。 ㉖三世以前：三代以前，即从赵孝成王向上推及三代，也即指赵武灵王。孝成王之父为惠文王，惠文王之父为武灵王。㉗至于赵之为赵：上推到赵氏开创赵国之时（即赵肃侯时）。前“赵”指赵氏，周穆王赐造父以赵城，始有赵氏；后“赵”指赵国。前376年，魏、韩、赵三家瓜分晋国，赵肃侯由晋国的一大夫成为赵国国君。赵国占有今山西中部、陕西东北角、河北西南部等地。后经赵武灵王至惠文王，疆域又有所扩大。 ㉘此句意思是，赵国历代国君的子孙受封侯的人。 ㉙微独：不仅，不但。微：非。 ㉚此句意为：这就是人们所说的思虑浅近，祸患来得早的，就降到自己头上；祸患来得晚的，就降临到子孙头上。 ㉛不善：没有好结果。 ㉜奉：通“俸”：俸禄，薪俸。 ㉝挟：持，把握。重器：贵重的宝物。 ㉞山陵：喻指国君，此处指赵太后。崩：帝王辞世。 ㉟托：托身，立足。 ㊱诺：应答声，表赞许，许可。恣：恣意，任意。 ㊲约：准备，具办。 ㊳子义：人名，赵国贤士。

【题解】

《战国策》，其初有《国事》、《短长》、《事语》、《长书》、《修书》等名称，至西汉末经刘向整理，定名为《战国策》，简称《国策》。其作者已无确考，大抵出自史官之手。近人罗根泽认为为汉初蒯通所作。《战国策》是一部记录战国时期各国政治、军事、外交、文化等方面情况的历史文献，凡三十三篇，分东周、西周、秦、齐、楚、赵、魏、韩、燕、宋、卫、中山等十二国。其记事上继《春秋》，下迄六国灭亡，所载史实许多被司马迁《史记》所取材。

《战国策》不仅是珍贵的历史文献，也是一部具有文学艺术价值的散文集。其语言反映了战国时期策士们的语言风格，论事周密，气势纵横，流畅犀利，状物写人生动形象，善于用比喻、寓言说明抽象的道理，对后世政论文有深远的影响。

本篇选自《战国策·赵策四》，记载了触龙就长安君质齐一事对赵太后的劝告。赵孝成王元年（前265），趁孝成王年幼，赵太后刚刚执政之际，秦国攻打赵国，赵国不得不求救于齐。而齐国却提出救援的条件是，让赵太后宠爱的小儿子长安君到齐国当人质。赵太后不肯答应这个条件，大臣竭力劝说，激怒了赵太后。面对此情势，触龙避其锋芒，从日常饮食起居说起，接着论及为人父母疼爱子女的常情，最后论及什么样的爱才是深远的爱、明智的爱。指出“位尊而无功，奉厚而无劳”，其权位不能久远的道理。在说服技巧上，触龙采用迂回的战术，用语亲切委婉，收到良好的说服效果。此事亦见于《史记·赵世家》。

【思考与训练】

1. 试分析触龙的劝说技巧。

2. 文章是怎样塑造赵太后这个人物形象的?

3. 找出文中的通假字。

（李漫天撰稿）

老　子

《道德经》四章

（《老子》）

道可道[1],非常道;名可名[2],非常名。无,名天地之始;有,名万物之母。故常无,欲以观其妙;常有,欲以观其徼[3]。此两者,同出而异名,同谓之玄[4]。玄之又玄,众妙之门[6]。(第一章)

载营魄抱一[7],能无离乎?专气致柔,能如婴儿乎?涤除玄览[8],能无疵乎?爱民治国,能无为乎?天门开阖[9],能无雌乎?明白四达,能无知乎?生之,畜之。生而不有,为而不恃,长而不宰,是谓"玄德"。(第十章)

孔德之容[10],惟道是从。"道"之为物,惟恍惟惚[11]。惚兮恍兮,其中有象;恍兮惚兮,其中有物。窈兮冥兮[12],其中有精;其精甚真,其中有信。自今及古,其名不去,以阅众甫[13]。吾何以知众甫之状哉?以此。(第二十一章)

治大国,若烹小鲜[14]。以道莅天下,其鬼不神;非其鬼不神,其神不伤人;非其神不伤人,圣人亦不伤人。夫两不相伤,故德交归焉。(第六十章)

【注释】

①道可道:前一个"道"是老子哲学的特有范畴,后一个"道"指言说、称道,作动词用。　②名可名:前一个"名"是老子哲学的专有概念,后一个"名"指指称、命名,作动词用。　③徼(jiào):边际、终极。　④玄:幽远而不可测知。　⑤众妙之门:一切存在的关键、根本。　⑥载:语助词。营魄:魂魄、精神。一:指"道"。　⑦涤除玄览:指清除内心的杂念,使心灵深处明澈如镜。　⑧开阖:动静。　⑨孔:大。德:"道"的显现形式。容:运作、运转。　⑩恍惚:若有若无,闪烁不定。　⑪窈兮冥兮:深远暗昧。⑫众甫:万物。　⑫小鲜:小鱼。

【题解】

老子(约前580—前500),名聃,楚苦县厉乡曲仁里人,老子与孔子基本同时,而略长于孔子,历史上有孔子问礼于老子的记载。老子曾任"周守藏室之史",他是道家学派的创始人,著有《老子》(又名《道德经》、《老子五千文》),凡八十一章。

《老子》一书的核心范畴是"道"。关于"道",后世有各种解释,有的认为"道"即宇宙本体,即所谓"道生一,一生二,二生三,三生万物"(《老子》四十二章);有的认为"道"是自然规律,是对立转化、循环往返的运动规律,即所谓"反者道之动"(《老子》四十章);有的则认为"道"既非宇宙本体,亦非客观规律,而是主客体未分化之前的一种混沌的原始状态。不论如何,老子的"道"开启了中国哲理性思考的先河,《老子》五千文所蕴涵的形上玄思成为中华文化重要的组成部分。

【思考与训练】

1. 试分析《老子》首章"道可道,非常道"这句话的含义和意义。

2. 在建设和谐社会的过程中,道家思想中哪些因素可以合理地加以利用?

3. 谈谈《老子》的语言风格。

(姜金元撰稿)

论　语

《论语》十则

(《论语》)

子曰:"学而时习之,不亦说乎?有朋自远方来,不亦乐乎?人不知而不愠①,不亦君子乎?"(《学而》)

子贡曰:"贫而无谄,富而无骄,何如?"子曰:"可也。未若贫而乐,富而好礼者也。"子贡曰:"诗云:'如切如磋,如琢如磨②',其斯之谓与?"子曰:"赐也③,始可与言诗已矣!告诸往而知来者④。"(《学而》)

子曰:"吾十有五而志于学⑤,三十而立⑥,四十而不惑,五十而知天命⑦,六十而耳顺⑧,七十而从心所欲,不逾矩。"(《为政》)

子曰："君子周而不比[⑨]，小人比而不周。"(《为政》)

子夏问曰："'巧笑倩兮，美目盼兮，素以为绚兮[⑩]'，何谓也？"子曰："绘事后素[⑪]。"曰："礼后乎[⑫]？"子曰："起予者商也[⑬]！始可与言诗已矣。"(《八佾》)

子曰："富与贵，是人之所欲也，不以其道得之，不处也[⑭]；贫与贱，是人之所恶也，不以其道得之[⑮]，不去也。君子去仁，恶乎成名[⑯]？君子无终食之间违仁[⑰]，造次必于是[⑱]，颠沛必于是。"(《里仁》)

子曰："质胜文则野[⑲]，文胜质则史[⑳]。文质彬彬[㉑]，然后君子。"(《雍也》)

子曰："志于道，据于德，依于仁，游于艺。"(《述而》)

曾子曰："士不可以不弘毅，任重而道远。仁以为己任，不亦重乎？死而后已，不亦远乎？"(《泰伯》)

子路、曾皙、冉有、公西华侍坐[㉒]。子曰："以吾一日长乎尔[㉓]，毋吾以也[㉔]。居则曰[㉕]：'不吾知也！'如或知尔，则何以哉？"子路率尔而对曰[㉖]："千乘之国，摄乎大国之间[㉗]，加之以师旅[㉘]，因之以饥馑[㉙]；由也为之，比及三年[㉚]，可使有勇，且知方也[㉛]。"夫子哂之[㉜]。"求！尔何如？"对曰："方六七十，如五六十[㉝]，求也为之，比及三年，可使足民[㉞]。如其礼乐，以俟君子。""赤！尔何如？"对曰："非曰能之，愿学焉。宗庙之事，如会同[㉟]，端章甫[㊱]，愿为小相焉[㊲]。""点！尔何如？"鼓瑟希[㊳]，铿尔[㊴]，舍瑟而作[㊵]。对曰："异乎三子者之撰[㊶]。"子曰："何伤乎[㊷]？亦各言其志也。"曰："莫春者[㊸]，春服既成[㊹]。冠者五六人[㊺]，童子六七人，浴乎沂[㊻]，风乎舞雩[㊼]，咏而归。"夫子喟然叹曰[㊽]："吾与点也[㊾]！"三子者出，曾皙后。曾皙曰："夫三子者之言何如？"子曰："亦各言其志也已矣。"曰："夫子何哂由也？"曰："为国以礼，其言不让，是故哂之。""唯求则非邦也与[㊿]？""安见方六七十如五六十而非邦也者？""唯赤则非邦也与？""宗庙会同，非诸侯而何？赤也为之小，孰能为之大？"(《先进》)

【注释】

①愠(yùn)：怒，怨恨。 ②引诗见《诗经·卫风·淇奥》。切：用刀切断。磋(cuō)：用锉锉平。琢：用刀雕刻。磨：用物打磨。此处以治骨器、玉器的精细喻君子精益求精地修炼陶冶性情。 ③赐：人名。子贡姓端木，名赐。 ④往者：过去的事情，此处指已知的事情。来者：未来的事情，此处指未知的事情。 ⑤有：通"又"。志：立志。朱熹注："心之所之，谓之志。"熊十力《原儒》："心之所存主，谓之志。" ⑥立：站立，立

定,此处指有所成就而在社会上占据一定的地位。 ⑦天命:天道,即万物内在的必然性,万物内在的命运。 ⑧耳顺:指耳朵一听他人言语,便能分辨其是非真假。朱熹注:"声入心通,无所违逆。" ⑨周:合群。比:勾结。 ⑩引诗前两句见《诗经·卫风·硕人》,后一句疑为逸诗。倩(qiàn):美。朱熹《诗集传》:"倩,口辅之美也。"意即微微一笑,两腮映现酒窝。盼:眼睛黑白分明。素:未染色的丝绸。后引申为"白底"。绚:绚丽,华美。 ⑪绘:绘画。绘事后素:言先有白底,然后画画。《考工记》:"凡画绘之事,后素功。" ⑫礼后乎:意即礼在("仁")之后吗? ⑬起:阐发,阐明。予:我。商:人名,子夏姓卜,名商。 ⑭处:享有,占据。 ⑮得:此处的"得"疑为"去"字之误。⑯恶(wū):通"乌",疑问词,何,哪里。 ⑰终食:吃完一顿饭。违:离开。言君子一刻也不离开仁德。 ⑱造次:仓促,匆忙。于:作"为"讲。是:这,即仁德。 ⑲质:质地,指内容、内涵。文:文采,指形式。野:粗鄙,粗野。 ⑳史:文多而质少,即虚饰、浮夸。㉑彬彬:文和质相匹配、相融合的样子。 ㉒子路:即仲由。曾皙(xī):姓曾,名点,曾参之父。冉有:冉求。公西华:公西赤。四人都是孔子的弟子。侍坐:陪同孔子,围坐在孔子身边。 ㉓以:因为。尔:你们。意即因为我比你们年长一些。 ㉔毋:通"无"。以:通"已"。意即不要因为我年长一些而有拘束,不要顾虑我。一说,"以"作"用"解,"毋吾以"即"不用我"。 ㉕居:平日,平时。 ㉖率尔:轻率匆忙的样子。 ㉗摄(niè):通"籋"(niè),夹,夹击。 ㉘师旅:指军队。 ㉙因:继。饥馑:饥荒。 ㉚比:近。及:到。比及:等到。 ㉛方:方向,指礼义。 ㉜哂(shěn):讥笑。 ㉝如:或者。 ㉞足民:使民众富足。 ㉟会同:诸侯会盟。 ㊱端:玄端,古代礼服的名称。章甫:古代礼帽的名称。 ㊲相:傧相,祭祀或会盟时主持赞礼和司仪的官。相分卿、大夫和士三等。小相处最低一等。 ㊳希:通"稀",稀疏,指声音渐弱。 ㊴铿(kēng)尔:铿的一声,指弹瑟将终时的高音。 ㊵作:站起来。 ㊶撰:通"譔",讲述。 ㊷伤:妨碍。 ㊸莫:通"暮"。 ㊹春服:春装,夹衣。 ㊺冠者:指成年人。古时男子二十岁行加冠礼。㊻沂(yí):水名,在今山东曲阜南。 ㊼风:吹风,迎风纳凉。舞雩(yú):鲁国祭天祈雨的地方,在今山东曲阜。 ㊽喟(kuì)然:深深地叹息的样子。 ㊾与:认同,赞许。㊿唯:句首语气词。与:通"欤",语气词,表疑问。

【题解】

《论语》是记述孔子及弟子言行的书,儒家文化经典。孔子(前551—前479),名丘,字仲尼,鲁国陬(zōu)邑(今山东曲阜东南)人。我国古代伟大的思想家和教育家,儒家学派创始人。被尊称为"至圣"。

孔子生活的年代正值"礼崩乐坏"的春秋末期,孔子推崇西周的文化,企图以"礼"匡正天下。孔子的核心思想是"仁"。"仁"是调节人与人之间的关系的伦理范畴,"仁者,人也"(《中庸》)。孔子解释说:"夫仁者,己欲立而立人,己欲达而达人。能近取譬,可谓仁之方也已。"孔子还说:"仁者,爱人。”基于“仁”,孔子在政治上主张“仁政”;基于“仁”,孔子树立了君子的道德标准。孔子的教育理念也是基于“仁”,教育是为了完成君子人格的养成。

《论语》是语录体散文。论,编纂、辑录;语,言语、言行。《论语》语言简洁,含义隽永,许多语句成为影响后世的格言、警句。此外,《论语》也有一些短小精悍的记叙文,生动再现了孔子及其弟子谈话时的情态。

【思考与训练】

1. 背诵1—9则。

2. 就第二则、第四则、第九则中论及的观点,结合现实加以讨论,选择某一个观点集中论述。

3. 结合第十则,谈谈《论语》的叙述技巧。

(李漫天撰稿)

墨　子

兼爱(上)

(《墨子》)

圣人以治天下为事者也[①]。必知乱之所自起,焉能治之[②];不知乱之所自起,则不能治。譬之如医之攻人之疾者然[③],必知疾之所自起,焉能攻之;不知疾之所自起,则弗能攻。治乱者何独不然,必知乱之所自起,焉能治之;不知乱之所自起,则弗能治。圣人以治天下为事者也,不可不察乱之所自起。

当察乱何自起[④]?起不相爱。臣子之不孝君父[⑤],所谓乱也。子自爱不爱父,故亏父而自利;弟自爱不爱兄,故亏兄而自利;臣自爱不爱君,故亏君而自利,此所谓乱也。虽父之不慈子[⑥],兄之不慈弟,君之不慈臣,此亦天下之所谓乱也。父自爱也不爱子,故亏子而自利;兄自爱也不爱弟,故亏弟而自利;君自爱也不爱臣,故亏臣而自利。是何也?皆起不相爱。虽至天下之为盗贼者亦然[⑦],盗爱其室不爱其异室[⑧],故窃异室以利其室;贼爱其身不爱人,故贼人以利其身。此何也?皆起不相爱。虽至大夫之相乱家[⑨],诸侯之相攻国者亦然。大夫各爱其家,不爱异家,故乱异家以利其家;诸侯各爱其国，不爱异国，故攻异国以利其国，天下之乱物，具此而已矣[10]。察此何自起？皆起不相爱。

若使天下兼相爱[11]，爱人若爱其身，犹有不孝者乎？视父兄与君若其身，恶施不孝[12]？犹有不慈者乎？视弟子与臣若其身，恶施不慈？故不孝不慈亡有[13]。犹有盗贼乎？视人之室若其室，谁窃？视人身若其身，谁贼？故盗贼亡有。犹有大夫之相乱家，诸侯之相攻国者乎？视人家若其家，谁乱？视人国若其国，谁攻？故大夫之相乱家，诸侯之相攻国者亡有。

若使天下兼相爱，国与国不相攻，家与家不相乱，盗贼无有，君臣父子皆能孝慈，若此则天下治。

故圣人以治天下为事者，恶得不禁恶而劝爱[14]？故天下兼相爱则治，交相恶则乱[15]。故子墨子曰："不可以不劝爱人者，此也。"

【注释】

①事：职事，任务。 ②起：发起，发生。所自起，即从哪里发生。焉：乃，才。③然：那样，这样。 ④当：连词，犹言"则"，那么，表承接关系。 ⑤臣子：臣与子。⑥虽：即使。慈：上爱下。 ⑦虽至：表让步关系的连词，甚至。盗：偷窃。贼：伤害。先秦时期，盗与贼其意不互通。 ⑧异室：他人的家。 ⑨相：相互。家：古代大夫之封地。 ⑩物：事，事故。言天下的混乱局面，其缘由全在这里了。 ⑪兼：并，等同。兼爱：没有差异的、均等的爱。 ⑫恶（wū）：表疑问的代词，哪里，怎么。 ⑬亡：无。⑭恶（wū）得：怎能。劝：劝勉，鼓励。 ⑮交相：互相。恶（wù）：伤害，毁坏。

【题解】

《墨子》今存53篇，其中少数为墨子本人所写，多数为其弟子及后学者的记录。全书记录了墨家学派的思想和主张。

墨家学派的创始人墨子，名翟，战国时鲁人。出身卑贱，后升至"士"，其门生也多来自社会下层，主张勤俭，反对奢靡。墨子生活的年代是一个纷乱不断的时期，"饥者不得食，寒者不得衣，劳者不得息"（《墨子·非乐》），民众备受战乱、争斗之苦。墨子认为导致这种现实状况的根本原因是不相爱，对此，墨子主张"兼相爱，交相利"。"兼爱"是墨家思想的核心。

《兼爱》是《墨子》中最重要的篇目之一，课文所选部分，针对当时的社会现实，提出圣明的君主治理天下必须考察社会混乱的缘由。关于社会混乱的原因，墨子认为是人们彼此之间不相爱。通过对种种不相爱现象的分析，墨子提出了自己兼爱的主张，并以此作为改造社会、根治动乱的良方。

《墨子》中的文章质朴、明了，而且逻辑性强。本文通过反复申说，严密地论证了作者的观点。

【思考与训练】

1. 试比较墨子的"兼爱"思想与儒家的"仁爱"思想之异同。
2. 分析本文，试说明《墨子》说理的基本特点。
3. 谈谈《墨子》语言的风格。

（李漫天撰稿）

孟 子

齐桓晋文之事章

（《孟子·梁惠王上》）

齐宣王问曰[①]："齐桓、晋文之事可得闻乎[②]？"孟子对曰："仲尼之徒，无道桓、文之事者[③]，是以后世无传焉，臣未之闻也。无以[④]，则王乎[⑤]？"

曰："德何如则可以王矣？"曰："保民而王，莫之能御也。"曰："若寡人者，可以保民乎哉？"曰："可。"曰："何由知吾可也？"曰："臣闻之胡龁曰[⑥]，王坐于堂上，有牵牛而过堂下者，王见之，曰：'牛何之[⑦]？'对曰：'将以衅钟[⑧]。'王曰：'舍之！吾不忍其觳觫[⑨]，若无罪而就死地[⑩]。'对曰：'然则废衅钟与？'曰：'何可废也？以羊易之！'不识有诸[⑪]？"曰："有之。"曰："是心足以王矣。百姓皆以王为爱也[⑫]，臣固知王之不忍也。"

王曰："然[⑬]。诚有百姓者[⑭]。齐国虽褊小[⑮]，吾何爱一牛？即不忍其觳觫，若无罪而就死地，故以羊易之也。"曰："王无异于百姓之以王为爱也[⑯]。以小易大，彼恶知之？王若隐其无罪而就死地[⑰]，则牛羊何择焉[⑱]？"王笑曰："是诚何心哉[⑲]？我非爱其财而易之以羊也，宜乎百姓之谓我爱也[⑳]。"曰："无伤也[㉑]，是乃仁术也[㉒]，见牛未见羊也。君子之于禽兽也，见其生，不忍见其死；闻其声，不忍食其肉。是以君子远庖厨也[㉓]。"

王说曰："诗云：'他人有心，予忖度之[㉔]。'夫子之谓也。夫我乃行之，反而求之，不得吾心[㉕]；夫子言之，于我心有戚戚焉[㉖]。此心之所以合于王者，何也？"曰："有复于王者曰[㉗]：'吾力足以举百钧[㉘]，而不足以举一羽；明足以察秋毫之末，而不见舆薪[㉙]'，则王许之乎[㉚]？"曰："否。""今恩足以及禽兽，而功不至于百姓者,独何与?然则一羽之不举,为不用力焉[31];舆薪之不见,为不用明焉;百姓之不见保[32],为不用恩焉。故王之不王,不为也,非不能也。”曰:“不为者与不能者之形何以异[33]?”曰:“挟太山以超北海[34],语人曰[35]:‘我不能’,是诚不能也。为长者折枝,语人曰‘我不能’,是不为也,非不能也。故王之不王,非挟太山以超北海之类也;王之不王,是折枝之类也。老吾老,以及人之老;幼吾幼,以及人之幼。天下可运于掌[36]。诗云:‘刑于寡妻,至于兄弟,以御于家邦[37]。’言举斯心加诸彼而已[38]。故推恩足以保四海,不推恩无以保妻子。古之人所以大过人者,无他焉[39],善推其所为而已矣。今恩足以及禽兽,而功不至于百姓者,独何与?权[40],然后知轻重;度[41],然后知长短。物皆然,心为甚[42]。王请度之!抑王兴甲兵[43],危士臣,构怨于诸侯[44],然后快于心与?”王曰:“否。吾何快于是?将以求吾所大欲也。”

曰:“王之所大欲可得闻与?”王笑而不言。曰:“为肥甘不足于口与?轻煖不足于体与[45]?抑为采色不足视于目与?声音不足听于耳与?便嬖不足使令于前与[46]?王之诸臣皆足以供之,而王岂为是哉?”曰:“否,吾不为是也。”曰:“然则王之所大欲可知已。欲辟土地[47],朝秦楚[48],莅中国而抚四夷也。以若所为[49],求若所欲,犹缘木而求鱼也。”曰:“若是其甚与?”曰:“殆有甚焉[50]。缘木求鱼,虽不得鱼,无后灾。以若所为,求若所欲,尽心力而为之,后必有灾。”

曰:“可得闻与?”曰:“邹人与楚人战[51],则王以为孰胜?”曰:“楚人胜。”曰:“然则小固不可以敌大,寡固不可以敌众,弱固不可以敌强。海内之地方千里者九,齐集有其一[52]。以一服八[53],何以异于邹敌楚哉?盍亦反其本矣[54]。今王发政施仁,使天下仕者皆欲立于王之朝,耕者皆欲耕于王之野,商贾皆欲藏于王之市,行旅皆欲出于王之涂,天下之欲疾其君者皆欲赴愬于王[55]。其若是,孰能御之?”

王曰:“吾惛[56],不能进于是矣。愿夫子辅吾志,明以教我。我虽不敏,请尝试之。”曰:“无恒产而有恒心者,惟士为能。若民[57],则无恒产,因无恒心。苟无恒心,放辟[58],邪侈,无不为已。及陷于罪,然后从而刑之,是罔民也[59]。焉有仁人在位,罔民而可为也?是故明君制民之产[60],必使仰足以事父母,俯足以畜妻子,乐岁终身饱,凶年免于死亡。然后驱而之善,故民之从之也轻[61]。今也制民之产,仰不足以事父母,俯不足以畜妻子,乐岁终身苦,凶年不免于死亡。此惟救死而恐不赡[62],奚暇治礼义哉[63]?王欲行之,则盍反其本矣[64]。五亩之宅,树之以桑,五十者可以衣帛矣[65];鸡豚狗彘之畜,无失其时,七十者可以食肉矣;百亩之田,勿夺其时,八口之家可以无饥矣;谨庠序之教⑯，申之以孝悌之义，颁白者不负戴于道路矣⑰。老者衣帛食肉，黎民不饥不寒，然而不王者，未之有也。”

【注释】

①齐宣王：姓田，名辟疆。其祖先是春秋时期姜姓齐国的大夫，后放逐齐康公夺得齐国政权。齐宣王是田氏齐国的第四代国君。 ②齐桓：齐桓公姜小白，春秋五霸之一。晋文：晋文公重耳，春秋五霸之一。 ③道：说。 ④无以：不停止。以，通“已”，止，停息。 ⑤王（wàng）：称王，指以道德力量统一天下。 ⑥胡龁（hé）：人名，齐王近臣。 ⑦之：往，到……去。 ⑧衅（xìn）：祭祀名，血祭。凡落成之祭称作“衅”，这是古代的一种祭祀礼仪。衅钟：新钟铸成，杀牲取血涂其隙作为祭祀。 ⑨觳觫（húsù）：恐惧的样子。 ⑩此句意思是说，好像没有罪过的人平白无故地接受死刑。 ⑪识：知道。诸：“之乎”的合音。 ⑫爱：吝惜，吝啬。 ⑬然：对的，是的。 ⑭诚：的确。此句意思是，的确有百姓所说的那种情况。 ⑮褊（biǎn）：狭窄，狭小。 ⑯异：作动词用，奇怪，疑怪。 ⑰隐：怜悯，同情。 ⑱何择：有何区别。意谓羊与牛一样，都是无罪而就死地。 ⑲此句的意思是，这个连我自己也真的不明白是什么心理了。 ⑳宜乎：难怪。宜：应当。即百姓说我吝啬是理所当然的。 ㉑无伤：没有妨碍，没有关系。 ㉒仁术：通往仁政的途径。 ㉓远：使……远离。 ㉔引自《诗经·小雅·巧言》。意谓别人的心事，我能猜测到。忖（cǔn）：揣测。 ㉕夫：发语词。此句的意思是，我只是去做，反过来探究以下为何这样做，我自己也不知道。 ㉖戚戚：心动的样子，指原本心里并不清楚，经过对方的说明，心里突然敞亮了。 ㉗复：报告。 ㉘钧：三十斤为一钧。 ㉙舆：车。薪：柴。舆薪：一车薪柴。 ㉚许：应允，认同。 ㉛为（wèi）：因为。 ㉜见保：被安抚。见，被。 ㉝形：情形，情状。 ㉞挟（xié）：夹在胳膊下。太山：即泰山。超：跳过。北海，即渤海，在齐国北边。 ㉟语（yù）：告诉。 ㊱运：转动。《列子·汤问》：“大王治国诚能若此，则天下可运于一握。”可运于掌比喻王天下很容易。 ㊲引自《诗经·大雅·思齐》。刑：通“型”，作动词，示范。寡妻：寡德之妻，谦辞。御：治理。家：卿大夫的封地或家族。邦：诸侯国。 ㊳此句的意思是，这几句诗的意思是说将这种爱自己亲人的爱心施加到他人身上罢了。 ㊴大过：大大胜过。 ㊵权：秤重量。㊶度（duó）：量尺寸。 ㊷此句意谓：对于万物来说都是这样，人的心更是如此，只有做了才知道自己的能量。 ㊸抑：或者。兴兵甲：发动战争。 ㊹构：结。 ㊺煖（nuǎn）：通“暖”。 ㊻便嬖（biánbì）：君王身边的侍者。 ㊼辟：开辟。 ㊽朝：朝觐，此处指使其朝觐。 ㊾若：如此。 ㊿殆：大概，也许。有：又。 51邹：国名，即邾国，国土极小，其故址在今山东邹县境内。 52集：集合，总共。 53服：征服，降服。 54盍：何不。55愬（sù）：通“诉”，诉说。 56惛：通“昏”，昏乱。 57若：转折连词，“至于”。 58放辟：放纵，恣意妄为。 59罔：通“网”，此处用作动词，指编织罗网陷人于罪。 60制：制定制度。 61轻：轻易，容易。 62赡（shàn）：丰足。 63奚：何，哪里。 64盍：何不。65衣：动词，穿上。 66庠序（xiángxù）：古代的地方学校。《孟子·滕文公上》：“夏曰

校，殷曰庠，周曰序。” ㊾颁：通“斑”。颁白指须发半白。

【题解】

孟子（约前372—前289），名轲，战国中期邹人。他继承并发展了孔子的学说，是孔子之后儒家学派的主要代表，后世称之为“亚圣”。他主张施仁政，行王道；倡导“民为贵，社稷次之，君为轻”的民本思想；反对暴政虐民，反对掠夺和战争；重视后天的教化和环境对人的影响。

《孟子》散文善于采用“欲擒故纵，引君入彀”的论辩手法，他能运用多种多样具有独特风格的比喻，以增强论辩的形象性和说服力。文章中有大量相当整齐的对称的排偶句，富于感情色彩，使说理具有难以阻挡的气势。

《孟子》共分七篇（各分上下），一般认为是孟子和他的门徒共同编著的。《孟子》一书对后世的文化思想和散文发展均有深远的影响。

本章选自《梁惠王上》。所选部分首先表明儒家学派对待“霸道”和“王道”的态度和立场，反对以武力称霸天下，提倡以仁慈之心、不忍之心聚合天下。孟子认为，“王道”之未行于天下，并不是因为统治者没有这个能力，而是因为他们不愿意这么做。在他看来，只要统治者将本有的不忍之心加以扩充，推广到百姓的身上，就可以称王天下了。

【思考与训练】

1. 结合当前的国际形势，谈谈儒家的“王道”思想的意义及其不足。
2. 谈谈你对“古之人所以大过人者，无他焉，善推其所为而已矣”的理解。
3. 试分析孟子的语言艺术。

（李濆天撰稿）

庄　子

逍遥游

（《庄子》）

北冥有鱼[1]，其名为鲲[2]。鲲之大，不知其几千里也；化而为鸟，其名为鹏。鹏之背，不知其几千里也；怒而飞[3]，其翼若垂天之云[4]。是鸟也，海运则将徙于南冥[5]；南冥者，天池也[6]。《齐谐》者，志怪者也[7]。《谐》之言曰：

“鹏之徙于南冥也，水击三千里，抟扶摇而上者九万里[8]，去以六月息者也[9]。”野马也[10]，尘埃也，生物之以息相吹也[11]。天之苍苍，其正色邪[12]？其远而无所至极邪[13]？其视下也，亦若是则已矣[14]。且夫水之积也不厚，则其负大舟也无力；覆杯水于坳堂之上[15]，则芥为之舟，置杯焉则胶，水浅而舟大也。风之积也不厚，则其负大翼也无力。故九万里则风斯在下矣[16]，而后乃今培风[17]；背负青天而莫之夭阏者[18]，而后乃今将图南[19]。蜩与鸴鸠笑之曰[20]：“我决起而飞[21]，枪榆枋[22]，时则不至[23]，而控于地而已矣[24]。奚以之九万里而南为[25]！”适莽苍者[26]，三飡而反[27]，腹犹果然[28]；适百里者，宿舂粮[29]；适千里者，三月聚粮[30]。之二虫又何知！小知不及大知[31]，小年不及大年[32]。奚以知其然也？朝菌不知晦朔[33]，蟪蛄不知春秋[34]，此小年也。楚之南有冥灵者[35]，以五百岁为春，五百岁为秋；上古有大椿者[36]，以八千岁为春，八千岁为秋，此大年也。而彭祖乃今以久特闻[37]，众人匹之，不亦悲乎？

汤之问棘也是已[38]，汤问棘曰：“上下四方有极乎？”棘曰：“无极之外，复无极也。穷发之北[39]，有冥海者，天池也。有鱼焉，其广数千里，未有知其修者，其名为鲲。有鸟焉，其名为鹏，背若泰山，翼若垂天之云，抟扶摇羊角而上者九万里[40]，绝云气[41]，负青天，然后图南，且适南冥也。斥鴳笑之曰[42]：‘彼且奚适也？我腾跃而上，不过数仞而下[43]，翱翔蓬蒿之间，此亦飞之至也[44]。而彼且奚适也？’”此小大之辩也[45]。

故夫知效一官[46]，行比一乡[47]，德合一君[48]，而征一国者[49]，其自视也，亦若此矣。而宋荣子犹然笑之[50]。且举世而誉之而不加劝[51]，举世而非之而不加沮[52]，定乎内外之分[53]，辩乎荣辱之竟[54]，斯已矣[55]。彼其于世，未数数然也[56]。虽然，犹有未树也[57]。夫列子御风而行[58]，泠然善也[59]，旬有五日而后反。彼于致福者[60]，未数数然也。此虽免乎行，犹有所待者也[61]。若夫乘天地之正[62]，而御六气之辩[63]，以游无穷者，彼且恶乎待哉[64]！故曰：至人无己，神人无功，圣人无名[65]。

尧让天下于许由[66]，曰：“日月出矣，而爝火不息[67]；其于光也，不亦难乎！时雨降矣，而犹浸灌[68]；其于泽也，不亦劳乎[69]！夫子立而天下治，而我犹尸之[70]，吾自视缺然[71]，请致天下[72]。”许由曰：“子治天下，天下既已治也；而我犹代子，吾将为名乎？名者，实之宾也，吾将为宾乎？鹪鹩巢于深林[73]，不过一枝；偃鼠饮河[74]，不过满腹。归休乎君[75]，予无所用天下为[76]！庖人虽不治庖[77]，尸祝不越樽俎而代之矣[78]。”

肩吾问于连叔曰[79]：“吾闻言于接舆[80]，大而无当，往而不返[81]。吾惊怖其言，犹河汉而无极也[82]；大有径庭，不近人情焉。”连叔曰：“其言谓何哉？”

曰："'藐姑射之山[83]，有神人居焉。肌肤若冰雪，淖约若处子[84]，不食五谷，吸风饮露；乘云气，御飞龙，而游乎四海之外；其神凝[85]，使物不疵疠而年谷熟[86]。'吾以是狂而不信也。"连叔曰："然！瞽者无以与乎文章之观[87]，聋者无以与乎钟鼓之声。岂唯形骸有聋盲哉！夫知亦有之[88]。是其言也，犹时女也[89]。之人也[90]，之德也，将磅礴万物以为一世蕲乎乱[91]，孰弊弊焉以天下为事[92]！之人也，物莫之伤，大浸稽天而不溺[93]，大旱金石流、土山焦而不热。是其尘垢秕糠，将犹陶铸尧、舜者也，孰肯以物为事[94]！宋人资章甫而适诸越[95]，越人断发文身，无所用之。尧治天下之民，平海内之政，往见四子藐姑射之山[96]、汾水之阳，窅然丧其天下焉[97]。"

惠子谓庄子曰[98]："魏王贻我大瓠之种[99]，我树之成而实五石。以盛水浆，其坚不能自举也；剖之以为瓢，则瓠落无所容[100]。非不呺然大也[101]，吾为其无用而掊之[102]。"庄子曰："夫子固拙于用大矣[103]！宋人有善为不龟手之药者[104]，世世以洴澼絖为事[105]。客闻之，请买其方百金。聚族而谋曰：'我世世为洴澼絖，不过数金；今一朝而鬻技百金，请与之。'客得之，以说吴王。越有难，吴王使之将。冬，与越人水战，大败越人。裂地而封之。能不龟手，一也；或以封，或不免于洴澼絖，则所用之异也。今子有五石之瓠，何不虑以为大樽而浮于江湖[106]？而忧其瓠落无所容，则夫子犹有蓬之心也夫[107]！"

惠子谓庄子曰："吾有大树，人谓之樗[108]。其大本拥肿而不中绳墨，其小枝卷曲而不中规矩。立之涂[109]，匠者不顾。今子之言，大而无用，众所同去也[110]。"庄子曰："子独不见狸狌乎[111]？卑身而伏，以候敖者[112]。东西跳梁[113]，不辟高下[114]，中于机辟[115]，死于罔罟[116]。今夫斄牛[117]，其大若垂天之云，此能为大矣，而不能执鼠。今子有大树，患其无用，何不树之于无何有之乡，广莫之野[118]，彷徨乎无为其侧[119]，逍遥乎寝卧其下。不夭斤斧[120]，物无害者[121]。无所可用，安所困苦哉！"

【注释】

①北冥：北海。冥：通"溟"。　②鲲：传说中的大鱼。　③怒：振奋，这里指鼓起翅膀。　④垂天之云：天边的云。垂：通"陲"，边。　⑤海运：海动，指海水翻腾动荡。旧说海动时必有大风，鹏就乘风飞向南海。　⑥天池：天然形成的池。　⑦《齐谐》：记载怪异传奇的书。齐谐：一说为人名。　⑧抟扶摇：乘风盘旋而上。抟（tuán）：环绕着向上飞。一说作"搏"，拍打。扶摇：旋风。　⑨去以六月息：乘六月的飓风飞往南冥。一说鹏离开北海用六个月的时间飞到南海才休息。去：离开。息：休息。　⑩野马：指空中的雾气，因其蒸腾如马，故称为野马。　⑪息：气息。连前句意思是说，空中雾气的蒸腾、尘埃的游荡都是生物用气息吹拂的结果。　⑫其正色邪：那是它本身原有的颜色

吗？其：与下句的“其”构成“其……其……”句式，表示选择，意为“是……还是……”。正色：真正的颜色、原有的颜色。邪：通“耶”，句末语气词。 ⑬无所至极：没有办法到达它的极限。连前两句的意思是：人们所见到的天空呈深蓝色，那是天本身真实的颜色呢，还是人们不能看到它的极深处呢？ ⑭亦若是则已矣：也像这样（前面所说的眺望高空的情形）罢了。连上句意思是：鹏从高空向下看，也像人从地上看天，都不一定看清它的原本面目。则已矣：意即“而已矣”，罢了。 ⑮坳（ào）堂：堂屋低洼处。坳，地面洼下处。 ⑯“九万里”句：鹏飞九万里的高空，于是风就在它的下面托着它了。斯：乃、就。 ⑰而后乃今培风：然后才乘风。而后乃今，“今而后乃”的倒文。培，凭借、依赖。⑱夭阏（è）：联绵词，意为“阻拦”、“阻止”。 ⑲图南：图谋飞往南方。后世常用“图南”表示大事业的开始。 ⑳蜩（tiáo）：蝉。鸴鸠：小鸟名。 ㉑决（xuè）：迅速的样子。㉒枪榆枋：最高也不过突过榆树和檀树。枪：突过。榆枋：榆树和檀树。 ㉓时则不至：有时或许飞不到。时则：时或。 ㉔控：投，这里指落下。 ㉕“奚以”句：哪里用得着飞到九万里的高空再向南方飞呢？奚以：哪里用得着。之：到……去。为：表疑问的句末语气词。 ㉖适莽苍者：到近郊去的人。适：到……去。莽苍：郊野之色，此指近郊。㉗三飡而反：只要准备三顿饭就可以往返一次。飡：同“餐”。反：通“返”。 ㉘果然：饱足的样子。果：实，充实、饱满。 ㉙宿舂（chōng）粮：舂宿粮，准备隔宿的粮食。一说“宿舂粮”意为出发前一宿准备粮食。舂：将谷去壳。 ㉚三月聚粮：准备三个月的粮食。 ㉛知：通“智”。 ㉜年：寿命。小年：短命。大年：长寿。 ㉝“朝菌”句：朝生之菌活不了一天，连白天黑夜都不知道。朝菌：一种生长期很短的菌类植物，朝生暮死，故叫“朝菌”。晦：黑夜。朔：天明。 ㉞蟪蛄（huìgū）：寒蝉的别名。据说寒蝉春生夏死，夏生秋死，寿命不到一年，故不知春秋。 ㉟冥灵：海中灵龟。麟、凤、龟、龙谓之“四灵”。一说冥灵是传说中的大树名。 ㊱大椿（chūn）：长寿的椿树。 ㊲彭祖：传说中的长寿者，据说活了八百岁。以久特闻：以长寿闻名于世。 ㊳“汤之”句：商汤询问棘就谈到类似的事。汤：商汤。棘：商汤的贤大夫。是已：谈到类似的事。是：代前述鲲鹏事。 ㊴穷发：不毛之地，指上古传说中极远的北方地带。 ㊵羊角：旋风的俗称。因其盘旋而上，类似羊角，故名。 ㊶绝：超越、穿过。 ㊷斥鴳（yàn）：小雀。斥：通“尺”。《文选》曹植《七启》注：“鴳雀飞不过一尺。” ㊸仞：古代以七尺或八尺为一仞。下：降下。 ㊹飞之至：飞翔的最高限度。 ㊺辩：通“辨”，分别。 ㊻知效一官：才智仅能胜任一官之职。效：功效，此为“胜任”之意。 ㊼行比一乡：品行仅能适合一乡之人的心意。比：合。 ㊽德合一君：德操仅能符合一国之君的心意。 ㊾而征一国：才能仅能取信一国之人。而：读作“能”，假借字，“而”、“能”古音相近，此处指才能。征：信，此作“取信”解。 ㊿宋荣子：战国时宋人。犹然：微笑的样子。 (51)劝：鼓励，这里是使动用法，可理解为“努力”。 (52)沮：阻止，这里是使动用法，解作“丧气”、“泄劲”。(53)“定乎”句：（宋荣子）认定了自我与外物的分别。内：指自我。外：指外物。 (54)竟：同“境”，界限。 (55)这句意为：宋荣子只做到这一步就完了，他还不能达到下文所说的“无己”的境界。 (56)数（shuò）数然：急切的样子。连前句意为：宋荣子对世间的一切，并未迫切追求。一说像宋荣子这样的人,世上并不多见。 ⑰犹有未树:还有未树立的。指道德上欠周全,还未确立至德,即还不能无所不可、逍遥自得。 ⑱列子:战国时郑人,名御寇。相传他曾遇风仙,学其道法,能乘风而行。 ⑲泠(líng)然:轻妙的样子。善:指御风的技术很高超。 ⑳致福:求福。 ㉑有所待:有凭借的东西(指风)。 ㉒若夫:至于。天地:万物的总名。正:指自然之性。乘天地之正,指顺万物之性。 ㉓六气:阴、阳、风、雨、晦、明。辩:通"变",与上文的"正"相对。 ㉔且:还。恶(wū):何、什么。 ㉕至人:修养最高的人。它与"神人"、"圣人"都是庄子的理想人格的称谓。无己:忘我,就是物我不分,庄子的"无所待"即是与万物混为一体,与世无争。无功:顺应自然无意于建立功勋。无名:不追求名利。 ㉖许由:尧时隐士。相传尧想把帝位让给许由,他不受而逃,隐于箕山。 ㉗爝(juě)火:小火把。 ㉘浸灌:浇灌,即浇地。 ㉙不亦劳乎:不是徒劳无功吗? ㉚尸:古代祭祀时的神主,常用活人代替。这里用作动词,意谓空占着帝位。 ㉛缺然:不足的样子。 ㉜请致天下:请允许我把掌管天下的大权送给你。 ㉝鹪鹩(jiāoliáo):小鸟名。 ㉞偃鼠:一种大鼠。 ㉟归休乎君:"君归休乎"的倒装,意即"您请回去吧"。 ㊱为:语气词。 ㊲庖(páo)人:本指掌管膳食的官员,后泛指厨师。庖:本指厨房,此指烹饪之事。 ㊳尸祝:掌管祭祀的官员。因其对神主而祝,故称"尸祝"。樽:盛酒器。俎(zǔ):盛肉器。 ㊴肩吾、连叔:均为作者虚拟的人物。 ㊵接舆:楚昭王时的隐士,姓陆名通。相传楚王以重金聘之,他拒绝接受。 ㊶"大而"两句:夸大而没有根据,说到哪里是哪里而不着边际。 ㊷河汉:银河。 ㊸藐(miǎo):遥远。姑射(yè):传说中仙山名。一说"藐姑射"三字连读,山名。 ㊹淖约:同"绰约",美好、柔弱的样子。处子:处女,未出嫁的少女。 ㊺其神凝:他的神情凝聚专一。 ㊻疵疠(cīlì):疾病,这里指遭虫害。年谷:指庄稼。 ㊼"瞽者"句:盲人无法与大家一起去欣赏色彩斑斓的景象。与(yù):参与,指参与欣赏。文章:指色彩斑斓的样子。"青与白谓之文,赤与白谓之章"。观:景象。 ㊽"夫知"句:智力方面也存在这些缺陷。 ㊾"是其"两句:这段话说的就是你了(意即你就是智之瞽聋者)。时:是。女:汝。 ㊿之人:这个人,指神人。 (91)蕲:通"祈"。乱:反训,意即"治",太平。 (92)"孰弊"句:哪里愿意忙忙碌碌地把治理天下当做自己的事业呢。弊弊:忙碌疲惫的样子。 (93)大浸:大水。稽:至。溺:淹没。 (94)"孰肯"句:谁肯以身外之物(指治理天下)作为自己的事业呢! (95)资:贩卖。章甫:古代的一种礼帽。适:到……去。 (96)四子:指王倪、啮(niè)缺、被衣、许由。前三人为传说中虚构人物;许由:见本文前注。 (97)"窅(yǎo)然"句:意谓尧往见四子之后,怅然自失,忘掉了自己的天下。窅:通"杳"。 (98)惠子:惠施,宋人,曾任梁惠王相。 (99)魏王:梁惠王。瓠(hù):葫芦。 (100)瓠落:廓落,叠韵联绵词,大。瓠:"廓"的假借字。无所容:意即没有适于它容纳的东西,也就是说它大而无用。 (101)呺(xiāo)然:空虚、巨大的样子。 (102)掊(pǒu):打破。 (103)"夫子"句:您实在是不善使用大的物件。 (104)龟(jūn):通"皲",皮肤冻裂。 (105)洴澼(píngpì):漂洗。絖(kuàng):通"纩",棉絮。 (106)虑:考虑,想办法。樽:本指酒杯,这里指形似酒樽,缚在腰上游泳用的东西。 (107)蓬之心:被蓬草蔽塞的心,犹说“茅塞”,喻浅陋的见识,心有蒙蔽而有所不见。 ⑩⑧樗(chū):俗名臭椿,质地很差。 ⑩⑨涂:通“途”,道路。 ⑪⓪去:抛弃,弃置不顾。 ⑪①狸:野猫。狌(xìng):俗称黄鼠狼。 ⑪②敖者:指往来邀游的小动物。敖,通“邀”。 ⑪③跳梁:同“跳踉(láng)”,跳来跳去、跳跃。 ⑪④辟(bì):通“避”。 ⑪⑤中于机辟:触到机关陷入陷阱。机:弩机,一触即发弩。辟:陷阱。 ⑪⑥罔:通“网”。罟(gǔ):网的通称。 ⑪⑦斄(lí)牛:牦牛。 ⑪⑧广莫:广漠。 ⑪⑨彷徨:徘徊。 ⑫⓪夭:折、砍。斤:斧的一种。 ⑫①物无害者:没有什么东西能侵害它。

【题解】

庄子(约前369—前298),名周,战国时宋国蒙(今河南商丘)人。他继承并发展了老子的思想,和老子同是道家学派代表人物,世称老庄。

在道家看来,“道”所显现的世界是一个恬静平和、虚无空阔、无欲无为的世界,而战国时的现实却是争夺激烈、战争频繁。庄子从虚无主义立场出发,主张“无为”,放弃现实生活中的一切斗争,而追求一种绝对的、无条件的精神自由。

《庄子》现存33篇,分内篇、外篇、杂篇。一般认为《内篇》是庄子自著,或代表了庄子本人的思想。《逍遥游》是《庄子·内篇》中的第一篇,该篇集中地反映了庄子追求精神自由的理论。逍遥游,即是一种无所待、不受任何限制的绝对精神自由,是在无是非、无得失、无荣辱的虚无缥缈的境界中任意漫游。文章开始通过大鹏飞翔、行千里之人以及列子御风等生活现象,说明这些自由都是有条件的(有待):大鹏要靠旋风和长翼的帮助;行千里之人要带三月之粮;而列子御风而行,比常人虽多一份自由,但他还得有风才行。这些“有待”的自由,都不是庄子认同的真正的自由,真正的自由是无所待而游于无穷(“乘天地之正,而御六气之辩,以游无穷者,彼且恶乎待哉”)。能享有这种自由的只有“至人”、“神人”、“圣人”。接下来文章通过列举“尧让天下”、“肩吾问于连叔”、“惠施谓庄子”等故事,说明至人无已、神人无功、圣人无名,指出逍遥游之境在于“无何有之乡”、“广莫之野”。

《逍遥游》想象丰富,文笔变化多端,具有浓厚的浪漫主义色彩,对后世文学影响很大。

【思考与训练】

1.《逍遥游》的“游”传达了一种怎样的人生境界?《论语·述而》中也

提到“游于艺”，结合当前教育的现状和你个人的感受，谈谈如何才能快乐地学习，并以《游与学》为题目写一篇论说文。

2.《逍遥游》的主旨是什么？文章是如何逐层展开其主旨的？

3. 鲁迅称庄子之文“汪洋辟阖，仪态万方”，试以《逍遥游》的艺术风格为例加以说明。

（李漫天撰稿）

商君书

赏 刑

（《商君书》）

圣人之为国也，壹赏，壹刑，壹教[①]。壹赏则兵无敌，壹刑则令行，壹教则下听上。夫明赏不费[②]，明刑不戮[③]，明教不变[④]，而民知于民务，国无异俗。明赏之犹[⑤]，至于无赏也[⑥]。明刑之犹，至于无刑也。明教之犹，至于无教也。

所谓壹赏者，利禄、官爵，抟出于兵[⑦]，无有异施。夫固知愚、贵贱、勇怯、贤不肖皆尽其胸臆之知[⑧]，竭其股肱之力[⑨]，出死而为上用也。天下豪杰贤良，从之如流水，是故兵无敌而令行于天下。万乘之国[⑩]，不敢苏其兵中原[⑪]；千乘之国，不敢捍城[⑫]。万乘之国若有苏其兵中原者，战将覆其军[⑬]；千乘之国若有捍城者，攻将凌其城[⑭]。战必覆人之军，攻必凌人之城，尽城而有之，尽宾而致之，虽厚庆赏，何匮之有矣！昔汤封于赞茅[⑮]，文王封于岐周[⑯]，方百里[⑰]。汤与桀战于鸣条之野[⑱]，武王与纣战于牧野之中[⑲]，大破九军[⑳]，卒裂土封诸侯。士卒坐陈者[㉑]，里有书社[㉒]。车休息不乘，从马华山之阳[㉓]，从牛于农泽[㉔]，从之老而不收，此汤武之赏也。故曰：赞茅、岐周之粟，以赏天下之人，不人得一升，以其钱赏天下之人，不人得一钱。故曰：百里之君而封侯其臣，大其旧[㉕]。自士卒坐陈者，里有书社。赏之所加，宽于牛马者，何也？善因天下之货，以赏天下之人。故曰：“明赏不费”。汤、武既破桀、纣，海内无害，天下大定。筑五库，藏五兵[㉖]，偃武事，行文教，倒载干戈，搢笏作为乐，以申其德[㉗]。当此时也，赏禄不行，而民整齐。故曰：“明赏之犹，至于无赏也。”

所谓壹刑者，刑无等级。自卿相、将军以至大夫、庶人，有不从王令、犯国禁、乱上制者，罪死不赦。有功于前，有败于后，不为损刑[28]；有善于前，有过于后，不为亏法[29]。忠臣孝子有过，必以其数断[30]；守法守职之吏，有不行王法者，罪死不赦，刑及三族[31]。周官之人知而讦之上者[32]，自免于罪，无贵贱，尸袭其官长之官爵、田禄[33]。故曰："重刑连其罪，则民不敢试[34]。"民不敢试，故无刑也。夫先王之禁：刺杀、断人之足，黥人之面，非求伤民也，以禁奸止过也。故禁奸止过，莫若重刑，刑重而必得，则民不敢试，故国无刑民。国无刑民，故曰："明刑不戮"。晋文公将欲明刑以亲百姓，于是合诸卿大夫于侍千宫[35]，颠颉后至[36]，吏请其罪，君曰："用事焉[37]。"吏遂断颠颉之脊以殉[38]。晋国之士，稽焉皆惧[39]，曰："颠颉之有宠也，断以殉，况于我乎？"举兵伐曹、五鹿[40]，及反郑之埤[41]，东卫之亩[42]，胜荆人于城濮[43]。三军之士，止之如斩足[44]，行之如流水，三军之士，无敢犯禁者。故一假道重轻于颠颉之脊[45]，而晋国治。昔者周公旦杀管叔，放蔡叔，废霍叔[46]，曰："犯禁者也。"天下众皆曰："亲昆弟有过不违，而况疏远乎[47]？"故天下知用刀锯于周庭而海内治。故曰："明刑之犹，至于无刑也。"

所谓壹教者，博闻、辩慧、信廉、礼乐、修行、群党、任誉、清浊[48]，不可以富贵，不可以评刑，不可独立私议以陈其上[49]。坚者披，锐者挫[50]，虽曰圣知、巧佞、厚朴[51]，则不能以非功罔上利[52]。然富贵之门，要存战而已矣。彼能战者，践富贵之门；强梗焉，有常刑而不赦，是父兄、昆弟、知识、婚姻、合同者[53]，皆曰："务之所加[54]，存战而已矣。"夫故当壮者务于战，老弱者务于守，死者不悔，生者务劝，此臣之所谓壹教也。民之欲富贵也，其阖棺而后止。而富贵之门，必出于兵，是故民闻战而相贺也，起居饮食所歌谣者，战也。此臣之所谓："明教之犹，至于无教也。"

此臣之所谓参教也，圣人惟能知万物之要也。故其治国，举要以致万物[55]，故寡教而多功[56]。圣人治国也，易知而难行也。是故圣人不必加，凡主不必废，杀人不为暴，赏人不为仁者，国法明也。圣人以功授官予爵，故贤者不忧；圣人不宥过，不赦刑，故奸无起。圣人治国也，审一而已矣[57]。

【注释】

①为国：治理国家。壹赏：统一赏赐。壹刑：统一刑罚。壹教：统一教化。　②明赏不费：赏赐得当，并不耗费财物。明，明确，恰当。　③明刑：刑罚明确得当。　④明教不变：教化明确，则民心不变。　⑤犹：通"尤"，最，极点。　⑥至于无赏：达到不用赏赐的地步。　⑦抟出于兵：只给有军功的人。抟，通"专"。兵，军功。　⑧固：通"故"，所以。胸臆之知：全部智慧。胸臆，内心。知，通"智"。　⑨竭：尽。股肱（gǔgōng）：此用

作动词,“效力”之意。股,大腿,肱,手臂。 ⑩万乘之国:拥有兵车万辆的大国。乘(shèng),兵车,一车四马谓之“一乘”。周制,王畿方千里,能出兵车万乘,故以“万乘”指帝王,此指大国。 ⑪苏:通“傃”,向,朝向。中原:平原,此指战场。 ⑫捍城:守卫城池。捍,抵御,保卫。 ⑬覆:被击败,一说被消灭。 ⑭凌:升,登,此作“攻克”解。⑮赞茅;古地名。在今河南修武县。 ⑯岐周:岐,山名,在今陕西岐山县。周族原住在岐山以南的周原,故称岐周。 ⑰方百里:周围方圆一百里。 ⑱鸣条:古地名,其具体位置,异说甚多,一说在今山西运城市夏县之西,一说在今河南洛阳附近,还有一说在河南新乡市封丘东。商汤出兵攻伐夏桀,与夏师在鸣条大战。商汤大获全胜,夏桀大败南逃,死于南巢,夏朝由此灭亡。 ⑲牧野,古地名,在今河南淇县以南卫河以北地区。商末,周武王为兴周灭商,统兵直捣商都朝歌(今河南淇县),在牧野大破商军,是灭亡商朝的战略决战。 ⑳九军:古代天子有六军,诸侯有三军,这里指桀、纣及所属诸侯的军队。 ㉑坐陈:临阵参战之意。陈,通“阵”。 ㉒书社:古制,乡里二十五家为一社,将社内的人口与土地登记在簿册上,谓之“书社”。 ㉓从:通“纵”。华山:在今陕西西安以东120公里的华阴市境内。 ㉔农泽:弘农之泽。另一说指水草丰茂的地方。㉕大其旧:比汤、武原有封地还大。 ㉖“筑五”二句:据《礼记·月令》“审五库之量……”孔颖达疏,即指金铁库、皮革筋库、角齿库、羽箭干库、脂胶丹膝库。另一说指战车库、兵器库、祭器库、乐器库、宴器库。五兵:指矛、戟、钺、盾、弓矢,这里泛指各种兵器。 ㉗晋(jìn):插。笏(hù):古代大臣上朝时拿在手中的记事板。作为乐:指制作乐曲。申其德:指颂扬汤与武的功德。 ㉘损刑:减免刑罚。 ㉙亏法:破坏法令的执行。㉚数:常规。 ㉛三族:有三说:一指父、子、孙。《周礼·春官·小宗伯》:“掌三族之别,以辨亲疏。”郑玄注:“三族,谓父、子、孙。”二指父族、母族、妻族。《庄子·徐无鬼》:“夫与国君同食,泽及三族,而况父母乎!”成玄英疏:“三族,谓父母族、妻族也。”《大戴礼记·保傅》:“三族辅之。”卢辩注:“三族,父族、母族、妻族。”三指父母、兄弟、妻子。《史记·秦本纪》:“(文公)二十年,法初有三族之罪。”裴骃集解引张晏曰:“父母、兄弟、妻子也。” ㉜周官:周围官吏。讦(jié):告发。 ㉝尸袭:犹言“居袭”,继承,即承受其位之意。 ㉞连其罪:商鞅在秦国变法以五家为伍,十家为什,设“什伍连坐”之法。即一家犯法,其余各家知而不告者,与同罪。 ㉟侍千宫:晋国宫殿名。 ㊱颠颉:人名,晋文公之宠臣。 ㊲用事焉:依法处理。 ㊳断脊:腰斩。殉:通“徇”,示众。㊴稽:当读“悸”(jì),畏也。 ㊵曹:春秋时曹国,在今山东定陶县。五鹿:春秋时卫国地名,在今河北大名县东。 ㊶反:推翻,拆除。埤(pí):通“陴”,城上的矮墙,亦称女墙。 ㊷东卫之亩:晋文公把卫国田垄改为东西向,以便兵车通行。亩,即田垄,田间路也。 ㊸胜荆人于城濮:指晋楚城濮之战,晋胜楚败。荆,楚国之别称。城濮,在今山东鄄城县西南。 ㊹止之如斩足:令其停止即停止,有如脚被斩断一样整齐。 ㊺假道:借用这种办法。重轻:轻罪重判。 ㊻旦:周公的名字。放:流放。废:废为庶人。周公旦、管叔、蔡叔、霍叔,都是周武王的弟兄。 ㊼昆弟:兄弟。违:回避。 ㊽博闻:见闻广博。辩慧:聪明善辩。信廉:诚实廉洁。礼乐:知礼识乐。修行:修养德行。群党:成群结党。任誉：行侠义，好声誉。清浊：清高。 ㊾私议：个人学说。陈其上：向君主陈述。 ㊿坚者披：坚持不改者则予以打击。锐者挫：锋芒毕露者，则挫败他。 51圣知：超人的智慧。巧佞：巧言善辩。 52非功罔上利：无功骗取君主的利禄。功，指农战功。53父兄：应作父子。知识：了解，熟悉。婚姻：姻亲，即儿女亲家。合同：志同道合者。54务之所加：努力的方向。 55举要以致万物：抓住纲领达到对众多事务的治理。56寡教而多功：教化简单，功效多。 57审一：认真考虑，统一赏、刑、教。

【题解】

商鞅（约前390—前338），姓公孙名鞅，战国中期卫国人，故又称公孙鞅或卫鞅。因辅佐秦孝公变法有功，封于商（今陕西商县），后人称商鞅或商君。他是先秦法家学派的代表人物，新兴地主阶级的思想家、政治家和军事家。

商鞅青年时即好"刑名之学"，曾受前期法家李悝、吴起等人的思想影响。前361年秦孝公下令求贤，商鞅到秦国，以"强国之术"说孝公，得孝公赏识。商鞅在秦国执政二十余年，由于变法比较彻底，取得巨大成功，国富兵强，为秦统一六国奠定了政治与经济基础。其法治学说和变法实践，在我国历史上产生了深远的影响。前338年，秦孝公死，商鞅被诬谋反，被捕，遭车裂，夷族。

《商君书》是商鞅死后，由继承其学说的法家后学辑录而成的。据《汉书·艺文志》记载共有29篇，现仅存24篇。书中较系统地反映了商鞅的法治思想和秦国的变法经验，是研究我国古代法治思想和法律制度史的重要资料。

本文是《商君书》第17篇，提出了治理国家的三大政策，即统一赏赐、统一刑罚、统一教化。这三大政策对摧毁奴隶制"世卿世禄"、"刑不上大夫"等制度，加强新兴地主阶级专政，有着积极意义和进步作用，但商君之法也带来了极大的掠夺性和对人民的残酷镇压。

【思考与训练】

1. 试将《赏刑》中的通假字选出来。

2.《赏刑》体现了法家的那些法律思想？它们对历代封建统治者有何影响？

3. 谈谈你对"刑无等级"这一观点的看法。

（李军湘撰稿）

秦汉文学

公元前221年，秦王嬴政在相继灭掉韩、赵、魏、楚、燕、齐六国之后，自称始皇帝，建立了秦王朝。这是中国历史上第一个中央集权的封建王朝，也使中国在历史上第一次实现了名副其实的大统一。这种大统一不仅是政治上的统一，而且也表现为军事统一、经济统一、文化统一，即所谓“车同轨，书同文”。

秦始皇统一中国，结束了诸侯纷争的局面，文学也随之进入一个新的阶段。在中国文学史上，秦汉文学是上古期的第二段。

然而，由于秦始皇和先秦法家一样，过分迷信武功、法吏而轻视文治，完全接受了法家“明主之国无书简之文，以法为教；无先王之语，以吏为师”（《韩非子·五蠹》）的偏颇的理论主张，尤其是晚年（前213）在社会矛盾已经十分尖锐、社会危机一触即发的关键时刻，又错误地接受了李斯的“焚书”建议，严酷地推行旨在愚民的文化专制政策，妄图以此达到长治久安的目的，结果更加剧了社会矛盾和社会危机，致使“坑灰未冷山东乱”（唐章碣《焚书坑》）。到秦始皇死后第二年（前209），陈胜、吴广在大泽乡揭竿而起，爆发了中国历史上第一次农民大起义，秦王朝在建立后的第十六个年头，即公元前206年，被刘邦、项羽的起义大军推翻了。

正是由于秦王朝实行极端的文化专制政策，文学创作空前冷落。再加上秦朝时间短暂，所以流传下来的文学作品屈指可数。由吕不韦门客集体撰写的《吕氏春秋》成书于秦王政八年（前239），这部著作体系完整，广泛吸收诸子百家的观点，客观上反映了战国末年即将实现国家统一的历史趋势。

秦代唯一有作品流传下来的文人是李斯，他的《谏逐客书》铺陈排比，纵横议论，逻辑性强，富有文采。记载秦始皇巡游封禅的刻石铭文也多出自李斯之手，除《琅邪台》铭文外，都是三句一韵的特殊诗体，质实雄壮，对后世碑铭文有影响。

秦王朝覆灭后，经过四年的楚、汉之争，到公元前202年，刘邦击败项羽，重新统一中国，定都长安建立了汉王朝，史称西汉。西汉建立伊始，统治者总结秦王朝覆亡教训，便有意倡导黄老道家的无为而治思想，采取休养生息的治国政策，以恢复生产，巩固新政权。从高祖刘邦至汉景帝刘启，一直采取与民生息的相对宽松的治国政策，特别是经过长达四十年的“文景之治”，汉王朝不仅经济实力大大增强，百姓生活大大改善，而且还进一步从制度上解决了同姓诸侯王的割据势力问题，使王室集权逐步稳固。政权的巩固和经济的发展，为汉代文学的发展和兴盛打下了坚实的基础。

汉初文学以总结秦亡教训为主，代表作是贾谊的《过秦论》。贾谊年少才高，为人所妒，最后被贬死于长沙。《过秦论》分上、中、下三篇，精辟地道出秦亡的原因在于不施行仁义。此外，贾谊尚有《陈政事疏》、《论积贮疏》等文，他和晁错（写有《论贵粟疏》等文）的政论文被鲁迅称为“西汉鸿文”。此外，在文学史上，贾谊还以骚体赋闻名，其作有《鹏鸟赋》、《吊屈原赋》、《惜誓》等文，是汉代骚体赋代表作家之一。

到了汉武帝时期，由于经济的繁荣，综合国力以及军事实力的增强，又加之黄老无为渐渐让位于儒家思想，汉代文学进入全面发展和繁荣时期，尤其是汉大赋创作取得了辉煌的成就，代表作家便是司马相如。司马相如《子虚赋》、《上林赋》承袭枚乘《七发》建立的汉大赋体制，将大赋“侈丽”特征发展到极致，奠定了汉大赋的经典范式。文章西汉两司马，司马迁更是一个光耀千古的文学、史学巨匠。其以“究天人之际，通古今之变，成一家之言”之雄心撰写《史记》，天文地理、中土域外、经济文化等面面俱到；帝王将相、市井细民，三教九流、诸子百家，各类人物纷至沓来，《史记》也成为前无古人、后无来者的绝唱。

武帝之后，汉朝国运渐衰，但汉赋的创作并未消歇。汉宣帝号称中兴之主，且与他的曾祖武帝一样爱好辞赋，所以他在位期间不仅有王褒、张子侨、刘向等辞赋大家，也有大量的赋作产生。但元帝以后，随着西汉政治日益腐败，大赋创作也渐呈衰落之势，尽管扬雄以《甘泉赋》、《长杨赋》等作品成为继司马相如之后又一位辞赋创作的代表人物，但他也因大赋“劝百讽一”的结构性缺陷，最终放弃了辞赋创作，且目之为“雕虫小技”，从而宣告大赋鼎盛时代的结束。

歌功颂德的汉大赋虽然衰落了，但以抒发作家个体情感为主的抒情小赋却表现出继续发展的态势，不仅有班婕妤《捣素赋》、《自悼赋》这样情文并茂的作品，也出现了刘歆《遂初赋》这样以述行寄意显示赋体转变的较好作品。

综观整个西汉时代，诗歌的创作处于相对寂寥期，除了有少数的骚体诗较有特色外，文人的诗歌创作仍然以四言诗为主，且充满了模仿《诗经》的经学气息而了无生气，如韦孟《讽谏诗》之类。史传汉武帝时代有大量的乐府诗创作，但可惜都已经失传了。相传为苏武、李陵创作的五言诗，已被证明是后世的伪托。

公元 8 年，王莽代汉自立，建立了新朝，但很快就被推翻。公元 25 年，南阳豪强地主刘秀称帝，建立了东汉王朝。东汉前期，由于吸取了西汉与新朝灭亡的教训，在政治上实行对人民的让步政策，政权逐渐巩固，又出现了国家安定繁荣的景象，史称“光武中兴”。但在思想意识形态方面，儒家开始真正登上了统治宝座，成为国家思想的主导。与此同时，由于光武帝刘秀的大力推行，今文经学的谶纬迷信也开始逐步泛滥，成为国家的政治宗教。到和帝即位后，统治集团内部宦官、外戚擅权乱政，东汉政权跌入黑暗腐败的后期，至桓、灵末世愈发不可收拾。在这种情况下，社会矛盾日益激化，士族文人与国家，尤其是外戚、宦官的斗争也日趋激烈，最终酿成“党锢之祸”。这种社会现实反映到文学上，使东汉文学发生了两点非常显著的变化：一是以抒发作家个体情志为主的作品勃兴，二是文学的批判性大大增强。

首先，我们看东汉的辞赋创作状况。东汉时期，赋体文学仍居于主导地位，但汉大赋较之西汉已经大大衰落了。除了都城大赋，如杜笃《都城赋》、班固《两都赋》、张衡《二京赋》略可称道外，在西汉时期盛极一时的游猎、宫苑等题材大赋都再也没有复兴了。相反，抒情小赋的创作却渐渐打开局面，开辟出属于自己的一片天地。东汉初期，班固的《北征赋》、《览海赋》沿着刘歆所开创的述行显意的赋体革新道路继续拓展，同时又出现了冯衍、崔篆等人的显志述德赋。张衡曾以《二京赋》呼应班固，企图挽救大赋的颓势，但最终却以抒情小赋《归田赋》出色地完成了赋体革命性的变革，并推动赋体文学走上了更具艺术活力的全新道路。东汉后期，蔡邕大量创作抒情小赋，同时进一步革新赋体，使之日益呈现出诗化的特征，为魏晋诗体小赋的繁荣揭开了序幕。同时，随着政治日益腐败，社会矛盾日益激化，赋体文学批判现实的功能越来越为人们所重视，赵壹《刺世疾邪赋》便是其中最具代表性的作品。

其次，我们看东汉时期诗歌的发展。与西汉时期汉赋创作一枝独秀的局面不同，东汉时期各体文学都有长足的发展，赋体文学之外，尤以诗歌创作成就突出，甚至具备了和汉赋分庭抗礼的实力，无论是文人诗歌还是汉乐府都有许多杰出的作品产生。文人诗歌创作以班固《咏史诗》倡其端，张衡《同声歌》承其锐，秦嘉《赠妇诗》则标志文人五言诗的成熟。而无名氏的《古诗十九首》则代表了汉代文人五言诗的最高成就。《古诗十九首》产生于东汉中后期，内容以写夫妇、恋人的离别和思念、士人的失意与愿望、人生命运的无常与短暂为主，语言质朴直率，意境深婉，对后世文人诗歌创作产生了很大的影响，因而历来极受推崇，被称为“五言之冠冕”。除了文人创作的诗歌外，以乐府诗为代表的民歌创作也取得了很大的成就。汉乐府继承了《诗经》开创的文学传统，“感于哀乐，缘事而发”，具有强烈的现实主义色彩。同时在《诗经》重抒情的文学传统之外，大量创作叙事诗，创作出了《陌上桑》、《孔雀东南飞》等优秀作品，对后来的叙事文学产生了很大的影响。

此外，在散文创作上，不仅出现了抨击统治集团大力提倡的今文经学、谶纬迷信以及种种社会弊病的佳作，如桓谭的《新论》、王充的《论衡》、王符的《潜夫论》等，更值得一提的是班固以卓越的才识，继司马迁《史记》之后，又撰修出了我国封建王朝历史上第一部杰出的纪传体断代史《汉书》。《汉书》以其体制的科学严整，内容的博大精深，开启了我国封建王朝延续不断的隔代官修正史的先河，不仅全面反映了西汉一代的社会整体状貌，而且成为仅次于《史记》的传记文学名著。

总之，秦汉时期，尤其是汉代是我国古典文学发展的重要阶段，不仅涌现出一大批重要作家，创作出大量在文学史上具有重要影响的作品，在文学批评方面也值得称道。无论是《毛诗序》、班固的《两都赋序》、王逸的《楚辞章句序》这样的专体文论，还是扬雄的《法言》、王充的《论衡》等论学杂著，都对作家作品、文学体裁、文学创作的目的性、内容与形式、继承与创新的关系、作家的才学修养等重要问题，进行了相当深刻的理论探寻与阐发，在中国文学批评史上都占有重要地位，成为魏晋文学批评盛世的先声，标志着文学自觉时代即将来临。

秦汉文学经典作品选目：

吕不韦：《吕氏春秋·察今》

贾　谊：《过秦论》、《鹏鸟赋》

司马相如：《长门赋》、《子虚赋》、《上林赋》

司马迁：《史记·屈原列传》

扬　雄：《法言·吾子》

张　衡：《归田赋》

班　固：《汉书·淮南王传》、《汉书·扬雄传》

班　固：《两都赋》、《竹扇赋》

班　昭：《东征赋》

无名氏：《古诗十九首》

（张玖青撰稿）

李　斯

谏逐客书

（《史记·李斯列传》）

臣闻吏议逐客[1]，窃以为过矣。

昔缪公求士[2]，西取由余于戎[3]，东得百里奚于宛[4]，迎蹇叔于宋[5]，求丕豹、公孙支于晋[6]。此五子者，不产于秦，而缪公用之，并国二十[7]，遂霸西戎。孝公用商鞅之法[8]，移风易俗，民以殷盛，国以富强，百姓乐用，诸侯亲服，获楚魏之师[9]，举地千里，至今治强[10]。惠王用张仪之计[11]，拔三川之地[12]，西并巴蜀，北收上郡[13]，南取汉中[14]，包九夷，制鄢郢[15]，东据成皋之险[16]，割膏腴之壤，遂散六国之从[17]，使之西面事秦，功施到今[18]。昭王得范睢，废穰侯，逐华阳[19]，强公室，杜私门[20]，蚕食诸侯，使秦成帝业。此四君者，皆以客之功。由此观之，客何负于秦哉！向使四君却客而不内，疏士而不用，是使国无富利之实，而秦无强大之名也。

今陛下致昆山之玉[21]，有随和之宝[22]，垂明月之珠，服太阿之剑[23]，乘纤离之马，建翠凤之旗，树灵鼍之鼓[24]，此数宝者，秦不生一焉，而陛下说之，何也？必秦国之所生然后可，则是夜光之璧不饰朝廷，犀象之器不为玩好，郑、卫之女不充后宫[25]，而骏良駃騠不实外厩，江南金锡不为用，西蜀丹青不为采[26]。所以饰后宫、充下陈[27]，娱心意、悦耳目者，必出于秦然后可，则是宛珠之簪、傅玑之珥[28]、阿缟之衣[29]、锦绣之饰不进于前，而随俗雅化、佳冶窈窕赵女不立于侧也[30]。夫击瓮叩缶，弹筝搏髀[31]，而歌呼呜呜快耳目者，真秦之声也。郑、卫、桑间、韶虞、武象者[32]，异国之乐也。今弃击瓮叩缶而就郑、卫，退弹筝而取韶虞，若是者何也？快意当前，适观而已矣[33]。今取人则不然，不问可否，不论曲直，非秦者去，为客者逐。然则是所重者，在乎色、乐、珠、玉，而所轻者，在乎民人也。此非所以跨海内、制诸侯之术也。

臣闻地广者粟多，国大者人众，兵强则士勇。是以泰山不让土壤，故能成其大；河海不择细流，故能就其深[34]；王者不却众庶，故能明其德。是以地无四方，民无异国，四时充美，鬼神降福，此五帝三王之所以无敌也[35]。今乃弃黔首以资敌国，却宾客以业诸侯[36]，使天下之士退而不敢西向，裹足不入秦，此所谓藉寇兵而赍盗粮者也[37]。夫物不产于秦，可宝者多；士不产于秦，而愿忠者众。今逐客以资敌国，损民以益雠，内自虚而外树怨于诸侯，求国之无危，不可得也。

【注释】

①吏:官吏,此指秦国的宗室大臣。客:指各诸侯国来秦担任官职的人。 ②缪公:秦穆公,名任好,春秋五霸之一。 ③由余:春秋时晋人,后逃亡西戎(西北少数民族地区),并奉戎王命使秦,秦穆公用计使他归秦,成为穆公谋臣,灭十二戎国,开地千里。④百里奚:春秋时楚国宛(今河南省南阳市)人,在虞国任大夫,不受重用。晋灭虞后,作为穆公夫人陪嫁仆役被送到秦国。不久他逃往楚国宛地,被楚人俘获,穆公知其贤能,以五张黑羊皮赎回,相秦七年,故称五羖(gǔ)大夫。 ⑤蹇(jiǎn)叔:春秋时岐州(今陕西岐山县)人,游于宋,经好友百里奚推荐,秦迎之于宋,穆公厚币任为上大夫。 ⑥丕豹:晋大夫丕郑子。因其父被晋惠公所杀,丕豹自晋逃于秦。穆公任丕豹为攻晋大将军。公孙支:公孙子桑,岐州人,游于晋,后入秦,穆公任为大夫。 ⑦五子:指由余、百里奚等五人。国二十:指西戎众多小国。 ⑧孝公:秦孝公,秦穆公第十四代孙,任用商鞅变法,为秦始皇统一六国奠定了基础。 ⑨乐用:甘心效力,即乐于被使用。获楚魏之师:前340年,商鞅大败魏军,俘魏公子卬(áng),魏被迫割河西之地求和,同年又南攻楚国获胜。 ⑩举:攻取。治:国家太平安定。 ⑪惠王:秦惠文王,秦孝公之子。张仪:战国时魏人,纵横家,惠王任他为相,主张"连横",即让六国诸侯分别与秦联盟,以便使秦各个击破。 ⑫三川之地:今河南洛阳一带,因黄河、洛水、伊水流经此地,故称三川之地。 ⑬上郡:原属魏国,在今陕西北部。 ⑭汉中:原属楚国,在今陕西南部。秦惠王二十六年(前313),张仪诡称送给楚国六百里土地,诱使楚国与齐国断交,事后只答应给六里,楚王一怒攻秦失败,反而失去汉中六百里土地。 ⑮九夷:东方少数民族,此指楚国境内的少数民族。九,非实数。鄢(yān):楚旧都,在今湖北宜城。郢(yǐng):楚国国都,在今湖北江陵。 ⑯成皋(gāo):又称虎牢,在今河南荥阳西北,古代军事要塞,是东方六国攻秦常经之地。 ⑰六国之从:指燕、赵、韩、魏、齐、楚联合抗秦的合纵计策。从:同"纵"。 ⑱施(yì):延续。 ⑲昭王:秦昭襄王,任用范雎(jū)为相。范雎:魏人,相秦,主张加强中央集权,提出"远交近攻"的策略,对秦国征服邻国、扩大疆域起了重大作用。穰(ráng)侯:魏冉的封号,秦昭襄王母宣太后的异父弟,为秦相,执政三十余年,昭王用范雎之计,缴了穰侯相印。华阳:宣太后的同父弟芈(mǐ)戎,在朝专权,昭王用范雎之计遣其回封地华阳(今河南新郑东)。 ⑳公室:王室、朝廷。杜:塞、杜绝。私门:犹家门,此指魏冉等权臣专权。个人专权相对公室、朝廷而言,就是"私门"。㉑致:得到。昆山之玉:昆山即昆仑山,其北麓为出产美玉的和田。 ㉒随:指春秋时随侯的一颗夜明珠。和:指楚国卞和发现的一块宝玉,世称"和氏璧"。 ㉓服:佩带。太阿(ē):宝剑名,为春秋时吴国著名匠人欧冶子、干将铸造。 ㉔纤离:骏马名。翠凤之旗:用翠凤羽毛装饰的旗子。灵鼍之鼓:用灵鼍皮蒙的鼓。灵鼍,鳄鱼类。 ㉕郑、卫之女:东周时郑、卫的女子以善于歌舞著称。 ㉖駃騠(juétí):古代北方名马。丹青:均指绘画颜料。采:彩饰。 ㉗下陈:后列,指后列姬妾。 ㉘傅玑之珥:指附着非圆形珠子的耳环。傅:附着。玑:非圆形的珠子。 ㉙阿(ē)缟(gǎo):齐东阿产的白色绸绢。锦绣之饰:指织锦刺绣在衣袖边缘。 ㉚随俗雅化:随着习俗变化、打扮入时而雅致。

㉛瓮:大肚小口的一种陶器,比缶高大。缶(fǒu):大肚小口的陶器,比瓮矮小,秦国的乐器。搏髀(bì):拍打大腿打着节拍。 ㉜郑、卫:郑国、卫国音乐。桑间:卫国地名,在濮水之上,桑林之间,此指今河南濮阳一带当年的音乐。韶虞:舜时乐曲。武象:周代乐曲。 ㉝快意当前:眼前心意快乐。适观:适合观赏的需要。 ㉞就:成就,引申为达到。 ㉟五帝:黄帝、颛顼、帝喾、尧、舜。三王:夏禹,商汤,周文王、周武王。 ㊱黔首:秦国百姓习惯用黑布包头,故称秦百姓为黔首。黔,黑色。业诸侯:使诸侯成就功业。 ㊲藉:借。赍(jī):送给。

【题解】

李斯(? —前 208),战国时楚国上蔡(今河南省上蔡县)人,战国后期法家代表人物。曾与韩非一道师从著名思想家荀况学"帝王之术"。前 247 年由楚入秦,投奔吕不韦做门客,后为秦始皇所器重,历任长史、客卿、廷尉,直至丞相,对秦始皇统一六国,推行郡县制,统一文字、法令和度量衡,起了重要作用。秦始皇死后,李斯被赵高诬害,腰斩于咸阳,夷三族。

《谏逐客书》选自《史记 · 李斯列传》,是李斯在秦国任客卿时,于前 237 年为规劝秦王嬴政收回逐客令所写的一个奏章。文章摆事实、讲道理,说理透辟,富有文采,指出"逐客"的做法将导致"内自虚而外树怨于诸侯"的后果,破坏秦统一大业的完成。这封奏章,打动了秦王,使其取消了逐客令,并恢复了李斯的官职。本文可谓集中了李斯的全部才华和智慧,是秦代散文中有名的代表作。

【思考与训练】

1.《谏逐客书》中李斯抓住秦王需求的是哪一句话?

2. 举例说明本文是如何运用归纳论证、类比论证、对比论证方法的。

3. 背诵这篇文章最后一段。

(李军湘撰稿)

刘 安

主术训（节选）

（《淮南子》）

人主租敛于民也[①]，必先计岁收，量民积聚，知饶馑有余不足之数，然后取车舆衣食供养其欲[②]。高台层榭，接屋连阁，非不丽也；然民无掘穴狭庐所以托身者，明主勿乐也[③]。肥醲甘脆非不美也；然民有糟糠菽粟不接于口者，则明主勿甘也[④]。匡床蒻席，非不宁也；然民有处边城、犯危难、泽死暴骸者，明主勿安也[⑤]。故古之君人者，其惨怛于民也，国有饥者，食不重味；民有寒者，而冬不被裘[⑥]；岁登民丰，乃始悬钟鼓、陈干戚，君臣上下，同心而乐之，国无哀人[⑦]。故古之为金石管弦者，所以宣乐也[⑧]；兵革斧钺者，所以饰怒也[⑨]；觞酌俎豆酬酢之礼，所以效善也[⑩]；衰绖菅屦，辟踊哭泣，所以喻哀也[⑪]。此皆有充于内而成象于外[⑫]。及至乱主，取民则不裁其力，求于下则不量其积，男女不得事耕织之业，以供上之求[⑬]。力勤财匮，君臣相疾也[⑭]。故民至于焦唇沸肝，有今无储，而乃始撞大钟、击鸣鼓、吹竽笙、弹琴瑟，是犹贯甲胄而入宗庙，被罗纨而从军旅，失乐之所由生矣[⑮]。

夫民之为生也，一人跖耒而耕，不过十亩[⑯]；中田之获，卒岁之收，不过亩四石[⑰]；妻子老弱，仰而食之，时有涔旱灾害之患，无以给上之征赋车马兵革之费[⑱]。由此观之，则人之生悯矣[⑲]。夫天地之大，计三年耕而余一年之食，率九年而有三年之畜，十八年而有六年之积，二十七年而有九年之储[⑳]。虽涔旱灾害之殃，民莫困穷流亡也。故国无九年之畜，谓之不足；无六年之积，谓之闵急[㉑]；无三年之畜，谓之穷乏。故有仁君明主，其取下有节，自养有度，则得承受于天地而不离饥寒之患矣[㉒]；若得贪主暴君，挠于其下，侵渔其民，以适无穷之欲，则百姓无以被天和而履地德矣[㉓]。食者民之本也，民者国之本也，国者君之本也。是故人君者，上因天时，下尽地财，中用人力，是以群生遂长，五谷蕃植，教民养育六畜，以时种树，务修田畴，滋植桑麻，肥墝高下，各因其宜[㉔]。丘陵阪险，不生五谷者，以树竹木，春伐枯槁，夏取果蓏，秋蓄蔬食，冬伐薪蒸，以为民资[㉕]。是故生无乏用，死无转尸[㉖]。

故先王之法，畋不掩群，不取麛夭，不涸泽而渔，不焚林而猎[㉗]。豺未祭兽，罝罦不得布于野[㉘]；獭未祭鱼，罔罟不得入于水[㉙]；鹰隼未挚，罗网不得张于溪谷[㉚]；草木未落，斧斤不得入山林[㉛]；昆虫未蛰，不得以火烧田[㉜]。孕育不得杀，鷇卵不得探，鱼不长尺不得取，彘不期年不得食[㉝]。是故草木之发若蒸气，禽兽归之若流原，飞鸟归之若烟云，有所以致之也[34]。

故先王之政，四海之云至而修封疆[35]，虾蟆鸣燕降而达路除道[36]，阴降百泉则修桥梁[37]，昏张中则务种谷[38]，大火中则种黍菽[39]，虚中则种宿麦[40]，昴中则牧敛蓄积、伐薪木[41]。上告于天，下布之民[42]。先王之所以应时修备、富国利民、实旷来远者，其道备矣[43]。

【注释】

①租敛：征收赋税。敛，收聚索取。 ②车舆衣食：车辆、布帛、粮食。舆，马车的车厢。这些是统治者向农民征收的主要实物。 ③榭：建筑在台上的房屋。掘穴狭庐：窑洞和狭小的草房。 ④肥醲甘脆：泛指可口的饮食。醲（nóng），酒味浓厚。糟糠菽粟：泛指粗粝的食品。菽，豆类总称。 ⑤匡床蒻席：指舒适的床席。匡，安。蒻（ruò），香蒲草。泽死暴骸：死在野地，尸骨无人收殓。泽，山泽，泛指野地。暴（pù），露。 ⑥君：作动词，统治。岁：指一年的收成。登：丰收。 ⑦干戚，指古代"干舞"一类的武舞。干，盾。戚，刀斧。 ⑧宣乐：抒发内心的欢乐之情。 ⑨兵革斧钺：古代武器。兵，刀剑之类。革，盾牌。钺，大斧。饰怒：代表愤怒。 ⑩觞酌：酒的容器，用于饮酒。俎豆：古代祭器。俎盛肉类，豆盛粮食。酬酢：宾主互相敬酒。效善：求福的意思。效，致，求。善，吉祥。 ⑪衰绖菅屦：古人的丧服。衰，麻衣。绖（dié），粗麻腰带。菅屦（jiānjù）：草鞋。辟踊：捶胸顿足。喻哀：表示悲哀。 ⑫"此皆"句：这都因为有了内心真实的感情，才需要外界的事物来象征它。 ⑬"男女"句：农夫农妇都不能正常地从事耕种纺织。古代自然经济，农业手工业结合，男耕女织。由于剥削太过，民不聊生，就无法进行正常生产。 ⑭"力勤"句：百姓做得很劳苦，而生活贫困，用度不足，于是就和君主对立起来了。相疾，互相仇恨。 ⑮焦唇沸肝：形容极度困苦怨怒。有今无储：无隔宿之粮的意思。始：与"为"同义。撞大钟、击鸣鼓、吹竽笙、弹琴瑟：形容歌舞作乐。 ⑯跖（zhí）耒（lěi）：脚踏在铲上。跖，脚掌，用作动词，踏。耒，耜柄，耜是翻土的铲。 ⑰中田：中等的田。卒岁：整年。石：容量单位，十斗等于一石。 ⑱涔（cén）：雨水过多形成的水涝。"无以"句：遇到灾年，没有能力缴纳上面规定征收的赋税车马兵革的费用。 ⑲悯：忧苦，可怜。 ⑳率：大致。畜：同"蓄"，积余。 ㉑闵急：忧患，困迫。 ㉒取下有节：对下征求有节制。自养有度：自己享受有限度。天地，指大自然的各种变化。离，同"罹"，遭受。句中"则"后省去了主语"民"。 ㉓挠（náo）：扰，侵害。侵渔：掠夺。适：满足。被：受益，享受。天和：天地和顺之气。履：踏，经历，引申为获得。地德：大地生长万物的恩德。 ㉔人君：国君。因：遵循。遂长：顺利成长。蕃植：繁荣地生长。以时种树：在适时的季节种树。务修田畴：致力整治田地。畴：开垦的田亩。肥垸高下：土质肥瘦，地势高低。垸（qiāo）：土质贫劣。 ㉕阪险：崎岖不平的地方。树：种植。蓏（luǒ）：瓜类。薪蒸：柴草燃料。蒸，细小的木材。 ㉖转尸：弃尸，无人埋葬的野死者。 ㉗先王之法：古代圣王的制度。畋不掩群：打猎不整群地捕杀。畋（tián），打猎。掩，尽，全部包

括。麛(mí)夭(ǎo),麛和夭都是一种鹿类的幼仔。㉘"豺未"句:《礼记·月令》有"季秋之月……豺乃祭兽"的话。据说九月以后,天气转冷,一般小动物都将入洞过冬,豺狼就尽量多捕一些小动物以备过冬之粮。祭兽是指把猎到的小兽堆着陈列,像行祭礼一样。罝(jū):捕兔子的网。罦(fú):捕鸟的网。布:设放。句意是,不得非时捕杀野兽。㉙"獭未"句:《礼记·月令》有"孟春之月(正月),鱼上冰,獭祭鱼"。獭祭鱼也是储存过冬之粮。罔罟(gǔ):网的总名。句意是,开春以前,幼鱼尚未长大,不宜大量捕捉。㉚鹰隼(sǔn):鹰和隼皆为猛禽。挚:凶猛。"鹰隼未挚"意为鸟类还未长大。㉛斤:斫木斧。㉜蛰:冬眠。㉝毂卵不得探:不许摸鸟窝,取小鸟和鸟蛋。毂(kòu),小鸟。彘(zhì):同"猪"。期(jī)年:一周年。㉞"是故"句:草木、禽兽、飞鸟,十分茂盛繁多,达到这样是有理由的。以,理由,指上面所说的保护生物的措施。所,助词,无义。㉟"四海"句:古人称立春以后,四海出云。四海云至即立春以后。修封疆,修整田地的疆界,准备春耕。封,界限。㊱"虾蟆"句:春分后,虾蟆(即蛤蟆)开始鸣噪,燕子也于春分后到来。虾蟆鸣燕降皆指春分以后。达路除道:修整道路,使之畅通。达,通。除,排除障碍。㊲阴降百泉:指天寒水枯之时。㊳昏张中:指三月间。昏,黄昏。张,星名。中,正中。张星在三月间于黄昏时出现于正南方。㊴大火中:指四月间。火,星名。黍(shǔ)菽(shū):黍子和豆类。㊵虚中:指八月间。虚,星名,八月间在正南方。宿麦:冬麦。㊶昴中:指九月间。昴星九月在正南方。牧敛蓄积:从事畜牧的人收藏过冬的草料。敛,收藏。㊷"上告"句:将上述按时作业的安排向上祭告天神,向下通告万民。㊸应时修备:适应时机整治和准备(生产和民生事宜)。实旷来远:招引远方的人民来充实空旷的土地。古代以人口繁盛为国力强盛的标志,治国有道,四方的人就都来归附。来,招引。远,指远方的人。道:方法,制度。备:周到,完善。

【题解】

《淮南子》又名《淮南鸿烈》,西汉初年由刘安及其门客共同编著,汉人高诱注解。

刘安(前179—前121),汉高祖刘邦之孙,厉王刘长之子,即汉武帝刘彻的叔父。他是当时皇室贵族中学术修养较深厚者,招致宾客方术之士数千人著书立说。《淮南子》即这种集体著述的成果。原书有内、中、外三篇,是内容涉猎广泛的巨著,可惜留传下来的只有21篇,也就是现在我们看到的《淮南子》。

据《汉书·艺文志》云:"淮南内二十一篇,外三十三篇",颜师古注曰:"内篇论道,外篇杂说。"现今所存的21篇,大概就是原作的内篇。据高诱序言,"鸿"是广大的意思,"烈"是光明的意思。作者认为此书包括了广大而光明的道理。全书内容庞杂,《汉书·艺文志》将它列入杂家。实际上,该书以道家思想为指导,吸收诸子百家学说,将道、阴阳、墨、法和一部分儒家思想糅合起来，是综合体现战国至汉初黄老之学理论体系的代表作。

《淮南子》一书在中国文化史上有着极其重要的地位，历代名家多有论述，宋代史论家高似孙在其所著《子略》中评论道："淮南，天下奇才也！《淮南》之奇，出于《离骚》；《淮南》之放，得于庄列；《淮南》之议论，出于不韦之流；其精好者，又如《玉杯》《繁露》之书。"近人梁启超也说："《淮南鸿烈》为西汉道家言之渊府，其书博大而有条贯，汉人著述中第一流也。"

《淮南子》具有多方面的价值。在文化上，它既保存了先秦时期光辉灿烂的文化，又开启了两汉以后的文化。在哲学上，它以道家为宗，综合了诸子百家的思想，构筑了一个以道家为主体的哲学思想体系。在政治上，它主张积极进取，对无为而治作了新的解释，对治国之道作出了有益的探索。在科学技术上，它对天文、地理、节令等都作了广泛而深入的探讨，并以道论为宗本解释各种自然现象，为我国古代科技发展作出了重要贡献。此外，该书还保存了大量的神话传说，具有很高的文学价值和学术价值。

《主术训》是《淮南子》的第九篇。内容是谈君主治国之术的各个方面。汉初的统治者，对亡秦的虐民暴政导致秦朝迅速崩溃记忆犹新，因而力求接受教训，缓和与人民的矛盾，在一定程度上减轻对人民的剥削，使百姓有休养生息的机会，从而能更快发展生产，增加社会财富。本篇所选的两段，主要便是提出这个主张。其中关于"先王之法"一段，反映了我们祖先在两千多年以前就已经十分重视生物资源的保护和生态的平衡，十分值得珍视。

【思考与训练】

1. 谈谈《淮南子》在文化史上的多方面价值。
2. 熟读本文，说说文中提出了哪些有价值的治国主张。

（周德梅撰稿）

司马迁

货殖列传序

（《史记·货殖列传》）

《老子》曰："至治之极，邻国相望，鸡狗之声相闻，民各甘其食，美其服，安其俗，乐其业，至老死不相往来。"[①]必用此为务，輓近世涂民耳目[②]，则几无行矣。

太史公曰：夫神农以前，吾不知已。至若《诗》、《书》所述虞、夏以来，耳目欲极声色之好[③]，口欲穷刍豢之味[④]，身安逸乐，而心夸矜埶能之荣[⑤]，使俗之渐民久矣[⑥]，虽户说以眇论[⑦]，终不能化。故善者因之，其次利道之[⑧]，其次教诲之，其次整齐之，最下者与之争。

夫山西饶材、竹、榖、纑、旄、玉石[⑨]；山东多鱼、盐、漆、丝、声色[⑩]；江南出楠、梓、姜、桂、金、锡、连、丹沙、犀、玳瑁、珠玑、齿革[⑪]；龙门、碣石北多马、牛、羊、旃、裘、筋角[⑫]；铜、铁则千里往往山出棋置[⑬]：此其大较也[⑭]。皆中国人民所喜好，谣俗被服饮食奉生送死之具也[⑮]。故待农而食之，虞而出之[⑯]，工而成之，商而通之。此宁有政教发征期会哉[⑰]？人各任其能，竭其力，以得所欲。故物贱之征贵，贵之征贱[⑱]，各劝其业，乐其事，若水之趋下，日夜无休时，不召而自来，不求而民出之。岂非道之所符，而自然之验邪？

《周书》曰[⑲]："农不出则乏其食，工不出则乏其事，商不出则三宝绝[⑳]，虞不出则财匮少。"财匮少而山泽不辟矣。此四者，民所衣食之原也[㉑]。原大则饶，原小则鲜。上则富国，下则富家。贫富之道，莫之夺予，而巧者有余，拙者不足。故太公望封于营丘[㉒]，地潟卤[㉓]，人民寡，于是太公劝其女功[㉔]，极技巧，通鱼盐，则人物归之，繦至而辐凑[㉕]。故齐冠带衣履天下，海岱之间敛袂而往朝焉[㉖]。其后齐中衰，管子修之[㉗]，设轻重九府[㉘]，则桓公以霸，九合诸侯，一匡天下；而管氏亦有三归[㉙]，位在陪臣[㉚]，富于列国之君。是以齐富强至于威、宣也[㉛]。

故曰："仓廪实而知礼节，衣食足而知荣辱[㉜]。"礼生于有而废于无[㉝]。故君子富，好行其德；小人富，以适其力。渊深而鱼生之，山深而兽往之，人富而仁义附焉。富者得埶益彰[㉞]，失埶则客无所之，以而不乐。夷狄益甚[㉟]。谚曰："千金之子，不死于市[㊱]。"此非空言也。故曰："天下熙熙，皆为利来；天下壤壤[㊲]，皆为利往。"夫千乘之王，万家之侯，百室之君[㊳]，尚犹患贫，而况匹夫编户之民乎[㊴]！

【注释】

①“至治之极”八句:出自《老子》第八十章,但文字略有不同。 ②輓(wǎn):通“挽”。涂:涂抹,堵塞。 ③极:尽,这里是“听尽”、“看尽”之意。 ④穷:这里是“遍尝”、“吃够”之意。刍豢:泛指牲畜。用草饲养的叫“刍”,如牛、羊;用粮食饲养的叫“豢”,如猪、狗。 ⑤埶(shì)能:权势和才能。埶,同“势”。 ⑥渐:浸染。 ⑦户说:挨家挨户劝说。眇论:精妙之论,指上述老子的言论。眇,通“妙”。 ⑧道:同“导”。⑨山西:指崤山以西地区,今陕西一带。榖(gǔ):木名,又称楮,树皮可造纸。纑(lú):野麻,可以织布。旄:旄牛,其尾有长毛,可以用作旌旗的装饰。 ⑩山东:指崤山以东地区,包括今河南、山东、河北南部、安徽、江苏北部等地区。声色:指歌伎舞女。 ⑪江南:指长江以南地区。连:同“链”,铅矿石。瑇瑁(dàimào):玳瑁,海中动物,似海龟,甲壳可做珍贵的装饰品。 ⑫龙门:龙门山,在今山西河津市西北和陕西韩城市东北。碣石:碣石山,在今河北昌黎县北。旃:同“毡”。筋角:兽筋、兽角,可用来制造弓弩。⑬棋置:像棋子那样密布。 ⑭大较:大概,大略。 ⑮谣俗:风俗。因歌谣可以反映民间的风俗,故以谣俗代指风俗。被服:穿戴。被,同“披”。奉:侍奉。具:用具。 ⑯虞:官名,掌管山林水泽。此指开发山林川泽资源的人。 ⑰宁:难道,副词,表反问。政教:政令。发征:征调。期会:定期而会。 ⑱“故物”两句:意谓此处物价贱,则运往物价贵处卖之;此处物价贵,则从价贱处收购来此贩卖。征:寻求。 ⑲《周书》:指《逸周书》,记周朝上起文王、武王,下至灵王、景王时事。以上引文今本《逸周书》中未见,疑是古本《逸周书》的佚文。 ⑳三宝:指上两句中的“食”、“事”和下句中的“财”。㉑原:同“源”,源泉。 ㉒太公望:姜太公,其先祖封于吕,从其封地为姓,也称吕尚,名望。他辅佐武王伐纣灭商有功,封于营丘(在今山东省昌乐县东南),国号齐。 ㉓潟(xì)卤:不适宜耕种的盐碱地。 ㉔女功:即女工,旧指妇女所作的纺织、刺绣、缝纫等事。 ㉕繈(qiǎng):穿钱的绳索。辐凑:形容四方人物来归像车辐集中于车毂一般。辐,车轮中连接车毂和轮圈的直条。凑,聚集。 ㉖海岱之间:指渤海与泰山之间的各小国诸侯。海,指今渤海。岱,泰山。敛袂:整理衣袖,以表示恭敬。 ㉗管子:管仲,春秋初期政治家,被齐桓公任命为卿,尊称“仲父”。他在齐进行改革,用官府力量发展盐铁业,铸造和管理货币,调剂物价,使齐国力大振,成为春秋时第一个霸主。修之:重整太公的事业。修,整治。 ㉘轻重九府:指主管金融货币的官府。轻重,权衡货物贸易关系的方法。九府,周代掌管钱币的九个官府:大府、玉府、内府、外府、泉府、天府、职内、职金、职币。 ㉙三归:说法不一。一说按常例应归公室所有的市租。一说台观名,相传管仲曾为自己修筑了游赏的台观,说明其财产超过一般的大臣。 ㉚陪臣:春秋时,诸侯的大夫对周天子自称陪臣。 ㉛威、宣:指齐威王、齐宣王。 ㉜“仓廪实”二句:见《管子·牧民》。仓廪,粮仓。 ㉝有:富有。无:贫穷。 ㉞彰:明显,显著,此为“显赫”之意。 ㉟夷狄:泛指少数民族。 ㊱不死于市:指不触犯刑法,不在街市(古代行刑之所)被处死。 ㊲熙熙、壤壤:皆指拥挤、喧闹纷杂的样子。壤,同“攘”。㊳千乘(shèng)之王:指国君,战国时诸侯国之小者拥有千辆战车。万家之侯:指有万户

封邑的诸侯。百室之君:指大夫。 ㊴编户之民:编入户籍的平民。

【题解】

司马迁(前145—?),字子长,夏阳龙门(今陕西韩城市)人,西汉伟大的史学家、文学家。

司马迁六七岁时便随其父太史令司马谈读书,20岁开始游学,考察风俗民情,搜集遗闻旧事,足迹几乎遍布祖国大地。武帝元封三年(前108)继父职为太史令,饱览皇家藏书和中央政府档案,于太初元年(前104)开始从事《史记》的编写。天汉二年(前99)因替李陵投降匈奴辩护,触怒汉武帝,获罪下狱,受腐刑。出狱后忍辱发愤坚持著书,终于在征和初年(前92)左右完成了划时代巨著《史记》。不久即去世,享年六十余岁。

《史记》为我国第一部纪传体通史,全书五十二万多字,纪事起自黄帝,止于汉武,首尾共约三千年。全书包括12本纪、10表、8书、30世家和70列传,共130篇。《本纪》按帝王世序和年代记述政治上的重大事件和帝王本人的事迹;《表》把错综复杂的史实用简明的表格谱列出来;《书》记载礼乐、经济、天文、地理等各方面的情况;《世家》主要记载诸侯、王的史事;《列传》记载名人以及一部分下层社会的人物。《史记》中许多篇章极具文学价值。两千多年来,《史记》以包罗万象的内容、丰富而深刻的思想、系统而完备的历史方法、典型而鲜明的人物形象、通俗而生动的语言,在古代文献中占据了突出地位,成为一部影响深远的史学巨著和文学杰作。不但后代散文家从中吸取了丰富的营养,作者所创造的体例,更为后代的"正史"树立了典范。鲁迅称之为"史家之绝唱,无韵之《离骚》"。

本篇是《史记·货殖列传》的序文。货殖,即经商、做生意,以生财求利之意。我国封建社会的初期,儒家反对"言利",道家宣扬"寡欲",商鞅、韩非等人则认为务农为本,经商为末,统治阶级亦不重视甚至反对发展商业,这些迂腐主张很不利于社会发展。因此,司马迁在文中有力地论证了人类追求财富的合理性,并进一步指出,仁义道德及礼的真正施行,也必须建立在经济发达、人民富足的基础上。全文高屋建瓴,识见卓越,体现出司马迁思想的独立性和深刻性。

【思考与训练】

1. 太公望封于营丘后，是怎样促进经济发展的？

2. 司马迁论证“仓廪实而知礼节，衣食足而知荣辱”的理由何在？

3. 课外阅读《货殖列传》，谈谈其中你印象深刻的两至三位商人。

（李军湘撰稿）

报任安书

（《汉书·司马迁传》）

太史公牛马走司马迁再拜言[1]。少卿足下[2]：曩者辱赐书[3]，教以慎于接物，推贤进士为务，意气勤勤恳恳，若望仆不相师用[4]，而流俗人之言[5]。仆非敢如是也。虽罢驽[6]，亦尝侧闻长者遗风矣[7]。顾自以为身残处秽[8]，动而见尤[9]，欲益反损，是以抑郁，而无谁语。谚曰：“谁为为之[10]？孰令听之？”盖钟子期死，伯牙终身不复鼓琴[11]。何则？士为知己者用，女为说己者容。若仆大质已亏缺矣[12]，虽材怀随、和[13]，行若由、夷[14]，终不可以为荣，适足以发笑而自点耳[15]。

书辞宜答，会东从上来[16]，又迫贱事，相见日浅[17]，卒卒无须臾之闲得竭指意[18]。今少卿抱不测之罪，涉旬月[19]，迫季冬[20]，仆又薄从上雍[21]，恐卒然不可讳[22]。是仆终已不得舒愤懑以晓左右[23]，则长逝者魂魄私恨无穷[24]。请略陈固陋[25]。阙然久不报[26]，幸勿过[27]。

仆闻之：“修身者智之府也[28]；爱施者仁之端也，取予者义之符也[29]，耻辱者勇之决也，立名者行之极也。”士有此五者，然后可以托于世[30]，列于君子之林矣。故祸莫憯于欲利[31]，悲莫痛于伤心，行莫丑于辱先，诟莫大于宫刑[32]。刑余之人，无所比数[33]，非一世也，所从来远矣。昔卫灵公与雍渠同载，孔子适陈[34]；商鞅因景监见，赵良寒心[35]；同子参乘，爰丝变色[36]：自古而耻之。夫中材之人，事关于宦竖[37]，莫不伤气，况忼慨之士乎[38]！如今朝廷虽乏人，奈何令刀锯之余荐天下豪俊哉！

仆赖先人绪业[39]，得待罪辇毂下[40]，二十余年矣。所以自惟：上之，不能纳忠效信，有奇策才力之誉，自结明主；次之，又不能拾遗补阙[41]，招贤进能，显岩穴之士[42]；外之，不能备行伍，攻城野战，有斩将搴旗之功[43]；下之，不能累日积劳，取尊官厚禄，以为宗族交游光宠。四者无一遂[44]，苟合取容[45]，无所短长之效[46]，可见于此矣。乡者，仆亦尝厕下大夫之列[47]，陪外廷末议[48]。

不以此时引维纲[49]，尽思虑，今已亏形为扫除之隶，在阘茸之中[50]，乃欲卬首信眉[51]，论列是非，不亦轻朝廷，羞当世之士邪！嗟乎！嗟乎！如仆，尚何言哉！尚何言哉！

且事本末未易明也。仆少负不羁之才，长无乡曲之誉[52]，主上幸以先人之故，使得奏薄技，出入周卫之中[53]。仆以为戴盆何以望天，故绝宾客之知，忘室家之业，日夜思竭其不肖之才力，务一心营职，以求亲媚于主上。而事乃有大谬不然者。

夫仆与李陵俱居门下[54]，素非相善也，趣舍异路，未尝衔杯酒接殷勤之欢。然仆观其为人自奇士，事亲孝，与士信，临财廉，取予义，分别有让，恭俭下人[55]。常思奋不顾身以殉国家之急[56]。其素所畜积也，仆以为有国士之风。夫人臣出万死不顾一生之计，赴公家之难，斯已奇矣。今举事一不当，而全躯保妻子之臣随而媒孽其短[57]，仆诚私心痛之。且李陵提步卒不满五千，深践戎马之地，足历王庭[58]，垂饵虎口，横挑强胡，卬亿万之师[59]，与单于连战十余日，所杀过当[60]。虏救死扶伤不给[61]，旃裘之君长咸震怖[62]，乃悉征左、右贤王[63]，举引弓之民，一国共攻而围之。转斗千里，矢尽道穷，救兵不至，士卒死伤如积。然李陵一呼劳军，士无不起，躬自流涕，沫血饮泣[64]，张空弮[65]，冒白刃，北向争死敌。陵未没时，使有来报，汉公卿王侯皆奉觞上寿[66]。后数日陵败，书闻，主上为之食不甘味，听朝不怡。大臣忧惧，不知所出。仆窃不自料其卑贱，见主上惨凄怛悼，诚欲效其款款之愚[67]，以为李陵素与士大夫绝甘分少[68]，能得人之死力，虽古名将不过也。身虽陷败彼，观其意，且欲得其当而报汉。事已无可奈何，其所摧败，功亦足以暴于天下。仆怀欲陈之，而未有路。适会召问，即以此指推言陵功，欲以广主上之意，塞睚眦之辞[69]。未能尽明，明主不深晓，以为仆沮贰师[70]，而为李陵游说，遂下于理[71]。拳拳之忠，终不能自列[72]。因为诬上，卒从吏议。家贫，财赂不足以自赎，交游莫救，左右亲近不为一言。身非木石，独与法吏为伍，深幽囹圄之中，谁可告诉者！此正少卿所亲见，仆行事岂不然邪？李陵既生降，隤其家声[73]，而仆又茸以蚕室[74]，重为天下观笑。悲夫！悲夫！事未易一二为俗人言也。

仆之先人非有剖符丹书之功[75]，文史星历近乎卜祝之间[76]，固主上所戏弄，倡优畜之，流俗之所轻也。假令仆伏法受诛，若九牛亡一毛，与蝼蚁何异？而世又不与能死节者比[77]，特以为智穷罪极[78]，不能自免，卒就死耳。何也？素所自树立使然。人固有一死，死有重于泰山，或轻于鸿毛，用之所趋异也[79]。太上不辱先，其次不辱身，其次不辱理色[80]，其次不辱辞令，其次诎体受辱[81]，其次易服受辱[82]，其次关木索、被箠楚受辱[83]，其次鬄毛发、婴金铁受辱[84]，其次毁肌肤、断支体受辱，最下腐刑，极矣。传曰“刑不上大夫”[85]，此言士节不可不厉也[86]。猛虎处深山，百兽震恐，及其在穽槛之中[87]，摇尾而求食，积威约之渐也[88]。故士有画地为牢势不入，削木为吏议不对，定计于鲜也[89]。今交手足，受木索，暴肌肤，受榜箠，幽于圜墙之中[90]。当此之时，见狱吏则头枪地[91]，视徒隶则心惕息[92]。何者？积威约之势也。及已至此，言不辱者，所谓强颜耳[93]，曷足贵乎！且西伯，伯也，拘牖里[94]；李斯，相也，具五刑[95]；淮阴，王也，受械于陈[96]；彭越、张敖，南乡称孤，系狱具罪[97]；绛侯诛诸吕，权倾五伯，囚于请室[98]；魏其，大将也，衣赭、关三木[99]；季布为朱家钳奴[100]；灌夫受辱居室[101]。此人皆身至王侯将相，声闻邻国，及罪至罔加[102]，不能引决自财[103]，在尘埃之中。古今一体，安在其不辱也！由此言之，勇怯，势也；强弱，形也。审矣[104]，曷足怪乎！且人不能蚤自财绳墨之外[105]，已稍陵夷[106]，至于鞭箠之间，乃欲引节[107]，斯不亦远乎！古人所以重施刑于大夫者[108]，殆为此也[109]。

夫人情莫不贪生恶死，念亲戚[110]，顾妻子，至激于义理者不然[111]，乃有不得已也[112]。今仆不幸，蚤失二亲，无兄弟之亲，独身孤立，少卿视仆于妻子何如哉？且勇者不必死节，怯夫慕义，何处不勉焉！仆虽怯耎欲苟活[113]，亦颇识去就之分矣[114]，何至自湛溺累绁之辱哉[115]！且夫臧获婢妾犹能引决[116]，况若仆之不得已乎！所以隐忍苟活，函粪土之中而不辞者[117]，恨私心有所不尽，鄙没世而文采不表于后也[118]。

古者富贵而名摩灭[119]，不可胜记，唯俶傥非常之人称焉[120]。盖西伯拘而演《周易》[121]；仲尼厄而作《春秋》[122]；屈原放逐，乃赋《离骚》[123]；左丘失明，厥有《国语》[124]；孙子膑脚，《兵法》修列[125]；不韦迁蜀，世传《吕览》[126]；韩非囚秦，《说难》、《孤愤》[127]。《诗》三百篇，大氐贤圣发愤之所为作也[128]。此人皆意有所郁结，不得通其道，故述往事，思来者[129]。及如左丘明无目，孙子断足，终不可用，退论书策[130]，以舒其愤，思垂空文以自见[131]。仆窃不逊[132]，近自托于无能之辞，网罗天下放失旧闻[133]，考之行事，稽其成败兴坏之理[134]，上计轩辕[135]，下至于兹。为十表，本纪十二，书八章，世家三十，列传七十，凡百三十篇，亦欲以究天人之际，通古今之变，成一家之言。草创未就，适会此祸，惜其不成，是以就极刑而无愠色[136]。仆诚已著此书，臧之名山[137]，传之其人，通邑大都，则仆偿前辱之责[138]，虽万被戮，岂有悔哉！然此可为智者道，难为俗人言也。

且负下未易居[139]，下流多谤议[140]。仆以口语遇遭此祸，重为乡党戮笑，污辱先人,亦何面目复上父母之丘墓乎？虽累百世,垢弥甚耳！是以肠一日而九回,居则忽忽若有所亡,出则不知所如往。每念斯耻,汗未尝不发背沾衣也。身直为闺阁之臣[141],宁得自引深藏于岩穴邪[142]！故且从俗浮湛,与时俯仰,以通其狂惑[143]。今少卿乃教以推贤进士,无乃与仆之私指谬乎[144]？今虽欲雕瑑[145],曼辞以自解[146],无益,于俗不信,只取辱耳。要之,死日然后是非乃定。书不能尽意,故略陈固陋。谨再拜。

【注释】

①太史公:司马迁所任官职。司马迁28岁接任父亲的职位,担任太史令。古代书信常在开头先列具写信人的官职姓名。牛马走:像牛马一样替人奔走的仆人。走,犹言仆人。再拜:拜两次,表示恭敬。言:陈述。 ②少卿:即任安,字少卿,荥阳(在今河南省)人。曾任北军使者护军、益州刺史。足下:古代对人的敬称。 ③曩(nǎng):从前。④望:埋怨。仆:司马迁对自己的谦称。师用:效法采纳。师,效法。 ⑤流:此有“顺从”、“追随”之意。 ⑥罢(pí)驽:比喻才能庸劣。罢,同“疲”。驽,劣马。 ⑦侧闻:侧身倾听,谦词。 ⑧顾:只是。身残:指受宫刑。处秽:处在污秽可耻的境地,指形同宦官。 ⑨尤:责怪。 ⑩谁为(wèi)为(wéi)之:给谁做事。 ⑪钟子期、伯牙:相传皆为春秋时楚人。伯牙善鼓琴,钟子期最能欣赏,伯牙视为知音。钟子期死后,伯牙破琴绝弦,终身不复弹琴。事见《吕氏春秋·本味》。 ⑫大质:身体。 ⑬随、和:随侯珠、和氏璧,喻杰出才能。 ⑭由、夷:许由、伯夷,古代品德高尚的典范人物。 ⑮点:污辱。 ⑯会:正好,恰巧。上:皇上。 ⑰浅:少。 ⑱卒卒(cù):匆忙仓促。卒,同“猝”。指意:内心感情。指,同“旨”。 ⑲旬月:一个月。 ⑳季冬:冬天的第三个月,即农历十二月。汉律,十二月处决犯人。 ㉑薄:迫近。雍:地名,在今陕西凤翔县南,为汉武帝祭祀五帝之所。 ㉒不可讳:处死的婉称。 ㉓左右:指任安,古代书信中一种敬称。 ㉔长逝者:指将被处死的任安。 ㉕固陋:褊狭浅陋的见解。 ㉖阙然:相隔很久。报:复信。 ㉗幸:希望。过:责怪。 ㉘府:聚。 ㉙符:凭证,标志。㉚托:托身,立身。 ㉛憯(cǎn):同“惨”。 ㉜诟:耻辱。 ㉝比数:比较,类比。㉞“昔卫灵公”二句:春秋时,卫灵公出游时与宦官雍渠同车,让孔子坐在后面的车上,孔子以为耻辱,就离卫而去。 ㉟“商鞅”二句:商鞅是通过秦孝公宠信的宦官景监推荐见到秦孝公并被重用的,秦国的贤士赵良认为这是个污点,前途莫测,曾劝商鞅引退,商鞅不听。 ㊱“同子”两句:汉文帝乘车外出,让宦官赵同在车中陪侍,袁盎伏在车前直言谏阻,文帝只好让赵同下车。同子,即汉文帝的宦官赵谈,司马迁避父司马谈讳,故改称。爰丝,即袁盎,字丝,汉文帝时任郎中。爰,同“袁”。 ㊲宦竖:宦官。竖,古代对卑贱者的蔑称。 ㊳忼慨:同“慷慨”。 ㊴绪业:遗业。指父亲司马谈以前也任太史令。㊵待罪:做官的谦词。辇(niǎn)毂(gǔ)下:借指皇帝所在的京城。辇毂,皇帝的车驾。㊶阙:同“缺”。 ㊷岩穴之士:隐居山野的贤士。 ㊸搴(qiān):拔取。 ㊹遂:成就,

成功。 ㊺苟合取容:勉强求合以容身。 ㊻短长之效:特别的表现。短长,或小或大,或劣或优。效,贡献。 ㊼厕:忝列。下大夫:指太史令职。按周代官制,太史属下大夫这一级别,汉代沿用古制,分大夫为上、中、下三等,太史令属下大夫,俸六百石。 ㊽外廷:外朝。汉代把官员分为外朝与中朝,外朝是丞相以下的正规行政官员,国家疑难大事由外朝官员讨论。 ㊾维纲:国家法令。 ㊿阘茸(tàróng):卑贱。章炳麟《新方言·释言》:"阘为小户,茸为小草,故并举以状微贱也。" 51卬:同"昂"。信:同"伸"。52乡曲:乡里。 53周卫:侍卫周密之地,借指皇帝的宫禁。 54门下:李陵曾任侍中,司马迁为太史令,都是侍中曹(官署名,后世称门下省)的官,故言"俱居门下"。 55下人:将自己地位看在别人之下。 56徇:效力。 57媒孽:此指酿成其罪。媒、孽,均为酒曲。 58王庭:匈奴君主驻地。 59卬:同"仰",仰攻。李陵军被围在山谷中,匈奴军居高临下,所以李陵军是仰攻。 60当:相当于己方的兵员数。 61不给:来不及。62旃(zhān)裘:匈奴人用的毛毡和穿的皮衣,此处代指匈奴人。旃,同"毡"。 63左、右贤王:仅次于单于的匈奴军事首领。 64沬:洗脸。沬血,以血洗脸。 65弮(quān):强弓。 66上寿:祝捷。 67款款:恳切忠实。 68绝甘分少:有美食推让给别人,分财物自己得最少的一份。士大夫:此指李陵手下的将领。 69睚眦(yázì)之辞:指诬蔑、攻击之辞。睚眦,怒目而视。 70沮:同"诅",攻击,诋毁。贰师:指贰师将军李广利,其妹为汉武帝宠妃。天汉二年(前99)。汉武帝派李广利征匈奴,令李陵配合作战。李陵被围时,李广利按兵不动。司马迁为李陵说话,武帝认为是存心诋毁李广利。 71理:大理,掌刑狱的官,此指法庭。 72列:陈述。 73隤(tuí):败坏。 74茸:推,置。蚕室:初受宫刑之人畏风,须居于温暖密封之室,犹如养蚕的房子。 75剖符:汉代皇帝授予功臣的一种凭信。符,竹制,上写永不改变爵位的誓言,剖分为二,皇帝与功臣各存其一。丹书:用丹砂写在铁契上的誓词,说明得剖符丹书的功臣,子孙有罪可以赦免。76文史星历:文献史籍和天文历法,这些都是太史令掌管的事务。卜祝:负责占卜和祭祀的官职。 77死节:因坚守气节而死。比:并列。 78特:只、仅仅。 79用:介词,因。之:代词,代死"重于泰山,或轻于鸿毛"的不同情况。所趋:趋向。 80理色:脸面。理,纹理,指皮肤。色,脸色。 81诎体:屈体,指受缚。诎,同"屈"。 82易服:换上囚服。 83关木索:戴枷锁、受绳绑。被箠楚:受杖刑。箠楚,木杖和荆杖,皆为刑具。84鬄:同"剃"。婴金铁:以铁索束颈,即钳刑。婴,缠绕。 85刑不上大夫:刑罚不对大夫以上的人施用。语见《礼记·曲礼》。 86厉:勉励。 87穽(jǐng):捕野兽的陷阱。穽,同"阱"。槛(jiàn):关野兽的栅栏。 88积威约之渐:长期的威力制约,逐渐使之驯服。威约,威力和约束。 89定计于鲜:一旦得罪,就决定自杀。鲜,态度鲜明。90圜墙:指监狱。圜,同"圆"。 91枪:同"抢",撞、触。 92徒隶:狱卒。惕息:不敢喘息,形容极度恐惧。惕,害怕。 93强颜:厚着脸皮。 94西伯:周文王,殷商时为西伯。牖里:地名,又作"羑里",殷纣王囚禁周文王的地方,在今河南省汤阴县。 95李斯:秦始皇的丞相,二世时受赵高谗害,被腰斩。具五刑:受遍五种刑罚。 96淮阴:淮阴侯韩信。韩信先被刘邦封为楚王,有人告信欲谋反,刘邦用陈平之计,佯游云梦,至陈(楚之西界），韩信来见，因令武士缚之，遂械信至洛阳，赦为淮阴侯。械：手铐、脚镣一类的刑具。 ⑰彭越、张敖：彭越，汉初功臣，封梁王。张敖，汉初功臣，张耳之子，父死，袭为赵王。二人都因被诬谋反，下狱定罪。 ⑱绛侯：西汉功臣周勃的封号。吕后死，诸吕（刘邦之妻吕后的亲族吕产、吕禄等）作乱，周勃与陈平共诛诸吕，拥立文帝。后周勃被人诬告，曾一度下狱。权倾五伯：权势很大，超过春秋时的五霸。伯，通“霸”。请室：官署名，请室设有特别监狱，囚禁有罪的大臣。 ⑲魏其：汉景帝时大将军魏其侯窦婴。其平定吴楚七国之乱立有大功，后因与丞相田蚡不和，武帝时被诬下狱处死。三木：指加在颈、手、足三处的刑具。 ⑳季布：项羽部将，屡次困辱刘邦。项羽败死，刘邦悬赏捉拿季布，季布便剃去头发，以铁圈束颈卖身于鲁国侠客朱家为奴。钳奴：以铁圈套颈并剃发的奴隶。 ⑩①灌夫：汉景帝时将领，平七国之乱有功，为中郎将。武帝时因得罪丞相田蚡，被诬下狱，灭族。居室：少府所属的官署名，是当时贵族犯罪后的拘留之所。 ⑩②罔：同“网”，法网。 ⑩③引决自财：自杀。财，同“裁”。 ⑩④审：清楚。 ⑩⑤蚤：通“早”。绳墨：木匠画直线用的工具，喻规矩和法度。此指法律。 ⑩⑥稍：渐渐。陵夷：衰颓。 ⑩⑦引决：以死殉节。 ⑩⑧重：慎重。 ⑩⑨殆：副词，大概、恐怕。 ⑪⓪亲戚：古指父母。 ⑪①激于义理者：被正义、真理所激发的人。 ⑪②已：止。 ⑪③耎：同“软”。 ⑪④去就：去留，进退。此指偷生或赴死。分：界限、原则。 ⑪⑤湛溺：陷身、陷入。湛，同“沉”。累绁：绑囚犯的绳索，引申为牢狱。累，同“缧”。 ⑪⑥臧获：泛指奴隶。“臧”为男奴，“获”为女奴。 ⑪⑦函：被包围。 ⑪⑧鄙没世：到死都卑微无名。鄙，鄙陋。没世，身死之后。文采：指文章。 ⑪⑨摩：同“磨”。 ⑫⓪俶傥（tìtǎng）：卓越豪迈，才华不凡。 ⑫①“西伯”句：传说周文王被拘牖里时，把《易》的八卦推演为六十四卦，形成《周易》一书的框架。 ⑫②“仲尼”句：孔子周游列国受到围攻、绝粮等困厄，因道不得行而作《春秋》。厄，受困，此指政治上不得意。 ⑫③赋：写作。 ⑫④左丘：春秋时鲁国史官左丘明，左丘明著《国语》的记载仅见此处。厥：才。 ⑫⑤孙子：指孙膑，孙武的后裔，战国时军事家，著有兵法八十九篇，久已失传，1974 年 4 月在山东临沂银雀山汉墓出土竹简中发现《孙膑兵法》竹简，有残缺。孙膑曾与庞涓一起从师学习兵法，后庞涓为魏惠王将军，自以为才能不及孙膑，将其骗至魏国，借故处以膑刑（挖去膝盖骨的一种肉刑），并加以软禁。孙膑后来逃到齐国，做了军师，大败魏军，庞涓自杀。修列：著述、编著。 ⑫⑥不韦：吕不韦，秦始皇初年为相国，命其门客编写《吕氏春秋》，名《吕览》。始皇十年（前 237），以罪免职，后又奉命迁蜀，自杀。吕不韦贬蜀后《吕览》才流传于世。迁：被贬谪。 ⑫⑦韩非：战国末年韩国贵公子。《说难》、《孤愤》是韩非著作中的两篇。 ⑫⑧大氐：大多。氐，同“抵”。发愤：抒发内心的激愤。 ⑫⑨思：用如使动。 ⑬⓪退：隐退。书策：写作、著书。策，竹简。 ⑬①垂：留。空文：拟议中的著作，因当时还不能直接影响社会现实，故称空文。见：同“现”。 ⑬②不逊：不谦逊、不自量。 ⑬③失：同“佚”，散失。 ⑬④稽：考察。 ⑬⑤轩辕：即黄帝。《史记》第一篇《五帝本纪》首述黄帝轩辕氏。 ⑬⑥极刑：指宫刑。愠（yùn）：怨怒。 ⑬⑦臧：同“藏”。 ⑬⑧责：通“债”。 ⑬⑨负下：负罪受辱的情况下。未易居：不容易处世。 ⑭⓪下流：身处下流，指地位低下。 ⑭①闺阁（gé）之臣：指宦官。闺闼,宫中小门。 ⑫深藏于岩穴:指隐居。 ⑬狂惑:据贾谊《新书·大政》:"知善而弗行谓之狂,知恶而不改谓之惑。"司马迁说"通其狂惑",乃愤激之辞。 ⑭谬:相反。 ⑮雕瑑(zhuàn):意为修饰、美化自己。瑑,玉上的雕纹。 ⑯曼:美。

【题解】

《报任安书》是司马迁任中书令时写给朋友任安的一封信,见于《汉书·司马迁传》。它是司马迁《史记》之外的一篇传世杰作,也是研究司马迁生平、思想和《史记》创作情况的极为珍贵的资料。司马迁因李陵之祸被处宫刑,出狱后任中书令,表面上为皇帝近臣,实则近于宦官,为士大夫所轻贱。任安曾写信给他,希望他"推贤进士"。司马迁囿于自身的处境,一直未能复信。后任安因罪下狱,被判死刑,司马迁才写了这封回信。

在这封信中,司马迁向朋友任安解释了不能举贤进士的原因,以无比愤激的心情,叙述自己蒙受的耻辱,说明面对"诟莫大"的宫刑,志节之士必然是生难死易,而自己之所以选择受刑"隐忍苟活",是为了完成"究天人之际,通古今之变,成一家之言"的巨著《史记》。作者长久郁积心中的悲愤,借此文喷发而出,有如长江大河,一泻千里,气势磅礴。清吴楚材评此文曰:"其感慨啸歌,大有燕赵烈士之风;忧愁幽思,则又直与《离骚》对垒,文情至此极矣。"

【思考与训练】

1.《报任安书》这篇文章中,司马迁的人格魅力体现在哪些方面?

2. 简析作者援引大量的历史材料和掌故说理对于营造文章气势的作用。

3. 背诵"古者富贵而名摩灭"至"虽万被戮,岂有悔哉"这段文字。

(李军湘撰稿)

路温舒

尚德缓刑书

(《汉书·贾邹枚路传》)

昭帝崩,昌邑王贺废,宣帝初即位①。温舒上书,言宜尚德缓刑。其辞曰：

“臣闻齐有无知之祸，而桓公以兴[②]；晋有骊姬之难，而文公用伯[③]。近世赵王不终，诸吕作乱，而孝文为大宗[④]。由是观之，祸乱之作，将以开圣人也。故桓文扶微兴坏[⑤]，尊文武之业，泽加百姓，功润诸侯，虽不及三王，天下归仁焉[⑥]。文帝永思至德，以承天心，崇仁义，省刑罚，通关梁，一远近[⑦]，敬贤如大宾，爱民如赤子，内恕情之所安[⑧]，而施之于海内，是以囹圄空虚，天下太平。夫继变化之后，必有异旧之恩，此贤圣所以昭天命也[⑨]。往者，昭帝即世而无嗣，大臣忧戚，焦心合谋，皆以昌邑尊亲，援而立之。然天不授命，淫乱其心，遂以自亡。深察祸变之故，乃皇天之所以开至圣也。故大将军受命武帝[⑩]，股肱汉国，披肝胆，决大计，黜亡义，立有德，辅天而行，然后宗庙以安[⑪]，天下咸宁。

“臣闻《春秋》正即位，大一统而慎始也[⑫]。陛下初登至尊，与天合符，宜改前世之失，正始受命之统[⑬]。涤烦文，除民疾，存亡继绝，以应天意。

“臣闻秦有十失，其一尚存，治狱之吏是也。秦之时，羞文学，好武勇[⑭]，贱仁义之士，贵治狱之吏；正言者谓之诽谤，遏过者谓之妖言。故盛服先生不用于世[⑮]，忠良切言皆郁于胸，誉谀之声日满于耳，虚美熏心，实祸蔽塞。此乃秦之所以亡天下也。方今天下赖陛下恩厚，亡金革之危，饥寒之患，父子夫妻，戮力安家，然太平未洽者，狱乱之也[⑯]。夫狱者，天下之大命也[⑰]，死者不可复生，绝者不可复属[⑱]。《书》曰：‘与其杀不辜，宁失不经[⑲]。’今治狱吏则不然，上下相驱，以刻为明[⑳]，深者获公名，平者多后患[㉑]。故治狱之吏皆欲人死，非憎人也，自安之道在人之死。是以死人之血流离于市，被刑之徒比肩而立[㉒]，大辟之计，岁以万数。此仁圣之所以伤也。太平之未洽，凡以此也。夫人情安则乐生，痛则思死。棰楚之下，何求而不得[㉓]？故囚人不胜痛，则饰辞以视之[㉔]；吏治者利其然，则指道以明之[㉕]；上奏畏却，则锻练而周内之[㉖]。盖奏当之成，虽咎繇听之[㉗]，犹以为死有余辜。何则？成练者众，文致之罪明也[㉘]。是以狱吏专为深刻，残贼而亡极，媮为一切[㉙]，不顾国患，此世之大贼也。故俗语曰：‘划地为狱，议不入；刻木为吏，期不对[㉚]。’此皆疾吏之风[㉛]，悲痛之辞也。故天下之患，莫深于狱；败法乱正[㉜]，离亲塞道，莫甚乎治狱之吏。此所谓一尚存者也。

“臣闻乌鸢之卵不毁[㉝]，而后凤凰集；诽谤之罪不诛，而后良言进。故古人有言：‘山薮藏疾，川泽纳污，瑾瑜匿恶，国君含诟[㉞]。’唯陛下除诽谤以招切言，开天下之口，广箴谏之路，扫亡秦之失，尊文武之德，省法制，宽刑罚，以废治狱，则太平之风可兴于世，永履和乐，与天亡极，天下幸甚。”

【注释】

①昭帝:西汉昭帝刘弗陵(前86—前74年在位)。昌邑王:刘贺,汉武帝的孙子。昭帝死后无嗣,昌邑王刘贺即位,后被废。宣帝:汉宣帝刘询,汉武帝的曾孙,昭帝时为庶人,刘贺被废黜后,刘询即位。 ②无知:指公孙无知,春秋时齐国大夫。公孙无知杀死齐襄公自立,但不久又为齐国大夫雍禀所杀。桓公:齐桓公姜小白,齐襄公之弟,曾因襄公无道,被迫流亡国外。襄公被杀,姜小白回国即位。 ③骊姬:春秋时骊戎之女,晋献公攻克骊戎,被夺归,为献公所宠,立为夫人,生奚齐。她欲立奚齐为太子,逼死太子申生,逼走公子重耳和夷吾。献公死,奚齐继位,为大臣里克所杀,骊姬亦被杀。文公:晋文公重耳,曾因父亲晋献公和骊姬的迫害,流亡国外19年,后得秦国帮助,回国即位。用:因。伯:通"霸"。 ④赵王:刘如意,刘邦儿子,封赵王。其母戚夫人曾与吕后争立太子,刘邦死后,刘如意被吕后以鸩毒毒死。诸吕:指吕氏家族。汉惠帝(吕后之子)刘盈死后,吕后专权,大封本家侄儿,掌握军政大权,吕后死,诸吕图谋叛乱,为太尉周勃、丞相陈平等平定。孝文:汉文帝刘恒。大宗:读"太宗",刘恒的庙号。 ⑤扶微兴坏:扶助弱小的国家,复兴衰败的国家。此指齐桓公帮助燕国打败北戎,救邢国、卫国和晋文公平定周内乱,迎周襄王复位。 ⑥三王:指夏禹,商汤,周文王、周武王。归仁:归服仁德之人。 ⑦关梁:设在水陆交通要道上的关卡。先秦与汉初,关口、桥梁设卡。文帝十二年(前168)诏许自由出入关隘。"通"、"一":此为"使……畅通"、"使……统一"之意,均为使动词。 ⑧恕:推己及人,谓以仁爱之心待人。 ⑨变化:指朝代更替。异旧:异于旧。昭天命:使上天授予的使命得以昭明。 ⑩大将军:指霍光。受命武帝:汉武帝临死前任霍光为大司马、大将军,辅佐年仅8岁的幼主昭帝刘弗陵。昭帝死后无嗣,霍光等迎武帝之孙昌邑王刘贺为皇帝。贺即位仅28日,因行为淫乱,被霍光废黜。霍光又立武帝的曾孙刘询为皇帝,即汉宣帝。 ⑪宗庙:古代帝王、诸侯供奉祭祀祖宗之处,此指朝廷。 ⑫《春秋》正即位:意即《春秋》上说,帝王初即位,要更改正朔,目的是为了统一全境和谨慎地对待事业的开始。春秋时,鲁国十二君,除定公外,都在周历正月即位,不管正月有事无事,均写"元年,春,王正月"。正,一年的年始之月,即正月。周历以仲冬之月(相当现在夏历的十一月)为正。《公羊传·隐公元年》:"何言乎王正月?大一统也。"汉何休注:"统者,始也,总系之辞。天王者(阮元《校勘记》云:"天"当作"夫")始受命改制布政施教于天下,自公侯至于庶人,自山川至于草木昆虫,莫不一一系于正月,故云政教之始。" ⑬正:使之正。统:纲纪。全句意为:使受命于天的纲纪从一开始就得以端正。 ⑭羞文学:以文学为羞,即鄙视之意。文学,指儒家学说。《韩非子·六反》:"学道立方,离法之民也,而世尊之曰文学之士。"《史记·李斯列传》:"臣请诸有文学《诗》《书》百家语者,蠲除去之。"好武勇:指崇尚作战,建立战功。 ⑮盛服先生:指忠于国事的大臣。《左传·宣公二年》载:晋灵公昏庸,恨大臣赵盾多次进谏,派刺客到赵盾家行刺。刺客清晨潜至赵家,见赵盾"盛服将朝",因时间尚早,正坐着假寐。刺客心想这是忠于国事的大臣,"民之主也",于是不忍下手而自杀。又一说,"盛服先生"指儒者。 ⑯戮力:努力、尽力。洽:周遍、广博、完美。 ⑰大命:最重要的事情。

⑱属(zhǔ):连接。 ⑲辜:罪。经:常道、规范。 ⑳驱:追逐。刻:苛刻。明:明察。 ㉑深者:指办案苛刻严酷的官吏。公名:公正的名声。平者:办案公平的官吏。 ㉒流离:淋漓。比:紧靠、挨着。 ㉓棰楚:木杖和荆杖,古代刑具的通称。棰楚,同"箠楚"。 ㉔饰辞:粉饰之辞,指加工编造的假供词。视:通"示",此为招供之意。 ㉕指道以明之:(根据供词)指出法令根据,使之明其罪。 ㉖锻练:原意为冶炼金属,此作罗织罪状解。练,通"炼"。周内:使罪状周密陷人于罪。内,同"纳"。 ㉗当:处断,此指判罪。咎繇(Gāoyáo):即皋陶。听:审讯。 ㉘文致:粉饰,引申为伪装,此指舞文弄法,陷人于罪。文,饰。致,达到。 ㉙媮:同"偷",苟且。 ㉚议:选择。期:必也。 ㉛风:民谣。 ㉜正:通"政"。 ㉝鸢(yuān):老鹰。 ㉞古人:指春秋时晋国大夫伯宗,引文见《左传·宣公十五年》。薮(sǒu):湖泽的通称。疾:毒物。泽:洼地。瑾瑜(jǐnyú):美玉。匿:隐藏。恶:毛病,此指瑕疵。诟:耻辱。

【题解】

路温舒,字长君,生卒年不详,西汉巨鹿东里(今河北平乡县)人,出身贫寒,少时好学,曾在牧羊时取湖泽中蒲叶学习写字,后来做了监狱小吏,于是用心学习法律,升至守廷尉史。宣帝时官至临淮太守,很有政绩,卒于官。

本文是在汉宣帝刚刚即位时,路温舒写的一篇奏章。其目的是为了请求宣帝能深刻吸取秦朝灭亡的历史教训,改变酷吏枉法定罪造成社会不得安宁的严重状况;崇尚道德教化,广开言路,放宽刑罚,以至废止治狱之吏,使国家永远和乐太平。作者敢于上书针砭时弊,大胆地提出建议,体现出汉代士人直面黑暗政治、敢于为民伸张正义的道德勇气以及用文化理想扭转现实政治的传统风范。它既是一篇富有文化意义的历史文献,也是一篇富有文学价值的散文作品。全文骈散兼行,文句工俪,"辞顺而意笃"(《汉书·路温舒传赞》),所以宣帝读后称善,并马上提升路温舒为广阳私府长。

【思考与训练】

1. 试分析路温舒进入到本文核心论点之前的说服路径。
2. 作者是怎样揭露酷吏审案的种种黑幕的?
3. 谈谈《尚德缓刑书》中你认为最有价值的观点。

(李军湘撰稿)

乐府民歌

上　邪

（《乐府诗集·鼓吹曲辞》）

上邪[①]！
我欲与君相知[②]，
长命无绝衰[③]。
山无陵[④]，江水为竭，
冬雷震震[⑤]，夏雨雪[⑥]，
天地合，乃敢与君绝！

【注释】

①上邪(yé)：如现在所谓“天啊”。上，指天。邪，通“耶”，语末助词，表感叹。②君：您，指女子的恋人。相知：相爱。　③长：长久，永远。命：通“令”，使，让。④陵：山峰。这句的意思是：高山变成平地。　⑤震震：雷声。　⑥雨(yù)：用作动词，降，落。

【题解】

“乐府”原本是西汉武帝时期所设立的官署名称，其职能是制定乐章、乐谱，训练乐工和搜集民歌。六朝时，将合乐的诗歌称为“乐府诗”，简称“乐府”。收集乐府诗歌最完备的一部总集是宋人郭茂倩编的《乐府诗集》。郭氏将自汉至唐的乐府诗分为十二类，其中既有文人创作的，如“郊庙歌辞”、“燕射歌辞”中的歌辞，也有民歌，如“相和歌辞”中的作品，而乐府民歌是乐府诗中最有价值的部分。

据《汉书·艺文志》记载，仅西汉乐府民歌就达 138 首，但大多散佚，现存不过四十首左右。汉代乐府民歌大多“感于哀乐，缘事而发”（《汉书·艺文志》），具有高度的现实性和真切的内容。汉代乐府民歌既有叙事性的长诗，如《孔雀东南飞》（原名《焦仲卿妻》）达 1785 字，也有短小的抒情作品，如《上邪》仅 35 字。

《上邪》收于《乐府诗集·鼓吹曲辞·汉铙歌》，大约产生于西汉。诗歌以第一人称的口吻，呼天发誓，率直地表达了自己的强烈心愿。随后以“山无陵”等五件不可能发生的事情，表达了对爱情的忠贞。后世亦有类似的作品，如唐代民间词《菩萨蛮》："枕前发尽千般愿，要休且待青山烂。水面上秤锤浮，直待黄河彻底枯。白日参辰现，北斗回南面，休即未能休，且待三更见日头。"以《上邪》为代表的诗歌一反温柔敦厚的中和之美，以大胆而炽热的表达方式和明快的语言再现了抒情主人公的内在世界，不愧为短章中的"神品"。

【思考与训练】

1. 什么是乐府？
2. 简要分析《上邪》的抒情风格。
3. 背诵这首诗。

（李漫天撰稿）

魏晋南北朝文学

魏晋南北朝文学是指从东汉建安至隋文帝杨坚灭陈为止(196—589)共393年的文学发展现象。这段历史时期经历了从汉末大乱到三国鼎立,而后由晋实现短暂统一;西晋灭亡以后,南方经历了东晋、宋、齐、梁、陈五个朝代;北方经历了十六国和北朝的许多变动,最后由北周平北齐,隋又取代北周并平定了南方的陈而统一全国。魏晋南北朝近四百年的时代特征是战乱和分裂,乱世文学是魏晋南北朝文学的典型特征。由于政权更迭频繁,统治集团中争权夺力的斗争充满着杀气,许多文人被卷入政治斗争而遭到杀戮,形成了文学的悲观与放达的感情基调。此外,门阀制度的形成与寒门之士的抑郁不平及文学家族的大量出现也是这一时期文学的典型特征。这一时期的思想文化特点是儒学衰微,玄学兴起,清谈成风,佛道盛行。玄学对魏晋文人的人生价值观、思想作风、人生态度、审美意趣乃至文学风格,都产生了重大影响。

魏晋南北朝文学的主要成就是诗歌,文人五言诗尤为卓越。

建安时代,"三曹"、"七子"并世而出,为中国诗歌打开了一个新局面,并确立了"建安风骨"这一诗歌美学典范。曹操古直悲凉,曹丕便娟婉约,曹植文采气骨兼备。曹氏父子的创作,完成了乐府民歌向文人诗的转变,为五言诗的发展开辟了道路。以曹氏父子为中心,王粲、刘桢等"七子"竞逞才藻,各造新诗,各有鲜明的文学个性。建安诗歌的代表作家是"三曹"(曹操、曹丕、曹植)、"七子"(孔融、陈琳、王粲、徐幹、阮瑀、应玚、刘桢)和蔡琰。和两汉儒生相比,建安文人是在动乱中成长的一代新人,他们既有政治抱负和务实精神,又有通脱的态度和应变能力;他们关怀时事,追求自我价值的实现,表现出一种可贵的人文精神。曹操的《薤露行》、《蒿里行》,陈琳的《饮马长城窟行》,王粲的《七哀诗》,阮瑀的《驾出北郭门行》等作品反映现实和民生疾苦,便是这种人文精神的体现。建安文学的基本特点是:真实地反映现实的动乱和人民的苦难,抒发建功立业的理想和积极进取的精神,同时也流露出人生短暂、壮志难酬的悲凉幽怨的情感,在艺术精神上继承汉乐府的现实主义传统,形式上亦带有鲜明的民歌风调。作品内容充实,意境宏大,笔调明朗舒畅,具有鲜明的时代特征和个性特征,形成雄健深沉、慷慨悲凉的艺术风格,文学史上称之为"建安风骨"或"汉魏风骨"。

曹魏后期,政局混乱,司马懿父子掌握朝政,大肆诛杀异己。此时文人的命运与建安时期大不相同。拥曹的何晏、夏侯玄等人被杀。嵇康拒绝与司马氏合作,亦惨遭杀害。阮籍本有济世志,但不满于司马氏的统治,故以酣饮和故作旷达来逃避迫害,最后郁郁以终。在这样的背景下,玄学产生并盛行起来，文学风貌也发生了很大的变化。正始是魏齐王曹芳的年号（240—248），在文学史上习惯于用正始文学泛指魏朝后期的文学。在哲学史上，正始是魏晋玄学的开创期，主要代表人物是何晏和王弼。在文学史上，正始文学代表作家是“竹林七贤”（阮籍、嵇康、向秀、阮咸、刘伶、王戎、山涛）。他们本身也是玄学家，又号称“竹林名士”。这一时期文人政治理想落潮，普遍出现危机感和幻灭感。诗歌也与建安诗坛风貌迥异，反映民生疾苦和抒发豪情壮志的作品减少了，抒写个人忧愤的诗歌增多了。由于正始玄风的影响，诗歌逐渐与玄理结合，诗风由建安时期的慷慨悲壮变为词旨渊永、寄托遥深。后世将正始时期以阮籍、嵇康为代表的正始文学称为“正始之音”。

西晋太康诗人代表作家是“三张”（张协、张载、张亢）、“二陆”（陆机、陆云）、“两潘”（潘岳、潘尼）、“一左”（左思）。太康诗歌内容单薄，形式追求辞藻华美和对偶工整，丧失了建安诗歌的风力。陆机和潘岳的作品，最能代表这种文风。这一时期最杰出的诗人是左思，他凭借雄迈浩荡的风力在太康诗坛独树一帜，成为建安风骨的继承者，其代表作《咏史》八首抗议门阀制度，抒发寒士不平，与建安诗歌一脉相承，钟嵘称之为“左思风力”。西晋末年，在士族清谈玄理的风气下，产生了玄言诗，玄言诗以阐发老庄思想及佛理为基本内容，理过其辞，淡乎寡味。代表作家是孙绰、许询、支遁。东晋玄佛合流，以至玄言诗占据东晋诗坛达百年之久。

东晋时期诞生了伟大诗人陶渊明。他是魏晋南北朝时期成就最高，也是对后代文学发展产生巨大影响的人物。他有儒家的入世精神，又深受老庄思想影响，并与佛教徒有接触。他安贫乐道、崇尚自然，他清高耿介、洒脱恬淡、质朴率真、淳厚善良，他的作品以及体现在作品中对人生的思考，为后世士大夫筑起了一座精神家园。“不为五斗米折腰”成为中国士大夫精神世界的堡垒，酒和菊是陶渊明追求艺术化人生不可或缺的伴侣，成了中国文学象征高远情致的意象。陶渊明是魏晋风流的代表，他追求一种人格美，用言行诗文使自己的人生艺术化。《五柳先生传》、《归去来兮辞》、《归园田居》、《时运》等作品，都是其艺术化人生的写照。陶渊明被尊称为隐逸诗人之宗，并开创了田园文学这一文学潮流。他的作品以诗歌为主，大致可以分为田园诗、咏怀诗、咏史诗、行役诗、赠答诗几种，而以田园诗和咏怀诗成就最高，影响最大。他的田园诗巧妙地将情、景、理三者结合起来，描述农村风光和田园生活，诗歌平淡、自然，意境深远，具有强烈的艺术魅力。他的咏怀诗或宣抒胸襟，或借古喻今，或用象征、寓言的手法，抒发他对国事的关心，对现实的不满，对权贵的蔑视，对趋炎附势求名逐利者的讽刺。有些诗中也表现了他的人生如梦、乐天知命、及时行乐的消极处世哲学。除诗歌外，陶渊明的散文和辞赋也写得很有特色，其中不乏历代传诵的名篇。

南朝宋齐之际山水诗代替了东晋以来的玄言诗。谢灵运是我国第一个大量创作山水诗的诗人，其诗描绘永嘉、会稽、彭蠡湖等地的自然景色，诗句清新开朗，不乏名句，但缺少佳篇。同期，鲍照的七言乐府在题材和形式上有所突破，其《拟行路难》十八首以人生多艰为主题，为七言诗开拓道路。南齐永明年间，周颙创汉语四声，沈约将四声知识运用到诗歌声律上，并与谢朓、王融共同创立了"永明体"。这种诗体要求严格四声八病之说，强调声韵格律。"永明体"的出现，对于纠正晋宋以来文人诗语言过于艰涩的弊病，使创作转向清新通畅起了一定的作用，对"近体诗"的形成产生了重大影响。齐梁时期，以萧纲为中心的文人集团群体参与创作"宫体诗"，他们在取材、风格上趋同，并产生了重要的诗歌理论，形成诗歌流派。代表作家有萧纲、萧绎、徐摛、庾肩吾、徐陵、庾信等，作品主要以艳丽词句表现宫廷生活，多咏物题材。庾信前期是梁代宫体诗的代表诗人，后期出使西魏，淹留北方屈节仕西魏、北周，生活和思想发生了变化，诗风也为之一新，其《拟咏怀》二十七首抒发了身仕异朝的苦闷和怀念故国的感情。

南北朝乐府民歌继承并发扬了《诗经》和汉乐府的优良传统，表现了广大人民的思想感情。南朝乐府民歌大部分保存在《乐府诗集·清商曲辞》里，主要分为两类：一类为江南的吴歌；一类为西曲。此外，还见于杂曲歌辞、杂歌谣辞，共约五百首。吴歌大都以妇女的口吻写爱情的欢乐和痛苦，情调缠绵、哀怨；西曲多写水边旅人思妇的别情，表现船户、贾客生活为主，风格比吴歌直率、开阔。《西洲曲》是南朝乐府民歌中艺术上最成熟的一首抒情长诗。北朝乐府民歌现存六十多首，主要保存在《乐府诗集·梁鼓角横吹曲》里，有少数保存在杂曲歌辞和杂歌谣辞中。北朝民歌题材广泛，内容丰富。长篇叙事诗《木兰诗》是北朝民歌中最杰出的作品。

魏晋南北朝的骈文、辞赋和散文创作十分活跃。先秦散文中已出现偶句，在汉赋中骈偶的成分增加，进而影响到散文。魏晋时期骈文初步形成，南北朝时期达到成熟而极度兴盛。南北朝骈体文广泛流行，并辐射到各种体式。南朝宋代骈文名家名作有鲍照的《登大雷岸与妹书》和《哀江南赋序》。齐、梁时代骈文名家名作有孔稚珪的《北山移文》、陶弘景的《答谢中书书》、丘迟的《与陈伯之书》、吴均的《与宋元思书》等。南北朝辞赋大多呈现出骈体化的趋向。宋代有鲍照的《芜城赋》；齐、梁时代有江淹的《恨赋》

和《别赋》、庾信的《小园赋》和《哀江南赋》。南朝文坛骈文占据着统治地位，纯粹的散体文章创作处于衰微的地步。在史传方面较为著名的有宋范晔的《后汉书》。北朝散文出现了郦道元《水经注》、杨衒之《洛阳伽蓝记》和颜之推《颜氏家训》等名作。

魏晋南北朝时期出现了志怪小说和志人小说。志怪小说以记述鬼神怪异之事为主要内容，包括神仙方术、鬼魅妖怪、殊方异物、佛法灵异等，也有野史逸闻、民间传说等等，艺术上带有传奇色彩和超现实的夸张表现，代表作品是干宝的《搜神记》。志人小说又称轶事小说，以记录人物的轶事和言谈为主，其产生和汉末至魏晋的人物品评和清谈风气有直接关系，代表作品是刘义庆的《世说新语》，内容主要是记录魏晋名士的逸闻轶事。志怪小说和志人小说的出现，标志着我国小说进入一个重要的阶段。

文学理论的兴盛和文学批评的发展，是魏晋南北朝时期文学的重大建树之一。主要著作有曹丕《典论·论文》、陆机《文赋》、刘勰《文心雕龙》和钟嵘《诗品》等。

魏晋南北朝文学经典作品选目：

曹　操：《短歌行》

曹　植：《赠白马王彪》

阮　籍：《咏怀诗》

左　思：《咏史诗》

陶渊明：《归园田居》、《饮酒》

谢灵运：《登池上楼》

鲍　照：《拟行路难》

王　粲：《登楼赋》

嵇　康：《与山巨源绝交书》

陶渊明：《归去来兮辞并序》

吴　均：《与宋元思书》

逯钦立辑：《先秦汉魏晋南北朝诗》

严可均校辑：《全上古三代秦汉三国六朝文》

（张春媚撰稿）

曹　操

蒿里行

（《乐府诗集·相和歌辞》）

关东有义士，兴兵讨群凶①。
初期会盟津，乃心在咸阳②。
军合力不齐，踌躇而雁行③。
势利使人争，嗣还自相戕④。
淮南弟称号，刻玺于北方⑤。
铠甲生虮虱，万姓以死亡⑥。
白骨露于野，千里无鸡鸣。
生民百遗一，念之断人肠⑦。

【注释】

①关东：函谷关以东，今河北、河南、山东、山西一带。义士：指各州郡起兵讨伐董卓的诸将领，包括曹操自己。群凶：指董卓等恶人，包括董卓及其婿牛辅，其部将李傕、郭汜等。　②期：期望。盟津：地名，也称孟津，在今河南省孟县南，当时讨伐董卓的诸路军队会合的地方。相传周武王起兵伐纣也曾和八百诸侯会合于此地。这里既是纪实，也用了“会盟津”的典故，说明各路将领当初期望能够同心协力，像武王伐纣那样，结成讨伐董卓的联盟。乃：其，你的，你们的。咸阳：秦朝国都，在今陕西咸阳。这里指被董卓控制的长安一带，当时汉献帝已被董卓挟持到长安。《尚书·康王之诰》：“虽尔身在外，乃心罔不在王室。”这里是化用其典，说明各路义军心向汉室。　③踌躇：犹豫不前。雁行（háng）：鸿雁的行列，比喻诸军列阵后观望不前的样子。《三国志·武帝纪》：“卓兵强，绍等莫敢先进，太祖曰：‘举义兵以诛暴乱，大众已合，诸君何疑？’……太祖到酸枣，诸军兵十余万，日置酒高会，不图进取。太祖责让之，因为谋曰：‘……今兵以义动，持疑而不进，失天下之望，窃为诸君耻之。’”　④嗣（sì）：后来，随后。还：同“旋”，随即。戕（qiāng）：杀害，残害。言由于争势夺利，关东诸路军队内部旋即自相残杀。　⑤淮南弟：指袁绍的异母弟袁术。董卓被杀后，袁绍与袁术闹分裂，袁术据有江淮之地，于建安二年（197）自称皇帝，建都寿春（今安徽寿县），独霸南方。袁绍则占据冀、青、幽、并四州，成为北方最大的割据者。初平二年（191），袁绍谋图废掉献帝，立幽州牧刘虞为皇帝，并雕刻了皇帝用的金印。玺（xǐ）：秦以后专指皇帝的印章。　⑥虮（jǐ）虱：虱子。虮，虱子的卵。铠甲生虮虱说明战事连年，战士长久不得解甲。万姓：百姓。以：因而。⑦生民：人民。

【题解】

曹操(155—220),字孟德,沛国谯(今安徽亳县)人,汉末杰出的军事家、政治家和文学家。

黄巾起义时,曹操起兵镇压,逐步发展自己的势力。军阀董卓欲废汉献帝自立,曹操参加讨伐董卓、平定袁绍。汉献帝建安元年(196),迎献帝都许昌,"挟天子以令诸侯",受封大将军及丞相,成为北方的霸主。死后,其子曹丕代汉称帝,追封他为魏武帝。

曹操"外定武功,内兴文学",他和其子曹丕、曹植都是汉魏时期的文坛领袖。曹操的诗歌现存二十三首,均为乐府歌辞。史料记载,曹操领兵三十余年,登高必赋,"及造新诗,被之管弦,皆成乐章"。这些诗歌秉承乐府民歌"感于哀乐,缘事而发"的精神,借用汉乐府原有题目来描写时事,具有真切的内容和现实品格,所以明人钟惺在《古诗归》中称其诗为"汉末实录,真诗史也"。

《蒿里行》为汉乐府的一个曲调名,在《乐府诗集》中属于《相和歌辞·相和曲》。它原是人们送葬时所唱的挽歌。"蒿"同"薨",枯也,人死则枯槁。所以"蒿里"指死人所处之地。曹操借用乐府旧题来写时事。

汉末,大将军何进谋诛宦官,不成,反被宦官所杀。袁绍、袁术攻杀宦官,朝廷大乱。凉州军阀董卓乘机率兵窜入洛阳,驱逐袁绍,"挟天子以令诸侯",专横暴戾,毁灭文明。自初平元年(190)开始,朝官王允、外官袁绍等相呼应起兵讨伐董卓,董卓败逃长安、郿坞。混战中,关中人民几近杀绝。曹操参加了以袁绍为盟主的讨董卓的"义兵",目睹了各路军阀拥兵自强,争权夺利,相互残杀的社会现实。《蒿里行》反映的正是这一历史事实。起首四句写"义士"讨伐董卓的可喜形势;第五句笔锋一转,刻画了各路军阀貌合神离,各怀势利,自相残杀的可耻行径;结尾六句写战乱给人民带来的巨大灾难。

曹操的诗歌语言本色、质朴,风格雄健,开建安文学风气之先河,而且这种借乐府古题写时事的方法对后世新乐府诗也有较大影响。

【思考与训练】

1. 诗人对讨伐董卓的诸路将领的态度如何?
2. 谈谈这首诗的"史诗"风格。
3. 谈谈这首诗的表现手法。

(李漫天撰稿)

王羲之

兰亭集序

（《文选》）

永和九年，岁在癸丑，暮春之初，会于会稽山阴之兰亭，修禊事也①。群贤毕至，少长咸集。此地有崇山峻岭，茂林修竹，又有清流激湍，映带左右②。引以为流觞曲水，列坐其次，虽无丝竹管弦之盛，一觞一咏，亦足以畅叙幽情③。是日也，天朗气清，惠风和畅。仰观宇宙之大，俯察品类之盛④，所以游目骋怀，足以极视听之娱，信可乐也⑤。

夫人之相与，俯仰一世，或取诸怀抱，晤言一室之内；或因寄所托，放浪形骸之外⑥。虽取舍万殊，静躁不同，当其欣于所遇，暂得于己，快然自足，曾不知老之将至⑦；及其所之既倦，情随事迁，感慨系之矣⑧！向之所欣，俯仰之间，已为陈迹，犹不能不以之兴怀；况修短随化，终期于尽⑨。古人云："死生亦大矣⑩。"岂不痛哉？

每览昔人兴感之由，若合一契，未尝不临文嗟悼，不能喻之于怀⑪，固知一死生为虚诞，齐彭殇为妄作⑫。后之视今，亦犹今之视昔，悲夫！故列叙时人，录其所述⑬。虽世殊事异，所以兴怀，其致一也⑭。后之览者，亦将有感于斯文。

【注释】

①永和：晋穆帝年号。癸丑：永和九年(353)的干支纪年是癸丑。会(kuài)稽：晋郡名，管辖区在今江苏东南部、浙江西部一带。兰亭：在绍兴西南二十七里有兰渚，渚上有亭名兰亭。修禊(xì)：古代的一种风俗，人们到水边嬉戏采兰，洗濯身体，传说可以祛除不祥。古时以三月上旬的"巳"日为修禊日，魏以后改用三月三日；也有在秋季进行的。②激湍(tuān)：浪花四溅的急流。映带左右：谓林竹映衬、水流环绕在兰亭的周围。③觞(shāng)：酒杯。修禊时，于曲水的上游放酒杯，与会者散列两旁，酒杯随水而下，到了谁的面前，谁即取而饮之，谓"流觞"。曲水：引水环曲为渠，用来流杯饮酒。次：处所、地方，此指水边。丝竹管弦：箫笛琴瑟一类乐器的总称，这里用作动词，弹奏乐器。一觞一咏：一杯酒，一首诗，饮酒赋诗的意思。 ④品类：物类，指万物种类。 ⑤游目骋(chěng)怀：纵目观览，舒展胸怀。极：穷极。视听之娱：指视觉和听觉上的享受。信：副词，实在。 ⑥取舍万殊：指采取的生活态度不同。静躁：指性情的安静与急躁。⑦曾(zéng)：副词，乃、竟。 ⑧系：随着。 ⑨修短：指寿命长短。随：听凭。化：造化，这里指自然变化。终期于尽：终归于尽。期：限期。 ⑩"死生"句：生死也是人生的一

件大事。原句见《庄子·德充符》:"仲尼曰:死生亦大矣,而不得与之变。" ⑪若合一契:意谓完全相同。契(qì),古人用木或竹制的契券,分为两半,作为凭证、符信。嗟悼:忧伤感叹。 ⑫固:通"故",乃。一死生:《庄子·齐物论》认为生与死是一样的,所谓"方生方死,方死方生"。一,用作意动词,视之若一。虚诞:荒谬。齐彭殇:把长寿和夭殇等量齐观。这也是《庄子·齐物论》里的观点,所谓:"莫寿于殇子,而彭祖为夭。"齐,等同,此亦用作意动词,把……看做等同的。彭,彭祖,传说中古代长寿的人,活到八百岁。殇,夭折的儿童。妄作:胡乱造作。 ⑬列叙时人:逐一记下当时参加集会的人。述:著述。 ⑭致:意趣。

【题解】

王羲之(321—379),字逸少,东晋琅玡临沂(今山东临沂县)人。曾任右军将军、会稽内史等职,世称王右军。中国古代杰出的书法艺术家,有"书圣"之称。王羲之有文集十卷,唐代散佚。明张溥、清严可均各有辑本,均不全。明张溥《汉魏六朝百三家集题辞》称其书札有远见卓识,"诚东晋君臣之良药";赞其"兰亭咏诗,韵胜金谷"。于此可见王羲之的文学成就。又以擅长书法名世,草隶尤精,笔势飘若浮云,矫若游龙,论者评为古今之冠。他所创作和书写的《兰亭集序》,既是书苑珍品,也是文坛杰作,千百年来向为人所盛赞和传颂。

有晋一代,玄学兴盛,清谈成风,士族子弟及各级官吏浸淫于清谈,崇尚风流,不以政务为要。王羲之从"事君行道"出发,认为"虚谈废务,浮文妨要"(《晋书·谢安传》),无论是在朝中为官,还是出使外任,均亲理政务,勤求民隐,于种种弊政深切痛恨。永和十一年,王羲之因不堪忍受上司的刁难,率子女在父母墓前誓墓不仕,称病辞官。在优游山林之余,他仍关注朝臣进退,深以国事为念。在东晋政坛上,王羲之可谓勤谨务实、体察民情的良吏,但处于君昏政暗、"虚谈废务"的时代,他难以有所作为。然而作为一名杰出的书法艺术家,他为中国书法艺术树立了一座后人难以企及的高峰。

晋穆帝永和九年三月三日,王羲之与当时的名士谢安、孙绰等41人在兰亭聚会,与会者各有诗作。后来这些诗被汇编成《兰亭集》,王羲之为其写了这篇序。文中描绘了兰亭景致和集会盛况,并触景兴怀,表达了对生死的感叹,对现实的态度。全文朴实生动,清丽流畅,议中含情,理趣盎然。

《兰亭集序》表现了王羲之书法艺术的最高境界。"兰亭帖"相传之本,章法、结构、笔法都很完美。后人评道"右军字体,古法一变。其雄秀之气,出于天然,故古今以为师法",历代书家都推《兰亭》为"行书第一"。作者的气度、风神、襟怀、情愫,在作品中得到了充分表现。古人称王羲之的行草如

“清风出袖，明月入怀”，堪称绝妙的比喻。唐太宗赞叹它“点曳之工，裁成之妙”。黄庭坚称扬说：“《兰亭序》草，王右军平生得意书也，反覆观之，略无一字一笔，不可人意。”

相传，唐太宗李世民酷爱王羲之书法，千方百计得到了《兰亭序》，常常“置之座侧，朝夕观览”。贞观十年(636)，让冯承素、虞世南、褚遂良等书家摹拓十本以赐近臣，死后把真迹带进昭陵作为陪葬品。所以我们现在已经无法看到《兰亭序》的真迹，只能看到下真迹一等的唐摹本。

【思考与训练】

1. 结合东晋时代社会背景，谈谈《兰亭集序》的思想意义。
2. 简析本文的艺术特色。
3. 背诵这篇文章。

（周德梅撰稿）

陶渊明

庚戌岁九月中于西田获早稻[①]

（《靖节先生集》）

人生归有道[②]，衣食固其端[③]。
孰是都不营，而以求自安[④]。
开春理常业[⑤]，岁功聊可观[⑥]。
晨出肆微勤[⑦]，日入负耒还[⑧]。
山中饶霜露，风气亦先寒[⑨]，
田家岂不苦？弗获辞此难[⑩]。
四体诚乃疲，庶无异患干[⑪]。
盥濯息檐下[⑫]，斗酒散襟颜[⑬]。
遥遥沮溺心[⑭]，千载乃相关[⑮]。
但愿长如此，躬耕非所叹[⑯]。

【注释】

①庚戌岁:指晋安帝义熙六年(410)。这是陶潜辞彭泽令归田后的第六年,时46岁。西田:指住宅西边的田地。 ②归:归依。有道:有常理。 ③固:本来。端:开始。④孰:谁。是:这,指衣食。营:经营,操持。此二句言怎能不经营衣食而想求安乐呢。⑤常业:日常事务,指农事。 ⑥岁功:一年的收成。聊:勉强。 ⑦肆:从事,操作。微勤:轻微的劳作。 ⑧负耒(lěi):扛着农具。耒,耒耜,农具。 ⑨饶:多。风气:气候。此二句言山中多霜露,气候冷得早。 ⑩弗获:不能,不得。辞:推辞,摆脱。此难:这种艰难辛苦的劳动。 ⑪庶:幸,希冀之词。异患:意外的灾祸。此指仕途风险。干:犯。⑫盥(guàn)濯:洗涤。盥,洗手,濯,洗脚。簷(yán):簷同"檐"。 ⑬"斗酒"句:谓喝酒散心。散,放开。襟,襟怀。颜,容颜。 ⑭沮溺:长沮、桀溺,古代隐居力耕的贤人。孔子曾问路于此二人。心:指隐耕之志。 ⑮乃:竟。相关:相合,相通。此二句言远隔千年沮、溺的心情,竟和自己的心情相契合。 ⑯叹:指因遗憾而叹息。

【题解】

陶渊明(365—427),字元亮,一说名潜,字渊明,别号五柳先生。浔阳柴桑(今江西九江市西南)人。晋大司马陶侃曾孙,其祖父、父亲都曾任郡太守一类官职。陶渊明少年时,父亡,家道衰落。29岁时因母老子幼,生计困窘,乃出外做官,先后任江州祭酒、镇军参军、建威参军等职。他生活的时代,正值动荡、分裂的东晋、南北朝时期,统治集团内部争权夺利斗争十分激烈,吏治腐败,门第森严,由于看不惯政治的极度黑暗和官场的丑恶,陶渊明41岁那年在彭泽令任上,不为五斗米折腰,弃官归隐,从此走上励志躬耕的道路,直至贫病而卒。卒后朋友私谥"靖节"。

陶渊明是我国田园诗的开创者,在中国文学史上占有十分重要的地位。今存诗歌一百二十余首,大都写于归隐之后,大致分为咏怀与田园两类。诗中多描绘农村恬静优美的自然景色,着力表现田园生活的怡然自得之乐,隐寓着诗人对腐败政治的谴责、对污浊现实的不满和不愿降志辱身迎合权贵的精神。陶诗格高韵逸,一反六朝华而不实的文风,语言质朴,感情真挚,恬静冲淡,对后世产生了深远的影响。明许学夷《诗源辩体·卷六》云:"靖节诗,初读之甚觉平易,及其下笔,不得一语仿佛,乃是其才高趣远使然,初非琢磨所至也……朱子云:'渊明诗,平淡出于自然。'斯得之矣。"他的辞赋与散文,成就也非常之高。清沈德潜评陶渊明为"六朝第一流人物"。有《靖节先生集》。

本诗是诗人辞去彭泽令归田隐居的第六年(410)写的。短短二十句,道出了诗人收获早稻后的喜悦和庆幸没有横祸相犯的高兴心情。全诗朴素真切，井然有序。清邱嘉穗《东山草堂陶诗笺》卷三评曰："陶公诗多转势，或数句一转，或一句一转，所以为佳。余最爱'田家岂不苦'四句，逐句作转。其他推类求之，靡篇不有。此萧统所谓'抑扬爽朗，莫之与京'也。"

【思考与训练】

1. 本诗是如何表现作者的劳动生活的？
2. 谈谈你对陶渊明其人其行的理解。
3. 背诵这首诗。

（李军湘撰稿）

刘义庆

《世说新语》四则

（《世说新语》）

裴遐在周馥所[①]，馥设主人[②]。遐与人围棋。馥司马行酒[③]。遐正戏，不时为饮，司马恚，因曳遐坠地。遐还坐，举止如常，颜色不变，复戏如故。王夷甫问遐[④]："当时何得颜色不异？"答曰："直是暗当故耳[⑤]。"（《雅量》第九）

郗太傅在京口[⑥]，遣门生与王丞相书，求女婿。丞相语郗信："君往东厢，任意选之。"门生归白郗曰："王家诸郎亦皆可嘉，闻来觅婿，咸自矜持，唯有一郎在东床上坦腹卧[⑦]，如不闻。"郗公云："正此好！"访之，乃是逸少[⑧]，因嫁女与焉。（《雅量》第十九）

王浑与妇钟氏共坐[⑨]，见武子从庭过，浑欣然谓妇曰："生儿如此，足慰人意。"妇笑曰："若使新妇得配参军[⑩]，生儿故可不啻如此[⑪]！"（《排调》第八）

桓公坐有参军椅烝薤不时解[⑫]，共食者又不助，而椅终不放。举坐皆笑。桓公曰："同盘尚不相助，况复危难乎？"敕令免官。（《黜免》第四）

【注释】

①裴遐：字叔道，曾任散骑郎。周馥：字祖宣，曾任平东将军，以功封永宁伯。②设主人：以主人身份宴请。 ③馥司马：周馥手下的司马。周馥任平东将军，将军府

下有司马，管一府之事。行酒：依次劝酒。　④王夷甫：王衍，字夷甫，官至太尉。⑤暗当：默默忍受。　⑥郗（xī）太傅：郗鉴，字道徽，曾兼徐州刺史，镇守京口。　⑦坦腹：敞开上衣，露出腹部。　⑧逸少：王羲之，字逸少，是丞相王导的侄儿。　⑨王浑：字玄冲，王武子的父亲。妇：妻子。　⑩参军：指王沦，字太冲，王浑的弟弟，曾任晋文王大将军参军。　⑪不啻：不仅，不止。　⑫桓公：桓温，字符子，东晋大将，谯国龙亢（今安徽怀远）人，娶明帝女南康公主为妻。椅（jī）：《太平御览》卷九百七十七作"猗"，"猗"通"攲"，指用筷子夹取食物。烝薤（xiè）：同"蒸薤"，余嘉锡《世说新语笺疏》说，《齐民要术·素食篇》有薤白蒸，是米薤同蒸，调以油豉。蒸熟后必凝结，故夹取较难。薤，也称藠头（jiàotou），一种多年生草本植物，地下有鳞茎可食用。

【题解】

刘义庆（403—444），南朝（宋）彭城（今江苏徐州）人，宋武帝刘裕之侄，袭封临川王。历任豫州刺史、荆州刺史、南兖州刺史等官职。他并不热衷于政治，《宋书》本传说他"性简素，寡嗜欲，爱好文义，才词虽不多，然足为宗室之表"，"招聚文学之士，近远必至"。当时有名的文士如袁淑、陆展、鲍照等都曾受过他的礼遇。《世说新语》是刘义庆编撰的一部志人笔记小说集，主要记载东汉末年至东晋末年二百多年间士族阶层的琐闻佚事，全书三卷依内容分德行、言语、政事、文学等36门，具有较高的文学和史料价值。

《世说新语》艺术上的最大特色是运用多种手法，塑造了众多栩栩如生的魏晋风流人物，绘就了一幅多姿多彩的名士群像图卷；其艺术上的另一大特色是语言精练含蓄，隽永传神。明人胡应麟赞扬说："读其语言，晋人面目气韵，恍忽生动，而简约玄澹，真致不穷。"（《少室山房笔丛》）鲁迅先生亦称之为"玄远冷俊"（《中国小说史略》）。作为魏晋南北朝志人小说的代表作，《世说新语》开启了后世笔记小说的先河。

【思考与训练】

1. 谈谈你所理解的"魏晋风度"。

2. 课外阅读《世说新语·雅量》，举出你印象深刻的几则故事。

3. 如何解读桓温罢免手下官员一事？

（李军湘撰稿）

庾 信

哀江南赋序

（《庾子山集》）

粤以戊辰之年[1]，建亥之月[2]，大盗移国[3]，金陵瓦解。余乃窜身荒谷[4]，公私涂炭[5]。华阳奔命，有去无归[6]。中兴道销[7]，穷于甲戌[8]。三日哭于都亭[9]，三年囚于别馆[10]。天道周星，物极不反[11]。傅燮之但悲身世，无处求生[12]；袁安之每念王室，自然流涕[13]。昔桓君山之志事[14]，杜元凯之平生[15]，并有著书，咸能自序[16]。潘岳之文采，始述家风[17]；陆机之辞赋，先陈世德[18]。信年始二毛，即逢丧乱[19]；藐是流离，至于暮齿[20]。《燕歌》远别，悲不自胜[21]；楚老相逢，泣将何及[22]。畏南山之雨，忽践秦庭[23]；让东海之滨，遂餐周粟[24]。下亭漂泊，高桥羁旅[25]。楚歌非取乐之方[26]，鲁酒无忘忧之用[27]。追为此赋，聊以记言，不无危苦之辞，唯以悲哀为主。

日暮途远，人间何世[28]！将军一去，大树飘零[29]；壮士不还，寒风萧瑟[30]。荆璧睨柱，受连城而见欺[31]；载书横阶，捧珠盘而不定[32]。钟仪君子，入就南冠之囚[33]；季孙行人，留守西河之馆[34]。申包胥之顿地，碎之以首；蔡威公之泪尽，加之以血[35]。钓台移柳，非玉关之可望[36]；华亭鹤唳，岂河桥之可闻[37]！

孙策以天下为三分，众才一旅[38]；项籍用江东之子弟，人唯八千[39]。遂乃分裂山河，宰割天下。岂有百万义师，一朝卷甲[40]；芟夷斩伐，如草木焉[41]。江淮无涯岸之阻，亭壁无藩篱之固[42]。头会箕敛者，合从缔交[43]；锄耰棘矜者，因利乘便[44]。将非江表王气，终于三百年乎[45]？是知并吞六合，不免轵道之灾[46]；混一车书，无救平阳之祸[47]。呜呼！山岳崩颓，既履危亡之运[48]；春秋迭代，必有去故之悲[49]。天意人事，可以凄怆伤心者矣！况复舟楫路穷，星汉非乘槎可上[50]；风飚道阻，蓬莱无可到之期[51]。穷者欲达其言，劳者须歌其事[52]。陆士衡闻而抚掌，是所甘心[53]；张平子见而陋之，固其宜矣[54]！

【注释】

①粤：发语词。戊辰之年：南朝梁武帝太清二年（548）。 ②建亥之月：农历十月。③大盗移国：指侯景作乱之事。侯景原为北魏将，降梁，于太清二年八月间起兵叛梁，十月攻陷梁都金陵（今江苏南京市）。移国，篡国。 ④窜身：逃亡。荒谷：春秋时楚地名，在今湖北江陵县附近，此代指江陵。 ⑤公私：公室和私家。涂炭：陷于泥涂和炭火之中，比喻遭遇灾难。 ⑥“华阳”二句：梁元帝承圣三年（554），庾信奉命从江陵出使西

魏,同年西魏攻陷江陵,庾信被扣留于长安,没有再回江陵。华阳,此指江陵,江陵在华山之南,故云。奔命,奉命奔走。 ⑦中兴:指梁元帝于承圣元年(552)平侯景之乱,即位江陵,一度有中兴之势,但不久即被西魏灭亡。道销:国运消亡。 ⑧穷于甲戌:指承圣三年(590)十一月,西魏攻陷江陵,梁元帝被杀。穷,穷尽。 ⑨三日:《晋书·罗宪传》载,三国时魏伐蜀,蜀将罗宪守永安城,闻后主刘禅已降魏,率领部下在都亭痛哭三日。庾信用此典故暗示其亡国之痛。 ⑩别馆:使臣所居之客馆。《左传·昭公二十三年》载,春秋时鲁国叔孙婼出使晋国,曾被囚于客馆。此喻作者被西魏扣于长安的生涯。三年,言时间之长。 ⑪"天道"二句:此言自然之道,周而复始,物极必反。而梁王朝却一蹶不振绝无复兴之望。天道,自然之道。周星,指十二年绕天一周的岁星,即木星。⑫傅燮:东汉人,任汉阳太守时,被王国、韩遂等围城,城中兵少粮尽,其子劝他弃郡归乡,坚决不从,后战死。庾信谓自己处境与傅燮相似,无处可以求生。身世:指一生遭遇。 ⑬袁安:东汉人,官至司徒,辅佐幼主,面对皇帝幼弱、外戚专权的局面,每与人谈及国事,常常呜咽流涕。此喻作者对梁朝灭亡的痛惜。 ⑭桓君山:桓谭,字君山,东汉哲学家,著有《新论》一书。志事:有志于事业。 ⑮杜元凯:西晋人杜预,字元凯,著有《春秋经传集解》。平生:一生,此指平生抱负。 ⑯自序:古人著书往往自叙身世和写作旨意。序,同叙。 ⑰潘岳:西晋诗人,有《家风诗》,自述家族风尚。 ⑱陆机:字士衡,西晋诗人,其祖父陆逊、父陆抗皆东吴名将。陆机作有《祖德》《述先》两赋,陈述其祖先的德业。 ⑲二毛:头发黑白相杂,指半老。侯景作乱时庾信36岁,西魏进攻江陵时其42岁。丧乱:指侯景之乱和江陵沦陷被留西魏。 ⑳藐:远。"藐是"一作"狼狈"。暮齿:晚年。 ㉑燕歌:指乐府《燕歌行》。据《北史·王褒传》载:与庾信同时的王褒曾作《燕歌行》,梁元帝和文士们皆作歌和之,庾信也有和作。这些诗多描写从征远行之悲苦。 ㉒"楚老"两句:西汉末,楚地人龚胜以名节著称,王莽遣使征召他,胜不愿一身事二姓,遂绝食死,有老父来吊,哭甚哀,楚老指此。庾信世居楚地,引此事深惭自己身事二姓。 ㉓畏南山之雨:《列女传》载:南山有玄豹,为了保护美丽的皮毛,逢雾雨天气便不出来觅食。践秦庭:《左传·定公四年》记:楚申包胥到秦乞师,秦不允,申包胥依于庭墙而哭七日七夜,饮食不进。秦哀公为之赋《无衣》,包胥九顿首而坐,秦师乃出。庾信借此说明自己本想避害全身,却又不得不奉命出使西魏。 ㉔"让东海"两句:《史记·伯夷列传》载:孤竹君之子伯夷、叔齐因相互推让君位,先后逃至海滨。后闻西伯(周文王)善养老而归周。武王灭纣,夷、齐以为不义,不食周粟,饿死在首阳山。作者反用伯夷、叔齐不食周粟之典喻己先事西魏后又仕北周,深感惭愧。让,逊色,不及。
㉕下亭:地名。《后汉书·范式传》载:孔嵩应召入京,宿于下亭,马匹被盗。此言作者旅途的困顿。高桥:一作皋桥,在今江苏苏州阊门内,因吴郡大姓皋伯通住在桥边而得名,东汉梁鸿穷困时曾在皋家做佣工。此言作者漂泊异乡。 ㉖楚歌:《汉书·高帝纪》载,垓下之战,张良以楚歌动摇项羽军心,涣散其斗志,从而大败项羽,故曰"楚歌非取乐之方"。此言自己身为南方人,留在北地,听楚歌只能更忧愁。 ㉗鲁酒:鲁国之酒,指薄酒。《庄子·胠箧》:"鲁酒薄而邯郸围。"许慎《淮南子注》记载:"楚会诸侯,鲁、赵皆献

酒于楚王。主酒吏求酒于赵，赵不与，吏怨，乃以赵厚酒易鲁薄者。楚王以赵酒薄，遂围邯郸。”作者以“鲁酒”代指酒，谓饮酒亦不能使自己忘忧。 ㉘日暮途远：原是楚伍子胥说过的话，指无可归依。人间何世：《庄子》有《人间世》篇，说世道多变故。 ㉙“将军”二句：《后汉书·冯异传》载，冯异为人谦逊，每当诸将争论功劳时，他常常靠着大树不说话，从不言己功，人称“大树将军”。此二句喻人事变化，故国沦亡。 ㉚“壮士”二句：用战国荆轲事。荆轲赴秦行刺，燕太子丹送别于易水。荆轲作歌曰：“风萧萧兮易水寒，壮士一去兮不复还。”此喻自己出使西魏不得归。 ㉛“荆璧”二句：《史记·廉颇蔺相如列传》载，蔺相如奉和氏璧入秦以换取十五城，面对秦王的欺诈，持璧睨柱，欲以生命捍卫赵国之尊严。荆璧，即和氏璧。此系反用蔺相如完璧归赵的典故：相如未被秦欺，而自己却被西魏所欺。 ㉜“载书”二句：《史记·平原君列传》载，战国时毛遂随平原君出使楚国，合纵抗秦，但楚王犹豫不从。毛遂于是带剑沿阶而上，奉铜盘跪献楚王，强逼楚王歃血定合纵之盟。载书，盟书。珠盘，用珠装饰的盘，古代诸侯结盟时的用具。庾信意谓毛遂助平原君成就了合纵之盟，自己却未完成使命。 ㉝“钟仪”二句：《左传》成公七年、九年载，春秋时，楚人钟仪为郑国所俘，解献于晋。晋侯到军府视察时，见他着南冠（楚人的帽子），便询问他的情况，得知他是一位乐师，便让他弹琴，他所弹的却是楚乐。晋范文子据此认为他是君子。作者意谓自己本是梁人而羁留魏、周，犹如钟仪之被囚，头戴南冠，心中不忘故国。 ㉞季孙：春秋时鲁国大夫，名意如。行人：外交使节。西河：陕西东部黄河西岸地区。《左传·昭公十三年》载，鲁大夫季孙意如随鲁昭公参加平丘之盟，邾、莒等国诉鲁侵伐其地，晋侯便不许鲁与盟，并扣留了季孙意如，带回晋国。后欲释放，季孙认为有逃命之嫌不肯归。叔鱼遂威胁道，我听说那些小吏将为您在西河安排馆驿，你觉得如何？季孙惧乃归鲁。此二句谓作者使魏被扣难归。 ㉟“蔡威公”二句：《说苑·权谋》载，春秋时，蔡威公知国家将亡，闭门痛哭三天，泪尽而啼血。此言作者对梁亡的哀痛。 ㊱钓台：在今湖北武汉市武昌，此代指南方故土。《晋书·陶侃传》载，陶侃任武昌太守时，在钓台练兵，曾种植了很多柳树。玉关：玉门关，在今甘肃敦煌县西，此代指北朝。两句谓滞留北地的人再也见不到南方故土的柳树。 ㊲华亭：在今上海市松江县，晋陆机故宅所在。河桥：在今河南孟县。《世说新语·尤悔》载，陆机为成都王司马颖带兵与长沙王司马乂战于河桥，兵败，为颖所杀。临刑叹曰：“华亭鹤唳，岂可复闻乎？”此二句谓故国难返。 ㊳孙策：孙权之兄，三国时东吴基业之开创者。《三国志·吴书·陆逊传》载，陆逊上疏云：“昔桓王（孙策谥号长沙桓王）创基，兵不一旅，而开大业。”三分：指魏、蜀、吴三分中国。旅：古代军事编制以五百人为一旅。 ㊴项籍：即项羽。《史记·项羽本纪》载，项羽起兵反秦，率江东子弟八千人渡江而西，后成为西楚霸王。江东：长江在芜湖、南京之间是西南至东北流向，故习惯上称自此以下的长江以南地区为江东。 ㊵百万义师：侯景反叛时，梁朝发兵抵抗，众号百万。卷甲：卷起衣甲而逃。 ㊶芟（shān）夷：除草，此指杀人。《南史·侯景传》载，侯景训诫诸将说：“若破城邑，净杀却，使天下知吾威名。”故其诸将破城，乱杀无辜。这几句意谓孙策、项羽凭借很小的军事力量，或成割据之业，或成天下霸主，而梁朝百万之师却一战即败，守不住江南基业，愧对孙、项。　㊷江淮：长江、淮河。亭壁：军营壁垒，即战地工事。藩篱：用竹子编成的屏障。这两句说，梁兵不战自退，使长江、淮河起不到天险的作用。㊸头会箕敛：古代官府收谷，按人头数摊派，官府则以簸箕收取。此指下层官吏。㊹锄櫌（yōu）：农具。棘矜：矛戟的柄。此指使用低劣武器的人民。因利乘便：指乘机便宜行事。以上四句谓下层官吏和人民，乘梁朝衰弱混乱之机，起兵夺了梁朝天下。㊺将非：莫不是。江表：江南，这里专指金陵。王气：帝王的气运。三百年：从东吴孙权定都建康起，经东晋、宋、齐至梁亡，约三百年。　㊻并吞六合：指秦王朝统一中国。六合，指天地四方。轵（zhǐ）道之灾：指秦朝之灭亡。《史记·高祖本纪》载，刘邦入关，秦王子婴于轵道旁迎降。轵道，古亭名，在今陕西咸阳市附近。二句谓秦始皇统一六国，但秦王朝却迅速灭亡。　㊼混一车书：秦灭六国后，曾实行车同轨、书同文的国策。此指晋统一中国。平阳：今山西临汾市。晋怀帝被刘聪杀于平阳，后其子愍帝又被刘曜杀于平阳。此喻梁朝之亡与元帝之被杀。　㊽山岳崩颓：喻梁朝灭亡。　㊾春秋迭代：指改朝换代。去故：失去故国。　㊿况复：何况。楫：船桨。星汉：银河。槎（chá）：木筏。张华《博物志》载：天上的银河与大海相通，每年八月间可乘船来去，有一好奇者曾浮槎到过银河旁，还与牛郎对过话。　51飚（biāo）：暴风。蓬莱：传说中的海上仙山，上有仙人及不死之药，人们的船靠近它时，辄有风将船吹开，不能到达。作者以“星汉”、“蓬莱”喻家乡，言道路阻绝，不能回去。　52穷者：指不得志之人。劳者：指劳苦之人。此二句谓穷困忧伤到一定境地的人，会记叙自己的遭遇，抒发自己的情感。表明作者作赋乃有感而发。　53陆士衡：即陆机。抚掌：拍手。《晋书·左思传》载，陆机听说左思要作《三都赋》，抚掌而笑，认为他不自量力，等看了《左赋》，自叹不如，因而辍笔。此言己赋即使受人嘲笑，也心甘情愿。　54张平子：即张衡，东汉科学家、文学家。《艺文类聚》载，张衡看到班固的《两都赋》后，颇不以为然，另作《两京赋》。此言己赋为人轻视，亦理所当然。

【题解】

庾信（513—581），字子山，南阳新野（今河南新野县）人，南北朝文学家。初仕梁，与其父庾肩吾以及徐摛、徐陵父子并为梁官廷文人，文体绮艳，号“徐庾体”。梁元帝时奉命出使西魏，值西魏灭梁，被扣留。历仕西魏、北周，官至骠骑大将军、开府仪同三司，故世又称庾开府。庾信留北后虽居高位，故国苦恋之情，却萦绕其萧瑟的暮年，写下了大量感人至深的诗赋，作品风格由早期的轻靡华丽变为苍劲沉郁，有很高的艺术成就。他被看做是集六朝诗、赋、文创作之大成的作家，对唐代文学影响甚巨。杜甫称“庾信文章老更成，凌云健笔意纵横”（《戏为六绝句》），《四库全书总目提要》谓其“北迁以后，阅历既久，学问弥深。所作皆华实相扶，情文兼至，抽黄对白之中，灏气舒卷，变化自如，则非（徐）陵之所能及矣。”有《庾子山集》。

据《北史》本传载，庾信留北，“虽位望显通，常作乡关之思，乃作《哀江南赋》以致其意”。题目“哀江南”取自《楚辞·招魂》中“魂兮归来哀江南”句。本篇为《哀江南赋》的序文，着重说明创作的背景和缘起，虽属赋的有机组成部分，却可独立成篇。全篇以骈文写成，悲亡国、叙家世、抒哀思，多以典故暗喻时世，表达自己悲苦欲绝的隐衷，感情真挚动人，代表了庾信后期作品的典型特征。文章讲究对偶，在句式上开四六、六四句式的先河，同时注意平仄协调，不仅是六朝骈体文名作之一，也是骈体文走向成熟的一个范例。近人林纾《春觉斋论文》评曰：“子山《哀江南赋》，则不名为赋，当视之为亡国大夫之血泪。”

【思考与训练】

1. 本文开篇十八句以精练的语言概括了作者一生中的哪几件恨事？

2. 作者运用典故贴切传神且方法多变，请各举出两例正用和反用的典故。

3. 熟读这篇文章的第三段。

（李军湘撰稿）

隋唐五代文学

隋唐五代经历了379年，其中隋朝(581—618)历时38年，唐朝(618—907)历时289年，五代(907—960)历时53年。这个时期的文学称为隋唐五代文学，其中唐代文学成就最为突出。

唐代是我国封建社会发展的鼎盛时期，也是中国古典文学发展全面繁荣的时期。唐代的政治、经济、文化为唐代文学的繁荣发展提供了肥沃的土壤和良好的气候。唐朝国力强盛，经济繁荣，为文学的发展打下了坚实的基础。在唐代，中外文化交融造成较为开放的风气，文学发展融南北之长，题材更丰富，手法更完善，风格更多样。因国力强盛，唐代士人们心中都有一种浓烈的民族自豪感和自信心，创作激情也自然很旺盛。同时，士人漫游、入幕、读书山林、贬谪等多姿多彩的社会生活内容丰富了文学的表现领域。唐人恢弘的胸怀气度与对待不同文化的兼容心态，创造了有利于文化繁荣的环境。史学、书法、绘画、雕塑、音乐、舞蹈都有很大的发展。佛、道、儒对唐代文学产生了直接且深远的影响。在唐代作家中，很少有单独受到或儒或道或佛一家影响的。他们大多儒释道的思想都有，只是成分多少，或隐或显的问题。儒家思想给文学带来了进取的精神；佛教的影响丰富了唐诗的心境表现，涌现出了一批诗僧；道教的影响促进了诗人思想的解放，丰富了唐诗的想象。它们对于唐代文学的发展都产生了积极的作用。

隋唐五代时期，诗歌、散文、小说(传奇)、词等文学样式都得到发展。隋朝时间短，文学潮流仍是北周和梁陈文风的延续。五代文学主要是词的发展。唐代文学出现了百花齐放、万紫千红的繁荣景象，不仅诗歌、散文、小说都得到了很大的发展，同时还兴起了词和变文这两种新的文学形式，其中，唐诗是唐代文学的代表。

唐诗发展大致可以分为初、盛、中、晚四个阶段。唐诗四分法完成于明初高棅的《唐诗品汇》，后代诗评家多承其说。

初唐(高祖武德元年—玄宗先天元年，即618—712)，约一百年，这个阶段是唐代诗歌繁荣的准备时期。

这个时期又可以分为前后两个阶段。初唐前五十年，诗歌深受齐梁诗风的影响，宫体诗充斥诗坛。虞世南、上官仪是这种诗风的代表。上官仪的诗“以绮错婉媚为本”，当时多有效其体者，称为“上官体”。初唐后五十年，诗坛出现了转机。先有“初唐四杰”(王勃、杨炯、卢照邻、骆宾王)力求摆脱齐梁诗风，突破宫体诗的狭窄范围，扩大了诗歌的题材内容，显示出诗歌创作的健康方向；继而有沈佺期、宋之问总结六朝以来声律方面的创作经验，确立了律诗的形式；张若虚则以《春江花月夜》“孤篇压倒全唐”；最后陈子昂高举文学革新的旗帜，大力倡导“汉魏风骨”，主张“兴寄”，批判齐梁“采丽竞繁”的形式主义诗风，把唐诗引向健康发展的方向。

初唐九十多年，诗人从宫廷官吏逐渐扩大到一般寒士，诗歌的题材内容逐渐扩大，从宫廷台阁走向关山塞漠，诗歌的风格从齐梁的绮艳逐渐走向开朗明丽，形式上逐渐固定了五言律诗的格式，七言歌行得到进一步的发展，这些都为盛唐诗歌的繁荣做好了充分的准备。

盛唐（玄宗开元元年—代宗永泰元年，即713—765），约五十年，这是唐诗的鼎盛时期，是我国古典诗歌创作的最高峰。

在这短短的五十多年里，诗人名家辈出，他们以各自不同的艺术风格，汇入诗歌创作的大潮。这一代诗人大都具有宏伟的理想和抱负、蓬勃热烈的感情，他们的诗歌大都充满了一种积极向上的青春活力，这也就是后人所称道的盛唐之音。李白和杜甫是唐诗史上最辉煌璀璨的两颗巨星，合称“李杜”。李白具有投身社会和参与政治的热情，具有高度的自信和自尊，他的诗歌集中反映了唐玄宗天宝前后的时代情绪，他是我国诗歌史上伟大的浪漫主义诗人。杜甫具有敏锐的洞察力、暴露社会矛盾的勇气、对国家的责任感以及对社会危机即将到来的忧虑，他的诗歌广泛深刻地反映了安史之乱前后的社会现实，为中唐现实主义诗歌的发展开辟了道路，在我国诗歌史上具有划时代的意义。以孟浩然、王维、储光羲、祖咏、裴迪等为代表的山水田园诗人，远绍陶渊明、谢灵运，近学张九龄，诗歌以五言居多，通过对自然山水细致入微的描绘，体现情景交融、物我契合的意境，表现隐逸意趣，抒发闲适情调，诗风清新淡雅。以高适、岑参、王昌龄、李颀、崔颢为代表的边塞诗人，大多有从军入幕的戎马经历，擅长七言歌行和七绝，他们的诗歌表达请缨杀敌、报国立功的豪情；描写塞外奇异风情和民族融合；描写边塞艰苦生活，抒发缭绕不尽的乡思边愁。边塞诗歌兼容了建安风骨和齐梁笔致，形成慷慨壮丽的风格，洋溢着昂扬的时代精神。

盛唐诗歌是唐诗的黄金时代，代表了唐诗的最高成就和总体特征。盛唐诗歌的主要特点是：首先，诗歌走向社会，全方位地表现生活。盛唐诗歌普遍的主题是社会政治主题，反映了唐人重视事功、富有理想、高度自信、胸怀开朗、热情豪迈的总体风貌。其次，盛唐诗歌注重表现新的体验。即使是旧题材，也写出新体验，如边塞诗。最后，盛唐诗歌境界阔大，具有“盛唐气象”的美学风貌。

中唐（代宗大历元年—文宗太和九年，即766—835），约七十年，这是唐诗继续兴盛的时期。中唐时期社会陷于严重的无法摆脱的危机之中，盛唐那积极浪漫主义的热情和理想退潮，严峻、冷酷的现实使诗人们不得不倾向冷静的观察与思考，诗歌转向了现实主义道路。中唐诗歌大致可分为前后两个阶段。前期即大历(766—779)年间前后，诗歌创作处于过渡阶段。主要诗人有元结、顾况、韦应物、刘长卿和“大历十才子”(卢纶、吉中孚、韩翃、钱起、司空曙、苗发、崔峒、耿炜、夏侯审、李端)，他们的创作成就不是很高。刘长卿、韦应物等诗人，带着对盛唐的依恋，以萧条、冷落的心境表现山林隐逸的生活情趣。中唐后期出现唐诗的第二高峰。以白居易、元稹为代表的新乐府诗人，继承杜甫诗歌的现实主义精神，把中国诗歌的现实主义传统推向又一个新的高峰。以韩愈、孟郊为代表的韩孟诗派，通过个人的悲惨遭遇来反映现实的黑暗，在艺术上则追求奇崛险怪的诗风，着意追求晦涩冷僻的语言，可谓自成一格。接受韩孟影响而又能大胆创新的李贺，以其丰富奇异的浪漫主义作品，在当时诗坛上独树一帜，放出异彩。刘禹锡则以他清新明丽的民歌体创作沉郁苍凉的怀古诗，在中唐诗歌史上占有重要地位。

中唐诗歌的艺术特征是：在内容上现实主义倾向有所加强，题材有所拓展；在形式上流派众多，风格各异；表现手法更加丰富，如以文为诗、以议论为诗、以律调入歌行、用传奇的手法叙事写人等。

晚唐(文宗开成元年—昭宗天祐三年，即836—906)，约七十年，这是唐诗的夕阳晚照时期。

晚唐时期社会状况急转而下，宦官专权、藩镇割据，又爆发了最终令唐王朝轰然坍塌的黄巢大起义，面对这种情况，诗人们大都忧时嗟生、消极悲观，关注对象从社会转入自身情感，吟诵男女之情蔚成风气，艺术格调上，一方面继承中唐精工雕琢的人工之美诗风，另一方面也推重天真隽永、平淡的诗风。依风格可大致分为五类：以杜牧、许浑为代表的清丽感伤风格，追求语言典丽、空灵飘逸的感伤诗风；以李商隐、温庭筠为代表的深婉绮艳风格，李深婉蕴藉，是晚唐最有成就的诗人，而温则开香艳一派；以司空图、陆龟蒙为代表的隐逸诗风；以贾岛、姚合为代表的苦吟诗风，贾凄清幽曲，姚平淡含蓄；以郑谷、韦庄、罗隐、杜荀鹤、皮日休等人为代表的乱世悲慨与怨刺诗风。

晚唐是唐诗的夕阳晚照时期，这一时期诗人客观上面临时代衰败，社会心理感伤、颓废，以及诗歌在盛唐和中唐一盛再盛之后难以为继的局面；主观上他们的才力心智俱不足以开宗立派。

诗歌是唐代的代表文学，散文、小说、变文和词在唐代也有长足发展。

唐文大盛，比诗来得晚，到中唐才出现盛极一时的景观，才产生足与诗中“李杜”比美的“韩柳”。唐代古文运动是指发生在德宗贞元到宪宗元和大约二三十年间的一次文体革命。其指导思想是“文以载道”说，要求用散文阐明儒家之道的基本宗旨，摆脱骈偶体裁的束缚，使形式更好地为内容服务。领导者是韩愈和柳宗元，参与者很多，有李观、欧阳詹、元稹、白居易、刘禹锡以及韩门弟子李翱、皇甫湜。这场古文运动，以恢复儒学为旗号而进行文体、文风和文学语言的革新，以清新质朴的散体文代替华美空洞的骈体文，使文体革新取得成功。这个时期产生了不少优秀的山水游记、寓言、传记、杂文等新型短篇散文，是唐代文学繁荣的标志之一。

唐代的文言短篇小说称为传奇。唐传奇得名于晚唐裴铏所编《传奇》小说集。唐传奇的出现，标志着中国小说进入了成熟阶段。唐人开始有意识地从事小说创作，题材取材于社会现实生活，其小说不仅有完整的故事情节，而且塑造了十分生动的人物形象。

变文是唐代的一种说唱文学，简称为“变”。其内容多为宣讲佛经故事、经义，也有讲述历史故事和民间传说。其形式多样，或散韵相间、说唱结合；或全散；或全韵。变文对后世的话本、弹词、诸宫调等通俗文学产生了很大的影响，开了白话文的先河。

曲子词，简称词，是隋唐之际随着燕（宴）乐的兴起而出现的新文体。保存于敦煌石窟的民间词“敦煌曲子词”是最早的词。唐代文人词的创作，始于中唐白居易等人。到晚唐五代，词创作逐渐成熟，形成两大创作中心，一是西蜀的“花间词人”，以温庭筠、韦庄为代表；二是南唐的“二主一臣”李璟、李煜和冯延巳。温庭筠是我国第一个大力作词的文人，有词集名为《金荃集》，他被后来的“花间词人”奉为鼻祖。“花间词人”产生于五代西蜀，得名于赵崇祚编辑的《花间集》，主要词人有温庭筠、韦庄、孙光宪、李珣、牛希济等。这一词派在内容上多写艳情，题材狭窄、情致单调，在艺术上意象繁多、构图华美，注重锤炼文字，形成隐约迷离幽深的意境。南唐词人成就最著者为李煜，他在亡国被俘后的作品，抒发了国破家亡的深切感受，扩大了词的表现范围，在艺术上也有独特成就，对词的发展作出了重大贡献。

隋唐五代文学经典作品选目：

王　维：《王右丞集笺注》

李　白：《李太白全集》

仇兆鳌：《杜少陵集详注》

白居易：《白居易集》

屈守元、常思春校：《韩愈全集校注》

刘学锴、余恕成:《李商隐诗歌集解》
金性尧:《唐诗三百首新注》
俞陛云:《唐五代两宋词选释》
陈铁民:《唐宋散文选评》
林　骅、王淑艳:《唐传奇新选》

（张春媚撰稿）

张若虚

春江花月夜

（《乐府诗集·清商曲辞》）

春江潮水连海平，海上明月共潮生[①]。
滟滟随波千万里[②]，何处春江无月明。
江流宛转绕芳甸[③]，月照花林皆似霰[④]。
空里流霜不觉飞[⑤]，汀上白沙看不见。
江天一色无纤尘，皎皎空中孤月轮。
江畔何人初见月？江月何年初照人？
人生代代无穷已，江月年年只相似。
不知江月待何人，但见长江送流水。
白云一片去悠悠，青枫浦上不胜愁[⑥]。
谁家今夜扁舟子[⑦]？何处相思明月楼[⑧]？
可怜楼上月徘徊[⑨]，应照离人妆镜台。
玉户帘中卷不去，捣衣砧上拂还来[⑩]。
此时相望不相闻，愿逐月华流照君[⑪]。
鸿雁长飞光不度[⑫]，鱼龙潜跃水成文[⑬]。
昨夜闲潭梦落花[⑭]，可怜春半不还家。
江水流春去欲尽，江潭落月复西斜。
斜月沉沉藏海雾，碣石潇湘无限路[⑮]。
不知乘月几人归，落月摇情满江树[⑯]。

【注释】

①"春江"二句：谓春江涨潮，海面上升，江潮浩瀚无垠，仿佛和大海连成一片，一轮明月从海面冉冉上升。海，此为虚指，指长江下游涨潮时宽阔的江面。 ②滟滟：水波闪耀。 ③宛转：蜿蜒曲折。芳甸：开着鲜花的原野。甸，草原。 ④霰：雪珠。 ⑤"空里"句：古人认为霜是从天空降下来的，所以这里说"不觉飞"。 ⑥"白云"句：白云飘离青枫浦，象征游子离去。青枫浦，泛指遥远荒僻的水边。浦，河口。 ⑦扁舟子：驾着小舟在江湖上飘荡的游子。 ⑧相思明月楼：指思妇。 ⑨月徘徊：月照妆楼，思妇徘徊难眠。曹植《七哀诗》："明月照高楼，流光正徘徊。" ⑩玉户：华美的屋子。捣衣砧：洗衣用的石头。这两句说月光时时处处引起她的相思之情。 ⑪逐：追随。月

华:月光。 ⑫“鸿雁”句:会远翔高飞、传递信息的鸿雁,不可能把相思连同月光带到远方去。 ⑬“鱼龙”句:会传递书信的鱼儿也只是在深水里跃动,激起几道波纹。 ⑭“昨夜”句:此谓昨夜梦见潭边花儿飘落。闲潭,幽静的水潭。 ⑮碣石:山名,在今河北省昌黎县。潇湘:水名,湘江与潇水的并称,借指今湖南地区。 ⑯“落月”句:残月的余辉带着人间的离别之情,摇曳着,散落于江边的树梢上。

【题解】

张若虚(约660—720),初唐扬州(今属江苏)人,曾任兖州兵曹,中宗神龙年间,因诗才驰名京都,玄宗开元初,与贺知章、张旭、包融并称“吴中四士”。《全唐诗》录其诗二首。

《春江花月夜》是古乐府《清商曲·吴声歌》旧题,本为吴地民歌。据宋郭茂倩《乐府诗集》卷47引《晋书·乐志》云,此曲被引入陈朝宫廷,成为陈隋以来宫体诗题之一。《乐府诗集》载《春江花月夜》共七首:隋炀帝杨广二首,隋诸葛颖一首,唐张子容二首,张若虚和温庭筠各一首,它们或者格局狭小,或者脂粉气过浓,只有在张若虚手里,这一诗题才突放异彩,获得了不朽的艺术生命,作者亦因此在文学史上享有盛名。

《春江花月夜》扣紧诗题五个字代表的五种事物,描绘了春江花月之夜的奇丽景色,又以月为主体,写了月的上升、高悬、西斜、落下的全过程,展现了月光笼罩下的江河湖海上、原野芳林间一幅幅迷离惝恍、如梦似幻、美不胜收的银色世界。然而诗的主旨并不在优美的月色本身,而在抒写人的思想感情。诗人巧妙地将传统题材中常见的游子思妇的离别相思之情放置于春江花月的背景中,以良辰美景来衬托这种人间的离情,又把江月和人生加以对照,显示人生的短暂。这就分外有力地肯定了人间生活、赞美了青春,歌颂了爱情。诗人将优美的景物、纯洁的爱情和对人生哲理、宇宙奥秘的探求结合起来,在作品中构成了一幅诗情、画意、哲理水乳交融的幽美而开阔的意境,语言清新纯净,情感真挚动人,这既是盛唐时期和平发展的生活美的折光,也是盛唐士人所独具的一种精神美的体现。与诗中优美的意境和起伏跳荡的内在感情节奏相配合,诗的韵律也别具一格。全诗三十六句,每四句一换韵,平声韵和仄声韵交互使用,形成一种和谐优美、节奏鲜明、回环往复、一唱三叹的韵味。《春江花月夜》以其独特的艺术魅力,使历代无数读者为之倾倒。清人王闿运《湘绮楼论唐诗》云:“张若虚《春江花月夜》,用《西洲》格调,孤篇横绝,竟为大家。”现代诗人闻一多说它是“诗中的诗,顶峰上的顶峰”。

【思考与训练】

1.“月光”在《春江花月夜》这首诗中起到了什么作用?

2.“江天一色无纤尘”到“但见长江送流水”为本诗的第二部分,其抒发了作者怎样的感慨?

3. 背诵这首诗。

(李军湘撰稿)

王 维

鹿 柴[①]

(《辋川集》)

空山不见人,但闻人语响。
返景入深林[②],复照青苔上。

【注释】

①鹿柴(zhài):王维辋川别墅之一(在今陕西省蓝田县西南)。柴,通“寨”、“砦”,用树木围成的栅栏。 ②返景(yǐng):同“返影”,太阳将落时通过云彩反射的阳光。

【题解】

王维(701—761),字摩诘,唐朝太原祁(今山西祁县)人。从其父起,寄籍蒲州(今山西省永济县)。唐玄宗开元年间进士,任大乐丞。天宝年间曾在终南山和辋川隐居。安史之乱,王维为叛军所获,接受伪职。唐朝收复长安后,受伪职者分等定罪,他因所作怀念唐室的《凝碧池》诗为肃宗嘉许,且其弟王缙官位已高,请削官为兄赎罪,故仅降职为太子中允。后官至尚书右丞,故世称“王右丞”。

王维是盛唐时期的著名诗人,以五言律诗和绝句著称,与孟浩然并称“王孟”,是唐代山水田园诗派的代表人物。著有《王右丞集》。

《鹿柴》是王维后期的山水诗代表作——五绝组诗《辋川集》二十首中的第四首。诗里描绘了鹿柴附近空山深林傍晚时分的幽静景色。王维特别喜欢用“空山”这个词,但在不同的诗里,其表现的境界却有区别:“空山新雨后,天气晚来秋”(《山居秋暝》),侧重雨后秋山的空明洁净;“人闲桂花落，夜静春山空”（《鸟鸣涧》），侧重夜间春山的宁静幽美；而“空山不见人”，则侧重表现山的空寂清冷。受佛学禅宗影响颇深的王维是诗人、画家兼音乐家，因而他笔下的山水景物特别富有神韵，常常是略为渲染，便表现出深长悠远的意境，耐人玩味。这首绝句之所以为人津津乐道，正因为它是诗、画、乐的和谐统一，其妙处不在语言，而在神韵。苏轼曾说：“味摩诘之诗，诗中有画；观摩诘之画，画中有诗。”（《东坡题跋·书摩诘蓝田烟雨图》）

【思考与训练】

1.《鹿柴》这首诗表现了作者怎样的一种生活情趣？

2. 这首诗描写山景之幽深寂静可谓匠心独运，试加以分析。

3. 背诵这首诗。

（李军湘撰稿）

李　白

行路难[①]

（《李太白集》）

有耳莫洗颍川水[②]，有口莫食首阳蕨[③]。
含光混世贵无名[④]，何用孤高比云月？
吾观自古贤达人，功成不退皆殒身。
子胥既弃吴江上[⑤]，屈原终投湘水滨。
陆机雄才岂自保[⑥]，李斯税驾苦不早[⑦]。
华亭鹤唳讵可闻[⑧]，上蔡苍鹰何足道[⑨]，
君不见吴中张翰称达生[⑩]，秋风忽忆江东行[⑪]？
且乐生前一杯酒，何须身后千载名！

【注释】

①《行路难》共三首，皆天宝三年（744）李白离长安时所作。此为第三首。　②“有耳”句：典出晋皇甫谧《高士传》卷上《许由》篇：“尧让天下于许由……由于是遁耕于中岳颍水之阳，箕山之下。……尧又召为九州长，由不欲闻之，洗耳于颍水滨。”　③“有口”句：据《史记·伯夷列传》：“武王已平殷乱，天下宗周，而伯夷、叔齐耻之，义不食周

粟,隐于首阳山,采薇而食之。……遂饿死于首阳山。”按:薇、蕨本二草,前人误以为一。 ④“含光”句:典出《高士传》。巢父谓许由曰:“何不隐汝形,藏汝光?”此句言不露锋芒,随世俯仰之意。混世,混迹世上。 ⑤子胥:伍子胥。《吴越春秋》卷五《夫差内传》:“吴王闻子胥之怨恨也,乃使人赐属镂之剑,子胥……遂伏剑而死。吴王乃取子胥尸,盛以鸱夷之器,投之于江中。” ⑥“陆机”句:西晋陆机有才华,文章冠世,后为成都王司马颖平原内史,司马颖率军讨长沙王,以陆机为后将军,与王粹等战于鹿苑,陆机军大败。宦官孟玖乘机谗言,遂被杀害。事见《晋书·陆机传》。 ⑦税驾:犹解驾,言解下驾车的马匹休息。税,解脱。 ⑧“华亭”句:陆机被杀害时,在刑场上叹息说:“华亭鹤唳,岂可复闻乎?”华亭,在今江苏省松江县,陆机兄弟曾游历此地。唳,鸟类高亢的鸣叫。讵(jù),岂。 ⑨据《史记·李斯列传》载:李斯被赵高陷害,全家被斩于咸阳市,临刑时顾谓其中子曰:“吾欲与若复牵黄犬俱出上蔡东门逐狡兔,岂可得乎!” ⑩张翰:西晋文学家,字季鹰。吴郡吴(今江苏省吴县)人,性旷达,喜优游,时人称为达生。⑪“秋风”句:据《晋书·张翰传》载:张翰曾在齐王司马冏(jiǒng)执政时任大司马东曹掾。忽一日见秋风刮起,顿时思念故乡吴中的菰(gū)菜、莼羹、鲈鱼脍,说:“人生贵适志,何能羁官千里以要名爵乎?”遂辞官归隐江东故居。后司马冏败亡,当时人都称赞张翰识时机。有人问他:“卿乃可纵适一时,独不为身名耶?”张翰回答:“使我有身后名,不如即时一杯酒。”

【题解】

李白(701—762),字太白,号青莲居士,祖籍陇西成纪(今甘肃天水附近),先世于隋末流徙西域。李白出生于唐碎叶城(今吉尔吉斯共和国境内),幼时随父迁居绵州(今四川江油县)青莲乡,在蜀中读书学剑,度过童年和青年时代。开元十二年(724),辞亲远游,西入长安,贺知章见之,惊为“谪仙人”。天宝元年(742),因道士吴筠的推荐,被召至长安,供奉翰林。因其孤傲的性格,为权贵所不容,三年后被玄宗“赐金放还”。离开长安后,又开始漫游生活。天宝三年(744),在洛阳与杜甫相遇,并结下深厚友谊。安史乱时,李白参加永王璘的军队。后永王与肃宗发生争夺帝位之争,兵败,李白受牵累,被流放夜郎(今贵州桐梓县)。途中遇赦,晚年来往长江下游一带,依当涂(今安徽当涂县)令李阳冰,后病殁于当涂。世称李青莲或李翰林。

李白是继屈原之后,我国最为杰出的浪漫主义诗人。他的诗歌想象丰富,夸张奇特,色调瑰丽,语言清新,风格豪迈飘逸,在中国文学史上具有崇高的地位,有“诗仙”之称。与杜甫齐名,世称“李杜”。韩愈云:“李杜文章在,光焰万丈长。”(《调张籍》)明高棅《唐诗品汇》将其诗列为各体之“正宗"。李白诗歌对后世有着极为深远的影响,清龚自珍云:"庄、屈实二,不可以并,并之以为心,自白始;儒道侠,不可以合,合之以为气,又自白始也。"(《最录李白集》)其诗现存九百多首。有《李太白集》。

本诗系李白所作三首《行路难》诗之第三首,吟咏伍子胥、屈原、李斯、陆机等古人的遭遇,其皆有功或名,但一个个终落得悲惨下场,远不如吴中张翰,急流勇退,辞官归隐。功成则须及时退身,一为避祸,二求适意自由,此为李白人生哲学的基调。沈德潜《唐诗别裁集》评道:"读李诗于雄快之中,得其深远宕逸之神,才是谪仙人面目。"

【思考与训练】

1. 此首《行路难》与作者第一首《行路难》(金樽清酒斗十千)有何不同?

2. 这首诗运用大量典故以增强作品的艺术效果,试加以分析。

3. 背诵这首诗。

(李军湘撰稿)

登金陵凤凰台①

(《李太白集》)

凤凰台上凤凰游,凤去台空江自流。
吴宫花草埋幽径②,晋代衣冠成古丘③。
三山半落青天外④,二水中分白鹭洲⑤。
总为浮云能蔽日⑥,长安不见使人愁。

【注释】

①金陵:今江苏省南京市。凤凰台:故址在今南京市凤凰山。南朝宋文帝建,已毁。②吴宫:指三国时孙吴曾于金陵建都筑王宫。 ③晋代:指东晋,晋元帝渡江迁都金陵。衣冠:指当时豪门世族。古丘:古墓。 ④三山:一名拥国山,在今南京市西南长江边,因三峰并列、南北相连而得名。半落:形容三山有一半被云遮住。 ⑤ 二水:指秦淮河流经南京后,西入长江,被横截其间的白鹭洲分为二支。白鹭洲:古代长江中的沙洲,在今南京市水西门外,因多聚白鹭得名。 ⑥浮云:指当朝的奸佞。陆贾《新语·慎微篇》:"邪臣之蔽贤,犹浮云之障日月也。"日:喻皇帝。这里指唐玄宗。

【题解】

李白很少作律诗，但《登金陵凤凰台》却是唐代律诗中脍炙人口的杰作。相传李白很欣赏崔颢《黄鹤楼》诗，意欲与之争胜，乃作此诗。本诗虽属咏怀古迹之作，字里行间却隐寓着伤时的感慨。作者把眼前的景物、历史典故和自己的独特感受交织在一起，感慨至为深沉。就气魄而言，李诗不及崔诗宏伟；然而就立意来看，崔诗却不及李诗深远。

【思考与训练】

1.《登金陵凤凰台》这首诗，表达了作者怎样的思想感情？

2. 本诗在语言上有什么特色？

3. 背诵这首诗。

（李军湘撰稿）

岑 参

走马川行奉送出师西征①

（《岑嘉州集》）

君不见走马川行雪海边②，平沙莽莽黄入天。轮台九月风夜吼③，一川碎石大如斗，随风满地石乱走。匈奴草黄马正肥，金山西见烟尘飞④，汉家大将西出师⑤。将军金甲夜不脱，半夜军行戈相拨，风头如刀面如割。马毛带雪汗气蒸，五花连钱旋作冰⑥，幕中草檄砚水凝⑦。虏骑闻之应胆慑⑧，料知短兵不敢接，车师西门伫献捷⑨。

【注释】

①此诗亦名"走马川行奉送封大夫出师西征"。天宝十三年（754），封常清受命为北庭都护、西伊节度、瀚海军使，军府驻轮台（今新疆维吾尔自治区轮台县），是年，朝廷又命摄御史大夫，故称封大夫。西征，谓征播仙。播仙城即左末城。距播仙城五百里有且末河，又名左末河，即今新疆维吾尔自治区境内的车尔成河，是征播仙时必经之地。走马川即左末河（"川"与"河"同义，"走马"与"左末"同声，系译音）。行，古代诗歌的一种体裁。　②"君不见"句：亦可断为"君不见走马川，行雪海边"，"行"疑为衍文，按此诗用韵特点，断为两句，仍与全诗用韵相合。雪海，泛指西北苦寒之地。　③轮台：唐时属

庭州，隶属北庭都护府，置有静塞军。 ④匈奴：借指当时西域的少数民族。金山：今阿尔泰山，突厥语呼金为阿尔泰。此处泛指塞外山脉。烟尘飞：指战争已经发生。 ⑤汉家大将，此处指封常清。唐人常借汉指唐。 ⑥五花、连钱：指马身上的花纹，一说指两种名贵的马。旋：立即。 ⑦草檄：起草声讨敌人的文书。 ⑧虏骑：敌军。古代贬称北方的民族为虏。短兵：指刀、剑一类兵器，对弓箭一类长兵器而言。 ⑨车师：本汉西域国名，唐时为安西都护府所在地，在今新疆维吾尔自治区吐鲁番县。

【题解】

岑参(715—770)，祖籍南阳，出生于湖北江陵，唐代著名诗人。天宝三年(744)进士，授右内率府兵曹参军。曾于天宝八年(749)、十三年(754)先后出任安西四镇节度使高仙芝幕府书记和安西北庭节度使封常清判官。后经杜甫等人举荐任右补阙，其后又历任起居舍人等职，最后官任嘉州刺史，后世称为岑嘉州。晚年入蜀，客死成都。

两次出塞深入西北边陲的经历和追求功业的入世情怀，使岑参成为盛唐与高适齐名的"边塞诗派"代表性诗人，两人并称"高岑"。其诗多以边塞生活为题材，再现了边塞严酷恶劣的自然环境和壮观奇景，讴歌了戍边将士不畏严寒的乐观精神；艺术上，想象丰富，气势雄伟，色彩瑰丽，热情奔放，用笔奇巧。其诗歌形式多样，尤擅七言歌行和绝句。有《岑嘉州集》。

《走马川行奉送出师西征》，是岑参边塞诗的代表作之一。天宝十三年冬，安西北庭节度使封常清率军西征播仙，岑参作此诗送行。诗歌格调高昂，气势雄壮，表现了戍边将士艰苦而豪迈的战斗生活，并以边塞奇壮严寒的环境及气候，有力衬托了他们的英雄气概；形式上不拘一格，破偶为奇，句句用韵，三句一转，给人以新奇不凡之感。

【思考与训练】

1. 本诗写作的重点是什么？它对表现主题有何作用？

2. 岑参善于写雪景和天气的严寒，试联系本诗和他的另一边塞诗名作《白雪歌送武判官归京》谈谈他在这方面的写作特点。

3. 本诗在形式上有什么特点？试结合作品进行分析说明。

（陈祥高撰稿）

杜　甫

梦李白

（《杜少陵集》）

浮云终日行，游子久不至①。
三夜频梦君，情亲见君意②。
告归常局促，苦道来不易③。
江湖多风波，舟楫恐失坠④。
出门搔白首，若负平生志。
冠盖满京华，斯人独憔悴⑤。
孰云网恢恢，将老身反累⑥。
千秋万岁名，寂寞身后事⑦。

【注释】

①浮云：飘荡无定之云，喻指游子行踪飘游不定。游子：指李白。　②"三夜"二句：李白一连三夜进入我的梦中，足见对我情深意厚。这是从对方设想的写法。　③告归：辞别。局促：不安的样子，形容不愿遽然离去。苦道：再三表示。　④此二句喻指人世风险难防，总有意外发生。　⑤冠盖：冠，官帽；盖，车上篷盖。此处代指达官贵人。京华：京城。斯人：这人，指李白。　⑥孰云：谁说。网恢恢：网，指法网；恢恢，宽大无边。语出《老子》："天网恢恢，疏而不漏。"此句意思是：谁说天网宽疏，对你却过于严酷了。⑦"千秋"二句：他活着的时候虽然寂寞困苦，但死后必将获得千秋万岁的声名。

【题解】

杜甫（712—770），字子美，自称少陵野老，祖籍京兆杜陵（今陕西西安市西南），生于巩县（今属河南），唐代伟大的现实主义诗人。他出身小官僚家庭，初唐诗人杜审言之孙。少时好学，曾漫游吴越、齐鲁、燕赵。天宝五年（746），客居长安近十年，获右卫率府胄曹参军一职。安史之乱起，流离兵燹中，被叛军所俘，脱险后，逃至凤翔，谒见肃宗，授左拾遗。因直言相谏，贬为华州司功参军。不久，弃官入蜀，定居成都浣花溪畔。代宗广德二年（764），剑南节度使严武表荐为节度参谋、检校工部员外郎，后世因称"杜工部"。后携家出蜀，大历五年（770）冬，病死在自潭州赴岳州的一条破船上。

杜甫生活在唐帝国由盛转衰时期，本怀着忠君爱国、积极用世的思想，但因仕途失意，又历经祸乱，身受深重的时代苦难，使其能深切体验和同情人民的疾苦。其诗广泛而真实地反映了人民的痛苦生活，表达了人民的思想感情，具有较强的人民性，对统治集团骄奢腐朽、祸国殃民的种种罪行也给予了深刻的揭露和批判。因为他的诗作思想深厚，境界开阔，写出了唐王朝由盛转衰的历史过程，被称为"诗史"。在艺术上，他创造性地吸取前人的成就，融合众长，兼备各体，形成了"沉郁顿挫"的独特诗风，对后世影响深远。有《杜少陵集》。

《梦李白》全诗二首，是杜甫于唐肃宗乾元二年(759)秋流寓秦州时所作。李白与杜甫是至交，二人感情十分深厚。至德元年(756)李白因参加永王李璘(唐玄宗第十六子)幕府被捕入狱，后保释出狱，于乾元元年(758)春流放夜郎(今贵州桐梓县一带)，第二年至巫山时遇赦放还。但杜甫地处僻远，消息隔绝，不知李白被赦，又加上人们谣传李白在流放途中堕水而死，不禁忧思成梦，写下了这两首诗。本诗是其第二首。诗中表达了对李白的深切思念和对其遭遇的无限同情，寄托了对李白的崇高评价，写得情深意切，真挚动人。《而庵说唐诗》云："子美作是诗，肠回九曲，丝丝见血，朋友至情，千载而下，使人心动。"

【思考与训练】

1. 本诗表达了怎样的情感？请结合作品予以说明。
2. 阅读两首《梦李白》诗，比较二者在写作上有哪些不同？

(陈祥高撰稿)

登　高

(《杜少陵集》)

风急天高猿啸哀，渚清沙白鸟飞回①。
无边落木萧萧下②，不尽长江滚滚来。
万里悲秋常作客③，百年多病独登台④。
艰难苦恨繁霜鬓⑤，潦倒新停浊酒杯⑥。

【注释】

①渚(zhǔ)：水中的小块陆地。鸟飞回：鸟儿盘旋飞翔。　②落木：(秋天树木)落

叶。萧萧:象声词,形容马叫或风声,此处形容落叶飘飞洒落的声音。 ③万里悲秋:在距离故乡极其遥远的他乡望秋色而生悲愁。常作客:长久地客居异乡。 ④百年:本指一生,此处指到了晚年。 ⑤苦恨:特别恨。繁霜鬓:两鬓白发不断增多。繁,此处作动词,增多。 ⑥潦倒:此处指衰老多病,志不得伸。新停:刚刚停止。杜甫晚年因肺病严重而戒酒,故谓“新停”。

【题解】

此诗约作于唐代宗大历二年(767)秋,杜甫当时流寓夔州(今四川奉节),适逢重阳节,登高远眺,萧瑟的秋景激起了身世飘零的诗人的无限感慨。全诗八句,前四句重在写景,境界宏阔,展现了一幅雄壮悲凉的江边秋景图;后四句侧重于抒情,作者将国难家愁、个人遭际与时代苦难融为一体,抒发了内心难以堪言的悲愁与痛苦。诗歌紧扣夔州独特秋色,融情于景,情景交融,回旋顿挫,沉郁悲凉,浑然一体。全诗四联皆为工对,且首联两句又句中自对,格律谨严,历来为后人称颂。《杜诗镜铨》称此诗:“高浑一气,古今独步,当为杜集七言律诗第一。”南宋胡应麟《诗薮》评此诗:“如海底珊瑚,瘦劲难名,沉深莫测,而精光万丈,力量千钧。通章章法、句法、字法,前无昔人,后无来学。微有说者,是杜诗,非唐诗耳。然此诗自当为古今七言律第一,不必为唐人七言律第一也。”可见后世对此诗评价之高。

【思考与训练】

1. 本诗是如何做到情景交融的?试作说明。

2.“沉郁顿挫”是人们历来对杜甫诗风的概括,结合本诗谈谈你对这一诗风的理解。

3. 本诗在形式上有什么特点?

(陈祥高撰稿)

李商隐

无　题①

（《李义山诗集》）

昨夜星辰昨夜风，画楼西畔桂堂东②。
身无彩凤双飞翼③，心有灵犀一点通④。
隔座送钩春酒暖⑤，分曹射覆蜡灯红⑥。
嗟余听鼓应官去⑦，走马兰台类转蓬⑧。

【注释】

①无题：作者对所写内容有所隐讳或内容复杂，不愿或不便拟题。以"无题"为诗题，是李商隐的创造，其爱情诗多以"无题"作标题，意境朦胧，具有多义性。　②画楼：有彩画装饰的楼。桂堂：桂木构筑的厅堂。均指华美的居所。　③彩凤：《山海经》："丹穴山，鸟状如鹤，五彩而文，名曰凤。"　④灵犀：古人视犀牛为通灵神兽，犀牛角中的髓质有一条白纹贯通，因以喻心意相通。　⑤隔座送钩：古时酒宴上的一种游戏。据《汉武故事》载："钩弋夫人少时手拳，帝披其手，得一玉钩，手得展。故因为藏钩之戏。"后人效之作酒钩，令一方将钩藏在手里，隔座传递，使对方猜钩之所在，猜不中者饮酒。⑥分曹射覆：酒宴上的一种游戏。分曹，分组（两人一对为曹）。射覆，预先将猜测之物置于巾帕或盂皿之下，令人猜，未猜中者饮酒。射，猜。　⑦听鼓应官：古代官府卯时击鼓，召集官员上班，午时击鼓下班。此指击鼓上班。　⑧兰台：秘书省。李商隐曾三任秘书省校书郎。转蓬：蓬草随风飘转，比喻行踪无定或身世飘零。

【题解】

李商隐（813—约858），字义山，号玉谿生，又号樊南生，怀州河内（今河南沁阳县）人。初学古文，19岁以文才得到牛党令狐楚的赏识，改从令狐楚学今体文（骈体文），被引为幕府巡官，后由楚子令狐绹举荐，25岁中进士。次年李党的泾原节度使王茂元爱其才，辟为书记，以小女妻之。由于当时牛李党争激烈，牛党的人因此骂他"背恩"。牛党执政后，他一直遭到排挤，在各藩镇幕府中过着清寒的幕僚生活，一生困顿失意，潦倒至死。

李商隐与杜牧齐名，同为晚唐重要诗人。他早年关心现实，富有政治抱负，敢于直言，借诗歌曲折表达对时政的不满。随着政治上的失意，他的诗篇更多用忧郁感伤的调子，感叹个人的沦落、时运的衰微，其中有不少是借古讽今的咏史诗和缠绵深挚的爱情诗。其诗构思新颖缜密，想象奇妙，语句精警，音调和谐，形成独特风格。各体之中，尤擅长七言律诗、绝句，惟其部分作品过于讲究辞藻，典故生僻，流于晦涩，对后世产生消极影响，末流演变为宋初“西昆体”。有《李义山诗集》。

本诗是李商隐爱情诗中的名作，表现了男女之间相爱相知而相离相思的复杂微妙情感，也隐隐流露出疲于官差无可奈何的情绪。全诗以心理活动为出发点，感受真切而细腻，将一段可意会而不可言传的情感描绘得扑朔迷离而又入木三分。

【思考与训练】

1. 对本诗主题，有人认为是“托意君臣之难遇”。说说你的理解并说明理由。

2. “身无彩凤双飞翼，心有灵犀一点通”表达了怎样的情感？谈谈你对这两句诗的理解。

（陈祥高撰稿）

白居易

止狱措刑

（《白氏长庆集》）

问：成、康御宇，囹圄空虚；文、景继统，刑罚不用；太宗化下，而人不犯[①]。成此功者，其效安在？桀、纣在上，比屋可诛；秦氏为君，赭衣满道[②]。至此弊者，其故安在？今欲鉴桀、纣、秦氏之弊，继周、汉、太宗之功，使人有耻且格，刑措不用。备详本末，著之于篇[③]。

臣闻仲尼之训也：既庶矣，而后富之；既富矣，而后教之[④]。管子亦云：仓廪实，知礼节；衣食足，知荣辱[⑤]。然则食足财丰，而后礼教所由兴也。礼行教立，而后刑罚所由措也。

盖前事之不忘，后事之元龟[⑥]。臣请以前事明之。当周成、康之时，天下富寿，人知耻格，故囹圄空虚四十余年[⑦]。当汉文、景之时，节用劝农，海内殷富，人人自爱，不犯刑法，故每岁决狱，仅至四百[⑧]。及我太宗之朝，勤俭化人，人用富庶，加以德教，致于升平，故一岁断刑，不满三十[⑨]。虽则明圣慎刑，贤良恤狱之所致也，然亦由天下之人，生厚德正而寡过也[⑩]。当桀、纣之时，暴征雠敛，万姓穷苦，有怨无耻，奸宄并兴，故是时也，比屋可戮[11]。及秦之时，厚赋以竭人财，远役以殚人力，力殚财竭，尽为寇贼，群盗满山，赭衣塞路，故每岁断罪，数至十万[12]。虽则暴君淫刑，奸吏弄法之所致也，然亦由天下之人，贫困思邪而多罪也[13]。由是观之，刑之繁省，系于罪之众寡也；教之兴废，系于人之贫富也[14]。圣王不患刑之繁，而患罪之众，不患教之废，而患人之贫。故人苟富，则教斯兴也；罪苟寡，则刑斯省矣[15]。是以财富不均，贫富相并，虽尧舜为主，不能息忿争而省刑狱也。衣食不充，冻馁并至，虽皋陶为士，不能止奸宄而去盗贼也[16]。若失之于本，求之于末，虽圣贤并生，臣窃以为难矣。

至若察小大之狱，审轻重之刑，定加减于科条，得情伪于察色，此有司平刑之要也，非王者恤刑之德也[17]。至若尽钦恤之道，竭哀矜之诚，使生者不怨，死者不恨，此王者恤刑之法也，非圣人措刑之道也[18]。必欲端影于表，澄流于源[19]，则在于富其人，崇其教，开其廉耻之路，塞其冤滥之门，使人内乐其生，外畏其罪[20]，则必过犯自省，刑罚自措[21]。斯所谓致群心于有耻，立大制于不严[22]。古者有画衣冠、异章服，而人不犯者，由此道素行也[23]。

【注释】

①成、康：周成王、周康王。成王是武王之子，名诵；康王是成王之子，名钊。文、景：汉文帝、汉景帝。文帝名恒，高祖刘邦之子；景帝名启，文帝刘恒之子。太宗：唐太宗。化：教化。下：指百姓。 ②比屋：每户，家家户户。赭（zhě）衣：罪人穿的衣服。古时囚犯穿的衣服为赤褐色，此借代罪人。 ③著：写。 ④“既庶矣”四句：语见《论语·子路》，原文为：“子适卫，冉有仆。子曰：‘庶矣哉！’冉有曰：‘既庶矣，又何加焉？’曰：‘富之。’曰：‘既富矣，又何加焉？’曰：‘教之。’”庶，人口众多。 ⑤“仓廪实”四句：出自《管子·牧民》。 ⑥元龟：大龟。古代用以占卜，后引申为“借鉴”之意。 ⑦故囹圄空虚四十余年：《史记·周本纪》载：“故成康之际，天下安宁，刑措四十余年不用。” ⑧节用劝农：节约用度，奖励农桑。故每岁决狱，仅至四百：《汉书·刑法志》载：“是以刑罚大省，至于断狱四百，有刑措之风。” ⑨故一岁断刑，不满三十：《新唐书·太宗本纪》载：“是岁，天下断死罪者二十九人。”是岁，指贞观四年（630）。 ⑩恤狱：慎重地断案。恤，慎而不滥。生厚：生活富裕。德正：品德端正。寡过：过错少。 ⑪暴征雠敛：横征暴敛。暴，强横。雠，同“稠”，繁多。奸宄（guǐ）：违法作乱的人。 ⑫殚（dān）：竭尽。 ⑬淫刑：滥用刑罚。思邪：思想邪恶。 ⑭繁省：多少。系于罪之众寡也：和犯罪行为的多少是相联系的。 ⑮斯：句中语气词，无义。 ⑯冻馁：寒冷饥饿。皋陶：古人名，舜时的掌刑官。 ⑰察小大之狱：考察大大小小的案件。定加减于科条：根据法律条文来决定加刑或是减刑。得情伪于察色：通过对犯人神色的观察，来判断案情的真

假。情,实情,真情。平刑之要:公平用刑的关键。恤刑:慎重而不滥用刑。 ⑱钦恤:恭敬,谨慎。哀矜:哀怜,庄重。道:措施,办法。 ⑲端影于表:从标杆来端正投影。表,标杆。澄流于源:从源头来澄清水流。 ⑳内:内心,内在。外:外在,指人的行为。㉑过犯:犯罪行为。自省:自然减少。 ㉒大制:国君的统治制度。 ㉓画衣冠:在犯人的衣服上标以特殊颜色,以示惩罚。异章服:在犯法大臣的章服上做某种异于他人的标记以示其辱。《晋书·刑法志》载:"三皇设言,而民不知违,五帝画衣冠而民知犯禁。犯黥者皂其巾,犯劓者丹其服,犯刵者墨其体,犯宫者杂其履。大辟之罪,殊刑之极,布其衣裾而无领缘,投之于市,与众弃之。"

【题解】

白居易(772—846),字乐天,号香山居士、醉吟先生。原籍山西太原,祖上迁至陕西渭南,生地郑州新郑(今河南新郑县)。贞元年间举进士,曾任秘书省校书郎、翰林学士、左拾遗等职,元和十年(815)被贬为江州(今江西九江市)司马,后曾为杭州、苏州刺史,太子少傅,晚年官至刑部尚书,谥号"文",世称白傅,白文公。他是唐代著名现实主义诗人,新乐府运动的倡导者。其散文创作在当时亦很有影响,与元稹等共同成为科场文体的代表。

本文选自《白氏长庆集·策林四》,是白居易大量策、判、制诰等应用性散文中的一篇。止狱措刑,即停止诉讼之事,废止刑罚。文章阐述了百姓贫富与犯罪多少以及礼教兴废的关系,提出了止狱措刑的关键在于必先富民。作者以民生疾苦为立论的基点,发挥了孔子"先富后教"的主张。本文在写作中充分运用了对比的手法,有力地突出了文章的中心。

本文的写作在一定程度上反映了白居易散文的基本特点,也在一定程度上体现了唐代散文写作的流行文风。浅显明白的立意,清楚简单的结构,通俗习见的字词,流丽浅显的骈句,如此等等,共同构成当时流行文风的一部分。

白居易的散文在当时影响很大,一些重要文章如制诰、策论、判、律赋等都是士子们竞相模仿的对象,引领一时的风气,是文坛上重要的领袖人物。但也有韩愈等古文运动的倡导者对他散文的巨大影响不置一词。韩愈提倡古文,反对骈文,尤其鄙薄科场文体,而白居易正是以科场文章出名。但古文运动在当时的影响并不大,他们对白居易等的不满并没有改变人们对白居易等的追慕,无法消除其影响。因此,五代时修撰的《旧唐书》对白居易等推崇无比,极尽赞扬之能事,认为白居易的文学成就(包括散文和诗歌)远迈往古,雄视一代,是元和文坛的盟主之一。

但是到了宋代,自唐末五代以来绮靡的骈文文风引起人们的不满,宋人开始寻求变革，于是，古文再度复兴，白居易散文的地位也就日益下降。自宋代以后，古文确立了对骈文的优势，白居易的散文就再也没有受到像《旧唐书》那样的推崇。确实，白居易散文最大的问题就是文风比较平，不及韩愈散文新警变化，艺术成就的确在韩文之下。从这个角度来说，历史的选择是公平的。

无论不同时期的人们对白居易散文的价值判断如何，我们对他的散文创作都应有所了解。因为它们在历史上曾经发生过巨大的影响，是一个时代文风的代表，是文学史发展序列中真实存在过的重要一环。

【思考与训练】

1. 结合本文的思想观点，谈谈其是否具有一定的现实借鉴意义。
2. 针对白居易的诗文进行延伸阅读，更多了解其文学成就。
3. 从多方面了解不同时期的学者对白居易散文的不同评价，分析产生变化的原因。

（周德梅撰稿）

韩 愈

送孟东野序

（《昌黎先生集》）

大凡物不得其平则鸣[①]：草木之无声，风挠之鸣。水之无声，风荡之鸣，其跃也，或激之；其趋也，或梗之[②]；其沸也，或炙之。金石之无声，或击之鸣。人之于言也亦然：有不得已者而后言，其歌也有思，其哭也有怀。凡出乎口而为声者，其皆有弗平者乎！

乐也者，郁于中而泄于外者也，择其善鸣者而假之鸣。金、石、丝、竹、匏、土、革、木八者[③]，物之善鸣者也。维天之于时也亦然，择其善鸣者而假之鸣。是故以鸟鸣春，以雷鸣夏，以虫鸣秋，以风鸣冬。四时之相推敚[④]，其必有不得其平者乎！

其于人也亦然。人声之精者为言，文辞之于言，又其精也，尤择其善鸣者而假之鸣。其在唐、虞[⑤]，咎陶、禹[⑥]，其善鸣者也，而假以鸣。夔弗能以文辞鸣，又自假于《韶》以鸣[⑦]。夏之时，五子以其歌鸣[⑧]。伊尹鸣殷[⑨]，周公鸣周。凡载于《诗》、《书》六艺[10]，皆鸣之善者也。周之衰，孔子之徒鸣之，其声大而远。传曰："天将以夫子为木铎[11]。"其弗信矣乎？其末也，庄周以其荒唐之词鸣[12]。楚，大国也，其亡也，以屈原鸣。臧孙辰、孟轲、荀卿[13]，以道鸣者也。杨朱、墨翟、管夷吾、晏婴、老聃、申不害、韩非、慎到、田骈、邹衍、尸佼、孙武、张仪、苏秦之属[14]，皆以其术鸣。秦之兴，李斯鸣之。汉之时，司马迁、相如、扬雄[15]，最其善鸣者也。其下魏晋氏，鸣者不及于古，然亦未尝绝也。就其善者，其声清以浮，其节数以急，其辞淫以哀，其志弛以肆。其为言也，乱杂而无章。将天丑其德莫之顾邪[16]？何为乎不鸣其善者也？

唐之有天下，陈子昂、苏源明、元结、李白、杜甫、李观[17]，皆以其所能鸣；其存而在下者，孟郊东野始以其诗鸣。其高出魏晋，不懈而及于古，其他浸淫乎汉氏矣[18]。从吾游者，李翱、张籍其尤也[19]。三子者之鸣信善矣；抑不知天将和其声而使鸣国家之盛耶？抑将穷饿其身，思愁其心肠，而使自鸣其不幸耶？三子者之命，则悬乎天矣。其在上也奚以喜？其在下也奚以悲？东野之役于江南也[20]，有若不释然[21]者，故吾道其命于天者以解之。

【注释】

①平：平衡，公平，顺畅。鸣：本为鸟叫，泛指发出声音，本文还含有表现、抒发、传扬思想感情等意。 ②梗：阻塞。 ③金、石、丝、竹、匏（páo）、土、革、木：八种物质均能制作乐器，古人称为"八音"，故以此作为古代乐器的代名词。 ④敚：同"夺"，推夺，推移变化。 ⑤唐：帝尧的国号。虞：帝舜的国号。 ⑥咎陶（Gāoyáo），也写作"皋陶"、"咎繇"，古人名，相传为唐虞时代制作掌管刑法的人。禹：人名，因治水有功，舜让位于他，建国号夏。 ⑦夔（kuí）：人名，相传为虞舜时乐官。《韶》，相传为夔在舜时所作的乐曲名。 ⑧五子：指夏代帝启的五个儿子，即太康的五个弟弟。因太康在君位时游荡失国，他的五个弟弟作《五子之歌》，表示怨愤和进行劝诫。 ⑨伊尹：商朝初年的宰相。先辅佐商汤伐夏桀，平定天下，后又辅佑汤的孙子太甲。太甲无道，伊尹将他放逐，后太甲悔过，又把他接回来继续统治国家。 ⑩诗：《诗经》。书：《尚书》。六艺：一是指《诗经》、《尚书》、《易》、《礼》、《乐》、《春秋》六经；一是指礼、乐、射、御、书、数六种技艺。此处指前者。 ⑪语见于《论语·八佾（yì）》。木铎：一种安有木舌的金属铃铛。古代当权者发布政令，常摇木铎来号召百姓。此处比喻孔子著书授徒，影响深远。 ⑫荒唐：广大无边的样子。 ⑬臧孙辰：复姓臧孙，名辰，即春秋时鲁国大夫臧文仲。《左传》、《国语》上载有他的一些言论。 ⑭杨朱：战国时思想家，字子居，卫人。其言论散见于《孟子》、《列子》等书。墨翟（dí）：墨子，名翟，春秋战国时思想家，墨家学派创始人，今存《墨子》53篇。老聃：老子，姓李名耳，字伯阳，聃是死后的谥号，春秋时代思想家，道家学派创始人，著有《老子》，又名《道德经》。申不害：战国时韩昭侯的宰相，法家，著有《申子》。韩非：战国时韩国公子，法家，著有《韩非子》。慎到：战国时赵人，法家，著有

《慎子》。田骈:战国时齐人,齐宣王时为上大夫,道家,著有《田子》。邹衍:战国时齐人,阴阳家,著有《终始》、《大圣》。尸佼(jiǎo):鲁人,杂家,曾作商鞅门客,著有《尸子》。孙武:春秋时齐人,古代著名的军事家,著有《孙子》。张仪:战国时魏人,后为秦相,主张"连横",游说六国单独和秦讲和,破坏了苏秦主张"合纵"抗秦的联盟。 ⑮扬雄:字子云,西汉成都人,儒家思想家兼辞赋家。 ⑯丑:以之为丑,憎恶。 ⑰陈子昂:字伯玉,梓州射洪(今四川射洪县)人,初唐著名诗人。苏源明:字弱夫,京兆武功(今陕西武功县)人,唐代文学家。元结:字次山,河南(今河南洛阳)人,唐代诗人,有《次山集》。李观:字元宾,赵州赞皇(今河北赞皇县)人,唐代文学家,有《李元宾集》。⑱浸淫:渐渐沁入,此处有逐步赶上的意思。 ⑲李翱:字习之,唐赵郡(今河北赵县)人,一说成纪(今甘肃秦安县东)人,以古文著称,著有《李文公集》。张籍:字文昌,唐苏州人,善古体诗,尤擅乐府。 ⑳役于江南:指孟郊就任溧阳县尉,溧阳唐属江南道。㉑释(yì)然:高兴的样子。释,通"怿",喜悦、高兴。

【题解】

韩愈(768—824),字退之,河内河阳(今河南孟县)人。自言郡望昌黎韩愈,后世称韩昌黎。唐代思想家、文学家。贞元八年(792)进士,先后任汴州观察推官、四门博士、监察御史等。贞元末,因上书请求宽免关中灾区徭赋,贬为阳山(今属广东)令。元和十二年(817),随裴度平淮西吴元济叛乱,迁刑部侍郎。后因谏宪宗拜迎佛骨,被贬为潮州刺史。穆宗时召为国子监祭酒,官至兵部侍郎、吏部侍郎。卒谥"文",世称韩文公。

韩愈尊崇儒学,力排佛老。文学上,反对六朝以来的骈俪文风,提倡散体,务去陈言,倡导了唐代的"古文运动";重视文章的教化功能,突出文章的社会功用,改革创新文体。其文各体兼长,气势磅礴,遒劲有力,条理畅达,语言精练,向来列为"唐宋八大家"之首。其诗力求新奇,境界壮阔,自成一家,开创了"以文为诗"的先河,对宋诗影响极大。有《昌黎先生集》。

本文是韩愈写给诗人孟郊的一篇赠序。孟郊(751—814),字东野,武康(今浙江德清)人。唐代诗人。46岁才中进士,历任地方官员,一生沉沦下僚,郁郁不得志。文中充满了对孟郊的同情和对当权者的不满。本文也是表现韩愈文艺观点的重要论文之一,提出了著名的"不平则鸣"说。文章从自然界的"物不得其平则鸣"推论到人"有不得已者而后言",又指出鸣的善与不善和时世密切关联,看出了文学与社会环境和时代的密切关系。其行文广征博引,又紧紧扣住一个"鸣"字,显得气象峥嵘而又结构严谨。

【思考与训练】

1. 本文是给即将赴任地方官的孟郊写的赠序，但作者并未直接劝慰孟郊，而是从自然、社会、历史谈起，说说这样写对表现主题的好处。

2. 谈谈你对“不平则鸣”的理解。

3. 本文在结构上有什么特点？试作分析。

（陈祥高撰稿）

柳宗元

钴鉧潭西小丘记

（《柳河东集》）

得西山后八日[1]，寻山口西北道二百步[2]，又得钴鉧潭[3]。潭西二十五步，当湍而浚者，为鱼梁[4]。梁之上有丘焉，生竹树。其石之突怒偃蹇负土而出争为奇状者[5]，殆不可数：其嵚然相累而下者[6]，若牛马之饮于溪；其冲然角列而上者[7]，若熊罴之登于山[8]。

丘之小不能一亩，可以笼而有之[9]。问其主，曰：“唐氏之弃地，货而不售[10]。”问其价，曰：“止四百[11]。”余怜而售之[12]。李深源、元克己时同游[13]，皆大喜，出自意外。即更取器用[14]，铲刈秽草[15]，伐去恶木[16]，烈火而焚之[17]。嘉木立，美竹露，奇石显。由其中以望，则山之高，云之浮，溪之流，鸟兽鱼之遨游，举熙熙然回巧献技，以效兹丘之下[18]。枕席而卧，则清泠之状与目谋[19]，瀯瀯之声与耳谋[20]，悠然而虚者与神谋，渊然而静者与心谋，不匝旬而得异者二[21]，虽古好事之士[22]，或未能至焉。

噫！以兹丘之胜，致之沣、镐、鄠、杜[23]，则贵游之士争买者，日增千金而愈不可得。今弃是州也，农夫渔父过而陋之，价四百，连岁不能售。而我与深源、克己独喜得之，是其果有遭乎？书于石，所以贺兹丘之遭也。

【注释】

①此记之前写有《始得西山宴游记》，为“永州八记”首篇，作于元和四年九月二十八日。西山，在永州（今湖南省永州市）城西五里。 ②寻：沿着。步：古代计量长度和地积的单位，以五尺为一步。 ③钴鉧（gǔmǔ）潭，潭名，在永州城西三里。钴鉧，即熨

斗,因潭的形状似熨斗,所以叫"钴鉧潭"。 ④湍(tuān):水势急。浚(jùn):深。鱼梁:拦水的石堰,中间留有孔洞,可安上竹制的捕鱼器具。 ⑤突怒、偃蹇(yǎnjiǎn):形容山石突兀高耸的样子。 ⑥嵚(qīn)然,山石耸立的样子。相累,层层相叠。下:其势向下。 ⑦冲然:向前突出的样子。角列:像兽角斜列而出。 ⑧罴(pí):熊的一种,也叫马熊,毛棕褐色,能爬树,会游泳。因能直立,故又叫人熊。 ⑨笼:此处作动词,装入笼中。 ⑩货而不售:指作价待卖而未卖出。货,卖。售,卖出去。 ⑪四百:指四百文。唐代货币单位是"贯"、"文",一贯为一千文。 ⑫售之:买下它。售,本义是卖,此处作使动词,使之卖出。 ⑬李深源、元克己:作者友人。深源,名幼清,原任太府卿;克己原任侍御史,二人此时与柳宗元一同贬居永州。 ⑭更(gēng)取:交替地拿取。器用:器具,指镰刀、锄头之类。 ⑮刈(yì):割。秽草:杂草。 ⑯恶木:不成材的杂树。 ⑰烈火:燃起猛火。烈,此处作动词,使火烧得旺起来。 ⑱举:全,都。熙熙然:和乐的样子。回:作"运行"讲,此处有"献"的意思。回巧献技:呈献出各种技巧、本领。效:呈献。 ⑲清泠(líng):指天空的清澈明净。谋:合拍。 ⑳瀯瀯(yíngyíng):水流声。 ㉑匝(zā)旬:满十天。匝,满、周。异地者二:两处风景特别美好的地方,指钴鉧潭和小丘。 ㉒好事之士:喜欢多事的人。这里指喜欢游历的人。 ㉓致之:把它放在。沣(fēng):在今陕西户县东,古为周文王时都城。镐(hào):在今陕西长安县西南,周武王时都城。鄠(hù):汉代县名,今陕西省户县,汉代上林苑所在。杜:古县名,即杜陵,在今陕西长安县东南。四地都是唐代帝都近郊豪贵们居住的地方。

【题解】

柳宗元(773—819),字子厚,祖籍河东(今山西永济),生于长安。唐代散文家、诗人。贞元九年(793)进士,又中博学宏词科,授集贤殿正字,调蓝田尉,升监察御史。顺宗永贞元年(805),他和刘禹锡等积极支持参与王叔文政治改革,升为礼部员外郎。王叔文改革失败后,他被贬为永州(今湖南零陵县)司马。十年后,改任柳州刺史,死于柳州。世称柳柳州、柳河东。

柳宗元具有朴素的唯物主义思想和进步的历史观。政治上主张巩固中央集权和轻徭薄赋。文学上反对六朝以来的华而不实的文风,与韩愈一起倡导和推动"古文运动",为"唐宋八大家"之一,并称"韩柳"。一生创作极丰,体裁多样。其政论文批评时政,笔锋犀利;讽刺小品,锋利简洁,严峻沉郁,耐人寻味;山水游记,刻画入微,寄托深远,尤为后世称诵;诗歌,幽峭明净,自成一家。有《柳河东集》。

本文为柳宗元贬至永州后所作"永州八记"之一。文章叙述了作者发现、购买、整修钴鉧潭西小丘的经过,通过小丘遭遇的叙述抒发了怀才不遇和不得志于时的苦闷心情。全文借物言志,融记叙、议论、抒情为一体,寓情、理于写景、叙事之中,委婉含蓄地表达了自己的人生际遇。语言简练生动，拟人、比喻、排比等修辞手法的运用，增强了文章的表现力。

【思考与训练】

1. 本文写出了小丘的什么遭遇？它对表现文章主题有什么作用？
2. 简析本文的写作特色。

（陈祥高撰稿）

宋元文学

就文学传统而言，宋代文学大体上是沿着中唐以来的方向发展而来的。韩柳古文的道统和文统，虽在晚唐五代几近消歇，但北宋作家直承其绪，并发扬光大。所谓“唐宋八大家”，有六位是宋人，且全部生活于北宋中期，足见一时之盛。唐代安史之乱以后的诗歌，注重反映社会现实，题材、风格趋于通俗化，又有以文为诗、以议论为诗的风气。这些倾向继续在宋诗中发展，最终形成了与“唐音”迥异的“宋调”。词这种新诗体，起于民间，在晚唐五代经文人之手而趋于成熟，至宋代而达到巅峰状态，甚而被视为宋代文学的代表。此外，萌芽于中唐的说话、戏弄等通俗文艺在宋代迅速发展，形成了以话本小说和诸宫调、杂剧、南戏等为代表的通俗叙事文学，并成为明清小说戏曲的滥觞。

唐宋诗之争是文学史上的一大公案。宋魏泰、张戒、严羽即有扬唐抑宋之论，至明人尤甚。近人鲁迅说“好诗被唐人做尽”，闻一多说“诗的发展到北宋实际上也就完了”，毛泽东在《给陈毅同志谈诗的一封信》中也说：“宋人多数不懂诗是要用形象思维的，一反唐人规律，所以味同嚼腊。”这些论断在当代影响颇大。客观地讲，唐诗宋诗各擅所长，当如缪钺《论宋诗》所云：“唐诗以韵胜，故浑雅，而贵蕴藉空灵；宋诗以意胜，故精能，而贵深析透辟。唐诗之美在情辞，故丰腴；宋诗之美在气骨，故瘦劲。唐诗如芍药海棠，秾华繁彩；宋诗如寒梅秋菊，幽韵冷香。唐诗如啖荔枝，一颗入口，则甘芳盈颊；宋诗如食橄榄，初觉生涩，而回味隽永。譬诸修园林，唐诗则如叠石凿池，筑亭辟馆；宋诗则如亭馆之中，饰以绮疏雕槛，水石之侧，植以异卉明葩。譬诸游山水，唐诗则如高峰远望，意气浩然；宋诗则如曲涧幽寻，情境冷峭。唐诗之弊为肤廓平滑，宋诗之弊为生涩枯淡。虽唐诗之中，亦有下开宋派者，宋诗之中，亦有酷肖唐人者；然论其大较，固如此矣。”

宋诗独特风格的形成，与宋人的处境和心境有关，也与诗歌发展的内在理路密不可分。大体而言，门阀势力的消退和科举制度的完备，使得文人有更多的机会参与政治，同时，也使得文人实现自我价值的道路趋于单一。一个显著的事实是，唐代文人的读书山林、漫游干谒、从军边塞、游历幕府等丰富多彩的人生经历，在宋代文人那里很少见到，取而代之的是读书应举入仕的普遍模式。而有宋一代，内忧外患从未消歇，士大夫的社会责任感、道德节操和民族情绪空前高涨，这些皆使宋诗大别于唐诗。就诗歌发展的内在理路来说，宋人多有因唐诗的极盛而导致的“影响的焦虑”。如钱锺书《宋诗选注》序言所说：“前代诗歌的造诣不但是传给后人的产业，而在某种意义上也可以说向后人挑衅，挑他们来比赛，试试他们能不能后来居上、打破记录，或者异曲同工、别开生面。假如后人没出息，接受不了这种挑衅，那末这笔遗产很容易贻祸子孙，养成了贪吃懒做的膏粱纨袴。有唐诗作榜样是宋人的大幸，也是宋人的大不幸。”寻求有别于唐诗的另外的道路，或者拓展唐人虽已尝试但尚未充分开拓的路数，是宋人面临的重大课题。

宋代是词的鼎盛时期，名家辈出，佳作如林，词体大备。词的兴盛得益于宋代城市的繁荣、士大夫优裕的生活条件以及整个社会的文化消费取向。同时，宋代诗歌言情和娱乐功能的退位，也促进了词的独立品格的形成。关于宋词的流派，明人张綖有“婉约”和“豪放”二分之说，此论在后世影响甚大。这种分法过于简单化，因而也遭到不少批评。譬如“婉约”词人中，周邦彦与秦观、贺铸与晏几道、吴文英与周密，向来并称，但他们的区别更多，更不用说李清照与柳永相去之远了。同为“豪放”词人，苏轼和辛弃疾也不尽相同，他们又皆有“豪放”和“婉约”兼济之作。可见“婉约”、“豪放”二派之分，不无粗疏之弊端。清代以来，学者又有三派、四派和八派之说，当是对二分法的纠正和补充。

元代文学最显著的特征是叙事文学尤其是杂剧和南戏的勃兴。元代杂剧的创作和演出十分繁荣，据《录鬼簿》、《录鬼簿续编》等书的记载，元代有姓名可考的剧作家有一百多人，剧目七百多种，现存元杂剧的数量也有 162 种之多。其题材极为丰富，明人朱权在《太和正音谱》中分为 12 种：神仙道化、隐居乐道（林泉丘壑）、披袍秉笏（君臣杂剧）、忠臣烈士、孝义廉节、叱奸骂谗、逐臣孤子、钹刀赶棒（脱膊杂剧）、风花雪月、悲欢离合、烟花粉黛（花旦杂剧）、神头鬼面（神佛杂剧），近代学者多将其分为爱情婚姻剧、社会剧、历史剧、公案剧、神仙道化剧等几类。

元杂剧作家的创作活动，一般以大德年间（1297—1307）为界，分为前后两期。前期的活动中心是京城大都。除了关汉卿、王实甫、白朴、马致远等著名作家外，高文秀、纪君祥、杨显之、石君宝、尚仲贤、李好古、李文蔚等亦相当活跃。后期的活动中心在临安，虽有郑光祖、宫天挺等优秀的作家，但总体成就远不及前期。

南戏产生于浙江永嘉（温州）一带，故又名“永嘉杂剧”。其题材也有婚姻爱情剧、公案剧等，而家庭伦理剧更为突出，体现出浓郁的民间色彩。《琵琶记》和《荆钗记》、《刘知远白兔记》、《拜月亭记》、《杀狗记》等四大南戏是其代表作。

杂剧和南戏的剧本虽然都包括曲词、宾白和科介三个部分，但体制又有不同：其结构，元杂剧以“折”为单位，多为四折外加一段“楔子”，南戏则以

“出”为单位，没有“楔子”；其角色，元杂剧分为末、旦、净三类，南戏有生、旦、净、末、丑等各类；其音乐，杂剧一折只用一个宫调，不相重复，南戏则无此规定，每出可用几个宫调和几个套曲，比较灵活，可以南北合套；其演唱形式，杂剧一般只能由正旦或正末一人主唱，南戏任何角色均可歌唱，而且歌唱形式多种多样。

元代出现的新的文学类型还有散曲。散曲之为“散”，是与元杂剧的整套剧曲相对而言的。即作家纯以曲体抒情，与科白情节无关，故名“散”。它分小令和套数两类。小令一般用单支曲子写成，套数又称“散套”，用同宫调的两支以上曲子写成。在格律形式方面最重要的特点是可以添加衬字，字数从一字到十数字不等。散曲的风格，清人刘熙载有“三品”之分：一曰深情，一曰豪旷，一曰婉丽。

杂剧、南戏、散曲是元代文学最引人注目的样式，如王国维所说：“凡一代有一代之文学。楚之骚，汉之赋，六朝之骈语，唐之诗，宋之词，元之曲，皆所谓一时代之文学，而后世莫能继焉也。”虽然元代诗歌向不为人所重，但其成就也不容忽视。清人顾嗣立所编的《元诗选》，收诗万首之多。“元诗四大家”虞集、杨载、范梈、揭傒斯，创立了“铁崖体”的杨维桢，少数民族诗人贯云石、萨都剌、马祖常、迺贤等，以其不同于唐音宋调的风貌，使元代诗坛大放异彩。

整个元代文坛，无论是叙事文学还是抒情文学，都体现出自然酣畅之美。中国文学传统注重“温柔敦厚”、“乐而不淫，哀而不伤”，追求含蓄蕴藉的审美风格。而元代文学却与这一传统大异其趣，注重“自然”和显畅，成为中国文学史上一个十分重要的阶段。

宋元文学经典作品选目：
钱锺书选注：《宋诗选注》
金性尧选注：《宋诗三百首》
缪钺等撰：《宋诗鉴赏辞典》
俞平伯选注：《唐宋词选释》
朱祖谋编选：《宋词三百首》
夏承焘等撰：《宋词鉴赏辞典》
邓绍基选注：《金元诗选》
臧晋叔编：《元曲选》
隋树森编：《元曲选外编》

王季思主编:《中国十大古典悲剧集》
王季思主编:《中国十大古典喜剧集》
刘永济编:《元人散曲选》

（鲁小俊撰稿）

欧阳修

朋党论

（《欧阳文忠集》）

臣闻朋党之说[1]，自古有之，惟幸人君辨其君子小人而已[2]。大凡君子与君子以同道为朋[3]，小人与小人以同利为朋，此自然之理也。

然臣谓小人无朋，惟君子则有之。其故何哉？小人所好者，禄利也；所贪者，财货也。当其同利之时，暂相党引以为朋者[4]，伪也；及其见利而争先，或利尽而交疏，则反相贼害[5]，虽其兄弟亲戚，不能相保。故臣谓小人无朋，其暂为朋者，伪也。君子则不然：所守者道义，所行者忠信，所惜者名节。以之修身，则同道而相益；以之事国，则同心而共济，始终如一。此君子之朋也。故为人君者，但当退小人之伪朋，用君子之真朋，则天下治矣。

尧之时，小人共工、驩兜等四人为一朋[6]，君子八元、八恺十六人为一朋[7]。舜佐尧，退四凶小人之朋，而进元、恺君子之朋，尧之天下大治。及舜自为天子，而皋、夔、稷、契等二十二人[8]，并列于朝，更相称美，更相推让，凡二十二人为一朋，而舜皆用之，天下亦大治。《书》曰："纣有臣亿万，惟亿万心；周有臣三千，惟一心。[9]"纣之时，亿万人各异心，可谓不为朋矣，然纣以亡国。周武王之臣，三千人为一大朋，而周用以兴[10]。后汉献帝时，尽取天下名士囚禁之，目为党人[11]。及黄巾贼起[12]，汉室大乱，后方悔悟，尽解党人而释之，然已无救矣。唐之晚年，渐起朋党之论[13]，及昭宗时，尽杀朝之名士，或投之黄河，曰："此辈清流，可投浊流。"[14]而唐遂亡矣。

夫前世之主，能使人人异心不为朋，莫如纣；能禁绝善人为朋，莫如汉献帝；能诛戮清流之朋，莫如唐昭宗之世。然皆乱亡其国。更相称美、推让而不自疑，莫如舜之二十二臣，舜亦不疑而皆用之。然而后世不诮舜为二十二人朋党所欺[15]，而称舜为聪明之圣者，以能辨君子与小人也。周武之世，举其国之臣三千人共为一朋，自古为朋之多且大，莫如周；然周用此以兴者，善人虽多而不厌也[16]。

嗟呼！治乱兴亡之迹[17]，为人君者，可以鉴矣！

【注释】

①朋党：本指同类的人为自私的目的而互相勾结，这里指人们因某种共同的目的而结成的集团。 ②幸：希望。 ③同道：志同道合。 ④党引：结党营私，互相援引。

⑤贼害：伤害、残害。 ⑥共（gōng）工、驩兜（Huāndōu）等四人：旧传共工、驩兜、与三苗（古族名，此处指部族的首领）、鲧（gǔn，人名），为尧时的四凶。 ⑦八元、八恺（kǎi）：元，善良的人；恺，忠诚的人。上古高辛氏有才子八人，天下之民谓之"八元"，高阳氏有才子八人，天下之民谓之"八恺"。 ⑧皋（gāo）、夔（kuí）、稷、契（xiè）等二十二人：传说中帝舜时的贤臣。皋即皋陶，掌管刑法，夔掌管音乐，稷掌管农事，契掌管教育。 ⑨此四句引自《尚书·周书·泰誓上》，是周武王伐纣会诸侯于孟津时发表的誓师词。亿：古为十万。亿万：极言其多。 ⑩用：因此。 ⑪后汉：东汉。献帝：刘协，东汉最后一位皇帝，此处所说之事为作者误记，实为东汉桓帝、灵帝时事。桓帝时宦官专权，李膺等二百多著名人士被目为党人，遭受逮捕。灵帝时，宦官陆续杀害、流放、囚禁李膺、范滂等所谓"党人"达六七百人，史称"党锢之祸"。 ⑫黄巾贼起：指东汉灵帝中平元年（184）张角领导的农民起义。起义军以头缠黄巾为标志，故称"黄巾军"。贼是作者对起义军的蔑称。 ⑬"唐之晚年"二句：指唐朝穆宗至宣宗年间（821—859），统治集团内部产生了以牛僧孺为首的"牛党"和以李裕德为首的"李党"两派之间的斗争，双方势不两立，此起彼伏，前后延续了近四十年，史称"牛李党争"或"朋党之争"。 ⑭昭宗：应为哀帝，唐代最后一位君主。唐哀宗天祐三年（905），权臣朱全忠（朱温）在白马驿（今河南滑县北）诱杀被朝廷降职贬官的宰相裴枢等三十余人，诬为朋党，被贬死者数百人，投之黄河。据史料记载，朱温的谋士李振因接连几次考进士未中，对朝廷大臣深怀不满，当朱温杀害裴枢等人时，他便献计说："此辈清流，宜投之黄河，永为浊流。"朱温接受了他的建议。清流，指德行高洁之人。 ⑮诮（qiào）：责备。 ⑯厌：满足。不厌即不满足，不嫌多。 ⑰迹：事迹，引申为"道理"。

【题解】

欧阳修（1007—1072），字永叔，号醉翁，晚年又号六一居士，庐陵（今江西吉安）人。北宋文学家、史学家。仁宗天圣八年（1030）进士。初任谏官，正直敢言，支持范仲淹改革政治，因此，屡遭政敌打击，仕途上几起几落，先后被贬任夷陵（今湖北宜昌）令、滁州（今安徽滁县）知州、亳州（今安徽亳县）知州。后累官至翰林学士、枢密副使、参知政事。晚年反对青苗法，与王安石不合，自求免职。卒谥"文忠"。

欧阳修是北宋诗文革新运动的领袖，继承发扬韩柳"古文运动"，倡导"文道并重"，力反浮艳轻靡的时文，倡导有内容的古文。积极培养后进，苏轼、苏辙和王安石、曾巩皆出自他的门下。其散文继承并发展了韩愈"文从字顺"的写法，避免了韩愈尚奇好异的作风，形成婉转流利、平易自然的风格。诗如其文，一洗"西昆体"绮靡晦涩之习，平易疏朗，词则更富于情韵。著有《欧阳文忠集》、《六一词》、《六一诗话》，并首创"诗话"一体。

《朋党论》作于仁宗庆历四年（1044），是欧阳修批驳保守派攻击范仲淹等革新派“引朋为党”的政论文。文章开宗明义，提出中心论点，然后列举历朝事例，论述兴亡治乱和朋党的关系，说明禁绝“朋党”是一种造成混乱亡国的愚蠢做法，指出治国必须“退小人之伪朋，用君子之真朋”。文中正反史事的鲜明对比，排比、反复句式的运用，增添了文章的气势和战斗力。

【思考与训练】

1. 作者是如何看待“朋党”这一现象的？他在文中表达了怎样的观点？

2. 本文运用了哪些论证方法？

（陈祥高撰稿）

王安石

祭欧阳文忠公文

（《临川集》）

夫事有人力之可致，犹不可期；况乎天理之溟漠，又安可得而推[1]？惟公生有闻于当时，死有传于后世，苟能如此足矣，而亦又何悲！

如公器质之深厚[2]，智识之高远，而辅学术之精微，故充于文章，见于议论，豪健俊伟，怪巧瑰琦[3]。其积于中者，浩如江河之停蓄；其发于外者，烂如日星之光辉；其清音幽韵，凄如飘风急雨之骤至；其雄辞闳辩[4]，快如轻车骏马之奔驰。世之学者，无问乎识与不识，而读其文，则其人可知。

呜呼！自公仕宦四十年[5]，上下往复[6]，感世路之崎岖。虽屯邅困踬[7]，窜斥流离[8]，而终不可掩者，以其公议之是非[9]。既压复起，遂显于世[10]。果敢之气，刚正之节，至晚而不衰[11]。方仁宗皇帝临朝之末年，顾念后事[12]，谓如公者，可寄以社稷之安危。及夫发谋决策，从容指顾[13]，立定大计[14]，谓千载而一时[15]。

功名成就，不居而去[16]，其出处进退，又庶乎英魄灵气，不随异物腐散[17]，而长在乎箕山之侧与颍水之湄[18]。

然天下之无贤不肖[19]，且犹为涕泣而歔欷[20]。而况朝士大夫，平昔游从[21]，又予心之所向慕而瞻依[22]。

呜呼！盛衰兴废之理，自古如此；而临风想望，不能忘情者，念公之不可复见，而其谁与归[23]！

【注释】

①起首四句：欧阳修《删正黄庭经序》："盖命有长短，禀之于天，非人力之所能为也。"此用其意进一层说：人力可为之事，尚且不能期其必然；天意幽昧难明，更无从捉摸。含意是说，想不到像欧阳修那样不应当死的人也死了。致，到达。溟漠，渺茫。②器质：器量（胸襟）、品质。 ③瑰琦：玉石，用以形容事物、文章的卓异不凡。 ④闳（hóng）辩：宏大的议论。 ⑤仕宦四十年：欧阳修自宋仁宗天圣八年（1030）举进士、任西京留守推官，至宋神宗熙宁四年（1071）以观文殿学士、太子少师致仕（辞官），恰为四十年。 ⑥上下：指官位的提升与下降。 ⑦屯邅（zhūnzhān）：处境困难。困踬（zhì）：遭受挫折。 ⑧窜斥：放逐排斥。流离：转徙离散，这里指因屡遭贬职降官而奔徙各处。⑨公议之是非：是非自有公论。 ⑩"既压复起"二句：欧阳修曾一再受到贬谪，后得到宋仁宗的重用，至嘉祐五年（1060）从翰林学士升为枢密副使，次年为参知政事，成为朝中著名大臣。 ⑪"果敢之气"三句：吴充《欧阳公行状》："公为人刚正，质直闳阔，未尝屑屑于事，见义敢为，患害在前，直往不顾，用是数至困逐。及复振起，终不改其操。"⑫后事：指仁宗考虑身后皇位继承事。 ⑬从容指顾：态度从容而决策迅速。指顾，手指、目视，比喻迅速。 ⑭立定大计：指立英宗事。仁宗无子，以太宗曾孙宗实为子，赐名曙。后即位为英宗。 ⑮谓千载而一时：谓建立了千载难得的功勋。 ⑯不居而去：欧阳修自英宗治平三年（1066）起不断上表求去，于熙宁四年（1071）致仕。 ⑰"英魄灵气"二句：欧阳修《祭石曼卿文》："生而为英，死而为灵。其同乎万物生死而复归于无物者，暂聚之形；不与万物共尽，而卓然其不朽者，后世之名。"此用其意，谓死者的精神不朽。 ⑱箕山之侧与颍（yǐng）水之湄（méi）：史传唐尧时隐士许由耕于"颍水之阳，箕山之下"。后人因而称箕、颍为隐士居住的地方。箕山，在今河南省登封县东南。颍水，源出于登封县西境颍谷，流经颍州（治所在今安徽省阜阳县）入淮河。欧阳修晚年退居颍州，故用此典。湄，水边。 ⑲不肖（xiào）：指不才、不贤。 ⑳歔欷（xūxī）：亦作"嘘唏"，叹息，哽咽声。 ㉑平昔：往日。游从：交往。 ㉒瞻依：敬仰亲近。 ㉓"盛衰之理"六句：欧阳修《祭石曼卿文》："盛衰之理，吾固知其如此，而感念畴昔，悲凉凄怆，不觉临风而陨涕者，有愧乎太上之忘情！"其谁与归：归向谁呢？与，助词，无义。归，敬仰。《礼记·檀弓下》："文子曰：'死者如可作（起）也，吾谁与归？'"

【题解】

王安石（1021—1086），字介甫，晚号半山，抚州临川（今江西临川）人。北宋政治家、文学家。22岁时进士及第，外任地方官十六七年，颇有政绩，后根据从政所得，写成万言书《上仁宗皇帝言事书》，力主改革弊政。神宗熙宁二年（1069），擢升参知政事，次年拜相，依靠神宗支持，力主变法，由于保守派的强烈反对，新法的执行阻力重重，王安石以"天变不足畏，祖宗不足法，人言不足恤"的精神，给予坚决回击，但新法最终失败。熙宁七年

(1074)六月被迫辞职,出任江宁(今江苏南京)知府。熙宁八年再度为相,次年又被罢相,退居江宁。元祐元年卒,曾封“荆国公”,故人称“王荆公”,卒谥文。

王安石虽是政治家,但在文学创作上也卓有成就。他重视文学的社会功用,主张文章“务为有补于世”。其散文多是直接为政治服务,观点鲜明,逻辑谨严,辨理透彻,笔力雄健,语言简练,极尽峭拔奇崛之致。诗歌长于说理,精于修辞,风格遒劲有力,亦偶有情韵深婉之作。词作不多,但能“一洗五代旧习”。有《临川集》、《临川先生歌曲》。

《祭欧阳文忠公文》作于宋神宗熙宁五年(1072),是一篇哀悼欧阳修的祭文。文中高度称颂欧阳修文章的光辉成就和政治上所表现的气节与风格,抒发了个人的仰慕之情。文章感情真挚,气势豪健,笔法简洁,在当时诸家所作欧阳修祭文中,被评价是最高的。

【思考与训练】

1. 本文从哪些方面评价了欧阳修的成就和业绩?试结合文章加以说明。

2. 将文章第二段译成现代汉语。

(陈祥高撰稿)

苏　轼

前赤壁赋

(《东坡全集》)

壬戌之秋,七月既望,苏子与客泛舟游于赤壁之下[①]。清风徐来,水波不兴。举酒属客,诵明月之诗,歌窈窕之章[②]。少焉,月出于东山之上,徘徊于斗牛之间[③]。白露横江,水光接天。纵一苇之所如,凌万顷之茫然[④]。浩浩乎如冯虚御风,而不知其所止;飘飘乎如遗世独立,羽化而登仙[⑤]。

于是饮酒乐甚,扣舷而歌之。歌曰:“桂棹兮兰桨,击空明兮溯流光[⑥]。渺渺兮予怀,望美人兮天一方[⑦]。”客有吹洞箫者,依歌而和之[⑧]。其声呜呜然,如怨如慕,如泣如诉,余音袅袅,不绝如缕[⑨]。舞幽壑之潜蛟,泣孤舟之嫠妇[⑩]。

苏子愀然[11],正襟危坐而问客曰:"何为其然也?"客曰:"'月明星稀,乌鹊南飞'[12],此非曹孟德之诗乎[13]?西望夏口,东望武昌[14],山川相缪,郁乎苍苍,此非孟德之困于周郎者乎[15]?方其破荆州,下江陵[16],顺流而东也,舳舻千里[17],旌旗蔽空,酾酒临江,横槊赋诗[18],固一世之雄也,而今安在哉?况吾与子渔樵于江渚之上,侣鱼虾而友麋鹿[19];驾一叶之扁舟,举匏樽以相属[20]。寄蜉蝣于天地,渺沧海之一粟[21]。哀吾生之须臾[22],羡长江之无穷。挟飞仙以遨游[23],抱明月而长终。知不可乎骤得,托遗响于悲风[24]。"

苏子曰:"客亦知夫水与月乎?逝者如斯,而未尝往也[25];盈虚者如彼,而卒莫消长也[26]。盖将自其变者而观之,则天地曾不能以一瞬[27];自其不变者而观之,则物与我皆无尽也。而又何羡乎?且夫天地之间,物各有主,苟非吾之所有,虽一毫而莫取。惟江上之清风,与山间之明月,耳得之而为声,目遇之而成色,取之无禁,用之不竭,是造物主之无尽藏也[28],而吾与子之所共适[29]。"

客喜而笑,洗盏更酌。肴核既尽[30],杯盘狼藉。相与枕藉乎舟中[31],不知东方之既白。

【注释】

①壬戌:宋神宗元丰五年(1082)。既望:农历每月十六日。赤壁:指黄州(今湖北黄冈)赤壁,以山形截然如壁而有赤色得名,又名赤鼻矶,非三国赤壁之战的旧址。 ②属(zhǔ):倾注,引申为劝酒。"诵明月"二句:《诗·陈风·月出》:"月出皎兮,佼人僚兮,舒窈纠(jiǎo)兮,劳心悄兮。""窈窕"与"窈纠"音近,"窈窕之章"即指《月出》篇之一章。 ③斗牛:斗宿(南斗)、牛宿,星辰名。 ④一苇:像一片苇叶似的小船。如:往。 ⑤冯:通"凭"。虚:即"太虚",太空。御:驾驭。遗世独立:离开尘世,超然独立。 ⑥棹(zhào):船桨。 ⑦渺渺:悠远貌。怀:指心绪、心怀。美人:心中思慕之人。一说隐喻宋神宗。天一方:天的另一方,喻相距遥远。 ⑧洞箫:古称无底的排箫为洞箫,后世称竹制单管直吹者为洞箫,简称箫。吹奏时其音清幽。倚歌:按照歌曲的声调节拍。 ⑨袅袅:形容声音婉转悠长,余音不绝。缕:细丝。 ⑩舞、泣:这里作使动用法。幽壑(hè):深谷,此指深渊。嫠(lí)妇:寡妇。 ⑪愀(qiǎo)然:形容脸色忧愁凄怆。 ⑫"月明"二句:语见曹操《短歌行》。 ⑬曹孟德:曹操,字孟德。 ⑭夏口:古城名,在今湖北武昌。武昌:今湖北鄂城。 ⑮"此非"句:这不是曹操被周瑜击败的地方吗?指汉献帝建安十三年(208),吴将周瑜在赤壁之战中击溃了曹操号称八十万的大军。周郎:周瑜年二十四为中郎将,吴中皆呼其为周郎。 ⑯"方其"二句:建安十三年曹操率兵南下,荆州牧刘琮率众投降,曹操不战而占领荆州治所襄阳,江陵守军也不战而降。荆州:汉时为大的监察区,即今湖北、湖南一带。江陵:今湖北江陵县,三国时为荆州属

郡,治所为今湖北荆州城。 ⑰“舳舻”(zhúlú)句:战船首尾相衔,千里不绝,言水师之盛。舳,船后部。舻,船前部。 ⑱酾(shī):斟。横槊(shuò):横执着长矛。 ⑲渔樵:打鱼、砍柴。江渚(zhǔ):江中沙洲。侣、友:这里为意动用法,“以……为伴侣”,“以……为朋友”。 ⑳匏(páo)樽:匏瓜制成的饮具,这里指酒器。 ㉑寄:寄托。蜉蝣(fúyóu):昆虫名。其成虫寿命极短,一般均朝生暮死。这里借以比喻人的生命短暂。㉒须臾(yú):片刻。 ㉓挟(xié):带,这里是作伴之意。 ㉔遗响:余音,指箫声。悲风:指悲凉的秋风。 ㉕“逝者”句:《论语·子罕》:“子在川上曰:‘逝者如斯夫!不舍昼夜。’”逝,流逝。斯,此指水。“而未尝”句:(大江的水虽然东流不息,但从整条大江来看,江水实际上)未曾流去。 ㉖盈:满。虚:缺。彼:那,指月。卒:到底,终究。消:减。长:增。 ㉗“则天地”句:那么天地间的变化尚不能用一瞬来计算。曾(zēng):乃、尚。 ㉘造物者:指天地,即大自然。无尽藏(zàng):佛家语,意为无穷无尽的宝藏。㉙适:享受。 ㉚肴:菜肴。核:果品。 ㉛相与:共同,一起。

【题解】

苏轼(1037—1101),字子瞻,一字和仲,别号东坡居士。眉州眉山(今属四川)人。北宋文学家、知名画家,“唐宋八大家”之一。宋仁宗嘉祐二年(1057)进士。在政治上,苏轼比较重视实际,因而既被新派迫害又被旧派排斥,终身不得志。因不同意王安石新法的某些做法,神宗元丰二年(1079),被人罗织罪名,逮捕下狱,后贬谪黄州(今湖北黄冈)任团练副使。在哲宗朝也多次被贬。他的思想虽以儒家为主,但掺杂老庄思想,又信佛教的某些观点,政治上失意时就从佛、老思想中求得解脱。

苏轼是一位具有多方面才能的文学艺术大师,他在诗、词、散文、书法、绘画等各个领域取得的巨大成就,使他处于北宋文艺的巅峰。其文学艺术成就被当时和后世学人普遍重视与推崇。著有《东坡全集》、《东坡乐府》等。

苏诗现存诗约四千首,内容广泛,风格多样,以豪放为主。叶燮《原诗》说:“苏轼之诗,其境界皆开辟古今之所未有,天地万物,嬉笑怒骂,无不鼓舞于笔端。”当代著名学者钱锺书对苏诗浪漫豪放的艺术风格评价道:“李白以后,古代大约没有人赶得上苏轼这种豪放。”

苏轼在我国词史上占有特殊的地位。他将北宋诗文革新运动的精神,扩大到词的领域,开创了与婉约派并立的豪放词派,扩大了词的题材,丰富了词的意境。苏轼的婉约词也写得真挚细腻,深沉淳厚。苏轼的词现存三百四十多首。

苏轼的散文平易自然,笔力纵横,挥洒自如,成为继欧阳修之后北宋古文运动的领袖。他以扎实的功力和奔放的才情，发展了欧阳修平易舒缓的文风，为散文创作开拓了新天地。叙事纪游的散文在苏文中艺术价值最高，有前后《赤壁赋》等广为传诵的名作。

苏轼的书法遍览晋唐诸家，转益多师，自成一家，长于行书、楷书，笔法肉丰骨劲，跌宕自然，同蔡襄、黄庭坚、米芾并称“宋四家”。

苏轼又是中国文人画运动的发端和中坚人物。苏轼论画卓有所见，主张“神似”、“传神”，提出“诗中有画”、“画中有诗”，其诗画理论为文人画派广泛传诵，在画史上影响至今。

苏轼的博学多识还表现在自然科学方面。他在农业、水利、中医药学、烹饪、养生等领域均有极高的建树。

《前赤壁赋》作于被贬黄州的第三年。作者在处境极其困厄的情况下，凭吊历史古迹，联想古今人事，以赋体常用的主客问答形式，抒发自己的政治抱负和对现实的不满，并表露出受老庄思想影响的人生态度。作品文笔优美，情、景、理融合无间，表达了寓悲愤于旷达的复杂感情，堪称杰作，历来为人们所传诵。

【思考与训练】

1. 背诵“苏子曰：‘客亦知夫水与月乎？……而吾与子之所共适’”一段。

2. 结合文学史谈谈苏东坡的文学艺术成就。

3. 谈谈赋体散文在文学史上的发展演变。

（周德梅撰稿）

柳　永

八声甘州

（《乐章集》）

对潇潇暮雨洒江天，一番洗清秋[①]。渐霜风凄紧，关河冷落，残照当楼[②]。是处红衰翠减[③]，苒苒物华休[④]。惟有长江水，无语东流。

不忍登高临远，望故乡渺邈[⑤]，归思难收。叹年来踪迹，何事苦淹留[⑥]？想佳人、妆楼颙望[⑦]，误几回、天际识归舟。争知我、倚栏干处，正恁凝愁[⑧]。

【注释】

①潇潇：雨势急骤的样子。清秋：清冷的秋景。　②霜风：指秋风。关河：关山江河，泛指一般山河。残照：夕阳。　③是处：到处。红衰翠减：指花叶凋谢。红，代指花；翠，代指绿叶。　④苒苒（rǎn）：义同“荏苒”，形容时光逐渐消逝。物华：美好的景物。休：衰残。　⑤渺邈（miǎo）：遥远。　⑥淹留：久留。　⑦佳人：美女。古诗文中常用以代指自己所怀念的对象。颙（yóng）望：凝神远望。　⑧争：怎。处：这里表示时间，“倚栏干处”即“倚栏干时”。恁（nèn）：如此。

【题解】

柳永（987？—1053？），初名三变，字景庄，后改名永，字耆卿，因排行第七，又称柳七，崇安（今福建省武夷山市）人。柳永为北宋著名词人。少时放荡不羁，流连歌舞酒馆，多次应举不第，直至宋仁宗景祐元年（1034）才中进士。先后做过团练推官、县令、盐场监等地方官，后官至屯田员外郎，故世称柳屯田。

柳永改变了唐五代以来词坛小令一统天下的格局，大力创作慢词，创新词调，革新词的体制，使词变“雅”为“俗”，丰富了词的内容及表现手法。平生专力作词，题材以都市风光、歌妓生涯及羁旅行役为主，善于表现女性心理及自我独特的人生体验。擅长铺叙和白描，音律谐婉，词意真切，一扫唐五代以来词人雕琢习气，推动了词体的发展，对后世影响甚大。今存《乐章集》。

“八声甘州”，简称“甘州”，唐边塞曲。因全词共八韵，故称“八声”，属慢词。这首词是柳永抒写羁旅行役之苦的名作，表现了主人公萍踪漂泊的坎坷经历，倾吐了因岁月蹉跎而事业无成的苦闷心情。词的上片极力铺叙登高所见之景，渲染了一种悲凉的气氛，下片抒写临远思归之情。全词借景抒情，情景相生，语言本色而富有表现力。

【思考与训练】

1. 这首词是如何做到借景抒情、情景相生的？

2. 试析上片写景层层铺叙的特点。

（陈祥高撰稿）

黄庭坚

寄黄几复

（《山谷集》）

我居北海君南海①，寄雁传书谢不能②。
桃李春风一杯酒，江湖夜雨十年灯③。
持家但有四立壁④，治病不蕲三折肱⑤。
想得读书头已白，隔溪猿哭瘴溪藤⑥。

【注释】

①“我居”句：春秋时齐国位于北方近海的地方，楚国位于南方近海的地方，所以一称北海，一称南海。当时黄庭坚任职德州，属齐地，而黄几复任职四会，在广东南部，故有此说。　②寄：托。谢：辞谢。雁因不能传信而辞谢，此处用雁飞不过衡阳的故事。③据《黄几复墓志铭》载，黄庭坚与黄几复于熙宁九年（1076）同科出身。此处是指两人京城欢聚后，一别就是十年。　④四立壁：家徒四壁，此处指黄几复生活清廉。《史记·司马相如列传》：“文君夜奔相如，相如驰归成都，家徒四壁立。”　⑤三折肱（gōng）：喻阅历多。《左传·定公十三年》：“三折肱，知为良医。”此处借以称道黄几复有治世的才能，不待阅历丰富，已有良好政绩。蕲：通“祈”，求。　⑥瘴溪：旧传广东一带多瘴气。

【题解】

黄庭坚（1045—1105），字鲁直，号山谷道人，又号涪翁，洪州分宁（今江西修水）人。北宋诗人、书法家。宋英宗治平四年（1067）进士，先后在叶县（今属河南）、太和（今属江西）等地做了十多年的地方官员。神宗元丰八年（1085）旧党执政后，到汴京任职于馆阁，参与编写《神宗实录》，与苏轼成为密友。哲宗绍圣二年（1095），以修《神宗实录》不实的罪名，贬官涪州（今四川涪州县）别驾。徽宗时，一度起用，后又因罪除名羁管宜州（今广西宜山），到宜年余卒。

黄庭坚政治上倾向于“旧党”。早年诗文为苏轼所称赏，为“苏门四学士”之首。诗歌创作上与苏轼并称“苏黄”。其诗多以思亲怀友、感时抒怀、描摹山水、题咏书画为题材，有较浓厚的人文书卷气，人文意象密集。诗歌创作上取法杜甫，但专在炼字、造句、用典上下工夫，提倡“无一字无来处”，追求拗句、险韵、僻典，造成一种新奇硬涩的诗风，时称“黄庭坚体”或“山谷体”，在宋代影响很大，开创了江西诗派。有诗集《山谷集》。

《寄黄几复》是黄庭坚宋神宗元丰八年监德州（今山东德州市）德平镇时所作。黄几复，名介，南昌（今江西南昌市）人，与黄庭坚少年交游，时知四会县（今属广东省）。诗中表达了对友人的深切怀念，赞颂友人安贫乐道的精神，也隐隐流露出对友人怀才不遇的不平。诗歌体现了黄诗注重语言锤炼的特点，意象新奇，但相对于其整体诗风来说，语言通俗，用典也较常见，构思巧妙，别成一格。

【思考与训练】

1. 简析本诗的艺术特色。

2. “桃李春风一杯酒，江湖夜雨十年灯”两句抒发了怎样的人生感慨？语言上有何特点？

（陈祥高撰稿）

秦 观

鹊桥仙

（《淮海词》）

纤云弄巧①，飞星传恨②，银汉迢迢暗度③。金风玉露一相逢，便胜却人间无数④。

柔情似水，佳期如梦，忍顾鹊桥归路⑤！两情若是久长时，又岂在朝朝暮暮⑥！

【注释】

①“纤云”句：天上一缕缕纤细的云彩弄出许多花巧。此用以比喻织女构造云锦手艺的精巧，同时暗示这是乞巧节，为织女渡河之夕。旧俗以七夕为乞巧节，妇女向织女乞求智慧。 ②“飞星”句：是说牛郎织女流露出终年不得相见的离愁别恨。 ③银汉：天河。迢迢（tiáotiáo）：遥远的样子。 ④金风玉露：秋风白露。秋天在五行中属金，故称“秋风”为“金风”。胜却：胜过。 ⑤忍顾：不忍回头看。鹊桥：相传牛郎织女在七夕相会时，有无数喜鹊替他们架成一道长桥，让他们渡过天河。此句是说会见后又要分离，双方都不愿从鹊桥上回去。 ⑥朝朝暮暮：指朝夕相聚。

【题解】

秦观(1049—1100),字太虚,后改字少游,号淮海居士,高邮(今江苏高邮)人。北宋词人。少有抱负,攻读兵书,渴望驰骋疆场,建立奇功,然世事难料,他37岁才中进士,43岁在朝廷谋得秘书省正字一职,旋即转入党争,随苏轼等屡遭迫害,先后被贬至郴州(今属湖南)、横州(今广西横县)、雷州(今广东海康)等地。仕途失意,宦海沉浮,人生理想的破灭,使之始终生活在痛苦悲观之中,贬至雷州时曾自作挽词,一年后即辞世。

秦观是"苏门四学士"之一,颇得苏轼赏识。词多写个人身世、羁旅行役及男女情爱,由于其经历和个性,词作情调悲苦。他继承了婉约词的正统风格,题材上虽未摆脱离愁别恨,但其词善于通过凄迷景色和婉转语调,表达感伤情绪,做到情韵兼胜,体现了词的本色,是婉约词派的代表作家。有《淮海词》存世。

词牌"鹊桥仙",是以七夕织女渡河使鹊为桥与牛郎相会取为曲名。秦观此词虽同以牛郎织女相会为题材,但与一般人感慨牛郎织女一年只能相会一次不同的是,他认为他们的一次相逢,却胜过人间情爱男女的无数次相逢,并以为只要爱情忠贞不移,也不在乎朝夕相聚,歌颂了爱情的真挚恒久。命意不落陈套,胜人一筹。结构上,上片主要写牛郎织女的相会,下片写其离别,并且上下片前三句都是叙事或抒情,后两句却是议论,写作上很有特色。整首词节奏鲜明,旋律轻快,抑扬顿挫。

【思考与训练】

1. 简要分析本词的写作特色。

2. "两情若是久长时,又岂在朝朝暮暮"是千古传诵的名句,谈谈你对这两句诗的理解和体会。

3. 背诵这首词。

(陈祥高撰稿)

李清照

一剪梅

(《漱玉词》)

红藕香残玉簟秋[①]。轻解罗裳,独上兰舟[②]。云中谁寄锦书来[③]? 雁字回时，月满西楼[④]。

花自飘零水自流[⑤]。一种相思，两处闲愁[⑥]。此情无计可消除，才下眉头，又上心头[⑦]。

【注释】

①红藕:红色的荷花。玉簟(diàn)秋:指竹席生凉了。玉簟，洁净如玉的竹席。簟，竹席。秋，秋凉、凉意。 ②罗裳:丝绸制的裙子。罗，丝织物类名，用合股丝以罗组织织成，外观似平纹绸，花纹美观雅致，质地轻柔、滑爽，透气性能好，有生罗熟罗之分。兰舟:相传鲁班刻木兰树为舟，后作为船的美称。 ③云中:空中。我国古代有鸿雁传书之说，鸿雁从天上飞来，故称“云中”。锦书:写在锦帛上的信。据《晋书》记载，窦滔妻苏氏曾织锦为《回文璇玑图诗》，寄给出门在外的丈夫。后来就用“锦书”指代妻子给在外丈夫的信。此处是反其义而用之，指在外的丈夫给妻子的信。 ④雁字:雁群飞行时排成“一”字或“人”字形，故称“雁字”。月满西楼:西楼洒满了月光。 ⑤飘零:飘失、零落。 ⑥一种相思，两处闲愁:意思是彼此都在思念对方，但又不能相互倾诉，只好各在一处独自愁闷着。两处，指作者与赵明诚。 ⑦此情:指相思之情。才下眉头，又上心头:意思是，眉上愁云刚消，心里又愁了起来。

【题解】

李清照(1084—1155?)，自号易安居士，济南章丘(今属山东)人。宋代著名女词人。生长在注重文学艺术的士大夫家庭。父亲李格非是著名的学者。她自幼即能诗作文。18岁(1101)时嫁给太学生赵明诚，婚后夫妻情深意笃，生活优裕，两人唱和诗文，共同搜集整理金石书画。靖康二年(1127)金兵入侵，夫妇避乱南方，不久丈夫在赴任途中病故，使她精神上受到沉重打击。宋高宗建炎三年(1129)，金兵南下，亲历浙东变乱，生活颠沛流离。此后在孤寂中度过晚年。

李清照的一生享受过幸福，也饱受过劫难，其词充分反映了这两种经历和情感。南渡前词作多表现与丈夫的离愁别绪和对自然景物的感受，意境较明亮轻快，但题材较狭窄。靖康之难后，国破家散，丈夫病逝，让她受尽磨难和痛苦，词风与前迥异，深厚的故土之思、凄苦的身世之感，一并融入她的词作中，词的社会意义扩大了，但意境灰冷凝重。其词善于选取日常生活中起居环境、行动细节来表现自我内心世界，工于造语，创意出奇，语言清新素雅，善用白描手法塑造出鲜明动人的形象。有《漱玉词》和《李清照集》。

“一剪梅”，词牌名，宋周邦彦首创，属双调小令。这首词，从内容看，当属其南渡前作品，写于丈夫离家远行后。词的上片融情于景，通过写景极力表现丈夫远行后自己孤寂相思之苦;下片直抒胸臆,表达了对丈夫难以割舍的眷念之情。全词感情细腻缠绵,情景交融,语言朴素自然。结尾三句,历来为后世称道。

【思考与训练】

1. 这首词表达了作者怎样的处境和心情?

2.“花自飘零水自流”在全词中有什么作用?试作分析说明。

3. 背诵这首词。

(陈祥高撰稿)

张孝祥

六州歌头[①]

(《于湖词》)

长淮望断,关塞莽然平[②]。征尘暗,霜风劲,悄边声。黯销凝[③]。追想当年事,殆天数,非人力[④]。洙泗上,弦歌地,亦膻腥[⑤]。隔水毡乡,落日牛羊下,区脱纵横[⑥]。看名王宵猎,骑火一川明。笳鼓悲鸣,遣人惊。

念腰间箭,匣中剑,空埃蠹,竟何成!时易失,心徒壮,岁将零。渺神京[⑦]。干羽方怀远,静烽燧,且休兵[⑧]。冠盖使,纷驰骛,若为情[⑨]。闻道中原遗老,常南望翠葆霓旌[⑩]。使行人到此,忠愤气填膺,有泪如倾[⑪]。

【注释】

①六州歌头:词牌名。据宋程大昌《演繁露》:“《六州歌头》,本鼓吹曲也。近世好事者倚其声为吊古词,音调悲壮,又以古兴亡事文之。闻其歌,使人慷慨,良不与艳词同科,诚可喜也。……” ②长淮:指出当时的国境线,含感慨之意。昔日曾是动脉的淮河,如今变成边境。国境已收缩至此,只剩下半壁江山。极目千里淮河,南岸一线的防御无屏障可守,只是莽莽平野而已。 ③黯销凝:黯然神伤。 ④当年事:指靖康之变,二帝被掳,宋室南渡。 ⑤洙泗:古代的河流名,流经曲阜。春秋时孔子讲学洙泗之间,后人以洙泗作为儒家代称。本句意为:二水经流的山东,是孔子当年讲学的地方,如今也为金人所占。 ⑥区脱:同“瓯脱”,胡人防敌的土室。本句写隔岸金人的活动。一水之隔,昔日耕稼之地,此时已变为游牧之乡,帐幕遍野,夕阳西下,成群的牛羊回栏,哨所纵横,防备严密。 ⑦神京:指沦陷的汴京。“渺神京”有“汴京渺远,光复何期”的意思。所谓渺远,不但指空间距离之遥远,更是指光复时间之渺茫。 ⑧“干羽”句:活用

《尚书·大禹谟》"舞干羽于两阶"(干,盾;羽,雉尾)的故事。据说舜大修礼乐,曾使远方的有苗族来归顺。词人借以辛辣地讽刺朝廷放弃失地,安于现状。 ⑨冠盖:古代官吏的帽子和车盖,借指官吏。若为情:何以为情。自绍兴和议成后,每年派遣贺正旦、贺金主生辰的使者、交割岁币银绢的交币使以及有事交涉的国信使、祈请使等,充满道路,在金受尽屈辱,忠直之士,更有被扣留或被杀害的危险。即如使者至金,在礼节方面仍须居于下风。这就是"若为情"的事实背景,词人所以叹息痛恨者。 ⑩翠葆霓旌:饰以鸟羽的车盖和彩旗,是皇帝的仪仗,这里借指宋帝车驾。本句描写金人统治下的中原父老同胞向往故国,殷切盼望王师早日北伐收复失地。 ⑪行人:指出使者。本句承接上句,写出爱国的出使者的感情。任何一位爱国者出使渡淮北去,都要为中原大地的长期不能收复而激起满腔忠愤,为中原人民的年年伤心失望而倾泻出热泪。

【题解】

张孝祥(约1132—1169),字安国,别号于湖居士,历阳乌江(今属安徽和县),后移居芜湖。南宋著名词人。绍兴二十四年(1154)进士第一。因政治主张倾向主战派,并赞助北伐,几次被免官。他诗、词、书法俱佳,尤以词著称。词风接近苏轼,为豪放派词人,气势豪迈,境界阔大;内容多要求国家统一,反对苟且偷安。有《于湖集》、《于湖词》。

这首词写于宋孝宗隆兴元年(1163),是张孝祥任建康留守时所写。是年,南宋出师北伐的军队,在符离(今安徽)战败,朝野震动。朝廷中的主和派得势,并派人至金求和。张孝祥对此义愤填膺,赋写了这篇辞章。词作上片着重写沦陷区的凄凉景象,下片抒发壮志未酬的忠愤之气。作品思想深刻,艺术技巧纯熟。全词感情奔放,一气呵成,音调苍凉悲壮,富有感人的艺术魅力。这首词颇能说明词人的艺术造诣和豪放风格。宋代佚名作者《朝野遗记》记载,张孝祥在建康设宴招待张浚等爱国将领,即席命笔,作了这首词,张浚读后连酒也喝不下去了,竟至"罢席而入",这说明,张孝祥的词道出了爱国人士的心声,因此具有感人至深的力量。清人陈廷焯认为这首词"淋漓痛快,笔饱墨酣,读之令人起舞"(《白雨斋词话》),是十分中肯的评价。

【思考与训练】

1. 背诵这首词。
2. 结合意境与节奏,体会这首词的艺术特色。
3. 搜集张孝祥的其他作品,更多了解他的创作风格。

(周德梅撰稿)

陆　游

钗头凤[①]

（《渭南文集》）

红酥手，黄藤酒，满城春色宫墙柳[②]。东风恶，欢情薄，一怀愁绪，几年离索[③]。错！错！错！

春如旧，人空瘦，泪痕红浥鲛绡透[④]。桃花落，闲池阁[⑤]。山盟虽在，锦书难托[⑥]。莫！莫！莫[⑦]！

【注释】

①钗头凤：词牌名，是根据五代无名氏《撷芳词》改易而成，又名《折红英》、《惜分钗》等。陆游因《撷芳词》中原有"都如梦，何曾共，可怜孤似钗头凤"之句，故取名《钗头凤》。　②红酥手：形容女子的手红润白嫩。黄縢（téng）酒：黄酒，一种官酿縢封的酒。③离索：离群索居。此取离散意，谓与唐氏分离。　④"泪痕"句：伤心的泪水湿透了手帕。鲛绡（jiāoxiāo）：指手帕。　⑤池阁：城池楼阁。　⑥锦书：指妻子寄给丈夫的书信。托：寄。　⑦莫：罢了。此有无可奈何只好作罢之意。

【题解】

陆游（1125—1210），字务观，号放翁。越州山阴（今浙江绍兴）人。南宋伟大的爱国诗人。孝宗隆兴时，被赐进士出身。他生当宋、金两国南北对峙的年代。其时国土分裂，战争频繁，朝政黑暗。在他一生并不十分顺畅的官宦生涯中，他坚持抗金主张，虽遭受当权派的沮抑和谗毁，但爱国之志始终不渝。他更以诗文为武器，反复呼吁国家统一、整顿朝纲。他勤于创作，一生写诗60年，保存下来的有九千多首。有《渭南文集》、《剑南诗稿》。

陆游的诗词作品题材广阔，风格多样。赵翼《瓯北诗话》评其"凡一草一木，一鱼一鸟，无不裁剪入诗"。刘熙载《艺概·诗概》评价："放翁诗明白如话，然浅中有深、平中有奇，故足令人咀味"。他的词兼具"婉约"与"豪放"两种风格，明代杨慎《诗品》评价："放翁词纤丽处似淮海，雄慨处似东坡。"不过其主要风格还是豪放而非婉约。

陆游的作品中有一些书写个人感情生活的作品，词作《钗头凤》即其一。陆游与唐婉曾是情投意合的恩爱夫妻，但陆母却逼子休妻，后唐婉改嫁。多年后，陆游在山阴城南的沈园，与偕夫同游的唐婉邂逅。陆游见人感事，心中感触万端，赋成这首词。全词记述了这次相遇，表达了眷恋之深和相思之切，抒发了词人怨恨愁苦而又难以言状的凄楚心情。

陆游一生多次探访沈园，写下多首怀念唐氏的诗作。近人陈衍游沈园后留下评语："无此绝等伤心之事，亦无此绝等伤心之诗。就百年论，谁愿有此事？就千秋论，不可无此诗。"

【思考与训练】

1. 背诵这首词。
2. 搜集陆游的沈园诗词，写一篇赏析文章。
3. 大量阅读陆游的诗词作品，体会他的创作风格。

（周德梅撰稿）

游山西村

（《剑南诗稿》）

莫笑农家腊酒浑，丰年留客足鸡豚①。
山重水复疑无路，柳暗花明又一村②。
箫鼓追随春社近，衣冠简朴古风存③。
从今若许闲乘月，拄杖无时夜扣门④。

【注释】

①腊酒：一年中腊月酿制的酒。足鸡豚（tún）：意思是准备了丰盛的菜肴。豚，猪，诗中代指猪肉。 ②山重水复：一重重山，一道道水。柳暗花明：绿柳繁茂荫浓，鲜花娇艳明丽。 ③箫鼓：吹箫打鼓。春社：古代把立春后第五个戊日为春社日，拜祭社公（土地神），祈求丰收。古风存：保留着淳朴古代风俗。 ④若许：如果允许。闲乘月：有空闲时趁着月光前来。无时：随时。叩（kòu）门：敲门。

【题解】

从诗题可以看出，这是一首记游诗，记录了诗人在宋孝宗乾道三年（1167）罢官归故里后一次到山西村游赏的经历。

全诗四联，围绕"游"字层层展开。首联写游前的精神准备，不仅写了农民朋友的相约，还刻画了主人款留的盛情与山西村丰年的富足。次联写山行情景。山阴道上，水光山色令人应接不暇。重重山遮，道道水绕，诗人几乎疑心无路可走了。但几经探寻，前面柳暗花明，一个村落宛然在目，山西村到了。此联道出了世间事物变化的哲理，越出了自然景物描写的范围，被人们广泛引用，具有强大的艺术生命力。第三联正面写山西村所见所感。表现这里人们淳朴厚道，和睦相处，自食其力的桃花源般的宁静生活。与其说这是南宋初年江南农村的风俗画卷，毋宁说它是陆游心目中的理想社会图景。它突现了山西村的精神风貌，倾注了诗人的一片深情。尾联写归途中的愉悦之情和重游的期望。正是因为这次的“一日游”印象美好，诗人才有多日游、乘月游的设想和期望。其热爱家乡、热爱乡亲之情溢于言表。

这首乡村记游诗，语言精炼自然、明朗晓畅，清新朴实，不尚粉饰奇险，体现了陆游诗作风格的多样性。

【思考与训练】

1. 背诵这首诗。

2. 赏析陆游几种不同题材的诗歌，比较它们不同的创作风格。

3. 根据陆游的文学创作，评价其在文学史上的地位。

（周德梅撰稿）

辛弃疾

摸鱼儿[①]

（《稼轩长短句》）

淳熙己亥，自湖北漕移湖南，同官王正之置酒小山亭，为赋。[②]

更能消、几番风雨，匆匆春又归去[③]。惜春长怕花开早，何况落红无数[④]！春且住。见说到、天涯芳草无归路。怨春不语。算只有殷勤，画檐蛛网，尽日惹飞絮[⑤]。

长门事，准拟佳期又误[⑥]。蛾眉曾有人妒[⑦]。千金纵买相如赋，脉脉此情谁诉[⑧]？君莫舞[⑨]。君不见、玉环飞燕皆尘土[⑩]！闲愁最苦。休去倚危栏[⑪]，斜阳正在，烟柳断肠处。

【注释】

①摸鱼儿：词牌名。来自唐教坊曲《摸鱼子》，应是民间捕鱼时所歌。又名《山鬼谣》、《陂塘柳》、《双蕖怨》、《摸鱼子》、《买陂塘》、《迈陂塘》等。　②淳熙己亥：此年为

1179 年，辛弃疾从湖北转运副使任上调任湖南，将从鄂州至潭州主持漕运。小山亭在湖北转运使官署内。 ③消：经受。 ④落红：落花。 ⑤算只有殷勤：想来只有檐下蛛网还殷勤地沾惹飞絮，留住春色。 ⑥长门：汉代宫殿名，武帝皇后失宠后被幽闭于此。司马相如《长门赋序》中写陈皇后失宠后，用百金为酬让相如作文以悟主上而终得宠。此事与史实有出入。 ⑦“蛾眉”：喻美好的才情。 ⑧脉脉：绵长深厚貌。 ⑨君：指善妒之人。 ⑩玉环飞燕：杨玉环、赵飞燕，皆貌美善妒。 ⑪危栏：高楼上的栏杆。

【题解】

辛弃疾(1140—1207)，字幼安，号稼轩，历城(今山东济南)人。南宋著名爱国词人。出生在为金所占的山东。21 岁参加抗金义军，不久归南宋。历任江西、湖南、浙东安抚使等职。一生坚决主张抗金，但他提出的抗金建议均未被采纳，反遭到主和派的打击，曾长期落职闲居江西上饶、铅山一带。其词作题材广泛，风格多样，以慷慨悲壮为其主调，又有对江南农村田园风光、世情民俗生动细腻的描绘，风格沉雄豪迈而不乏细腻柔媚，善化用前人典故入词。在苏轼的基础上，他更开拓了词的创作领域，后人以“苏辛”并称。有《稼轩长短句》，存词六百多首。

宋人刘克庄《辛稼轩集序》说：“公所作，大声鞺鞳，小声铿訇(hōng)，横绝六合，扫空万古，自有苍生以来所无。其秾纤绵密者，亦不在小晏、秦郎之下。”是对辛弃疾词作比较全面也比较公允的评价。

本篇作于淳熙六年(1179)春，时辛弃疾 40 岁，现实与他收复失地的志愿相去愈远。在他由湖北调官湖南之际，同僚摆下送别酒，词人见景生情，以词作抒发长期积郁于胸的苦闷之情。作品借写失宠女人的苦闷，表达对国事的忧虑和屡遭排挤打击的沉重心情。词作具有鲜明的艺术特点：继承屈原《离骚》的优良传统，用男女之情来反映现实的政治斗争；采用比兴、拟人手法，运用典故，形象地表达对祖国的热爱和对时局的关切。作品词风别具一格，既缠绵曲折又沉郁顿挫。

【思考与训练】

1. 背诵这首词。
2. 分析本词的写作特色。
3. 试比较辛弃疾与苏轼词作风格的异同。

(周德梅撰稿)

姜 夔

暗 香[1]

（《白石词》）

辛亥之冬，予载雪诣石湖[2]。止既月，授简索句，且征新声[3]。作此两曲，石湖把玩不已，使工妓隶习之，音节谐婉，乃名之曰《暗香》《疏影》[4]。

旧时月色。算几番照我，梅边吹笛？唤起玉人，不管清寒与攀摘。何逊而今渐老，都忘却，春风词笔[5]。但怪得、竹外疏花，香冷入瑶席[6]。

江国，正寂寂。叹寄与路遥，夜雪初积。翠尊易泣，红萼无言耿相忆[7]。长记曾携手处，千树压、西湖寒碧。又片片吹尽也，几时见得？

【注释】

①暗香：词牌名。此调与《疏影》调，都是姜夔同时创作以咏梅花的，取北宋林逋咏梅诗"疏影横斜水清浅，暗香浮动近黄昏"两句的首二字作为调名。以后张炎用此二调咏荷花荷叶，改名《红情》《绿意》。 ②辛亥：光宗绍熙二年（1191）。石湖：在苏州西南，与太湖通。范成大居此，因号石湖居士。 ③止既月：指住满一月。简：纸。征新声：征求新的词调。 ④工妓：乐工、歌妓。隶习：学习。 ⑤何逊：南朝梁诗人，以爱梅闻名。何逊曾作《扬州法曹梅花盛开》云："兔园标物序，惊时最是梅。"后迁官，因爱扬州之梅，要求转任扬州。这里作者以何逊自比。春风词笔：何逊《咏春风》有"可闻不可见，能重复能轻。镜前飘落粉，琴上响余声"句。 ⑥但怪得：惊异。 ⑦翠尊：翠绿酒杯，这里指酒。红萼：指梅花。耿：耿然于心，不能忘怀。

【题解】

姜夔（1155—1221），字尧章，号白石道人，世称姜白石。饶州鄱阳（今江西省上饶市鄱阳县）人。南宋音乐家和词人。爱好音乐文学和书法。成年后屡试不第，奔走四方，过着幕僚清客的生活。他多才多艺，精通音律，能自度曲，词作格律严密。其作品素以空灵含蓄著称。有《白石词》、《白石诗集》、《白石道人歌曲》等。《四库全书总目提要》评价他："夔诗格高秀，为杨万里等所推，词亦精深华妙，尤善自度新腔，故音节文采，并冠一时。"

《暗香》咏梅怀人，思今念往，低徊缠绵。全词以婉曲的笔法，回忆"旧时"梅边月下的欢乐，抒发"而今"往事难寻的凄惶。咏物而不滞于物，言情而不拘于情；物中有情，情中寓物。情思绵邈，意味隽永。

此词和《疏影》，都是姜夔新创词牌、词谱的咏梅词。历来得到词论家们的高度评价。清代周济《介存斋论词杂著》评道："惟《暗香》、《疏影》二词，寄意题外，包蕴无穷，可以与稼轩伯仲。"今人唐圭璋《宋词三百首笺注》写道："刘体仁云，落笔得'旧时月色'四字，便欲使千古作者，皆出其下。又云：咏梅嫌纯是素色，故用'红萼'字，此谓之破色笔。又恐突然，故先出'翠尊'字配之；说来甚浅，然大家亦不为，此用意之妙，总使人不觉，则烹锻之功也。"

【思考与训练】

1. 背诵这首词。
2. 分析本词的平仄节律，体会其音乐美。
3. 想象词作描绘的眼前景与忆中景，体会词作的意境美。

（周德梅撰稿）

关汉卿

【南吕·一枝花】不伏老[1]

【南吕·一枝花】攀出墙朵朵花，折临路枝枝柳。花攀红蕊嫩，柳折翠条柔，浪子风流。凭着我折柳攀花手，直煞得花残柳败休。半生来折柳攀花，一世里眠花卧柳[2]。

【梁州第七】我是个普天下郎君领袖，盖世界浪子班头。愿朱颜不改常依旧，花中消遣，酒内忘忧。分茶攧竹，打马藏阄[3]；通五音六律滑熟，甚闲愁到我心头！伴的是银筝女银台前理银筝笑倚银屏，伴的是玉天仙携玉手并玉肩同登玉楼，伴的是金钗客歌《金缕》捧金樽满泛金瓯[4]。你道我"老也，暂休"！占排场风月功名首，更玲珑又剔透[5]。我是个锦阵花营都帅头，曾玩府游州[6]。

【隔尾】子弟每是个茅草冈、沙土窝初生的兔羔儿乍向围场上走，我是个经笼罩、受索网苍翎毛老野鸡蹅踏的阵马儿熟[7]。经了些窝弓冷箭镴枪头，不曾落人后[8]。恰不道"人到中年万事休"，我怎肯虚度了春秋。

【尾】我是个蒸不烂、煮不熟、捶不扁、炒不爆响当当一粒铜豌豆，恁子弟每谁教你钻入他锄不断、斫不下、解不开、顿不脱、慢腾腾千层锦套头[9]？我玩的是梁园月，饮的是东京酒，赏的是洛阳花，攀的是章台柳。我也会吟诗，会篆籀；会弹丝，会品竹；我也会唱鹧鸪，舞垂手；会打围，会蹴鞠；会围棋，会双陆。[10]你便是落了我牙、歪了我嘴、瘸了我腿、折了我手，天赐与我这几般儿歹症候，尚兀自不肯休。则除是阎王亲自唤，神鬼自来勾，三魂归地府，七魄丧冥幽。天那，那其间才不向烟花路儿上走！

【注释】

①“南吕”是元散曲的一种调式，“一枝花”是曲牌，“不伏老”是这首散曲的题目。“梁州第七”、“隔尾”、“尾”均为曲牌。 ②本曲中的花、柳喻指妓女（如歌妓）等。 ③分茶撷竹：两种娱乐游戏，一说品茶画画。打马藏阄：两种博戏。 ④银筝女、玉天仙、金钗客：均指妓女。 ⑤占排场：宋元时对戏曲、技艺演出的特殊称谓。 ⑥锦阵花营：指妇女群，即众多的艺妓。都帅头：总头领之意。 ⑦围场：打猎场。蹅踏：践踏。 ⑧镴（là）：锡和铅的合金。 ⑨铜豌豆：原系元代妓院对老狎客的切口，此处用为双关，赋予它坚韧不屈、与世抗争的特性。锦套头：指妓院的陷阱、圈套。 ⑩篆籀：指书法篆刻。弹丝：指弹奏弦乐器。品竹：指吹箫吹笛。鹧鸪：本指《鹧鸪天》、《瑞鹧鸪》等曲调，说“唱鹧鸪”就是代指善于唱曲子。垂手：本指“大垂手”、“小垂手”等古代舞蹈，说会“舞垂手”，是泛指会各种舞蹈。打围：指打猎。蹴鞠：古代一种踢球的游戏。双陆：古代一种类似下棋的游戏。

【题解】

关汉卿，元代著名杂剧作家。大约生于金代末年（约1229—1241），卒于元成宗大德初年（1300年前后）。名不详，字汉卿，号已斋（一作一斋）。关于其籍贯，有大都（今北京市）、解州（在今山西运城）、祁州（在今河北）等不同说法。

据文献资料记载，关汉卿编有杂剧六十多部，现存十多部。其中《窦娥冤》是其代表作。元代钟嗣成在《录鬼簿》中将关汉卿列为元杂剧作家第一，元末明初的贾仲明称他为“驱梨园领袖，总编修帅首，捻杂剧班头”，可见他在元代剧坛上的地位。关汉卿的杂剧深刻地再现了社会现实，充满着浓郁的时代气息。

在杂剧创作之外，他另有一些散曲创作，现存套数12，小令35。散曲，元代称为“乐府”或“今乐府”。它产生于民间的俗谣俚曲。散曲的体制主要有小令、套数以及介于两者之间的带过曲等几种。小令，又称“叶儿”，是散曲体制的基本单位。其名称源自唐代的酒令。单片只曲，调短字少是其最基本的特征。套数，又称“套曲”、“散套”、“大令”，是从唐宋大曲、宋金诸宫调发展而来。套数由同一宫调的若干首曲牌联缀而生，各曲同押一部韵,通常在结尾部分还有[尾声]。

关汉卿的散曲中,散套[南吕·一枝花]《不伏老》是其代表作。作品以生动活泼的比喻自述心志,狂放尖新,豪气横溢,给人以惊世骇俗之感,具有民间曲词那种辛辣恣肆和诙谐滑稽的风格,体现了诗人独特的个性。

元初,科举废置,仕途堵塞,汉族士人遭受歧视,大都怀才不遇,落到了"八娼九儒十丐"的地步。在这样的时代背景下,一批知识分子突破传统文人"求仕"、"归隐"生活模式的藩篱,选择了成为封建纲常礼教的叛逆者的生活方式。他们采取一种佯狂玩世的态度,故意夸张地过着放荡不羁的浪子生活,用来发泄对现实的不满,向统治者抗争。关汉卿在这个套曲里,抒写了这群知识分子的独特形象,在当时具有高度的典型性和广泛的代表性。

本散曲虽篇幅较长,但因作者真情勃发,又极重技巧,因而一气呵成,极富感染力。篇中虽有不少花柳风月之类的字眼,却没有一般封建文人的艳诗淫词那种低级庸俗气息,而是以真率豪迈之情感动人。尽管其中也有些浪荡情调的渲染,但总的说来是浪荡其表,真率其里,俚俗的氛围中透出雅洁的意趣。

近人王国维称:"关汉卿一空依傍,自铸伟词,而其言曲尽人情,字字本色,故当为元人第一。"这是十分中肯的评价。

【思考与训练】

1. 结合相关资料,了解元代杂剧创作的基本情况,探究关汉卿在元代戏曲文学中的地位。

2. 分析本散曲套数中抒情主人公的形象特征。

3. 简析本篇作品的写作特色。

(周德梅撰稿)

王实甫

拷　红[1]

（《西厢记》）

（夫人引俫上云[2]）这几日窃见莺莺语言恍惚，神思加倍，腰肢体态，比向日不同[3]；莫不做下来了么？（俫云）前日晚夕，奶奶睡了，我见姐姐和红娘烧香，半晌不回来，我家去睡了。（夫人云）这桩事都在红娘身上，唤红娘来！（俫唤红科[4]）（红云）哥哥唤我怎么？（俫云）奶奶知道你和姐姐去花园里去，如今要打你哩。（红云）呀！小姐，你带累我也！小哥哥，你先去，我便来也。（红唤旦科[5]）姐姐，事发了也，老夫人唤我哩，却怎了？（旦云）好姐姐，遮盖咱！（红云）娘呵，你做的隐秀者[6]，我道你做下来也。（旦念）月圆便有阴云蔽，花发须教急雨催。（红唱）

【越调】【斗鹌鹑】则着你夜去明来，倒有个天长地久；不争你握雨携云，常使我提心在口[7]。你则合带月披星，谁着你停眠整宿？老夫人心数多[8]，情性㑇[9]；使不着我巧语花言，将没做有。

【紫花儿序】老夫人猜那穷酸做了新婿，小姐做了娇妻，这小贱人做了牵头[10]。俺小姐这些时春山低翠，秋水凝眸，别样的都休，试把你裙带儿拴，纽门儿扣，比着你旧时肥瘦，出落得精神[11]，别样的风流。

（旦云）红娘，你到那里小心回话者！（红云）我到夫人处，必问："这小贱人，

【金蕉叶】我着你但去处行监坐守，谁着你迤逗的胡行乱走[12]？"若问着此一节呵如何诉休[13]？你便索与他个"知情"的犯由[14]。

姐姐，你受责理当，我图甚么来？

【调笑令】你绣帏里效绸缪[15]，倒凤颠鸾百事有。我在窗儿外几曾轻咳嗽，立苍苔将绣鞋儿冰透。今日个嫩皮肤倒将粗棍抽，姐姐呵，俺这通殷勤的着甚来由？

姐姐在这里等着，我过去。说过呵，休欢喜；说不过，休烦恼。（红见夫人科）（夫人云）小贱人，为甚么不跪下！你知罪么？（红跪云）红娘不知罪。（夫人云）你故自口强哩[16]。若实说呵，饶你；若不实说呵，我直打死你这个贱人！谁着你和小姐花园里去来？（红云）不曾去，谁见来？（夫人云）欢郎见你去来，尚故自推哩。（打科）（红云）夫人休闪了手，且息怒停嗔，听红娘说。

【鬼三台】夜坐时停了针绣，共姐姐闲穷究[17]，说张生哥哥病久。咱两个背着夫人，向书房问候。（夫人云）问候呵，他说甚么？（红云）他说来，道"老夫人事已休，将恩变为仇，着小生半途喜变做忧"。他道："红娘你且先行，教小姐权时落后[18]。"

（夫人云）他是个子孩儿家，着他落后怎么！（红唱）

【秃厮儿】我则道神针法灸[19]，谁承望燕侣莺俦[20]。他两个经今月余则是一处宿，何须你一一问缘由？

【圣药王】他每不识忧，不识愁，一双心意两下投。夫人得好休，便好休，这其间何必苦追求？常言道"女大不中留[21]"。

（夫人云）这端事都是你个贱人。（红云）非是张生小姐红娘之罪，乃夫人之过也。（夫人云）这贱人倒指下我来，怎么是我之过？（红云）信者，人之根本，"人而无信，不知其可也。大车无輗，小车无軏，其何以行之哉[22]？"当日军围普救，夫人所许退军者，以女妻之。张生非慕小姐颜色，岂肯区区建退军之策[23]？兵退身安，夫人悔却前言，岂得不为失信乎？既然不肯成就其事，只合酬之以金帛，令张生舍此而去。却不当留请张生于书院，使怨女旷夫[24]，各相早晚窥视，所以夫人有此一端。目下老夫人若不息其事，一来辱没相国家谱，二来张生日后名重天下，施恩于人，忍令反受其辱哉？使至官司，老夫人亦得治家不严之罪。官司若推其详，亦知老夫人背义而忘恩，岂得为贤哉？红娘不敢自专，乞望夫人台鉴：莫若恕其小过，成就大事，㨖之以去其污[25]，岂不为长便乎？

【麻郎儿】秀才是文章魁首，姐姐是仕女班头[26]；一个通彻三教九流，一个晓尽描鸾刺绣。

【幺篇】世有[27]、便休、罢手，大恩人怎做敌头？起白马将军故友，斩飞虎叛贼草寇。

【络丝娘】不争和张解元参辰卯酉[28]，便是与崔相国出乖弄丑。到底干连着自己骨肉[29]，夫人索穷究。

（夫人云）这小贱人也道得是。我不合养了这个不肖之女[30]。待经官呵，玷辱家门。罢罢！俺家无犯法之男，再婚之女，与了这厮罢。红娘唤那贱人来！（红见旦云）且喜姐姐，那棍子则是滴溜溜在我身上，吃我直说过了。我也怕不得许多，夫人如今唤你来，待成合亲事。（旦云）羞人答答的，怎么见夫人？（红云）娘根前有甚么羞？

【小桃红】当日个月明才上柳梢头，却早人约黄昏后。羞得我脑背后将牙儿衬着衫儿袖[31]。猛凝眸，看时节则见鞋底尖儿瘦。一个恣情的不休，一个哑声儿厮耨[32]。呸！那其间可怎生不害半星儿羞？

（旦见夫人科）（夫人云）莺莺，我怎生抬举你来，今日做这等的勾当。则是我的孽障，待怨谁的是！我待经官来，辱没了你父亲，这等不是俺相国人家的勾当。罢罢罢！谁似俺养女的不长进！红娘，书房里唤将那禽兽来！（红唤末科[33]）（末云）小娘子唤小生做甚么？（红云）你的事发了也，如今夫人唤你来，将小姐配与你哩。小姐先招了也，你过去。（末云）小生徨恐，如何见老夫人？当初在谁在老夫人行说来？（红云）休佯小心，过去便了。

【小桃红】既然泄漏怎干休[34]？是我相投首[35]。俺家里陪酒陪茶倒撋就。你休愁，何须约定通媒媾？我弃了部署不收[36]，你原来"苗而不秀"[37]。

呸！你是个银样镴枪头[38]。

（末见夫人科）（夫人云）好秀才呵，岂不闻"非先王之德行不敢行"[39]。我待送你去官司里去来，恐辱没俺家谱。我如今将莺莺与你为妻，则是俺三辈儿不招白衣女婿[40]，你明日便上朝取应去[41]。我与你养着媳妇，得官呵，来见我；驳落呵[42]，休来见我。（红云）张生早则喜也。

【东原乐】相思事，一笔勾，早则展放从前眉儿皱，美爱幽欢恰动头[43]。既能够，张生，你觑兀的般可喜娘庞儿也要人消受[44]。

（夫人云）明日收拾行装，安排果酒，请长老一同送张生到十里长亭去。（旦念）寄语西河堤畔柳，安排青眼送行人[45]。（同夫人下）（红唱）

【收尾】来时节画堂箫鼓鸣春昼，列着一对儿鸾交凤友。那其间才受你说媒红[46]，方吃你谢亲酒[47]。（并下）

【注释】

①节选自《西厢记》第四本第二折。题目为编者所加。 ②倈：杂剧中的孩童角色。③向日：往日，从前。 ④红：红娘的简称。科：科范，戏剧中的动作程式。 ⑤旦：戏剧中的女演员或女性角色类型，这里指扮演莺莺的女主角。 ⑥隐秀：隐蔽、隐秘。⑦提心在口：非常担心、恐惧。 ⑧心数：心机。 ⑨㑇：通"㤘"，偏执、怪诞。 ⑩牵头：撮合男女幽会的人。 ⑪出落：指形貌改变，通常指变得俊美。 ⑫迤（yí）逗：勾引、引逗。 ⑬诉休：诉说。 ⑭犯由：罪状。 ⑮绸缪：本指紧密缠缚，此指男女欢爱。⑯故自：尚且、还，又作"尚故自"。 ⑰闲穷究：闲聊，闲谈。 ⑱权时：暂且。 ⑲神针法灸：谓医术高明。 ⑳燕侣莺俦：谓男女交欢。 ㉑女大不中留：谓闺女到了出嫁的年龄便留不住，也有留了会带来麻烦之意。 ㉒"人而无信"五句：见《论语·为政》。輗与軏分别是古代车辕与横木连接处的活销和销钉。 ㉓区区：殷勤的样子。 ㉔怨女旷夫：语出《孟子·梁惠王下》，指到了婚嫁年龄而未成婚的男女。 ㉕捫（ruán）：本指揉搓、摩弄。此指勉强迁就、顺从。 ㉖班头：领袖，头领。 ㉗世有：既然已成事实。世，既然。 ㉘不争：倘若，要是。参辰卯酉：参、辰为星名，卯、酉为清晨、傍晚的时辰，参、辰分别在清晨、傍晚出现，不可同现。此并举，指两者对立，有你没我。 ㉙干连：关系，关连。 ㉚不合：不应该。 ㉛脑背后：背过脸。牙儿衬着衫儿袖：咬住衣袖。㉜厮耨（nòu）：戏弄纠缠。 ㉝末：戏剧中的男演员或男性角色类型，这里指扮演张生的男主角。 ㉞干休：罢休，了结。 ㉟投首：投官自首。 ㊱"我弃了"句：调侃语，原指不当师傅，不收你这徒弟。此指以后不管你的事了。部署，宋代民间的武术教师，或为军中武官名。 ㊲苗而不秀：语出《论语·子罕》，谓只长叶不抽穗开花，此处谓张生虚有其表。 ㊳银样镴枪头：喻指中看不中用。镴，铅锡合金，色如银，质地软弱。 ㊴非先王之德行不敢行：语出《孝经》，谓不符合先王道德标准的事不可去做。 ㊵白衣：没有考取功名的人。 ㊶取应：应考。 ㊷驳落：落第。 ㊸幽欢：偷情苟合。 ㊹兀的：

这样、如此。可喜娘庞儿:指姑娘面容美丽,讨人爱怜。庞儿,脸庞。 ㊺青眼:据说晋阮籍有青白两种眼色,看喜欢的人用青眼。 ㊻说媒红:送给媒人的花红,即谢礼。㊼谢亲酒:宋元风俗婚后三日,男方请女方亲人及媒人酒宴,称谢亲酒。

【题解】

王实甫(生卒年不详),名德信,字实甫,大都(今北京市)人,生平事迹不详。他的主要创作活动大约在元成宗元贞、大德年间(1295—1307)。所作杂剧约十多种,现传世的除《西厢记》外,还有《丽春堂》、《破窑记》两种。元刊杂剧《西厢记》的故事虽本元稹《莺莺传》,实际上却是从金代董解元《西厢记诸宫调》脱胎而来。王实甫在前人的基础上进一步加工提高,加强了戏剧冲突,突出了人物性格,批判了封建礼教和封建婚姻制度,热情讴歌了张生和崔莺莺追求爱情自由、向往幸福生活的叛逆精神,表达了"愿天下有情人终成眷属"的进步主题。《西厢记》的曲词典雅清丽,诗情画意,"如花间美人",无论是描摹环境,还是渲染气氛,都极具感染力。另外作品在人物宾白、舞台动作的设计上也颇具神韵,均收到良好的戏剧效果。元末贾仲明在《凌波仙》中称:"新杂剧,旧传奇,《西厢记》天下夺魁。"可见其在当时已被誉为杂剧之典范。

《西厢记》全剧五本二十一折,突破了元杂剧一本四折一楔子的体制,开创了以长篇巨制表演一个完整故事的先例。"拷红"选自《西厢记》第四本第二折,是全剧最精彩的片段之一,主要情节是老夫人得知莺莺与张生发生私情后对红娘进行了拷问。面对老夫人的责难,红娘临危不惧、头脑清醒,理直气壮地道出男女两意相投而结合的正当合理,并且指责老夫人失信赖婚的过错,同时晓以"相国家声"的利害关系,使自己由被拷问者转换为审问者,逼得封建婚姻的维护者老夫人承认了崔、张二人的婚事。读罢此折,红娘那种不惧威权、正义凛然、娴于词令的形象已跃然纸上。

【思考与训练】

1. 分析本折语言雅俗相济的特点。
2. 分析红娘应对老夫人拷问时所采用的语言策略。
3. 请结合本文分析红娘这一人物形象。

(甘勇撰稿)

明清文学

创作成就与理论建树之间的不平衡，是明代诗文领域最为突出的特点。晚明许学夷在《诗源辩体》中说："古今诗赋文章代日益降，而识见议论则代日益精。"对于明代诗坛而言，这一判断大体上是适当的。明代诗学理论的发达主要体现在两个方面：一是流派纷呈，诸如前七子、后七子、唐宋派、吴中四士、公安派、竟陵派等，主要不是创作流派，而是理论流派。二是提出了若干重要的理论命题，诸如"真诗乃在民间"、"独抒性灵、不拘格套"、"诗，清物也"、"神韵"等。所以朱东润说："大胆的批评精神，至明代始见卓越，在号称复古之四子中为尤甚。常人持论，对明代每加菲薄，倘就文学批评之观点论之，不能不为之惊异也。"

明代俗文学的地位有了显著的提高。在传统文学观念中，诗文等雅文学是"正宗"，而小说、戏曲等俗文学只是"小道"。明人则从理论上肯定了俗文学的价值。从李梦阳赞扬民歌开始，到嘉靖以后李贽、袁宏道、汤显祖、冯梦龙等，都为俗文学大声疾呼。李贽把《西厢记》、《水浒传》称作"古今至文"，袁宏道将词、曲、小说与《庄》、《骚》、《史》、《汉》并提，称《水浒传》、《金瓶梅》为"逸典"，冯梦龙认为小说的感染力比《论语》、《孝经》"捷且深"。这些言论对俗文学的繁荣起了巨大的促进作用。

在各类通俗文学中，小说的成就最为显著。"四大奇书"是明代长篇小说的代表，它们奠定了历史小说、侠义小说、神魔小说和世情小说的主要流派风格。《三国志演义》以《三国志》或《资治通鉴》为蓝本，吸收民间文艺的成果，由罗贯中于元末明初写定，今通行的一百二十回本为清初毛宗岗所定。此书以东汉末年群雄割据，三国鼎立，司马氏统一天下的历史进程为主要内容，塑造了曹操、诸葛亮、关羽等典型形象，并通过"尊刘抑曹"表现出道德化的民间倾向。《水浒传》或题施耐庵著，或题施耐庵、罗贯中合著，是一部由宋代说话中的"小说"，中经"讲史"发展而来的长篇，换句话说，《水浒传》是一部以"讲史"为框架、汇集"小说"话本而创作出来的作品，因而其题旨意蕴比《三国演义》更为复杂。《西游记》从《大唐三藏取经诗话》发展而来，与佛教和佛经具有密切的联系，因而具有明显的象征意味。它与佛教的心性修养的理论多有相通之处，西行途中的种种妖魔，皆可以视为人内心的种种纷扰的象征。同时，一味强调它的心性修养的宗旨，也会有过于拘泥，过于烦琐之弊，它的游戏趣味，它与笑话文学的联系，也是我们在解读这部小说时需要考虑的。《金瓶梅》从《水浒传》演化而来，但其主角不再是英雄豪侠，而是市井浪子西门庆。它具有鲜明的说教风格，认为西门庆不可能有圆满的收场，读者也不该效法西门庆，而应从其咎由自取的经历中吸取教训,同时又以极大的兴趣描写西门庆的放纵生活,表现出不加掩饰的欣赏之情。正是对市井生活的热烈关注,使得此书成为世情小说的代表作品。

明代短篇白话小说在宋元话本小说的基础上也有很大的发展,尤其是"三言"(《喻世明言》、《警世通言》、《醒世恒言》)、"二拍"(《初刻拍案惊奇》、《二刻拍案惊奇》)的出现,标志着古代白话短篇小说整理和创作高潮的到来。在其影响之下,明末清初的白话短篇小说的创作呈现出一派欣欣向荣的景象。

明代传奇源于南戏。明初的传奇作品具有浓厚的伦理教化意味,成就不高。嘉靖以后传奇创作大盛,出现了李开先的《宝剑记》、传为王世贞(一说其门人)作的《鸣凤记》、梁辰鱼的《浣纱记》三部重要作品。万历期间,传奇创作进入高潮,形式也更加丰富,著名的作品有高濂的《玉簪记》、周朝俊的《红梅记》等。吴江的沈璟、临川的汤显祖是这一时期最重要的剧作家。以沈璟为首的吴江派,创作重视音律,强调戏曲语言本色,维护昆腔的地位。以汤显祖为首的临川派,接受海盐腔、弋阳腔等"杂调"影响,强调"自然",较少受曲律束缚。汤显祖的《牡丹亭》代表了明代传奇的最高成就。

清代文学具有集大成的性质,对此郭绍虞在《中国文学批评史·绪论》中有非常精辟的概括:"就拿文学来讲,周秦以子称,楚人以骚称,汉人以赋称,魏晋六朝以骈文称,唐人以诗称,宋人以词称,元人以曲称,明人以小说、戏曲或制艺称,至于清代的文学则于上述各种中间,或于上述各种以外,没有一种比较特殊的足以称为清代的文学,却也没有一种不成为清代的文学。盖由清代文学而言,也是包罗万象兼有以前各代的特点的。"

清代诗人数量之多,超过以往各朝;清代诗人创作之富,也是历代诗人无法相比的。清代诗歌在艺术上兼学唐、宋,不断追求创新,改变了元明以来的颓势,出现了新的繁荣。清初诗坛最富有时代精神的遗民诗人的作品,以顾炎武、黄宗羲、王夫之、吴嘉纪、屈大均、杜濬、钱澄之、归庄等最为著名。此外又有钱谦益、吴伟业和龚鼎孳,人称"江左三大家"。其中钱谦益和吴伟业均为诗坛盟主,钱宗宋诗,吴尊唐调,各立门户,影响很大。康熙、雍正年间,王士祯论诗以神韵为宗,要求诗歌具有含蓄深蕴、言尽意不尽的特点,开创"神韵派"。其后乾隆年间沈德潜论诗以儒家诗教为本,倡导格调说,尊唐抑宋,认为"诗贵性情,亦贵诗法",鼓吹"温柔敦厚,斯为极则",要求诗歌创作"一归于中正和平",是为"格调派"。与沈同时的袁枚论诗崇尚性灵,提倡直抒怀抱,讲求"作诗不可无我",认为"诗有情而后真",成为"性灵派"的中坚。道光以后,宗宋之风成为诗坛主流,从道光、咸丰年间的宋诗运动发展到同治以后的同光体。而与这一主流诗派步调不一的有以龚自珍、魏源为代表的启蒙诗人,以梁启超、黄遵宪为代表的新派诗人。

清代的散文和骈文,流派众多,并存在着明显的阶段性。顺治、康熙、雍正三朝主要是扭转晚明的文风,重回唐宋古文的传统,骈文则酝酿中兴;乾隆、嘉庆两朝是桐城派崛起并控制文坛的时期,与官方意识形态适应的古文体式得以确立,骈文则出现中兴的高潮;道光以后骈文亦有发展,但声势不如以前;桐城派散文也在走下坡路并出现了分化,其间也有短暂的中兴;随着维新运动的兴起和报刊的大量出现,散文文体特征发生了巨大的变化,文坛出现了错综复杂的局面。

词在清代也出现了"中兴"。前期主要有以陈维崧为首的"阳羡词派",朱彝尊为首的"浙西词派"和独树一帜的满族词人纳兰性德。浙派词的势力从清初一直延伸到清中叶,厉鹗、朱彝尊是其中坚。嘉庆年间,张惠言以治经方式说词,别树一帜,创"常州词派"。道光以后,常州派继续主盟词坛,阳羡派、浙西派仍有余响。追随纳兰的词人,亦颇有声势。而晚清一些词人以词抒写新的时代精神,开拓了词的表现领域。

清代的小说戏曲成就很高。蒲松龄的《聊斋志异》和纪昀的《阅微草堂笔记》是文言小说的代表作品。前者是"文人之笔","用传奇法,而以志怪"。后者是"著书者之笔","雍容淡雅,天趣盎然"(鲁迅《中国小说史略》)。长篇小说中,吴敬梓的《儒林外史》以儒林文士为主要人物,以对待功名富贵和文行出处的态度为中心,建构起一个中心对称的基本结构框架,正反两类人物分居对称的两侧,形成了鲜明的对比,其讽刺笔法尤为出色。其后的谴责小说秉承其风格,成就却等而下之。曹雪芹的《红楼梦》则以极为丰富的内涵,成为清代小说乃至古代小说的巅峰之作。清代戏曲具有明显的案头化倾向,洪昇的《长生殿》和孔尚任的《桃花扇》是其中最优秀的作品。

明清文学经典作品选目:

罗贯中:《三国演义》

罗贯中、施耐庵:《水浒传》

吴承恩:《西游记》

兰陵笑笑生:《金瓶梅》

冯梦龙编著:《喻世明言》、《警世通言》、《醒世恒言》

凌濛初编著:《初刻拍案惊奇》、《二刻拍案惊奇》

汤显祖:《牡丹亭》
孔尚任:《桃花扇》
蒲松龄:《聊斋志异》
纪　昀:《阅微草堂笔记》
吴敬梓:《儒林外史》
曹雪芹:《红楼梦》
金性尧选注:《明诗三百首》
钱仲联、钱学增选注:《清诗三百首》
龙榆生编选:《近三百年名家词选》

（鲁小俊撰稿）

兰陵笑笑生

潘金莲之死

(《金瓶梅》)

按下一头。单表武松自从垫发[①]孟州牢城充军之后,多亏小管营施恩看顾。次后,施恩与蒋门神争夺快活林酒店,被蒋门神打伤,央武松出力,反打了蒋门神一顿。不想蒋门神妹子玉兰,嫁与张都监为妾,赚武松去,假捏贼情,将武松拷打,转又发安平寨充军。这武松走到飞云浦,又杀了两个公人,复回身杀了张都监、蒋门神全家老小,逃躲在施恩家。施恩写了一封书,皮箱内封了一百两银子,教武松到安平寨与知寨刘高,教看顾他。不想路上听见太子立东宫,放郊天大赦,武松就遇赦回家,到清河县下了文书,依旧在县当差,还做都头[②]。来到家中,寻见上邻姚一郎,交付迎儿[③]。那时迎儿已长大十九岁了,收揽来家,一处居住。就有人告他说:"西门庆已死,你嫂子又出来了,如今还在王婆家,早晚嫁人。"这汉子扣了,旧仇在心。正是:

踏破铁鞋无觅处,得来全不费工夫。[④]

次日,理帻[⑤]穿衣,径走过间壁王婆门首。金莲正在帘下站着,见武松来,连忙闪入里间去。武松掀开帘子便问:"王妈妈在家?"那婆子正在磨上扫面,连忙出来应道:"是谁叫老身?"见是武松,道了万福。武松深深唱喏[⑥]。婆子道:"武二哥,且喜,几时回家来了?"武松道:"遇赦回家,昨日才到。一向多累妈妈看家,改日相谢。"婆子笑嘻嘻道:"武二哥比旧时保养,胡子楂儿也有了,且是好身量,在外边又学得这般知礼。"一面请他上坐,点茶吃了。武松道:"我有一桩事和妈妈说。"婆子道:"有甚事?武二哥只顾说。"武松道:"我闻的人说,西门庆已是死了,我嫂子出来,在你老人家这里居住。敢烦妈妈对嫂子说,他若不嫁人便罢,若是嫁人,如是迎儿大了,娶得嫂子家去,看管迎儿,早晚招个女婿,一家一计过日子,庶不教人笑话。"婆子初时还不吐口儿[⑦],便道:"他在便在我这里,倒不知嫁人不嫁人。"次后听见说谢他,便道:"等我慢慢和他说。"

那妇人在帘内听见武松言语,要娶他看管迎儿,又见武松在外出落得长大身材,胖了,比昔时又会说话儿,旧心不改,心下暗道:"我这段姻缘还落在他手里。"就等不得王婆叫他,自己出来,向武松道了万福,说道:"既是叔叔还要奴家去看管迎儿,招女婿成家,可知好哩。"王婆道:"我一件,只如今他家大娘子，要一百两银子才嫁人。”武松道：“如何要这许多？”王婆道：“西门大官人，当初为他使了许多，就打恁个银人儿也勾了。”武松道：“不打紧，我既要请嫂嫂家去，就使一百两也罢。另外破五两银子，与你老人家。”这婆子听见，喜欢的屁滚尿流，没口说道：“还是武二哥知礼，这几年江湖上见的事多，真是好汉。”妇人听了此言，走到屋里，又浓浓点了一钟瓜仁泡茶，双手递与武松吃了。婆子问道：“如今他家要发脱[8]的紧，又有三四个官户人家争着娶，都回阻了，价钱不兑。你这银子，作速些便好。常言先下米先吃饭，千里姻缘着线牵，休要落在别人手内。”妇人道：“既要娶奴家，叔叔上紧些。”武松便道：“明日就来兑银子，晚夕请嫂嫂过去。”那王婆还不信武松有这些银子，胡乱答应去了。

到次日，武松打开皮箱，拿出施恩与知寨刘高那一百两银子来，又另外包了五两碎银子，走到王婆家，拿天平兑起来。那婆子看见白晃晃摆了一桌银子，口中不言，心内暗道：“虽是陈敬济许下一百两，上东京去取，不知几时到来。仰着合着，我见钟不打，去打铸钟？”又见五两谢他，连忙收了。拜了又拜，说道：“还是武二哥知人甘苦。”武松道：“妈妈收了银子，今日就请嫂嫂过门。”婆子道：“武二哥，且是好急性。门背后放花儿，你等不到晚了？也待我往他大娘[9]那里交了银子，才打发他过去。”又道：“你今日帽儿光光[10]，晚夕做个新郎。”那武松紧着心中不自在，那婆子不知好歹，又奚落他。打发武松出门，自己寻思：“他家大娘只叫我发脱，又没和我断定价钱，我今胡乱与他一二十两银子就是了，绑着鬼也落他一半多养家。”就把银凿下二十两银子，往月娘家里交割明白。月娘问：“甚么人家娶去了？”王婆道：“兔儿沿山跑，还来归旧窝。嫁了他家小叔，还吃旧锅里粥去了。”月娘听了，暗中跌脚，常言“仇人见仇人，分外眼睛明”，与孟玉楼说：“往后死在他小叔子手里罢了。那汉子杀人不眨眼，岂肯干休！”

不说月娘家中叹息，却表王婆交了银子到家，下午时，教王潮先把妇人箱笼桌儿送过去。这武松在家中又早收拾停当，打下酒肉，安排下菜蔬。晚上婆子领妇人过门，换了孝，带着新鬏髻，身穿红衣服，搭着盖头。进门来，见明间内明亮亮点着灯烛，重立武大灵牌供养在上面，先有些疑忌，由不的发似人揪，肉如钩搭。进入门来，到房中，武松分付迎儿把前门上了拴，后门也顶了。王婆见了，说道：“武二哥，我去罢，家里没人。”武松道：“妈妈请进房里吃盏酒。”武松教迎儿拿菜蔬摆在桌上，须臾烫上酒来，请妇人和王婆吃酒。那武松也不让，把酒斟上，一连吃了四五碗酒。婆子见他吃得恶，便道：“武二哥，老身酒够了，放我去，你两口儿自在吃罢。”武松道：“妈妈，且休得胡说！我武二有句话问你！”只闻飕的一声响，向衣底掣出一把二尺长刃薄背厚的朴刀[11]来，一只手笼着刀靶，一只手按住掩心，便睁圆怪眼，倒竖刚须，说道：“婆子休得吃惊！自古冤有头，债有主，休推睡里梦里。我哥哥性命都在你身上！”婆子道：“武二哥，夜晚了，酒醉拿刀弄杖，不是要处。”武松道：“婆子休胡说，我武二就死也不怕！等我问了这淫妇，慢慢来问你这老猪狗！若动一动步儿，先吃我五七刀子。”一面回过脸来，看着妇人骂道：“你这淫妇听着！我的哥哥怎生谋害了？从实说来，我便饶你。”那妇人道：“叔叔如何冷锅中豆儿炮？好没道理！你哥哥自害心疼病死了，干我甚事？”说由未了，武松把刀子忔楂的插在桌子上，用左手揪住妇人云髻，右手匹胸提住，把桌子一脚踢番，碟儿盏儿都打得粉碎。那妇人能有多大气脉，被这汉子隔桌子轻轻提将起来，拖出外间灵桌子前。那婆子见势头不好，便去奔前门走，前门又上了栓。被武松大叉步赶上，揪番在地，用腰间缠带解下来，四手四脚捆住，如猿猴献果[12]一般，便脱身不得，口中只叫：“都头不消动意，大娘子自做出来，不干我事。”武松道：“老猪狗，我都知道了，你赖那个？你教西门庆那厮垫发我充军去，今日我怎生又回家了！西门庆那厮却在那里？你不说时，先剐了这个淫妇，后杀你这老猪狗！”提起刀来，便望那妇人脸上撇了两撇。

妇人慌忙叫道：“叔叔且饶，放我起来，等我说便了。”武松一提，提起那婆娘，旋剥净了，跪在灵桌子前。武松喝道：“淫妇快说！”那妇人唬得魂不附体，只得从实招说，将那时收帘子打了西门庆起，并做衣裳入马[13]通奸，后怎的踢伤武大心窝，王婆怎地教唆下毒，拨置烧化，又怎的娶到家去，一五一十，从头至尾，说了一遍。王婆听见，只是暗中叫苦，说：“傻才料，你实说了，却教老身怎的支吾。”这武松一面就灵前一手揪着妇人，一手浇奠了酒，把纸钱点着，说道：“哥哥，你阴魂不远，今日武松与你报仇雪恨。”那妇人见势头不好，才待大叫。被武松向炉内挝了一把香灰，塞在他口，就叫不出来了。然后劈脑揪番在地。那妇人挣扎，把鬏髻簪环都滚落了。武松恐怕他挣扎，先用油靴只顾踢他肋肢，后用两只手去摊开他胸脯。说时迟，那时快，把刀子去妇人白馥馥心窝内只一剜，剜了个血窟窿，那鲜血就冒出来。那妇人就星眸半闪，两只脚只顾登踏。武松口噙着刀子，双手去斡开他胸脯，扎乞的一声，把心肝五脏生扯下来，血沥沥供养在灵前。后方一刀割下头来，血流满地。迎儿小女在旁看见，唬的只掩了脸。武松这汉子，端的好狠也！可怜这妇人，正是三寸气在千般用，一日无常万事休。亡年三十二岁。但见：

手到处青春丧命，刀落时红粉亡身。七魄悠悠，已赴森罗殿上；三魂渺渺，应归枉死城中。好似初春大雪压折金钱柳，腊月狂风吹折玉梅花。这妇人娇媚不知归何处，芳魂今夜落谁家？

古人有诗一首，单悼金莲死的好苦也：

堪悼金莲诚可怜，衣裳脱去跪灵前。
谁知武二持刀杀，只道西门绑腿顽[14]。
往事看嗟一场梦，今身不值半文钱。
世间一命还一命，报应分明在眼前。

武松杀了妇人，那婆子便叫："杀人了！"武松听见他叫，向前一刀，也割下头来。拖过尸首。一边将妇人心肝五脏，用刀插在后楼房檐下。

那时有初更时分，倒扣迎儿在屋里。迎儿道："叔叔，我害怕！"武松道："孩儿，我顾不得你了。"武松跳过王婆家来，还要杀他儿子王潮。不想王潮合当不该死，听见他娘这边叫，就知武松行凶，推前门不开，叫后门也不应，慌的走去街上叫保甲。那两邻明知武松凶恶，谁敢向前。武松跳过墙来，到王婆房内，只见点着灯，房内一人也没有。一面打开王婆箱笼，就把他衣服撇了一地。那一百两银子止交与吴月娘二十两，还剩了八十五两，并些钗环首饰，武松都包裹了。提了朴刀，越后墙，赶五更挨出城门，投十字坡张青夫妇那里躲住，做了头陀[15]，上梁山为盗去了。正是：

平生不作绉眉事，世上应无切齿人。

【注释】

①垫发：发配。 ②这里简短的交待，出自《水浒传》第二十八、二十九、三十、三十一回。张竹坡第一奇书批评本夹批云："一路将《水浒》接入。" ③关于迎儿，《金瓶梅》第一回有交待："且说武大无甚生意，终日挑担子出去街上卖炊饼度日，不幸把浑家故了，丢下个女孩儿，年方十二岁，名唤迎儿，爷儿两个过活。" ④语出南宋夏元鼎《绝句》："崆峒访道至湘湖，万卷诗书看转愚。踏破铁鞋无觅处，得来全不费工夫。" ⑤帻：头巾。 ⑥唱喏：站立礼，或躬身或直立，两手抱拳作揖。 ⑦吐口儿：相当于"露口风"。 ⑧发脱：脱手，卖出。 ⑨指西门庆的正室吴月娘。 ⑩帽儿光光：亦作"帽儿光"、"帽光光"，为宋元明时期民间赞贺新郎衣帽整洁的谐谑语，亦用作做新郎的隐语。 ⑪朴(pō)刀：刀身窄长、刀柄较短的刀，双手使用。 ⑫猿猴献果：唐代酷吏所制立枷的名称。明沈德符《万历野获编》卷十八《刑部·立枷》："三木囊头，自古有之，盖如桎梏示辱耳。至唐酷吏，始有凤凰晒翅、猿猴献果诸名，亦用以一时拷讯耳。" ⑬入马：勾搭得手。旧医书称女阴为马眼，故名。 ⑭绑腿顽：参见《金瓶梅》第二十七回大闹葡萄架一事。此诗将武松杀潘金莲的动作与西门庆、潘金莲的性爱姿势联系起来，极

具讽谑意味。 ⑮头陀：僧人。

【题解】

本文选自《金瓶梅》第八十七回《王婆子贪财忘祸 武都头杀嫂祭兄》。

《金瓶梅》约成书于明万历前中期，当时的著名文人董其昌、袁宏道等看到过它的抄本。至万历四十五年(1617)始以《新刻金瓶梅词话》为名刊行，世称"词话本"或"万历本"。崇祯年间，又有人对《金瓶梅》进行修改润饰，增加评点和图像，刊行《新刻绣像批评金瓶梅》，世称"绣像本"或"崇祯本"。这是《金瓶梅》的两大版本系统。清代著名的《张竹坡批评金瓶梅第一奇书》系以"绣像本"为底本，今有齐鲁书社1991年出版的排印删节本；人民文学出版社1985年出版的《金瓶梅词话》，为"词话本"的排印删节本。本文选自齐鲁书社本。

《金瓶梅》的作者究系何人，为一大悬案。《金瓶梅词话》卷首序称"兰陵笑笑生作"，万历间人有"嘉靖间大名士"、"绍兴老儒"诸说，后世学者有王世贞、屠隆、汤显祖、贾三近、李开先、王稚登等说法，迄无定论。关于《金瓶梅》的成书方式，一般认为它与《三国志演义》、《水浒传》、《西游记》不同，是中国小说史上第一部文人独立创作的长篇小说。但也有不少学者认为它和其他三部"奇书"一样，也是世代累积型作品。

《金瓶梅》自《水浒传》"武松杀嫂"一节演化而来，但改动很大。在《水浒传》中，西门庆出场不久即为武松所杀，而在《金瓶梅》中，武松找西门庆报仇，却误杀他人，被发配充军。西门庆侥幸逃脱，直到第七十九回纵欲身亡，《金瓶梅》以足够的篇幅重写了西门庆的人生历程。潘金莲的命运，也不是《水浒传》中所写的那样很快被杀，而是嫁给西门庆，成为第五房，开始了与以李瓶儿为主的其他妻妾争宠妒恨的日常生活。直到西门庆死后，武松遇赦回来，才被杀死。

在《水浒传》中，武松手刃潘金莲、斗杀西门庆，与景阳冈打虎之事，共同呈现了一个"天人"(金圣叹语)般的英雄形象；而在《金瓶梅》中，武松未能杀掉西门庆，杀嫂的场景又极具血腥味，连小说作者都忍不住插入一句："武松这汉子，端的好狠也！"至于亲侄女迎儿此后的生活和前途，这位叔叔是不放在心上的。《金瓶梅》以普通人的立场，将武松置于伦理责任的背景之下，消解了《水浒传》构建的英雄话语。与此同时，潘金莲固为"淫妇"，竟然这样与自己心爱的男人度过了新婚之夜，诚如绣像本眉批所云："读至此不敢生悲，不忍称快，然而心实恻恻难言哉！"诚如清人张潮所言："《金瓶梅》是一部哀书。”

【思考与训练】

1. 试比较《水浒传》与《金瓶梅》中的武松形象。

2. 你如何看待潘金莲的命运?

（鲁小俊撰稿）

冯梦龙

卖油郎独占花魁(节选)

（《醒世恒言》）

再说秦重到了王九妈家多次,家中大大小小,没一个不认得是秦卖油。时光迅速,不觉一年有余。日大日小,只拣足色细丝,或积三分,或积二分,再少也积下一分,凑得几钱,又打换大块头。日积月累,有了一大包银子,零星凑集,连自己也不知多少。

其日是单日,又值大雨,秦重不出去做买卖,积了这一大包银子,心中也自喜欢:“趁今日空闲,我把他上一上天平,见个数目。”打个油伞,走到对门倾银铺里,借天平兑银。那银匠好不轻薄,想着:“卖油的多少银子,要架天平?只把个五两头等子与他[①],还怕用不着头纽哩[②]。”秦重把银包子解开,都是散碎银两。大凡成锭的见少,散碎的就见多。银匠是小辈,眼孔极浅,见了许多银子,别是一番面目,想道:“人不可貌相,海水不可斗量。”慌忙架起天平,搬出若大若小许多法马。秦重尽包而兑,一厘不多,一厘不少,刚刚一十六两之数,上秤便是一斤。秦重心下想道:“除去了三两本钱,余下的做一夜花柳之费,还是有余。”又想道:“这样散碎银子,怎好出手!拿出来也被人看低了!见成倾银店中方便,何不倾成锭儿,还觉冠冕。”当下兑足十两,倾成一个足色大锭,再把一两八钱,倾成水丝一小锭。剩下四两二钱之数,拈一小块,还了火钱,又将几钱银子,置下镶鞋净袜,新褶了一顶万字头巾。回到家中,把衣服浆洗得干干净净,买几根安息香,薰了又薰。拣个晴明好日,侵早打扮起来。

虽非富贵豪华客,也是风流好后生。

秦重打扮得齐齐整整，取银两藏于袖中，把房门锁了，一径望王九妈家而来。那一时好不高兴。及至到了门首，愧心复萌，想道："时常挑了担子在他家卖油，今日忽地去做嫖客，如何开口？"正在踌躇之际，只听得呀的一声门响，王九妈走将出来，见了秦重，便道："秦小官今日怎的不做生意，打扮得恁般济楚[3]，往哪里去贵干？"

事到其间，秦重只得老着脸，上前作揖。妈妈也不免还礼。秦重道："小可并无别事[4]，专来拜望妈妈。"那鸨儿是老积年，见貌辨色，见秦重恁般装束，又说拜望，"一定是看上了我家哪个丫头，要嫖一夜，或是会一个房。虽然不是个大势主菩萨，搭在篮里便是菜，捉在篮里便是蟹，赚他钱把银子买葱菜，也是好的"。便满脸堆下笑来，道："秦小官拜望老身，必有好处。"秦重道："小可有句不识进退的言语，只是不好启齿。"王九妈道："但说何妨，且请到里面客座里细讲。"秦重为卖油虽曾到王家整百次，这客座里交椅，还不曾与他屁股做个相识，今日是个会面之始。

王九妈到了客座，不免分宾而坐，对着内里唤茶。少顷，丫鬟托出茶来，看时，却是秦卖油。正不知什么缘故，妈妈恁般相待，格格低了头只是笑。王九妈看见，喝道："有甚好笑！对客全没些规矩！"丫鬟止住笑，放了茶杯自去。王九妈方才开言问道："秦小官有甚话，要对老身说？"秦重道："没有别话，要在妈妈宅上请一位姐姐吃一杯酒儿。"九妈道："难道吃寡酒？一定要嫖了。你是个老实人，几时动这风流之兴？"秦重道："小可的积诚，也非止一日。"九妈道："我家这几个姐姐，都是你认得的，不知你中意哪一位？"秦重道："别个都不要，单单要与花魁娘子相处一宵。"九妈只道取笑他，就变了脸道："你出言无度！莫非奚落老娘么？"秦重道："小可是个老实人，岂有虚情？"九妈道："粪桶也有两个耳朵，你岂不晓得我家美儿的身价！倒了你卖油的灶，还不够半夜歇钱哩，不如将就拣一个适兴罢。"秦重把颈一缩，舌头一伸，道："恁的好卖弄！不敢动问，你家花魁娘子一夜歇钱要几千两？"九妈见他说耍话，却又回嗔作喜，带笑而言道："哪要许多！只要得十两敲丝[5]。其他东道杂费，不在其内。"秦重道："原来如此，不为大事。"袖中摸出这秃秃里一大锭放光细丝银子，递与鸨儿道："这一锭十两重，足色足数，请妈妈收着。"又摸出一小锭来，也递与鸨儿，又道："这一小锭，重有二两，相烦备个小东。望妈妈成就小可这件好事，生死不忘，日后再有孝顺。"九妈见了这锭大银，已自不忍释手，又恐怕他一时高兴，日后没了本钱，心中懊悔，也要尽他一句才好。便道："这十两银子，做经纪的人，积趱不易，还要三思而行。"秦重道："小可主意已定，不要你老人家费心。"

九妈把这两锭银子收于袖中，道："是便是了，还有许多烦难哩。"秦重道："妈妈是一家之主，有甚烦难？"九妈道："我家美儿，往来的都是王孙公子，富室豪家，真个是'谈笑有鸿儒，往来无白丁'。他岂不认得你是做经纪的秦小官，如何肯接你？"秦重道："但凭妈妈怎的委曲宛转，成全其事，大恩不敢有忘！"九妈见他十分坚心，眉头一皱，计上心来，扯开笑口道："老身已替你排下计策，只看你缘法如何。做得成，不要喜；做不成，不要怪。美儿昨日在李学士家陪酒，还未曾回；今日是黄衙内约下游湖；明日是张山人一班清客，邀他做诗社；后日是韩尚书的公子，数日前送下东道在这里。你且到大后日来看。还有句话，这几日你且不要来我家卖油，预先留下个体面。又有句话，你穿着一身的布衣布裳，不像个上等嫖客，再来时，换件绸缎衣服，教这些丫鬟们认不出你是秦小官。老娘也好与你装谎。"秦重道："小可一一理会得。"说罢，作别出门，且歇这三日生理，不去卖油，到典铺里买了一件见成半新半旧的绸衣，穿在身上，到街坊闲走，演习斯文模样。正是：

未识花院行藏，先习孔门规矩。

丢过那三日不题。到第四日，起个清早，便到王九妈家去。去得太早，门还未开，意欲转一转再来。这番装扮希奇，不敢到昭庆寺去，死怕和尚们批点，且十景塘散步。良久又踅转去[⑥]，王九妈家门已开了。那门前却安顿得有轿马，门内有许多仆从，在那里闲坐。秦重虽然老实，心下到也乖巧，且不进门，悄悄的招那马夫问道："这轿马是谁家的？"马夫道："韩府里来接公子的。"秦重已知韩公子夜来留宿，此时还未曾别，重复转身，到一个饭店之中，吃了些见成茶饭，又坐了一回，方才到王家探信。

只见门前轿马已自去了。进得门时，王九妈迎着，便道："老身得罪，今日又不得工夫了。恰才韩公子拉去东庄赏早梅。他是个长嫖，老身不好违拗。闻得说来日还要到灵隐寺，访个棋师赌棋哩。齐衙内又来约过两三次了。这是我家房主，又是辞不得的。他来时，或三日五日的住了去，连老身也定不得个日子。秦小官，你真个要嫖，只索耐心再等几日。不然，前日的尊赐，分毫不动，要便奉还。"秦重道："只怕妈妈不作成。若还迟，终无失，就是一万年，小可也情愿等着。"九妈道："恁地时，老身便好张主！"秦重作别，方欲起身，九妈又道："秦小官人，老身还有句话。你下次若来讨信，不要早了。约莫申牌时分，有客没客，老身把个实信与你。倒是越晏些越好[⑦]。这是老身的妙用，你休错怪。"秦重连声道："不敢，不敢！"这一日秦重不曾做买卖。次日，整理油担，挑往别处去生理，不走钱塘门一路。每日生意做完，傍晚时分就打扮齐整，到王九妈家探信，只是不得功夫。又空走了一月有余。那一日是十二月十五，大雪方霁，西风过后，积雪成冰，好不寒冷，却喜地下干燥。秦重做了大半日买卖，如前妆扮，又去探信。王九妈笑容可掬，迎着道："今日你造化，已是九分九厘了。"秦重道："这一厘是欠着甚么？"九妈道："这一厘么？正主儿还不在家。"秦重道："可回来么？"九妈道："今日是俞太尉家赏雪，筵席就备在湖船之内。俞太尉是七十岁的老人家，风月之事，已是没分。原说过黄昏送来。你且到新人房里，吃杯烫风酒，慢慢的等他。"秦重道："烦妈妈引路。"王九妈引着秦重，弯弯曲曲，走过许多房头，到一个所在，不是楼房，却是个平屋三间，甚是高爽。左一间是丫鬟的空房，一般有床榻桌椅之类，却是备官铺的；右一间是花魁娘子卧室，锁着在那里。两旁又有耳房。中间客座上面，挂一幅名人山水，香几上博山古铜炉，烧着龙涎香饼，两旁书桌，摆设些古玩，壁上贴许多诗稿。秦重愧非文人，不敢细看。心下想道："外房如此整齐，内室铺陈，必然华丽。今夜尽我受用，十两一夜，也不为多。"九妈让秦小官坐于客位，自己主位相陪。少顷之间，丫鬟掌灯过来，抬下一张八仙桌儿，六碗时新果子，一架攒盒佳肴，美酝未曾到口[8]，香气扑人。九妈执盏相劝道："今日众小女都有客，老身只得自陪，请开怀畅饮几杯。"秦重酒量本不高，况兼正事在心，只吃半杯。吃了一会，便推不饮。九妈道："秦小官想饿了，且用些饭再吃酒。"丫鬟捧着雪花白米饭，一吃一添，放于秦重面前，就是一盏杂和汤。鸨儿量高，不用饭，以酒相陪。秦重吃了一碗，就放箸。九妈道："夜长哩，再请些。"秦重又添了半碗。丫鬟提个行灯来说："浴汤热了，请客官洗浴。"秦重原是洗过澡来的，不敢推托，只得又到浴堂，肥皂香汤，洗了一遍，重复穿衣入坐。九妈命撤去肴盒，用暖锅下酒。此时黄昏已晚，昭庆寺里的钟都撞过了，美娘尚未回来。

玉人何处贪欢耍？等得情郎望眼穿。

常言道："等人心急。"秦重不见婊子回家，好生气闷。却被鸨儿夹七夹八，说些风话劝酒，不觉又过了一更天气。只听外面热闹闹的，却是花魁娘子回家，丫鬟先来报了。九妈连忙起身出迎，秦重也离坐而立。只见美娘吃得大醉，侍女扶将进来，到于门首，醉眼蒙胧。看见房中灯烛辉煌，杯盘狼藉，立住脚问道："谁在这里吃酒？"九娘道："我儿，便是我向日与你说的那秦小官人。他心中慕你，多时的送过礼来。因你不得工夫，担搁他一月有余了。你今日幸而得空，做娘的留他在此伴你。"美娘道："临安郡中，并不闻说起有甚么秦小官人，我不去接他。”转身便走。九妈双手托开，即忙拦住道：“他是个至诚好人，娘不误你。”美娘只得转身，才跨进房门，抬头一看那人，有些面善，一时醉了，急切叫不出来，便道：“娘，这个人我认得他的，不是有名称的子弟，接了他，被人笑话。”九妈道：“我儿，这是涌金门内开缎铺的秦小官人。当初我们住在涌金门时，想你也曾会过，故此面善。你莫识认错了。做娘的见他来意志诚，一时许了他，不好失信。你看做娘的面上，胡乱留他一晚。做娘的晓得不是了，明日却与你陪礼。”一头说，一头推着美娘的肩头向前。美娘拗妈妈不过，只得进房相见。正是：

千般难出虔婆口[⑨]，万般难脱虔婆手。
饶君纵有万千般[⑩]，不如跟着虔婆走。

这些言语，秦重一句句都听得，佯为不闻。美娘万福过了，坐于侧首，仔细看着秦重，好生疑惑，心里甚是不悦，嘿嘿无言。唤丫鬟将热酒来，斟着大钟[⑪]。鸨儿只道他敬客，却自家一饮而尽。九妈道：“我儿醉了，少吃些么！”美儿那里依他，答应道：“我不醉！”一连吃上十来杯。这是酒后之酒，醉中之醉，自觉立脚不住。唤丫鬟开了卧房，点上银缸，也不卸头，也不解带，躧脱了绣鞋[⑫]，和衣上床，倒身而卧。鸨儿见女儿如此做作，甚不过意，对秦重道：“小女平日惯了，他专会使性。今日他心中不知为甚么有些不自在，却不干你事，休得见怪！”秦重道：“小可岂敢！”鸨儿又劝了秦重几杯酒，秦重再三告止。鸨儿送入房，向耳傍吩咐道：“那人醉了，放温存些。”又叫道：“我儿起来，脱了衣服，好好的睡。”美娘已在梦中，全不答应。鸨身只得去了。

丫鬟收拾了杯盘之类，抹了桌子，叫声：“秦小官人，安置罢。”秦重道：“有热茶要一壶。”丫鬟泡了一壶浓茶，送进房里，带转房门，自去耳房中安歇。秦重看美娘时，面对里床，睡得正熟，把锦被压于身下。秦重想酒醉之人，必然怕冷，又不敢惊醒他。忽见栏杆上又放着一床大红纻丝的锦被，轻轻的取下，盖在美娘身上，把银灯挑得亮亮的，取了这壶热茶，脱鞋上床，捱在美娘身边，左手抱着茶壶在怀，右手搭在美娘身上，眼也不敢闭一闭。正是：

未曾握雨携云，也算偎香倚玉。

却说美娘睡到半夜，醒将转来，自觉酒力不胜，胸中似有满溢之状。爬起来，坐在被窝中，垂着头，只管打干哕[⑬]。秦重慌忙也坐起来，知他要吐，放下茶壶，用手抚摩其背。良久，美娘喉间忍不住了，说时迟，那时快，美娘放开喉咙便吐。秦重怕污了被窝，把自己的道袍袖子张开，罩在他嘴上。美娘不知所以，尽情一呕，呕毕，还闭着眼，讨茶嗽口。秦重下床，将道袍轻轻脱下，放在地平之上。摸茶壶还是暖的，斟上一瓯香喷喷的浓茶，递与美娘。美娘连吃了二碗，胸中虽然略觉豪燥，身子兀自倦怠，仍旧倒下，向里睡去了。秦重脱下道袍，将吐下一袖的腌臜⑭，重重裹着，放于床侧，依然上床，拥抱似初。

美娘那一觉直睡到天明方醒，覆身转来，见傍边睡着一人，问道："你是哪个？"秦重答道："小可姓秦。"美娘想起夜来之事，恍恍惚惚，不甚记得真了，便道："我夜来好醉！"秦重道："也不甚醉。"又问："可曾吐么？"秦重道："不曾。"美娘道："这样还好。"又想一想道："我记得曾吐过的，又记得曾吃过茶来，难道做梦不成？"秦重方才说道："是曾吐来。小可见小娘子多了杯酒，也防着要吐，把茶壶暖在怀里。小娘子果然吐后讨茶，小可斟上，蒙小娘子不弃，饮了两瓯。"美娘大惊道："脏巴巴的，吐在哪里？"秦重道："恐怕小娘子污了被褥，是小可把袖子盛了。"美娘道："如今在哪里？"秦重道："连衣服裹着，藏过在那里。"美娘道："可惜坏了你一件衣服。"秦重道："这是小可的衣服，有幸得沾小娘子的余沥。"美娘听说，心下想道："有这般识趣的人！"心里已有四五分欢喜了。

此时天色大明，美娘起身，下床小解，看着秦重，猛然想起是秦卖油，遂问道："你实对我说，是甚么样人？为何昨夜在此？"秦重道："承花魁娘子下问，小子怎敢妄言。小可实是常来宅上卖油的秦重。"遂将初次看见送客，又看见上轿，心下想慕之极，及积攒嫖钱之事，备细述了一遍，"夜来得亲近小娘子一夜，三生有幸，心满意足"。美娘听说，愈加可怜，道："我昨夜酒醉，不曾招接得你。你干折了多少银子，莫不懊悔？"秦重道："小娘子天上神仙，小可惟恐伏侍不周，但不见责，已为万幸，况敢有非意之望！"美娘道："你做经纪的人，积下些银两，何不留下养家？此地不是你来往的。"秦重道："小可单只一身，并无妻小。"美娘顿了一顿，便道："你今日去了，他日还来么？"秦重道："只这昨宵相亲一夜，已慰生平，岂敢又作痴想！"美娘想道："难得这好人，又忠厚，又老实，又且知情识趣，隐恶扬善，千百中难遇此一人。可惜是市井之辈，若是衣冠子弟，情愿委身事之。"

正在沉吟之际，丫鬟捧洗脸水进来，又是两碗姜汤。秦重洗了脸，因夜来未曾脱帻⑮，不用梳头，呷了几口姜汤，便要告别。美娘道："少住不妨，还有话说。"秦重道："小可仰慕花魁娘子，在傍多站一刻，也是好的。但为人岂不自揣！夜来在此，实是大胆，惟恐他人知道，有玷芳名，还是早些去了安稳。"美娘点了一点头，打发丫鬟出房，忙忙的开了减妆，取出二十两银子，送与秦重道："昨夜难为你，这银两奉为资本，莫对人说。"秦重哪里肯受。美娘道："我的银子，来路容易。这些须酬你一宵之情，休得固逊。若本钱缺少，异日还有助你之处。那件污秽的衣服，我叫丫鬟湔洗干净了还你罢。"秦重道："粗衣不烦小娘子费心，小可自会湔洗。只是领赐不当。"美娘道："说哪里话！"将银子在秦重袖内，推他转身。秦重料难推却，只得受了，深深作揖，卷了脱下这件龌龊道袍，走出房门，打从鸨儿房前经过，鸨儿看见，叫声："妈妈！秦小官去了。"王九妈正在净桶上解手，口中叫道："秦小官，如何去得恁早？"秦重道："有些贱事，改日特来称谢。"

来说秦重去了，且说美娘与秦重虽然没点相干，见他一片诚心，去后好不过意。这一日因害酒，辞了客在家将息。千个万个孤老都不想[16]，倒把秦重整整的想一日。有诗为证：

> 俏冤家，须不是串花家的子弟，你是个做经纪本分人儿，哪匡你会温存，能软款，知心知意。料你不是个使性的，料你不是个薄情的。几番待放下思量也，又不觉思量起。

【注释】

①等子：秤金银和珍贵物品的衡器，也作"戥(děng)子"。　②纽：又称"秤纽"，是秤杆上的支点部分，也就是处于秤钩与秤砣之间的绳带。秤纽的位置为头纽时，杆秤的称量范围最小。　③济楚：衣着整齐、漂亮。　④小可：自称，谦称。　⑤敲丝：即银子，古时银锭上面都敲有圆纹，故称。　⑥踅(xué)：折回。　⑦晏：迟，晚。　⑧酝：本指酿酒，这里指酒。　⑨虔婆：妓院的鸨母。　⑩饶：任凭。　⑪钟：古时盛酒的器皿。现称"盅"。　⑫躧：把鞋后帮踩在脚后跟下。　⑬干哕(yuě)：欲吐未吐的样子。　⑭腌臜(ā·zā)：脏的，不干净的。　⑮帻：古代的头巾。　⑯孤老：指长期包定某妓女的嫖客，与女子偷情或同居的男子也称"孤老"。

【题解】

《卖油郎独占花魁》选自《醒世恒言》，是"三言"中脍炙人口的名篇。"三言"即《喻世明言》、《警世通言》、《醒世恒言》的合称。编者明末冯梦龙(1574—1646)，字犹龙，号龙子犹、墨憨斋主人、顾曲散人等，长洲(今江苏苏州)人。他早年科举不得志，57岁时才补了一名贡生，崇祯年间曾任福建寿宁知县。清兵入关时，曾参与抗清活动，后忧愤而死。冯梦龙毕生从事通俗文学的搜集、整理、编辑与创作，重要作品有《三遂平妖传》、《新列国志》、《古今谭概》、《情史》和"三言"。他编撰的"三言"主要是对宋元话本、明代拟话本进行的编辑与修订，也有少数本人的创作，共计120篇。“三言”的书名虽带有浓厚的道德训诫的色彩，其作品内容却从不同侧面展现了宋元直至明代我国商业的发达和世俗的人情百态，显现出新的时代特点。在《三言》中，作品多能站在市民本身的立场上，把商人、手工业者、妓女等作为正面人物来歌颂，揭示了他们的生活理想和优秀品质，并通过他们的反抗斗争揭露统治者倒行逆施的罪恶本质与官场吏治的腐败黑暗。另外，许多以爱情、婚姻为题材的作品还不时流露出婚恋自主、男女平等的思想倾向。这些都说明，随着封建社会的日趋没落，旧有的道德价值体系正面临瓦解。当然，作品中也不乏鼓吹忠孝节义、因果报应的内容，以及一些过于直露、渲染色情的秽笔，这些也多为后人所诟病。在艺术上，“三言”中不少作品故事情节曲折生动，在细节描写和人物心理活动的刻画也比较细腻，但在叙事结构上“三言”还缺乏像西方小说那样强烈的戏剧冲突，某些“大团圆”的结局也或多或少地减轻了作品批判的锋芒与力度。“三言”的问世，标志着古代白话短篇小说整理和创作高潮的到来。在它的直接影响下，明末凌蒙初编著了《初刻拍案惊奇》和《二刻拍案惊奇》，人们通常将这两类作品合称为“三言二拍”。

《卖油郎独占花魁》是一篇直接描写新兴市民阶层，并表现其爱情理想和婚姻道德的作品。卖油小贩秦重千辛万苦积攒到一夜花柳之资，但当美娘醉酒归来时，他没有为难她，反而同情爱怜起她，悉心地为她取暖，并用自己的衣袖接住她呕吐的秽物。他的温存和体贴，既没有才子的情调，也没有英雄的气概，说起来不过是世俗间一种十分普通的人性关怀。然而，就是这份关怀突破了封建社会以男子为中心的传统观念，具有了近代平等观念的初步萌芽。在故事的结尾，美娘因受恶少欺辱，宁愿自赎己身，委身于秦重。故事的结局虽不免有些理想主义，但从某种程度上则是对附着在爱情婚姻上的贞节、门第等观念的否定。

【思考与训练】

1. 秦重服侍酒后的美娘那段描写有何成功之处？
2. 令美娘一夜之间对秦重态度改观的原因何在？

（甘勇撰稿）

曹雪芹

抄检大观园[①]

(《红楼梦》)

一语未了,人报:“太太来了。”凤姐听了诧异,不知为何事亲来,与平儿等忙迎出来。只见王夫人气色更变,只带一个贴己小丫头走来,一语不发,走至里间坐下。凤姐忙奉茶,因陪笑问道:“太太今日高兴,到这里逛逛。”王夫人喝命:“平儿出去。”平儿见了这般,不知怎么样了,忙应了一声,带着众小丫头一齐出去,在房门外站住。越性将房门掩了[②],自己坐在台阶上,所有的人一个不许进去。凤姐也着了慌,不知有何等事。只见王夫人含着泪,从袖内掷出一个香袋子来,说:“你瞧。”凤姐忙拾起一看,见是十锦春意香袋,也吓了一跳,忙问:“太太从那里得来?”王夫人见问,越发泪如雨下,颤声说道:“我从那里得来!我天天坐在井里,把你当个细心人,所以我才偷个空儿。谁知你也和我一样。这样的东西,大天白日里明摆在园里山石上,被老太太的丫头拾着。不亏你婆婆遇见,早已送到老太太跟前去了。我且问你,这个东西如何遗在那里来?”凤姐听得,也更了颜色,忙问:“太太怎知是我的?”王夫人又哭又叹,说道:“你反问我!你想,一家子除了你们小夫小妻,余者老婆子们,要这个何用!女孩子们,是从那里得来!自是那琏儿不长进下流种子,那里弄来。你们又和气,当作一件玩意儿,年轻人儿,闺房私意是有的。你还和我赖。幸而园内上下人还不解事,尚未捡得。倘或丫头们捡着,你姊妹看见,这还了得;不然,有那小丫头们捡着出去,说是园内捡着的,外人知道,这性命脸面要也不要!”凤姐听说,又急又愧,登时紫涨了面皮,便依炕沿双膝跪下,也含泪诉道:“太太说的固然有理,我也不敢辩我并无这样的东西。但其中还要求太太细详其理。这香袋是外头雇工仿着内工绣的,带这穗子一概是市卖货,我便年轻不尊重些,也不要这劳什子[③],此是一。二者,这东西也不是常带着的,我纵有,也只好在家里,焉肯带在身上各处去;况且又在园里,个个姊妹,我们都肯拉拉扯扯,倘或露出来,不但在姊妹前,就是奴才看见,我有什么意思。我虽年轻不尊重,亦不能糊涂至此。三则论主子内,我是年轻媳妇,算起奴才来,比我更年轻的又不止一个人了。况且他们也常进园,晚间各人家去,焉知不是他们身上的。四则除我常在园里之外,还有那边太太常带过几个小姨娘来,如嫣红、翠云等人,皆系年轻侍妾,他们更该有这个了。还有那边珍大嫂子,他不算甚老,他也常带过佩凤等人来,焉知又不是他们的。五则园内丫头太多,保的住个个都是正经的不成,焉知年纪大些的,知道了人事,或者一时半刻,人查问不到,偷着出去;或借着因由,同二门上小么儿们打牙犯嘴[④],外头得了来的,也未可知。如今不但我没此事,就连平儿,我也可以下保的。太太请细想。”王夫人听了这一席话大近情理,因叹道:“你起来。我也知道,你大家小姐出身,焉得轻薄至此。不过我气急了,拿了话激你。但如今却怎么处?你婆婆才打发人封了这个给我瞧,说是前日从傻大姐手里得的,把我气了个死。”凤姐道:“太太快别生气。若被众人觉察了,保不定老太太不知道。且平心静气,暗暗访察,才得确实;纵然访不着,外人也不能知道。这叫作‘胳膊折在袖内’。如今惟有趁着赌钱的因由革了许多的人这空儿,把周瑞媳妇、旺儿媳妇等四五个贴近不能走话的人安插在园里,以查赌为由。再如今的丫头也太多了,保不住人大心大,生事作耗,等闹出事来,反悔之不及。如今若无故裁革,不但姑娘们委屈烦恼,就连太太和我也过不去。不如趁此机会,以后凡年纪大些的,或有些咬牙难缠的,拿个错儿,撵出去配了人,一则保得住没有别的事,二则也可省些用度。太太想我这话如何?”王夫人叹道:“你说的何尝不是。但从公细想,你这几个姊妹也甚可怜了。也不用远比,只说你如今林妹妹的母亲,未出阁时,是何等的娇生惯养,是何等的金尊玉贵,那时像个千金小姐的体统。如今这几个姊妹不过比人家的丫头略强些罢了。通共每人只有两三个丫头像个人样,余者纵有四五个小丫头子,竟是庙里的小鬼。如今还要裁革了去,不但于我心不忍,只怕老太太未必就依。虽然艰难,难不至此。我虽没受过大荣华富贵,比你们是强的。如今宁可我省些,别委屈了他们。以后要省俭,先从我来倒使得。如今且叫人传了周瑞家的等人进来,就吩咐他们快快暗地访拿这事要紧。”凤姐听了,即唤平儿进来,吩咐出去。

一时,周瑞家的与吴兴家的、郑华家的、来旺家的、来喜家的,现在五家陪房进来,余者皆在南方,各有执事。王夫人正嫌人少,不能勘察,忽见邢夫人的陪房王善保家的走来,方才正是他送香囊来的。王夫人向来看视邢夫人之得力心腹人等原无二意,今见他来了,打听此事,十分关切,便向他说:“你去回了太太,也进园来照管照管,不比别人又强些。”这王善保家正因素日进园去,那些丫鬟们不大趋奉他[⑤],他心里大不自在,要寻他们的事故又寻不着,恰好生出这事来,以为得了把柄;又听王夫人委托他,正撞在心坎上,连忙应道:“这个容易。不是奴才多话,论理这事该早严紧些的。太太也不大往园里去,这些女孩子们,一个个倒像受了封诰是的,他们就成了千金小姐了。闹下天来，谁敢哼一声儿。不然，就调唆姑娘的丫头们，说欺负了姑娘们了，谁还耽得起。”王夫人道：“这也有的常情，跟姑娘们的丫头原比别的娇贵些。你们该劝他们。连主子们的姑娘不教导尚且不是，何况他们。”王善保家的道：“别的都还罢了。太太不知道，头一个宝玉屋里的晴雯，那丫头仗着他生的模样儿比别人标致些，又生了一张巧嘴，天天打扮的像个西施的样子，在人跟前能说惯道，掐尖要强[⑥]。一句话不投机，他就立起两个骚眼睛来骂人。妖妖趫趫[⑦]，大不成个体统。”王夫人听了这话，猛然触动往事，便问凤姐道：“上次我们跟了老太太进园逛去，有一个水蛇腰，削肩膀，眉眼又有些像你林妹妹的，正在那里骂小丫头。我的心里很看不上那狂样子，因同老太太走，我不曾说得。后来要问是谁，又偏忘了。今日对了槛儿[⑧]，这丫头想就是他了。”凤姐道：“若论这些丫头们，共总比起来，都没晴雯生得好。论举止言语，他原轻薄些。方才太太说的倒很像他。我也忘了那日的事，不敢乱说。”王善保家的便道：“不用这样，此刻不难叫了他来，太太瞧瞧。”王夫人道：“宝玉房里常见我的，只有袭人、麝月，这两个笨笨的倒好。若有这个，他自然不敢来见我的。我一生最嫌这样人。况且又出来这个事，好好的宝玉，倘或被这蹄子勾引坏了，那还了得。”因叫自己的丫头来，吩咐他到园里去，“只说我说有话问他们，留下袭人、麝月伏侍宝玉不必来，有一个晴雯最伶俐，叫他即刻快来。你不许和他们说什么”。小丫头子答应了，走入怡红院。

正值晴雯身上不自在，睡中觉才起来，正发闷。听如此说，只得随了他来。素日这些丫鬟，皆知王夫人最恶趫妆艳饰，语薄言轻者，故晴雯不敢出头。今因连日不自在，并没十分妆饰，自为无碍。及到了凤姐房中，王夫人一见他钗亸鬓松[⑨]，衫垂带褪，有春睡捧心之遗风[⑩]，而且形容面貌，恰是上月的那人，不觉勾起方才的火来。王夫人原是天真烂熳之人，喜怒出于心臆，不比那些饰辞掩意之人；今既真怒攻心，又勾起往事，便冷笑道：“好个美人！真像个病西施了！你天天作这个轻狂样儿给谁看！你干的事打量我不知道呢。且放着你，自然明儿揭你的皮！宝玉今日可好些？”晴雯一听如此说，心内大异，便知有人暗算了。他虽然着恼，只不敢作声。他本是个聪明过顶的人，见问宝玉可好些，他便不肯以实话对，只说：“我不大到宝玉房里去，又不常和宝玉在一处，好歹我不能知。这只问袭人、麝月两个。”王夫人道：“这就该打嘴。你难道是死人！要你们作什么！”晴雯道：“我原是跟老太太的人，因老太太说园里空大人少，宝玉害怕，所以拨了我去外间屋里上夜[⑪]，不过看屋子。我原回过我笨，不能伏侍。老太太骂了我一顿，说：

‘又不叫你管他的事,要伶俐的作什么!’我听了这话才去的。不过十天半个月之内,宝玉闷了,大家玩一会子就散了。至于宝玉饮食起居,上一层有老奶奶老妈妈们,下一层有袭人、麝月、秋纹几个人。我闲着还要做老太太屋里的针线,所以宝玉的事,竟不曾留心。太太既怪,从此后我留心就是了。”王夫人信以为实,忙说:“阿弥陀佛!你不近宝玉,是我的造化。竟不劳你费心。既是老太太给宝玉的,我明儿回了老太太,再撵你。”因向王善保家的道:“你们进去,好生防他几日,不许他在宝玉房里睡觉。等我回过老太太再处治他。”喝声:“去。站在这里,我看不上这浪样儿。谁许你这样花红柳绿的妆扮。”晴雯只得出来,这气非同小可,一出门,便拿手帕子握脸,一头走,一头哭,直哭到园内去。

这里王夫人向凤姐等自怨道:“这几年我越发精神短了,照顾不到。这样妖精似的东西竟没看见。只怕这样的还有,明日倒得查查。”凤姐见王夫人盛怒之际,又因王善保家的是邢夫人的耳目,常时调唆着邢夫人生事,纵有千百样言辞,此刻也不敢说,只低头答应着。王善保家的道:“太太请养息身体要紧。这些小事,只交与奴才。如今要查这个主儿,也极容易。等到晚上园门关了的时节,内外不通风,我们竟给他们个猛不防,带着人到各处丫头们房里搜寻。想来谁有这个,断不单只有这个,自然还有别的东西。那时翻出别的来,自然这个也是他的了。”王夫人道:“这话倒是。若不如此,断不能清的清白的白。”因问凤姐如何。凤姐只得答应说:“太太说是,就行罢了。”王夫人道:“你主意很是。不然,一年也查不出来。”于是大家商议已定。

至晚饭后,待贾母安寝了,宝钗等入园时,王家的便请了凤姐一并入园,喝命角门皆上锁,便从上夜的婆子处抄检起,不过抄检出些多余攒下蜡烛灯油等物。王善保家的道:“这也是贼,不许动。等明儿回过太太再动。”于是先就到怡红院中,喝命关门。当下宝玉正因晴雯不自在,忽见这一干人来,不知为何直扑了丫头们的房门去,因迎出凤姐来,问是何故。凤姐道:“丢了一件要紧的东西,因大家混赖,恐怕有丫头们偷了,所以大家都查一查去疑儿。”一面说,一面坐下吃茶。王家的等搜了一回,又细问这几个箱子是谁的,都叫本人来亲自打开。袭人因见晴雯这样,知道必有异事;又见这番抄检,只得自己先出来打开了箱子并匣子,任其搜检一番,不过是平常动用之物。随放下,又搜别人的,挨次都一一搜过。到了晴雯的箱子,因问:“是谁的?怎不开了让搜?”袭人等方欲代晴雯开时,只见晴雯挽着头发闯进来,豁一声,将箱子掀开,两手提着底子朝天,往地下尽情一倒,将所有之物尽都倒出。王善保家的也觉没趣，看了一看，也无甚私弊之物。回了凤姐，要往别处去。凤姐儿道："你们可细细的查。若这一番查不出来，难回话的。"众人都道："都细翻看了，没什么差错东西。虽有几样男人物件，都是小孩子的东西，想是宝玉的旧物件，没甚关系的。"凤姐听了，笑道："既是如此，咱们就走，再瞧别处去。"说着，一径出来，因向王善保家的道："我有一句话，不知是不是。要抄检，只抄检咱们家的人，薛大姑娘屋里断乎检抄不得的。"王善保家的笑道："这个自然。岂有抄起亲戚家来。"凤姐点头道："我也这样说呢。"一头说，一头到了潇湘馆内。黛玉已睡了，忽报这些人来，也不知为甚事。才要起来，只见凤姐已走进来，忙按住他不许起来，只说："睡着罢，我们就走。"这边且说些闲话。那个王善保家的带了众人，到丫鬟房中，也一一开箱倒笼，抄检了一番。因从紫鹃房中抄出两副宝玉常换下来的寄名符儿[12]，一副束带上的披带，两个荷包并扇套，套内有扇子。打开看时，皆是宝玉往年夏日手内曾拿过的。王善保家的自为得了意，遂忙请凤姐过来验视，又说："这些东西从哪里来的？"凤姐笑道："宝玉和他们从小儿在一处混了几年，这自然是宝玉的旧东西。这也不算什么罕事，撂下再往别处去是正经。"紫鹃笑道："直到如今，我们两下里的帐也算不清。要问这一个，连我也忘了是那年月日有的了。"王善保家的听凤姐如此说，也只得罢了。

又到探春院内，谁知早有人报与探春了。探春也就猜着必有原故，所以引出这等丑态来，遂命众丫鬟秉烛开门而待。一时，众人来了。探春故问何事。凤姐笑道："因丢了一件东西，连日访察不出人来，恐怕旁人赖这些女孩子们，所以越性大家搜一搜，使人去疑，倒是洗净他们的好法子。"探春冷笑道："我们的丫头自然都是些贼。我就是头一个窝主。既如此，先来搜我的箱柜，他们所偷了来的，都交给我藏着呢。"说着，便命丫鬟们把箱一齐打开，将镜奁[13]、妆盒、衾袱[14]、衣包，若大若小之物，一齐打开，请凤姐去抄阅。凤姐陪笑道："我不过是奉太太的命来，妹妹别错怪我。何必生气。"因命丫鬟们快快关上。平儿、丰儿等先忙着替侍书等关的关，收的收。探春道："我的东西倒许你们搜阅；要想搜我的丫头，这却不能。我原比众人歹毒，凡丫头所有的东西，我都知道，都在我这里间收着，一针一线，他们也没的收藏。要搜，所以只来搜我。你们不依，只管去回太太，只说我违背了太太，该怎么处治，我去自领。你们别忙，自然连你们抄的日子有呢。你们今日早起不曾议论甄家自己家里好好的抄家，果然今日真抄了。咱们也渐渐的来了。可知这样大族人家，若从外头杀来，一时是杀不死的。这是古人曾说的：

‘百足之虫，死而不僵。’必须先从家里自杀自灭起来，才能一败涂地！”说着，不觉流下泪来。凤姐只看着众媳妇们。周瑞家的便道：“既是女孩子的东西全在这里，奶奶且请到别处去罢，也让姑娘好安寝。”凤姐便起身告辞。探春道：“可细细的搜明白了。若明日再来，我就不依了。”凤姐笑道：“既然丫头们的东西都在这里，就不必搜了。”探春冷笑道：“你果然倒乖。连我的包袱都打开了，还说没翻。明日敢说我护着丫头们，不许你们翻了。你趁早说明，若还要翻，不妨再翻一遍。”凤姐知道探春素日与众不同的，只得陪笑道：“我已经连你的东西都搜查明白了。”探春又问众人：“你们也都搜明白了不曾？”周瑞家的等都陪笑说：“都翻明白了。”那王善保家的本是个心内没成算的人，素日虽闻探春的名，那是为众人没眼力没胆量罢了，那里一个姑娘家，就这样起来；况且又是庶出[15]，他敢怎么。他自恃是邢夫人陪房，连王夫人尚另眼相看，何况别个。今见探春如此，他只当是探春认真单恼凤姐，与他们无干。他便要趁势作脸献好，因越众向前，拉起探春的衣襟，故意一掀，嘻嘻笑道：“连姑娘身上我都翻了，果然没有什么。”凤姐见他这样，忙说：“妈妈走罢，别疯疯颠颠的。”一语未了，只听拍的一声，王家脸上早着了探春一掌。探春登时大怒，指王家的问道：“你是什么东西，敢来拉扯我的衣裳！我不过看着太太的面上，你又有年纪，叫你一声‘妈妈’；你就狗仗人势，天天作耗，专管生事。如今越性了不得了。你打量我是同你们姑娘那样好性儿，由着你们欺负他，就错了主意。你来搜检东西，我不恼；你不该拿我取笑。”说着，便亲自解衣卸裙，拉着凤姐儿细细的翻，“省得叫奴才来翻我身上”。凤姐平儿等忙与探春束裙整袂，口内喝着王善保家的说：“妈妈吃两口酒，就疯疯颠颠起来。前儿把太太也冲撞了。快出去，不要提起了。”又劝探春休得生气。探春冷笑道：“我但凡有气，早一头碰死了。不然，岂许奴才来我身上翻贼赃呢！明儿一早我先回过老太太、太太，然后过去给大娘陪礼。该怎么，我就领。”那王善保家的讨了个没意思，只在窗外说：“罢了，罢了，这也是头一遭挨打。我明儿回了太太，仍回老娘家去罢。这个老命，还要他做什么。”探春喝命丫鬟道：“你们没听他说话？还等我和他对嘴去不成！”侍书等听说，便出去说道：“你果然回老娘家去，倒是我们的造化了。只怕你舍不得去。”凤姐笑道：“好丫头！真是有其主必有其仆。”探春冷笑道：“我们作贼的人，嘴里都有三言两语的。这还算笨的，背地里就只不会调唆主子。”平儿忙也陪笑解劝一回，又拉了侍书进来。周瑞家的等人劝了一番。凤姐直待伏侍探春睡下，方带着人往对过暖春坞来。

彼时李纨犹病在床上。他与惜春是紧邻，又与探春相近，故顺路先到这两处。因李纨才吃了药睡着,不好惊动,只到丫鬟们房中一一的搜了一遍,也没有什么东西。遂到惜春房中来。因惜春年幼,尚未识事,吓的不知当有什么事故,凤姐也少不得安慰他。谁知竟在入画箱中寻出一大包金银锞子来[16],约共三四十个,又有一副玉带板子[17],并一包男人的靴袜等物。入画也黄了脸。因问是那里来的。入画只得跪下,哭诉真情,说:"珍大爷赏我哥哥的。因我们老子娘都在南方,如今只跟着叔叔过日子。我叔叔婶子只要吃酒赌钱,我哥哥怕交给他们又花了,所以每常得了,悄悄的烦了老妈妈带进来,叫我收着的。"惜春胆小,见了这个,也害怕说:"我竟不知道。这还了得!二嫂子你要打他,好歹带他出去打罢,我听不惯的。"凤姐笑道:"这话若果真呢,也倒可恕;只是不该私自传送进来。这个可以传递得,什么不可以传递。这倒是传的人的不是了。若这话不真,倘是偷来的,你可就别想活了。"入画跪哭道:"我不敢扯谎。奶奶只管明日问我们奶奶和大爷去,若说不是赏的,就拿我和我哥哥一同打死无怨。"凤姐道:"这个自然要问的。只是真赏的,也有不是。谁许你私自传送东西的!你且说谁作接应,我便饶你。下次万万不可。"惜春道:"嫂子别饶他这次方可。这里人多,若不拿一个人作法,那些大的听见了,又不知怎么样呢。嫂子若依他,我也不依。"凤姐道:"素日我看他还好。谁没一个错。只这一次;二次犯下,二罪俱罚。但不知传递是谁?"惜春道:"若说传递,再无别个,必是后门上的张妈。他常肯和这些丫头们鬼鬼祟祟的,这些丫头们也都肯照顾他。"凤姐听了,便命人记下,将东西且交给周瑞家的暂拿着,等明日对明再议。

于是别了惜春,方往迎春房内来。迎春已经睡着了,丫鬟们也才要睡,众人叩门,半日才开。凤姐吩咐:"不必惊动小姐。"遂往丫鬟们房里来。因司棋是王善保的外孙女儿,凤姐倒要看王家的可藏私不藏,遂留神看他搜检。先从别人箱子搜起,皆无别物。及到了司棋箱中,搜了一回,王善保家的说:"也没有什么东西。"才要关箱时,周瑞家的道:"且住,这是什么?"说着,便伸手掣出一双男子的锦带袜并一双缎鞋来,又有一个小包袱。打开看时,里面有一个同心如意[18],并一个字帖儿,一总递与凤姐。凤姐因理家事,每每看开帖并帐目,也颇识得几个字了。便看那帖子是大红双喜笺,帖上面写道:"上月你来家后,父母已觉察你我之意。但姑娘未出阁,尚不能完你我之心愿。若园内可以相见,你可托张妈给一信息。我等在园内一见,倒比来家得说话。千万千万。再所赐香袋二个,今已查收外,特寄香珠一串,略表我心。千万收好。表弟潘又安拜具。"凤姐看罢,不怒而反乐。别人并不识字。王家的素日并不知道他姑表姊弟有这一节风流故事,见了这鞋袜,心内已是有些毛病，又见有一红帖，凤姐又看着笑，他便说道："必是他们写的帐目，不成个字，所以奶奶见笑。"凤姐笑道："正是这个帐竟算不过来。你是司棋的老娘，他的表弟也该姓王，怎么又姓潘呢？"王善保家的见问得奇怪，只得勉强告道："司棋的姑妈给了潘家，所以他姑表兄弟姓潘。上次逃走了的潘又安，就是他表弟。"凤姐笑道："这就是了。"因说："我念给你听听。"说着，从头念了一遍。大家都吓一跳。这王家的一心只要拿人的错儿，不想反拿住了他外孙女儿，又气又臊。周瑞家的四人又都问着他道："你老可听见了？明明白白，再没的话说了。如今据你老人家，该怎么样？"这王家的只恨没地缝儿钻进去。凤姐只瞅着他嘻嘻的笑，向周瑞家的笑道："这倒也好。不用你们作老娘的操一点儿心，他鸦鹊不闻的给你们弄个好女婿来，大家倒省心。"周瑞家的也笑着凑趣儿。王家的气无处泄，自己回手打自己的脸，骂道："老不死的娼妇，怎么造下孽了！说嘴打嘴，现世现报在人眼里。"众人见这般，俱笑个不住，又半劝半讽的。凤姐见司棋低头不语，也并无畏惧惭愧之意，倒觉可异。料此时夜深，且不必盘问；只怕他夜间自去寻拙志[19]，遂唤两个婆子监守起他来。带了人，拿了赃证回来，且自安歇，等待明日料理。

【注释】

①节选自《红楼梦》第74回。题目为编者所加。 ②越性：更甚，愈加。 ③劳什子：对某件东西表示不屑、讨厌的叫法。 ④小么儿：童仆。打牙犯嘴：喻指乱开玩笑。⑤趋奉：趋附奉承。 ⑥掐尖：占人便宜，算计别人。 ⑦妖妖趫趫（qiáo）：艳丽轻捷之态，这里含有轻佻的意思。趫，行动轻捷，身形轻盈。 ⑧对了槛儿：问题恰巧对头，情况恰巧符合。一般又写作"对坎儿"。 ⑨亸（duǒ）：下垂。 ⑩春睡捧心：指一种如杨贵妃春睡和西施蹙眉捧心一般娇弱、慵懒的美态。 ⑪上夜：指值班守夜。 ⑫寄名符：古代有钱人家常将儿女送到僧道处做寄名弟子，以求神佛庇佑。僧道通常要送寄名符给寄名弟子佩带。 ⑬奁（lián）：古代盛梳妆用品的匣子。 ⑭衾：被子。 ⑮庶出：指妾所生。探春之母赵姨娘是贾政的妾。 ⑯锞（kè）子：金、银铸成的小锭。 ⑰玉带板子：古代腰带上所嵌的装饰玉板。 ⑱同心如意：一种吉祥图案的金属小玩具，作两个"如意"交搭的形状。 ⑲寻拙志：想不开而自尽。

【题解】

曹雪芹（1715？—1764？），原名沾，字梦阮，号雪芹、芹圃、芹溪。先世原是汉族，后为满洲正白旗"包衣"（家奴），深得康熙皇帝的宠信。其曾祖曹玺，祖父曹寅，父辈曹颙、曹頫一家三代四人相继为江宁织造达58年之久。曹雪芹少年在富贵荣华中长大。雍正初年，由于统治阶级内部斗争的牵连，曹家遭受多次打击，曹頫被革职入狱，家产抄没，举家迁回北京，家道从此日渐衰微。家庭的盛衰变故，使曹雪芹深刻体味到世态人情。晚年他在贫病中创作《红楼梦》，披阅十载，增删五次，书未成而辞世。

《红楼梦》又名《石头记》，初以八十回抄本流传。今通行的一百二十回本《红楼梦》，始为程伟元、高鹗刊印。一般认为前八十回为曹雪芹作，后四十回由高鹗续成。小说以贾、史、王、薛四大家族为背景，以贾宝玉的爱情和婚姻悲剧为主线，着重描写贾家荣、宁二府由盛到衰的过程，艺术地展现了封建社会末世的人情世态，揭示了封建社会行将衰朽的历史命运。由于《红楼梦》内容含量浩大，不同的人往往赋予它不同的主题。正如鲁迅所说："单是命意，就因读者的眼光而有种种：经学家看见《易》，道学家看见淫，才子看见缠绵，革命家看见排满，流言家看见宫闱秘事……在我的眼下的宝玉，却看见他看见许多死亡。"

"抄检大观园"是《红楼梦》前八十回的高潮，它的起因，看似因傻大姐"误拾绣春囊"所引发，实际却是贾氏一家诸多纠葛矛盾日积月累达到白热化后的一次总爆发。首先是统治者内部之间的矛盾，具体表现在家族内部的权力之争，即掌权的王夫人、王熙凤和不掌权的邢夫人之间的矛盾。其次则是统治者与被统治者、专制家长与叛逆者之间的矛盾。大观园既是贾宝玉等青年逃避礼教法规、张扬个性自由的世外桃源，又是那些虽为奴隶却又能争取到少许人性尊严的奴婢们的一块乐土。而抄检的目的就在于恢复旧的统治秩序，所以那些稍有些骨气，却又"不成体统"的丫头，如晴雯和司棋都是统治者一定要肃清的。最后，抄检还穿插着一些奴仆间的矛盾。本文在艺术上的特色之一，就是以事件为中心，驱使各种人物逐个登台，让他们在同一事件中各自活动，互相比照，在对比中显出自己的独特个性，真正做到了奴婢与奴婢反应不同，姑娘与姑娘表现不一。如对待抄检，同为姑娘的惜春与探春，二人的态度决然不同。同为抄检者，凤姐敷衍应付，王善保家的则狐假虎威，周瑞家的起初息事宁人，最终后发制人。

【思考与训练】

1. 有人说"抄检大观园"是贾府由盛而衰一个重大转折点，你怎么看？

2. 探春说："可知这样大族人家，若从外头杀来，一时是杀不死的。这是古人曾说的：'百足之虫，死而不僵。'必须先从家里自杀自灭起来，才能一败涂地！"这段话有何深刻内涵？

3. 结合课文谈谈晴雯这一人物形象。

（甘勇撰稿）

汤显祖

游　园[1]

（《牡丹亭》）

【绕池游】(旦上)梦回莺啭，乱煞年光遍[2]，人立小庭深院。(贴[3])炷尽沉烟[4]，抛残绣线，恁今春关情似去年？

【乌夜啼】(旦)晓来望断梅关[5]，宿妆残。(贴)你侧着宜春髻子[6]，恰凭栏。(旦)翦不断，理还乱，闷无端。(贴)已分付催花莺燕借春看。(旦)春香，可曾叫人扫除花径？(贴)分付了。(旦)取镜台衣服来。(贴取镜台、衣服上)云髻罢梳还对镜，罗衣欲换更添香。镜台衣服在此。

【步步娇】(旦)袅晴丝吹来闲庭院[7]，摇漾春如线。停半晌，整花钿，没揣菱花[8]，偷人半面，迤逗的彩云偏[9]。(行介)步香闺怎便把全身现？

(贴)今日穿插的好。

【醉扶归】(旦)你道翠生生出落的裙衫儿茜[10]，艳晶晶花簪八宝填[11]，可知我常一生儿爱好是天然[12]。恰三春好处无人见[13]，不提防沉鱼落雁鸟惊喧，则怕的羞花闭月花愁颤。

(贴)早茶时了，请行。(行介)你看：画廊金粉半零星，池馆苍苔一片青。踏草怕泥新绣袜，惜花疼煞小金铃[14]。(旦)不到园林，怎知春色如许！

【皂罗袍】(旦)原来姹紫嫣红开遍，似这般都付与断井颓垣。良辰美景奈何天，赏心乐事谁家院。恁般景致，我老爷和奶奶再不提起。(合)朝飞暮卷，云霞翠轩；雨丝风片，烟波画船。锦屏人忒看的这韶光贱[15]！

(贴)是花都放了，那牡丹还早。

【好姐姐】(旦)遍青山啼红了杜鹃[16]，荼蘼外烟丝醉软[17]。春香呵，牡丹虽好，他春归怎占的先？(贴)成对儿莺燕呵。(合)闲凝眄，生生燕语明如翦[18]，呖呖莺歌溜的圆。

(旦)去罢。(贴)这园子委是观之不足也。(旦)提他怎的？(行介)

【隔尾】(旦)观之不足由他缱[19]，便赏遍了十二亭台是枉然，到不如兴尽回家闲过遣。

（作到介）（贴）开我西阁门，展我东阁床。瓶插映山紫[20]，炉添沉水香。小姐，你歇息片时，俺瞧老夫人去也。（下）

（旦叹介）默地游春转，小试宜春面[21]。春呵，得和你两留连，春去如何遣？咳！恁般天气，好困人也。春香那里？（作左右瞧介）（又低首沉吟介）天呵，春色恼人，信有之乎？常观诗词乐府，古之女子，因春感情，遇秋成恨，诚不谬矣。吾今年已二八，未逢折桂之夫[22]；忽慕春情，怎得蟾宫之客？昔日韩夫人得遇于郎[23]，张生偶逢崔氏[24]，曾有《题红记》、《崔徽传》二书。此佳人才子，前以密约偷期，后皆得成秦晋[25]。（长叹介）吾生于宦族，长在名门。年已及笄[26]，不得早成佳配，诚为虚度青春。光阴如过隙耳。（泪介）可惜妾身颜色如花，岂料命如一叶乎！

【注释】

①本文选自《牡丹亭》第十出《惊梦》前半部，题目为编者所加。 ②乱煞年光遍：到处都是缭乱的春光。 ③贴：贴旦，次要女角。 ④沉烟：香料的一种。 ⑤梅关：指大庾岭。 ⑥宜春髻子：相传是立春那天妇女的一种发髻装饰，上贴"宜春"字样。 ⑦晴丝：晴日烟气。 ⑧没揣：没想到。菱花：指镜子。 ⑨彩云：指发卷。 ⑩翠生生：言色彩鲜艳。出落：衬托出。茜：茜红色。 ⑪艳晶晶花簪八宝填：镶着各种宝石光闪闪的簪子。八宝，泛指各种珍宝。填，镶嵌。 ⑫爱好是天然：意为爱美是天性使然。 ⑬三春好处：比喻自己青春貌美。 ⑭"惜花"句：《开元天宝遗事》载，宁王惜花，以红丝串起金铃系在花梢上，有鸟鹊飞来，即拉铃驱之。这里设想因担心小金铃牵拉过多伤到花而心疼。 ⑮锦屏人：闺中人。 ⑯啼红了杜鹃：开满红色杜鹃花。 ⑰荼蘼（mí）：一种灌木，花白色，有香气。 ⑱剪：剪刀声。 ⑲缱：留恋。 ⑳映山紫：杜鹃花的一种。 ㉑宜春面：指新妆。 ㉒折桂：我国古代把夺冠登科比喻成蟾宫折桂，"折桂之夫"和"蟾宫之客"均指心中倾慕的书生。 ㉓韩夫人得遇于郎：传奇故事，讲述了唐僖宗时宫女韩氏与书生于佑，以红叶题诗传情，终成夫妇的故事。 ㉔张生偶逢崔氏：指《西厢记》中张生（珙）与崔莺莺的爱情故事。 ㉕得成秦晋：代指结为夫妻。 ㉖及笄（jī）：古礼女子15岁开始以簪束发，意谓已到成年。

【题解】

汤显祖（1550—1616），字义仍，号若士，又号海若，自署清远道人，江西临川（今江西抚州）人，是明代最杰出的戏剧家。他出身书香世家，少年即享文名，因不屑阿附权贵，直到34岁才中进士，曾任南京太常博士等闲职。又因上疏批评朝政，被贬为广东徐闻县典吏，后改任浙江遂昌知县。万历二十六年（1598），政声极佳的他愤而弃官，隐居在家专心从事戏曲诗文创作。汤显祖在思想上深受李贽的积极影响，反对程朱理学对人们思想的禁锢，宣扬个性解放。在戏曲创作上，他主张"以意趣神色为主"，反对拘泥于形式格律，死守教条。他的戏曲作品和诗文相当丰富，戏曲有《牡丹亭》(又名《还魂记》)、《紫钗记》、《南柯记》、《邯郸记》四种，合称“临川四梦”，又称“玉茗堂四梦”。

《牡丹亭》全剧共五十五出，描写了南安太守之女杜丽娘为封建礼教所禁锢，幽怨郁积，终于因情而死，又因情复生，最终与梦中情人柳梦梅结为伉俪的凄美爱情故事。该故事取材于明代话本小说《杜丽娘慕色还魂记》，原话本是一个门当户对、终偕连理的喜剧。汤显祖的再创作则将原话本的思想意义与审美价值都提升到一个新的高度。在他的笔下，身份地位悬殊的男女主人公柳梦梅、杜丽娘有着对理想爱情的渴望，有着对自由幸福生活的执著追求，但同时又要努力去挣脱统治阶级所设置的重重精神枷锁。该剧构思新颖奇特，曲词优美绚丽，富有浪漫主义色彩，一经上演，就受到民众的欢迎，“几令《西厢》减价”。

本文选自《牡丹亭》第十出《惊梦》中的前半段，写的是杜丽娘被充满生机的大好春光所吸引，私自跟丫环离开深闺到后花园欣赏春景。在游园过程中，丽娘感受到了大自然的美好，从而萌生了冲破封建礼教牢笼，追求自由爱情的强烈愿望。该文寓情于景，情景交融；曲文典雅清丽，形象生动，充满诗情画意，有着很高的艺术感染力。

【思考与训练】

1. 说说作者是怎样刻画杜丽娘的内心世界的。

2. 杜丽娘在文中为何喟然长叹？

(甘勇撰稿)

归有光

项脊轩志

(《震川文集》)

项脊轩[①]，旧南阁子也。室仅方丈，可容一人居。百年老屋，尘泥渗漉[②]，雨泽下注，每移案，顾视无可置者[③]。又北向，不能得日，日过午已昏。余稍为修葺[④]，使不上漏。前辟四窗，垣墙周庭[⑤]，以当南日，日影反照，室始洞然。又杂植兰桂竹木于庭，旧时栏楯，亦遂增胜[⑥]。积书满架，偃仰啸歌，冥然兀坐，万籁有声[⑦]。而庭阶寂寂，小鸟时来啄食，人至不去。三五之夜，明月半墙，桂影斑驳，珊珊可爱[⑧]。

然余居于此，多可喜，亦多可悲。先是，庭中通南北为一。迨诸父异爨[⑨]，内外多置小门，墙往往而是。东犬西吠，客逾庖而宴[⑩]，鸡栖于厅。庭中始为篱，已为墙，凡再变矣。

家有老妪，尝居于此。妪，先大母婢也，乳二世，先妣抚之甚厚[⑪]。室西连于中闺，先妣尝一至。妪每谓余曰："某所，而母立于兹。"妪又曰："汝姊在吾怀，呱呱而泣；娘以指叩门扉曰：'儿寒乎？欲食乎？'吾从板外相为应答。"语未毕，余泣，妪亦泣。余自束发[⑫]，读书轩中，一日，大母过余曰："吾儿，久不见若影，何竟日默默在此，大类女郎也？"比去，以手阖门，自语曰："吾家读书久不效，儿之成，则可待乎？"顷之，持一象笏至[⑬]，曰："此吾祖太常公宣德间执此以朝[⑭]，他日汝当用之。"瞻顾遗迹，如在昨日，令人长号不自禁[⑮]。

轩东，故尝为厨，人往，从轩前过。余扃牖而居[⑯]，久之，能以足音辨人。轩凡四遭火，得不焚，殆有神护者[⑰]。

项脊生曰[⑱]：蜀清守丹穴，利甲天下，其后秦皇帝筑女怀清台[⑲]。刘玄德与曹操争天下，诸葛孔明起陇中[⑳]。方二人之昧昧于一隅也[㉑]，世何足以知之？余区区处败屋中，方扬眉瞬目，谓有奇景。人知之者，其谓与坎井之蛙何异[㉒]！

余既为此志[㉓]，后五年，吾妻来归[㉔]，时至轩中，从余问古事，或凭几学书[㉕]。吾妻归宁[㉖]，述诸小妹语曰："闻姊家有阁子，且何谓阁子也？"其后六年，吾妻死，室坏不修。其后二年，余久卧病无聊，乃使人复葺南阁子，其制稍异于前。然自后余多在外，不常居。

庭有枇杷树，吾妻死之年所手植也，今已亭亭如盖矣。

【注释】

①项脊轩：归有光家的一间小室。作者远祖归道隆曾住太仓（今属江苏）之项脊泾，以项脊名轩，有纪念的意思。 ②渗漉（lù）：尘土从屋顶墙头渗漏下来。 ③无可置者：没有安放书桌的地方，意指无处不漏雨。 ④修葺（qì）：修缮。 ⑤垣（yuán）墙周庭：在庭院的四周筑起了围墙。垣，墙，"垣墙"在此用作动词。 ⑥栏楯（shǔn）：栏杆。楯：栏杆的横木。 ⑦偃仰：头向后脸向上仰起的样子。冥然兀坐：默然端坐。兀：高高地突起，在此是"端直"的意思。万籁（lài）：指自然界的一切声响。 ⑧珊珊：玉声。这里指风吹树枝发出的美妙声响。 ⑨异爨（cuàn）：各起炉灶，意即分家。爨：灶。 ⑩庖（páo）：厨房。全句意为，客人要穿过厨房去吃饭。 ⑪先大母：已去世的祖母。婢

(bì):使女。乳二世:做过两代人的乳母。乳:作动词用,喂养。先妣(bǐ):已去世的母亲。抚:对待照顾的意思。 ⑫束发:将头发束成一髻,表示男孩已成年。当时男孩到15岁束发(一说8岁)。 ⑬象笏(hù):象牙做的手板,古代大臣上朝使用(有事记在上面备忘)。 ⑭太常公:指作者祖母的祖父夏昶,他曾在明宣宗宣德年间(1426—1435)任太常侍卿。 ⑮长号(háo):放声大哭。不自禁(jīn):忍不住。 ⑯扃(jiōng):自外关闭门户用的门闩、门环之类,借指门扇。这里作动词用,关闭。牖(yǒu)窗户。 ⑰殆(dài):大概,也许。 ⑱项脊生:作者自称。 ⑲蜀清:秦代蜀地(今四川)一个叫清的寡妇。守丹穴:经营出产丹砂的矿山。利甲天下:所获利润天下第一。事见《史记·货殖列传》。女怀清台:秦始皇建,以表彰寡妇清。台址在今四川省长寿县南。 ⑳陇中:陇亩之中。全句意为:诸葛亮从陇亩之中出来建功立业。 ㉑昧:幽暗。这句意为:当他们二人待在幽暗偏僻不为人知的角落。 ㉒其:副词,表揣测语气,也许。坎井之蛙,浅井里的青蛙,比喻眼光短浅的人。 ㉓为此志:写了这一篇志。作者18岁时写的《项脊轩志》,正文止于"与坎井之蛙何异"。后面的文字是13年后补写的。 ㉔归:古代女子出嫁叫归。 ㉕学书:学写字。 ㉖归宁:女子回娘家探望父母。

【题解】

归有光(1506—1571),字熙甫,又字开甫,号震川,又号项脊生。明代著名散文家。是"唐宋八大家"与清代"桐城派"之间的桥梁,被称为"唐宋派"。昆山(今江苏省昆山县)人。嘉靖十九年(1540)中举人。后徙居嘉定(今上海市嘉定县)的安亭江上,聚徒讲学二十余年,远近从学者甚多,人称"震川先生"。嘉靖四十年他60岁始成进士,授湖州长兴县(今浙江长兴县)知县。他重视教化,治政廉明。后任顺德府通判。隆庆四年(1570)为南京太仆寺丞,留掌内阁制敕,修《世宗实录》,卒于官。著有《三吴水利录》、《马政志》、《易图论》、《震川文集》、《震川尺牍》、《震川先生集》等。

归有光从事文学活动的时期,后七子"文必秦汉,诗必盛唐"的拟古主义文风正风靡一时,他能不为风尚转移,卓然独立,大力主张继承唐宋散文的优良传统,并以自己的创作实践力矫时弊,对当时和清代桐城派的散文都产生过相当大的影响。归有光的散文,受司马迁和欧阳修的影响很大,但能自成一家。他的抒情散文,善于从家人、朋友和身边琐事中选取富有表现力的细节,以简洁、疏淡的笔墨加以描写,记事生动,风韵悠远。其中一些回忆往事和怀念亲朋故旧的小品,如《项脊轩志》、《先妣事略》、《寒花葬志》、《祭外姑文》等,写得感情深挚,清新优美,淳朴动人。

被归有光在文风上批评过的后七子领袖王世贞在晚年也感到自己雕饰过甚,不及归有光恬适自然。在《归太仆赞序》中说:"先生于古文辞……不事雕饰而自有风味，超然当名家矣。”明人王锡爵在《归公墓志铭》中赞他“无意于感人，而欢愉惨恻之思，溢于言语之外”。黄宗羲在《明文综序》推他为“明文第一”。清代方苞、姚鼐等人，也对他的创作交口称赞。方苞在《书归震川文集后》评价他的创作“不俟修饰而情辞并得，使览者恻然有隐”。姚鼐评价他的散文“风韵疏淡”。

《项脊轩志》为归有光代表作。以琐屑之事，发“五脏之情”，是本文的主要特色。作者围绕“百年老屋”的几经兴废，追忆昔日的读书生活和日常琐事，寄托了对祖母、母亲、妻子的怀念深情，以及抑郁萧索的身世之感。形散神聚，工于布局。以载道之古文写家庭琐事，其笔下的温馨亲情，越出了传统古文的模式。历经久远时光的过滤，文中哀婉深切的情感依然动人心魂。

【思考与训练】

1. 结合文学史，了解归有光在散文写作上对前代散文的继承与发展。
2. 分析本文的写作特色。
3. 借鉴本文的写作方法，自拟题目，写作一篇散文。

（周德梅撰稿）

顾炎武

郡县论六

（《亭林诗文集》）

今天下之患，莫大乎贫。用吾之说，则五年而小康，十年而大富。

且以马言之：天下驿递往来，以及州县上计京师[①]，白事司府[②]，迎候上官，递送文书，及庶人在官所用之马，一岁无虑百万匹[③]，其行无虑万万里，今则十减六七，而西北之马羸不可胜用矣。以文册言之[④]：一事必报数衙门，往复驳勘必数次[⑤]，以及迎候、生辰、拜贺之用，其纸料之费索诸民者，岁不下巨万，今则十减七八，而东南之竹箭不可胜用矣[⑥]。他物之称是者，不可悉数。

且使为令者得以省耕敛[⑦]，教树畜[⑧]，而田功之获[⑨]，果蓏之收[⑩]，六畜之孳，材木之茂，五年之中必当倍益[⑪]，从是而山泽之利亦可开也[⑫]。夫采矿之役，自元以前，岁以为常。先朝所以闭之而不发者，以其召乱也[⑬]。譬之有窖金焉，发于五达之衢[⑭]，则市人聚而争之；发于堂室之内，则唯主人有之，门外者不得而争也。今有矿焉，天子开之，是发金于五达之衢也；县令开之，是发金于堂室之内也。利尽山泽而不取诸民，故曰此富国之策也。

【注释】

①上计：原为秦汉时地方官员本人或遣吏在年终向朝廷申报人口、钱粮、刑狱、选举等情况的制度。 ②白事：禀告、报告事情。司府：官府。 ③无虑：指大约、大概。 ④文册：公文。 ⑤驳勘：本指案件被驳回原判，重行审勘，此处指各种上报公文被驳回复查。 ⑥竹箭：泛指各种竹子。箭，竹的一种，即箭竹。竹箭是造纸的材料。 ⑦省耕敛：减少农民赋税。 ⑧树畜：栽种和畜牧。 ⑨田功：农事。 ⑩果蓏：泛指各种瓜果。 ⑪倍益：加倍增加。 ⑫山泽之利：山林湖泊的财富。 ⑬召乱：此处指明代多次因开矿激起民变。 ⑭五达之衢：四通八达的道路。

【题解】

顾炎武（1613—1682），江苏昆山人，原名绛，字忠清。明亡后改名炎武，字宁人，亦自署蒋山佣，然学者多尊称其为亭林先生。顾氏为明末清初著名的思想家、史学家、语言学家，曾参加抗清斗争，后来致力于学术研究，著有《日知录》、《肇域志》、《音学五书》、《亭林诗文集》等。他主张学术应经世致用，反对空谈心性，并以其纯朴自然的诗文创作为后人开启了一代朴实学风的先路，给清代学者以深远的影响。

《郡县论》是顾炎武探讨地方行政制度改良问题的一组政论文，均围绕"寓封建之意于郡县之中"的宗旨而展开，共九篇。本文为第六篇，主要探讨了如何开源节流使天下富强的问题，充分体现了作者的经济意识。在他的改良主张中，虽包含一些新的内容，但又不免过于自信。《四库全书总目提要》论其学说"或迂而难行，或愎而过锐"，虽不免夸张，却也有些许道理。

【思考与训练】

1. 本文在结构上有何特点？

2. 谈谈你对"利尽山泽而不取诸民"的理解。

（甘勇撰稿）

李贽

童心说

(《焚书》)

龙洞山农叙《西厢》[①],末语云:“知者勿谓我尚有童心可也。”夫童心者,真心也。若以童心为不可,是以真心为不可也。夫童心者,绝假纯真[②],最初一念之本心也。若失却童心,便失却真心;失却真心,便失却真人。人而非真,全不复有初矣。

童子者,人之初也;童心者,心之初也。夫心之初,曷可失也[③]?然童心胡然而遽失也[④]。盖方其始也,有闻见从耳目而入,而以为主于其内而童心失。其长也,有道理从闻见而入,而以为主于其内而童心失[⑤]。其久也,道理闻见日以益多[⑥],则所知所觉日以益广,于是焉又知美名之可好也,而务欲以扬之而童心失。知不美之名之可丑也,而务欲以掩之而童心失。夫道理闻见,皆自多读书识义理而来也。古之圣人,曷尝不读书哉,然纵不读书,童心固自在也。纵多读书,亦以护此童心而使之勿失焉耳,非若学者反以多读书识义理而反障之也[⑦]。夫学者既以多读书识义理障其童心矣,圣人又何用多著书立言以障学人为耶?童心既障,于是发而为言语,则言语不由衷;见而为政事[⑧],则政事无根柢[⑨];著而为文辞,则文辞不能达。非内含以章美也,非笃实生辉光也[⑩],欲求一句有德之言,卒不可得,所以者何?以童心既障,而以从外入者闻见道理为之心也。

夫既以闻见道理为心矣,则所言者皆闻见道理之言,非童心自出之言也。言虽工,于我何与[⑪]?岂非以假人言假言,而事假事、文假文乎?盖其人既假,则无所不假矣。由是而以假言与假人言,则假人喜;以假事与假人道,则假人喜;以假文与假人谈,则假人喜。无所不假,则无所不喜。满场是假,矮人何辩也[⑫]?然则虽有天下之至文,其湮灭于假人而不尽见于后世者,又岂少哉!何也?天下之至文,未有不出于童心焉者也。苟童心常存,则道理不行,闻见不立,无时不文,无人不文,无一样创制体格文字而非文者[⑬]。诗何必古选[⑭],文何必先秦。降而为六朝,变而为近体[⑮],又变而为传奇[⑯],变而为院本[⑰],为杂剧,为《西厢曲》,为《水浒传》,为今之举子业[⑱],大贤言圣人之道,皆古今至文,不可得而时势先后论也[⑲]。故吾因是而有感于童心者之自文也[⑳],更说甚么六经[㉑],更说甚么《语》、《孟》乎[㉒]!

夫六经、《语》、《孟》,非其史官过为褒崇之词,则其臣子极为赞美之语。

又不然，则其迂阔门徒、懵懂弟子，记忆师说，有头无尾，得后遗前，随其所见，笔之于书。后学不察，便谓出自圣人之口也，决定目之为经矣，孰知其大半非圣人之言乎？纵出自圣人，要亦有为而发，不过因病发药，随时处方，以救此一等懵懂弟子、迂阔门徒云耳。药医假病，方难定执㉓，是岂可遽以为万世之至论乎㉔？然则六经、《语》、《孟》，乃道学之口实㉕，假人之渊薮也㉖，断断乎其不可以语于童心之言明矣。呜呼！吾又安得真正大圣人童心未曾失者而与之一言文哉！

【注释】

①龙洞山农：某评论家别号，生平事迹不详，或认为是李贽别号，恐非。《西厢》：指元代王实甫的《西厢记》。 ②绝假纯真：摒除虚假而纯粹真诚。绝，断绝。 ③曷：与"何"相当。 ④胡然：为什么。遽：快，急速。 ⑤主于其内：（由耳目闻见的道理）在内心深处作了主宰。 ⑥日以益多：每日逐渐增多。益，逐渐。 ⑦学者：此与"古之圣人"相对而言，即指后来的学人。障：蒙蔽。 ⑧见：通"现"。 ⑨政事无根柢：在管理国家的政事上缺乏牢固的基础。 ⑩"非内含"二句：不是由于内心纯真而彰显出美，不是由于本性诚实而显现出光辉。章：通"彰"，彰明，显现。 ⑪与：帮助。 ⑫矮人何辩：此以矮人看戏为喻。（满场是假），令人难以分辨，如同矮人观戏居后排，根本看不清楚。 ⑬创制体格文字：指各种体裁的作品。 ⑭选：指梁昭明太子萧统所编的《文选》，又称《昭明文选》。 ⑮近体：指唐代兴起的近体诗，包括律诗和绝句。 ⑯传奇：指唐人的传奇小说。 ⑰院本：金代行院演出的戏剧脚本。 ⑱举子业：指明清科举考试的文章，即八股文。 ⑲"不可得"一句：不能以时代的远近来论文章的优劣。 ⑳童心者之自文也：有童心的人写的文章。 ㉑六经：即《诗》、《书》、《礼》、《乐》、《易》、《春秋》。 ㉒《语》、《孟》：指《论语》、《孟子》。 ㉓"药医"二句：大夫根据病情开方，药方并非一成不变。实则是说：圣人之言也不过是因时因事而言。 ㉔"是岂可"一句：怎么可以贸然将它当做万世不变的真理笃论呢？ ㉕道学之口实：指道学家可以利用的借口。 ㉖渊薮（sǒu）：原指鱼、兽聚集之地，这里指假人栖身的地方。

【题解】

李贽（1527—1602），字宏甫，号卓吾，又号温陵居士，福建晋江（今福建泉州）人。嘉靖三十一年（1552）举人，官至云南姚安知府。后辞官，移居湖广黄安，寄居于友人耿定向、耿定理家中。因与耿定向不合，又移居麻城讲学著述。数年后因讲学抨击时政，针砭时弊，被当地保守势力驱逐。李贽以异端自居，抨击道学，蔑视经典，为当权者所深恨。晚年因"敢倡乱道，惑世诬民"的罪名被逮入狱，后在狱中自刎而死。其著作有《焚书》、《续焚书》、

《藏书》、《续藏书》、《李氏文集》等，又曾评点《水浒传》、《西厢记》、《浣纱记》等。

李贽的散文摆脱了传统古文的格局，思想大胆解放。袁中道在《李温陵传》中言其古文“不阡不陌，摅其胸中独见”，很是中肯。

《童心说》选自《焚书》卷三。李贽提出“童心说”，主张创作要“绝假纯真”，抒发己见。表面上看，李贽所说的“童心”是指人与生俱来的纯美本性，但从实质上来深究，其思想核心则是要求表现人的真性情，反对伪道学、旧礼教、旧观念对人性的扭曲。在李贽看来，“童心”不仅是创作的源泉，而且是评价一切作品的首要价值标准。这些观点与明代前后七子强调复古摹拟是对立的，与后来公安派的“性灵说”比较相合。在李贽的“童心说”里，一向被正统文人所不齿的通俗小说和戏曲等都被拔高到了与诗、文同等重要的地位，同样可以成为“天下之至文”。这无疑抬高了俗文学的文本价值，促进了俗文学的传播和普及，对晚明文学产生了重要影响。

【思考与训练】

1. 在《童心说》里李贽主要提出了哪些文学主张？
2. “古之圣人”和今之“学者”在为学上有何不同？
3. 李贽心目中的“天下之至文”应有哪些特征？

（甘勇撰稿）

张　岱

西湖七月半

（《陶庵梦忆》）

西湖七月半，一无可看，只可看看七月半之人。

看七月半之人，以五类看之。其一，楼船箫鼓，峨冠盛装，灯火优傒，声光相乱，名为看月而实不见月者，看之[①]；其一，亦船亦楼，名娃闺秀，携及童娈，笑啼杂之，还坐露台，左右盼望，身在月下而实不看月者，看之[②]；其一，亦船亦声歌，名妓闲僧，浅斟低唱，弱管轻丝，竹肉相发，亦在月下，亦看月，而欲人看其看月者，看之[③]；其一，不舟不车，不衫不帻，酒醉饭饱，呼群三五，跻入人丛，昭庆、断桥，嘄呼嘈杂，装假醉，唱无腔曲，月亦看，看月者亦看，不看月者亦看，而实无一看者，看之[4]；其一，小船轻幌，净几煖炉，茶铛旋煮，素瓷静递，好友佳人，邀月同坐，或匿影树下，或逃嚣里湖，看月而人不见其看月之态，亦不作意看月者，看之[5]。

杭人游湖，巳出酉归[6]，避月如仇。是夕好名，逐队争出，多犒门军酒钱，轿夫擎燎，列俟岸上[7]。一入舟，速舟子急放断桥[8]，赶入胜会。以故二鼓以前，人声鼓吹，如沸如撼，如魇如呓，如聋如哑[9]；大船小船一起凑岸，一无所见，止见篙击篙，舟触舟，肩摩肩，面看面而已。

少刻兴尽，官府席散，皂隶喝道去[10]。轿夫叫船上人，怖以关门[11]。灯笼火把如列星[12]，一一簇拥而去。岸上人亦逐队赶门[13]，渐稀渐薄，顷刻散尽矣。吾辈始舣舟近岸[14]。断桥石磴始凉，席其上，呼客纵饮。

此时月如镜新磨，山复整妆，湖复颒面[15]。向之浅斟低唱者出，匿影树下者亦出，吾辈往通声气[16]，拉与同坐。韵友来[17]，名妓至，杯箸安，竹肉发……

月色苍凉，东方将白，客方散去。吾辈纵舟，酣睡于十里荷花之中，香气拘人，清梦甚惬[18]。

【注释】

①楼船：有楼饰的游船。优：优伶。傒（xī）：古代称奴仆为奚，又写作傒。　②童娈（luán）：即娈童。娈：相貌美。啼：哭声，这里指开玩笑的假哭。还：通“环”。　③弱、轻：皆指乐声的柔和。管：箫笛一类的乐器。丝：琴瑟一类的乐器。竹：箫笛之类的竹制乐器，此处兼指前句所述的管、丝之乐。肉：歌喉，此指歌唱声。　④不衫不帻（zé）：不穿上衣，不带头巾。意为不讲究穿着。衫：单上衣。帻：古代的一种头巾。跻：当作“挤”。嘄（jiào）呼嘈杂：高声乱嚷喧闹。嘄：通“叫”。无腔曲：不成腔调的歌曲。⑤轻幌（huǎng）：轻而薄的帏幔。煖（nuǎn）：同“暖”，温热。茶铛（chēng）：烧茶的器皿。旋：迅速。素瓷：白色的瓷碗。此指饮茶器具。里湖：里西湖。西湖以孤山、白堤、苏堤分隔为外西湖、里西湖、后西湖、小南湖及岳湖。　⑥巳：指九时到十一时。酉：十七时至十九时。巳、酉皆为十二时辰的名称。　⑦门军：把守城门的士卒。酒钱：古代往往称小额的赏钱为酒钱，其性质如现在的小费。燎（liào）：火炬。俟（sì）：等待。　⑧速：催促。此句意为：催促船家迅速把船划到断桥。　⑨二鼓：就是“二更”。古代夜间击鼓报时，一夜报五次。三鼓、五鼓就是三更、五更。鼓吹：古代一种器乐合奏，包括鼓、钲、箫、笳等乐器。如沸如撼（hàn）：如水波涌腾、大地震动。撼，摇动。如魇如呓：如梦魇、如呓语。如聋如哑：这里指人声鼓乐之嘈杂，使周围的人既听不到别人的说话声，又无法让别人听到自己的话语，彼此都如聋子和哑巴。　⑩皂隶：古代贱役的称谓，后专指衙门里的差役。喝道：吆喝开道。古代大官出行，由吏役前导呼喝，使行人闻声让路。

⑪怖:恐吓。关门:关闭城门。 ⑫列星:排成队列的星星。 ⑬赶门:急赴城门,以赶在城门关闭前入城。 ⑭舣(yǐ)舟:停船靠岸。 ⑮如镜新磨:喻月亮如刚刚磨过的镜子一样光洁明亮(古代镜子以铜磨制而成)。颒(huì)面:洗面。 ⑯通声气:朋友间传达消息。这里指打招呼。 ⑰韵友:风雅的朋友。 ⑱拘:拥裹。惬(qiè):快意。

【题解】

张岱(1597—1679),字宗子,号石公、陶庵。浙江山阴(今绍兴)人,侨寓杭州。明末清初著名文学家、史学家。一般将其归为明末小品文代表作家之一。他出身于官宦之家,明亡以前未曾出仕,一直过着布衣优游的生活。明亡以后,他曾参加过抗清斗争,后以晚明遗民心态避居浙江剡溪山中,专心从事著述。著有小品散文集《陶庵梦忆》、《西湖梦寻》、《琅嬛文集》,另有记录明代史事的史学著作《石匮书》、《石匮书后集》(今仅存《石匮书后集》,记载崇祯至南明时期的史实)。

《陶庵梦忆》和《西湖梦寻》为其代表作,写于他明亡入山以后。书中缅怀往昔风月繁华,追忆前尘影事,字里行间流露出深沉的故国之思和沧桑之感。他在《陶庵梦忆·序》中说:"鸡鸣枕上,夜气方回,因想余生平,繁华靡丽,过眼皆空,五十年来总成一梦。今当黍熟黄粱,车旅蝗穴,当作如何消受?遥思往事,忆即书之,持向佛前,一一忏悔。"于此可见其著书旨趣及以"梦"名书之由。我们读《陶庵梦忆》和《西湖梦寻》,在欣赏其雅洁优美的散文形象的同时,常常感到有一层梦幻般的轻纱笼罩其上,使意境显得深杳而朦胧。这是历史投下的阴影,它反映了这位明末遗民作家的思想特点,也赋予他的文风以特有的色彩。

张岱的小品可谓名副其实的小品,长者不过千字,短者仅一二百字,笔墨精练,风神绰约,洋溢着诗的意趣。张岱的小品颇似唐人绝句,以隽永见长,寥寥几笔,意在言外,有一唱三叹之致,无捉襟见肘之窘。

晚明小品在中国散文史上虽然不如先秦诸子或唐宋八大家那样引人注目,却因其直抒胸臆的生活化、个人化写作在散文写作史上占有一席之地。它如空谷幽兰,迎风吐馨,自有一股清高拔俗的风韵。张岱继公安三袁之后,以清淡天真之笔,写国破家亡之痛,寓情于境,意趣深远,算得晚明散文作家中一位成就较高的代表。

晚明小品文创作对后世产生了很大影响,一直到本世纪二三十年代。当时周作人曾称赞张岱等人的小品"别有新气象,更是可喜"(《再谈俳文》)。

本篇选自《陶庵梦忆》,是作者对其以前所见的西湖七月半情景的回忆。文中既写了西湖的景色之美,又写了不少可厌的人物与景象,但即使对于后者,也流露出一种亲切感。所以,这不但是对明亡以前的西湖七月半的真切描绘,而且显示了作者对它的无限怀念,文笔平淡自然,而又一往情深。

【思考与训练】

1. 背诵这篇散文的第二自然段。
2. 结合文章内容分析作者的生活情趣与审美理想。
3. 结合文学史,谈谈晚明小品散文的风格特色与文学价值。

(周德梅撰稿)

纳兰性德

蝶恋花

《饮水集》

辛苦最怜天上月。一昔如环,昔昔[①]都成玦[②]。若似月轮终皎洁,不辞冰雪为卿[③]热[④]。

无那[⑤]尘缘容易绝。燕子依然,软踏帘钩说[⑥]。唱罢秋坟愁未歇[⑦],春丛认取双栖蝶[⑧]。

【注释】

①昔:通夕。 ②玦:有缺口的环形佩玉。 ③卿:爱妻卢氏。 ④热:温暖。 ⑤无那:同“无奈”。 ⑥说:通悦,快乐。 ⑦“唱罢”句:用李贺的诗句“秋魂鬼唱鲍家诗,恨血千年土中碧”。 ⑧“春丛”句:那烂漫花丛中形影相随、双栖双飞的彩蝶,一定是词人与爱妻的精灵所化。词中流露出哀惋凄楚的无尽相思之情和怅然若失的怀念心绪。

【题解】

纳兰性德(1655—1685),原名成德,字容若,号楞伽山人,满洲正黄旗,清初著名词人。纳兰性德的主要成就在于词。其词现存349首,刊印为《侧帽》、《饮水》集,后多称《纳兰词》,风格清新隽秀,哀感伤艳。就题材论，纳兰成就最高的为爱情悼亡词。王国维在《人间词话》赞评："北宋以来，一人而已。"

《蝶恋花》是悼念亡妻卢氏之词。纳兰性德娶两广总督尚书卢兴祖之女卢氏为妻，三年后妻子亡故。纳兰性德的同年、平湖词人叶舒崇有文云："抗情尘表，则视若浮云；抚操闺中，则志寸流水。于其殁也，悼亡之吟不少，知己之恨尤多。"由此足见纳兰性德与其亡妻深具的琴瑟融通的心谊。在难以排解的痛苦中，纳兰性德心中的爱妻逐渐化作夜空一轮皎洁的明月。在他看来爱妻卢氏就是那温柔、皎洁的月光，时时刻刻陪伴着自己。阅读《蝶恋花》会感受到其中饱含的挚意深情，他的同时代词人陈维崧评他的词说："哀感顽艳，得南唐二主之遗风。"

【思考与训练】

1. 这首词是如何表达纳兰性德对亡妻无尽的哀思与怀念的？

2. 背诵这首词。

（祥耘撰稿）

梁启超

论毅力（节选）

（《饮冰室文集》）

天下古今成败之林，若是其莽然[①]不一途也。要其何以成，何以败？曰：有毅力者成，反是者败。

盖人生历程，大抵逆境居十六七，顺境亦居十三四，而逆境又常相间以迭乘[②]。无论事之大小，必有数次乃至十数次之阻力，其阻力虽或大或小，而要之必无可逃避者也。其在志力薄弱之士，始固云吾欲云云，其意以为天下事固易易也，及骤尝焉而阻力猝[③]来，颓然丧矣；其次强者，乘一时之意气，透过此第一关，遇再挫而退；稍强者，遇三四挫而退；更稍强者，遇五六挫而退；其事愈大者，其遇挫愈多；其不退也愈难，非至强之人，未有能善于其终者也。

夫苟其挫而不退矣，则小逆之后，必有小顺。大逆之后，必有大顺。盘根错节之既经，而随有应刃而解之一日。旁观者徒艳羡[④]其功之成，以为是殆[5]幸运儿，而天有以宠彼也。又以为我蹇[6]于遭逢，故所就不彼若也。庸讵[7]知所谓蹇焉、幸焉者，皆彼与我之相同，而其能征服此蹇焉，利用此幸焉与否，即彼成我败所由判也。更譬之操舟，如以兼旬之期，行千里之地者，其间风潮之或顺或逆，常相参伍。彼以坚苦忍耐之力，冒其逆而突过之，而后得从容以进度其顺。我则或一日而返焉，或二三日而返焉，或五六日而返焉，故彼岸终不可达也。

孔子曰："譬如为山，未成一篑[8]，止，吾止也；譬如平[9]地，虽复[10]一篑，进，吾往也。"孟子曰："有为者，譬若掘井，掘井九仞，而不及泉，犹为弃井也。"成败之数，视此而已。

【注释】

①莽然：广大众多。 ②迭乘：交替呈现。 ③猝：突然。 ④艳羡：非常羡慕。 ⑤殆：大概、差不多。 ⑥蹇：跛足，引申为艰难、困厄。 ⑦庸讵：岂，怎么。 ⑧篑：盛土的竹筐。 ⑨平：填平。 ⑩复：同"覆"。

【题解】

本文选自《饮冰室文集》中的《专集·新民说》。作者梁启超（1873—1929），字卓如，号任公，又号饮冰室主人、饮冰子、哀时客、中国之新民、自由斋主人等，广东新会人。中国近代史上著名的政治活动家、启蒙思想家、资产阶级宣传家、教育家、史学家和文学家。他论著甚丰，变法前主办《时务报》；变法失败后，逃亡日本，主编《清议报》、《新民丛报》，主要著作是《饮冰室合集》。

全文开笔提出论点：有毅力者成，反是者败。本文写于戊戌变法失败以后，勉励处于逆境的同人，不要因一时受挫而灰心，鼓励他们克服困难，继续前进。

本文运用正反对照的说理方法，通过成与败、逆与顺、强与弱的对比，论述了有毅力与无毅力导致成功与失败两种不同的结局。在一正一反的鲜明对照中，突出了全文的中心论点。文章思路开阔，论证严密，运用层递和比喻等修辞方法，使得全文寓理于形，贴切生动。

梁启超一生勤奋，各种著述达1400万字，在将近36年的政治活动占去其大量时间的情况下，他每年平均写作达39万字之多，他本身就是《论毅力》身体力行的楷模！

《论毅力》与朱光潜的《朝抵抗力最大的路线走》有异曲同工之妙。

【思考与训练】

1. 翻译全文。
2. 本文第三段是如何论证毅力的重要性的？
3. 全文自始至终运用了什么样的说理方法？

（祥耘撰稿）

中国现代文学

本教材所说的中国现代文学，以晚清文学改良运动为前奏，发端于1917年初文学革命的倡导，止于1949年7月第一次全国文学艺术工作者代表大会召开。其发生发展大致经历了五四时期文学(1917—1927)、30年代文学(1927—1937)和战时战后文学(1937—1949)三个阶段。

晚清的"文学改良"，可上溯至龚自珍、黄遵宪的文学思想和创作，但这里主要指以梁启超为代表的"文学改良运动"。1895年甲午战争失败后，康有为、梁启超等在发起维新变法运动的同时，开始反省文言和旧文学的弊端，重视文学的政治改良和启蒙意义，并进行了诗歌变革的早期探索("新派诗")。戊戌变法失败后，从1899年起，在不到三年的时间里，以梁启超为代表的改良派先后提出"诗界革命"、"文界革命"、"小说界革命"和"戏剧改良"的口号，把文学精神、文学内容、文学形式乃至语言和文体的改良革新，提到清末文学的议事日程。尽管这场文学改良运动一开始就存在一些明显局限，但其反思传统、师法域外、倡导思想启蒙和语言文学革新的精神，不啻为五四新文化运动、白话文运动乃至文学革命运动的先声。

五四前后，以新文化运动和文学革命的倡导为标志，中国文学开始了走向现代的伟大转折。1915年9月15日，《青年杂志》在上海创刊，陈独秀发表《敬告青年》一文，倡导自由、进步、民主(人权)与科学等新思想，新文化运动由是拉开序幕。1916年《青年杂志》自第二卷起改名为《新青年》，开始大量发表抨击尊孔复古思想的文章，一场反对旧道德、提倡新道德，反对旧思想，提倡新思想的新文化运动正式展开。1917年初，《新青年》相继发表了胡适的《文学改良刍议》和陈独秀的《文学革命论》，明确提出反对文言文、提倡白话文，反对旧文学、提倡新文学——白话文运动和文学革命运动自此正式发端。1917年俄国的"十月革命"为这场新文化、新文学运动指明了新的方向。1918年《新青年》编委会改组和鲁迅等人的加入，为这场声势浩大的运动注入了新的活力。1919年五四运动的爆发，则标志着中国的民主民族革命乃至文化文学革命发展到一个全新的历史阶段。

发轫于此的五四时期文学，以民主和科学为两大旗帜，以启蒙和救亡为两大诉求，提倡思想自由、个性解放、白话写作和文体创新，具有反传统、反古典、反媚俗的价值取向。此外，五四时期文学还以兼容并包的多元精神，传播和移植西方现代思想文化文学观念，接纳和探索现实主义、浪漫主义、现代主义等各种思潮、方法，由此形成了五四时期社团流派林立，文学观念、创作方法、艺术实践多元与多样化的初步繁荣局面。就社团流派而论，有颇具声势的文学研究会和创造社，以及新月、语丝、莽原、未名、沉钟、湖畔、南国等众多社团乃至流派。就文学创作而论，五四时期文学在小说、诗歌、散文、戏剧诸领域都进行了新的尝试，取得丰硕成果：小说方面，有以鲁迅的《呐喊》、《彷徨》为代表的启蒙小说，以郁达夫的《沉沦》为代表的自传体小说，以及“问题小说”、“乡土小说”等流派；诗歌方面，有以胡适的《尝试集》为代表的早期白话诗，以郭沫若的《女神》为代表的自由诗，以冰心、宗白华为代表的哲理小诗，以闻一多、徐志摩为代表的新格律诗等；散文方面，有《新青年》“随感录”作家群的杂感短论，周作人、俞平伯的言志小品，林语堂的幽默小品等；戏剧方面，则出现了欧阳予倩、洪深、丁西林、田汉等一批剧作家，并在独幕剧创作上取得了突出成就。

1930 年代文学以左翼文学和后五四文学的共同发展为标志，形成多元共存的基本风貌。30 年代的中国，阶级矛盾和民族矛盾日趋尖锐复杂：一方面国共两党在政治、军事、文化等领域全面对抗，其他社会政治力量面临复杂选择；另一方面日本加快了侵吞中国的步伐，中日民族矛盾不断激化。与社会历史走向的变动相一致，中国文学的走向与格局也发生了新的变化。1925 年“五卅运动”前后，蒋光慈、郭沫若等人就提出过革命文学的主张。1928 年前后，创造社、太阳社正式提出“无产阶级革命文学”的口号，并与鲁迅等新文学作家展开了激烈论争。1930 年 3 月，中国左翼作家联盟在上海成立，选举鲁迅等七人为常委，并通过了“左联”的行动纲领和理论纲领。“左联”的成立，标志着中国现代文学进入无产阶级文学即左翼文学阶段。左翼文学广泛传播马克思主义文艺理论，倡导和实践革命现实主义创作方法，强调文学的社会、阶级和革命意识，并在各类文体的创作中都显示了左翼文学运动的实绩。以茅盾的《子夜》为代表的社会剖析派小说代表了左翼小说的最高水平。1932 年成立于上海的中国诗歌会，则从内容与形式两方面实践诗歌革命化、大众化的主张。散文创作在杂文和报告文学两方面取得了较大成绩，鲁迅的杂文和夏衍的《包身工》是其中的成熟之作。左翼戏剧和左翼电影，也是左翼文学的重要组成部分。

后五四文学是指五四新文化运动和文学革命落潮以后，非左翼的部分作家秉承五四精神与传统进行的文学创作与文学活动。其队伍主要包括民主主义作家、自由主义作家及部分独立作家。他们继承五四文学倡导的民主与科学的精神，坚持民主主义、人道主义、自由主义和个性主义立场，强调文学的超功利性、独立性和审美性，对主流文学起到补充和纠偏作用。后五四文学作家没有统一的文学组织或文学运动，主要通过编辑刊物、出版丛书或师友关系开展文学活动，《新月》、《现代》、《大公报·文艺副刊》等刊物以及良友、开明、生活等书店是其主要活动园地。后五四文学的文学创作成就斐然，突出表现在中长篇小说和多幕话剧走向成熟，巴金的《家》、老舍的《骆驼祥子》以及曹禺的《雷雨》、《日出》都是优秀之作。以沈从文为代表的京派文学，以及新感觉派小说、论语派小品、现代派诗歌等，则极大地丰富了30年代文学的艺术成果。

以抗日战争的爆发和结束为标志，中国现代文学进入战时战后文学阶段。从1937年抗日战争爆发到1949年中华人民共和国成立，中国经历了八年抗战和三年内战。因战争所造成的政权、区域分割，以及文学中心的迁移与重组，使这一时期的文学格局呈现区域化的特征。因此，战时战后文学可大致划分为国统区文学、解放区文学、"孤岛"和沦陷区文学。

国统区文学是指国民党统治区域的文学，其阶段分明、成分复杂。抗战初期为适应国共合作全面抗战的政治形势，1938年3月，中华全国文艺界抗敌协会在汉口成立。它提出"文章下乡、文章入伍"的口号，激发了大批文艺工作者的民族意识和群体意识。作家们创作出大量反映抗日生活的作品，作品大多形制短小、形式通俗、情绪昂扬。适应抗日宣传的诗歌、戏剧和报告文学得到空前发展。进入战争相持阶段后，国统区文学运动逐渐沉寂下来。作家们在日益沉重的政治气候下，坚守抗日爱国的进步立场，冷静理性地观察、批判现实，作品内容和形式变得深沉、厚实，长篇小说、叙事诗、多幕剧等陆续出现，茅盾的《腐蚀》、郭沫若的《屈原》是代表之作。抗战后期到解放战争时期，文学再一次与民主运动结合，讽刺诗、讽刺喜剧的繁盛是本阶段最突出的创作现象。

解放区文学是战时抗日民主根据地文学和战后解放区文学的统称，其中最具代表性的文学运动是以延安为中心的工农兵文学运动。1942年5月毛泽东发表《在延安文艺座谈会上的讲话》，明确提出了文艺的工农兵方向。《讲话》号召作家深入现实生活、改造主观世界，以"普及第一"为文艺工作的指导方针，以大众化和民族化为文艺创作的主要风格，创作广大人民群众喜闻乐见的作品。在《讲话》精神的指引下，解放区文学不仅表现了新的题材和主题，即热情描绘人民群众的斗争生活和赞美歌颂新社会、新生活；而且自觉探求文学的民族化、大众化形式，创造了新评书体小说、新章回体小说、民歌叙事诗、新歌剧等新文体。《小二黑结婚》、《李有才板话》、《荷花淀》、《太阳照在桑干河上》等小说，《王贵与李香香》、《漳河水》等诗歌，《白毛女》等歌剧作品，代表了解放区文学的最新成就。

"孤岛"和沦陷区文学分别指上海沦陷时期租界以及东北、华北等日本占领时期的文学。由于险恶的政治环境,“孤岛”和沦陷区文学呈现出复杂样态。其中既有官办汉奸文学,又有曲折表达抗日呼声的爱国文学,更多的则是在夹缝中生存的“中间状态”的作家作品。五四文学传统的坚守与深化,以及通俗文学取向的承续和延展,是“孤岛”和沦陷区文学引人注目的两大特点。就题材领域的开拓和艺术表现的创新而言,张爱玲、钱锺书的小说,李健吾的剧作、评论,都是值得格外关注的。

中国现代文学经典作品选目:

鲁　迅　《呐喊》(小说集)、《彷徨》(小说集)

郁达夫　《沉沦》(小说集)

茅　盾　《子夜》(长篇小说)、《腐蚀》(长篇小说)

巴　金　《家》(长篇小说)、《寒夜》(长篇小说)

老　舍　《骆驼祥子》(长篇小说)、《月牙儿》(中篇小说)

钱锺书　《围城》(长篇小说)

沈从文　《边城》(中篇小说)、《湘行散记》(散文集)

张爱玲　《金锁记》(中篇小说)、《倾城之恋》(中篇小说)

郭沫若　《女神》(诗歌集)、《屈原》(戏剧)

徐志摩　《志摩的诗》(诗歌集)

戴望舒　《望舒诗稿》(诗歌集)

朱自清　《背影》(散文集)

周作人　《雨天的书》(散文集)

曹　禺　《雷雨》(戏剧)、《日出》(戏剧)

(罗晓静撰稿)

鲁 迅

伤 逝

——涓生的手记

(《彷徨》)

如果我能够,我要写下我的悔恨和悲哀,为子君,为自己。

会馆[1]里的被遗忘在偏僻里的破屋是这样地寂静和空虚。时光过得真快,我爱子君,仗着她逃出这寂静和空虚,已经满一年了。事情又这么不凑巧,我重来时,偏偏空着的又只有这一间屋。依然是这样的破窗,这样的窗外的半枯的槐树和老紫藤,这样的窗前的方桌,这样的败壁,这样的靠壁的板床。深夜中独自躺在床上,就如我未曾和子君同居以前一般,过去一年中的时光全被消灭,全未有过,我并没有曾经从这破屋子搬出,在吉兆胡同创立了满怀希望的小小的家庭。

不但如此。在一年之前,这寂静和空虚是并不这样的,常常含着期待;期待子君的到来。在久待的焦躁中,一听到皮鞋的高底尖触着砖路的清响,是怎样地使我骤然生动起来呵!于是就看见带着笑涡的苍白的圆脸,苍白的瘦的臂膊,布的有条纹的衫子,玄色的裙。她又带了窗外的半枯的槐树的新叶来,使我看见,还有挂在铁似的老干上的一房一房的紫白的藤花。

然而现在呢,只有寂静和空虚依旧,子君却决不再来了,而且永远,永远地!……

子君不在我这破屋里时,我什么也看不见。在百无聊赖中,随手抓过一本书来,科学也好,文学也好,横竖什么都一样;看下去,看下去,忽而自己觉得,已经翻了十多页了,但是毫不记得书上所说的事。只是耳朵却分外地灵,仿佛听到大门外一切往来的履声,从中便有子君的,而且橐橐地逐渐临近,——但是,往往又逐渐渺茫,终于消失在别的步声的杂沓中了。我憎恶那不像子君鞋声的穿布底鞋的长班[2]的儿子,我憎恶那太像子君鞋声的常常穿着新皮鞋的邻院的搽雪花膏的小东西!

莫非她翻了车么?莫非她被电车撞伤了么?……

我便要取了帽子去看她,然而她的胞叔就曾经当面骂过我。

蓦然,她的鞋声近来了,一步响于一步,迎出去时,却已经走过紫藤棚下,脸上带着微笑的酒窝。她在她叔子的家里大约并未受气;我的心宁帖了,默默地相视片时之后,破屋里便渐渐充满了我的语声,谈家庭专制,谈打破旧习惯，谈男女平等，谈伊孛生，谈泰戈尔，谈雪莱……。她总是微笑点头，两眼里弥漫着稚气的好奇的光泽。壁上就钉着一张铜板的雪莱半身像，是从杂志上裁下来的，是他的最美的一张像。当我指给她看时，她却只草草一看，便低了头，似乎不好意思了。这些地方，子君就大概还未脱尽旧思想的束缚，——我后来也想，倒不如换一张雪莱淹死在海里的记念像或是伊孛生的罢；但也终于没有换，现在是连这一张也不知那里去了。

“我是我自己的，他们谁也没有干涉我的权利！”

这是我们交际了半年，又谈起她在这里的胞叔和在家的父亲时，她默想了一会之后，分明地，坚决地，沉静地说了出来的话。其时是我已经说尽了我的意见，我的身世，我的缺点，很少隐瞒；她也完全了解的了。这几句话很震动了我的灵魂，此后许多天还在耳中发响，而且说不出的狂喜，知道中国女性，并不如厌世家所说那样的无法可施，在不远的将来，便要看见辉煌的曙色的。

送她出门，照例是相离十多步远；照例是那鲇鱼须的老东西的脸又紧帖在脏的窗玻璃上了，连鼻尖都挤成一个小平面；到外院，照例又是明晃晃的玻璃窗里的那小东西的脸，加厚的雪花膏。她目不邪视地骄傲地走了，没有看见；我骄傲地回来。

“我是我自己的，他们谁也没有干涉我的权利！”这彻底的思想就在她的脑里，比我还透澈，坚强得多。半瓶雪花膏和鼻尖的小平面，于她能算什么东西呢？

我已经记不清那时怎样地将我的纯真热烈的爱表示给她。岂但现在，那时的事后便已模胡，夜间回想，早只剩了一些断片了；同居以后一两月，便连这些断片也化作无可追踪的梦影。我只记得那时以前的十几天，曾经很仔细地研究过表示的态度，排列过措辞的先后，以及倘或遭了拒绝以后的情形。可是临时似乎都无用，在慌张中，身不由己地竟用了在电影上见过的方法了。后来一想到，就使我很愧恧，但在记忆上却偏只有这一点永远留遗，至今还如暗室的孤灯一般，照见我含泪握着她的手，一条腿跪了下去……。

不但我自己的，便是子君的言语举动，我那时就没有看得分明；仅知道她已经允许我了。但也还仿佛记得她脸色变成青白，后来又渐渐转作绯红，——没有见过，也没有再见的绯红；孩子似的眼里射出悲喜，但是夹着惊疑的光，虽然力避我的视线，张皇地似乎要破窗飞去。然而我知道她已经允许我了，没有知道她怎样说或是没有说。

她却是什么都记得：我的言辞，竟至于读熟了的一般，能够滔滔背诵；我的举动，就如有一张我所看不见的影片挂在眼下，叙述得如生，很细微，自然连那使我不愿再想的浅薄的电影的一闪。夜阑人静，是相对温习的时候了，我常是被质问，被考验，并且被命复述当时的言语，然而常须由她补足，由她纠正，像一个丁等的学生。

这温习后来也渐渐稀疏起来。但我只要看见她两眼注视空中，出神似的凝想着，于是神色越加柔和，笑窝也深下去，便知道她又在自修旧课了，只是我很怕她看到我那可笑的电影的一闪。但我又知道，她一定要看见，而且也非看不可的。

然而她并不觉得可笑。即使我自己以为可笑，甚而至于可鄙的，她也毫不以为可笑。这事我知道得很清楚，因为她爱我，是这样地热烈，这样地纯真。

去年的暮春是最为幸福，也是最为忙碌的时光。我的心平静下去了，但又有别一部分和身体一同忙碌起来。我们这时才在路上同行，也到过几回公园，最多的是寻住所。我觉得在路上时时遇到探索，讥笑，猥亵和轻蔑的眼光，一不小心，便使我的全身有些瑟缩，只得即刻提起我的骄傲和反抗来支持。她却是大无畏的，对于这些全不关心，只是镇静地缓缓前行，坦然如入无人之境。

寻住所实在不是容易事，大半是被托辞拒绝，小半是我们以为不相宜。起先我们选择得很苛酷，——也非苛酷，因为看去大抵不像是我们的安身之所；后来，便只要他们能相容了。看了二十多处，这才得到可以暂且敷衍的处所，是吉兆胡同一所小屋里的两间南屋；主人是一个小官，然而倒是明白人，自住着正屋和厢房。他只有夫人和一个不到周岁的女孩子，雇一个乡下的女工，只要孩子不啼哭，是极其安闲幽静的。

我们的家具很简单，但已经用去了我的筹来的款子的大半；子君还卖掉了她唯一的金戒指和耳环。我拦阻她，还是定要卖，我也就不再坚持下去了；我知道不给她加入一点股分去，她是住不舒服的。

和她的叔子，她早经闹开，至于使他气愤到不再认她做侄女；我也陆续和几个自以为忠告，其实是替我胆怯，或者竟是嫉妒的朋友绝了交。然而这倒很清静。每日办公散后，虽然已近黄昏，车夫又一定走得这样慢，但究竟还有二人相对的时候。我们先是沉默的相视，接着是放怀而亲密的交谈，后来又是沉默。大家低头沉思着，却并未想着什么事。我也渐渐清醒地读遍了她的身体，她的灵魂，不过三星期，我似乎于她已经更加了解，揭去许多先前以为了解而现在看来却是隔膜，即所谓真的隔膜了。

子君也逐日活泼起来。但她并不爱花，我在庙会[3]时买来的两盆小草花，四天不浇，枯死在壁角了，我又没有照顾一切的闲暇。然而她爱动物，也许是从官太太那里传染的罢，不一月，我们的眷属便骤然加得很多，四只小油鸡，在小院子里和房主人的十多只在一同走。但她们却认识鸡的相貌，各知道那一只是自家的。还有一只花白的叭儿狗，从庙会买来，记得似乎原有名字，子君却给它另起了一个，叫作阿随。我就叫它阿随，但我不喜欢这名字。

这是真的，爱情必须时时更新，生长，创造。我和子君说起这，她也领会地点点头。

唉唉，那是怎样的宁静而幸福的夜呵！

安宁和幸福是要凝固的，永久是这样的安宁和幸福。我们在会馆里时，还偶有议论的冲突和意思的误会，自从到吉兆胡同以来，连这一点也没有了；我们只在灯下对坐的怀旧谭中，回味那时冲突以后的和解的重生一般的乐趣。

子君竟胖了起来，脸色也红活了；可惜的是忙。管了家务便连谈天的工夫也没有，何况读书和散步。我们常说，我们总还得雇一个女工。

这就使我也一样地不快活，傍晚回来，常见她包藏着不快活的颜色，尤其使我不乐的是她要装作勉强的笑容。幸而探听出来了，也还是和那小官太太的暗斗，导火线便是两家的小油鸡。但又何必硬不告诉我呢？人总该有一个独立的家庭。这样的处所，是不能居住的。

我的路也铸定了，每星期中的六天，是由家到局，又由局到家。在局里便坐在办公桌前钞，钞，钞些公文和信件；在家里是和她相对或帮她生白炉子，煮饭，蒸馒头。我的学会了煮饭，就在这时候。

但我的食品却比在会馆里时好得多了。做菜虽不是子君的特长，然而她于此却倾注着全力；对于她的日夜的操心，使我也不能不一同操心，来算作分甘共苦。况且她又这样地终日汗流满面，短发都粘在脑额上；两只手又只是这样地粗糙起来。

况且还要饲阿随，饲油鸡，……都是非她不可的工作。

我曾经忠告她：我不吃，倒也罢了；却万不可这样地操劳。她只看了我一眼，不开口，神色却似乎有点凄然；我也只好不开口。然而她还是这样地操劳。

我所豫期的打击果然到来。双十节的前一晚，我呆坐着，她在洗碗。听到打门声，我去开门时，是局里的信差，交给我一张油印的纸条。我就有些料到了，到灯下去一看，果然，印着的就是：

> 奉
>
> 局长谕史涓生着毋庸到局办事
>
> 秘书处启　十月九号

这在会馆里时，我就早已料到了；那雪花膏便是局长的儿子的赌友，一定要去添些谣言，设法报告的。到现在才发生效验，已经要算是很晚的了。其实这在我不能算是一个打击，因为我早就决定，可以给别人去钞写，或者教读，或者虽然费力，也还可以译点书，况且《自由之友》的总编辑便是见过几次的熟人，两月前还通过信。但我的心却跳跃着。那么一个无畏的子君也变了色，尤其使我痛心；她近来似乎也较为怯弱了。

"那算什么。哼，我们干新的。我们……。"她说。

她的话没有说完；不知怎地，那声音在我听去却只是浮浮的；灯光也觉得格外黯淡。人们真是可笑的动物，一点极微末的小事情，便会受着很深的影响。我们先是默默地相视，逐渐商量起来，终于决定将现有的钱竭力节省，一面登"小广告"去寻求钞写和教读，一面写信给《自由之友》的总编辑，说明我目下的遭遇，请他收用我的译本，给我帮一点艰辛时候的忙。

"说做，就做罢！来开一条新的路！"

我立刻转身向了书案，推开盛香油的瓶子和醋碟，子君便送过那黯淡的灯来。我先拟广告；其次是选定可译的书，迁移以来未曾翻阅过，每本的头上都满漫着灰尘了；最后才写信。

我很费踌躇，不知道怎样措辞好，当停笔凝思的时候，转眼去一瞥她的脸，在昏暗的灯光下，又很见得凄然。我真不料这样微细的小事情，竟会给坚决的，无畏的子君以这么显著的变化。她近来实在变得很怯弱了，但也并不是今夜才开始的。我的心因此更缭乱，忽然有安宁的生活的影像——会馆里的破屋的寂静，在眼前一闪，刚刚想定睛凝视，却又看见了昏暗的灯光。

许久之后，信也写成了，是一封颇长的信；很觉得疲劳，仿佛近来自己也较为怯弱了。于是我们决定，广告和发信，就在明日一同实行。大家不约而同地伸直了腰肢，在无言中，似乎又都感到彼此的坚忍崛强的精神，还看见从新萌芽起来的将来的希望。

外来的打击其实倒是振作了我们的新精神。局里的生活，原如鸟贩子手里的禽鸟一般，仅有一点小米维系残生，决不会肥胖；日子一久，只落得麻痹了翅子，即使放出笼外，早已不能奋飞。现在总算脱出这牢笼了，我从此要在新的开阔的天空中翱翔，趁我还未忘却了我的翅子的扇动。

小广告是一时自然不会发生效力的；但译书也不是容易事，先前看过，以为已经懂得的，一动手，却疑难百出了，进行得很慢。然而我决计努力地做，一本半新的字典，不到半月，边上便有了一大片乌黑的指痕，这就证明着我的工作的切实。《自由之友》的总编辑曾经说过，他的刊物是决不会埋没好稿子的。

可惜的是我没有一间静室，子君又没有先前那么幽静，善于体帖了，屋子里总是散乱着碗碟，弥漫着煤烟，使人不能安心做事，但是这自然还只能怨我自己无力置一间书斋。然而又加以阿随，加以油鸡们。加以油鸡们又大起来了，更容易成为两家争吵的引线。

加以每日的"川流不息"的吃饭；子君的功业，仿佛就完全建立在这吃饭中。吃了筹钱，筹来吃饭，还要喂阿随，饲油鸡；她似乎将先前所知道的全都忘掉了，也不想到我的构思就常常为了这催促吃饭而打断。即使在坐中给看一点怒色，她总是不改变，仍然毫无感触似的大嚼起来。

使她明白了我的作工不能受规定的吃饭的束缚，就费去五星期。她明白之后，大约很不高兴罢，可是没有说。我的工作果然从此较为迅速地进行，不久就共译了五万言，只要润色一回，便可以和做好的两篇小品，一同寄给《自由之友》去。只是吃饭却依然给我苦恼。菜冷，是无妨的，然而竟不够；有时连饭也不够，虽然我因为终日坐在家里用脑，饭量已经比先前要减少得多。这是先去喂了阿随了，有时还并那近来连自己也轻易不吃的羊肉。她说，阿随实在瘦得太可怜，房东太太还因此嗤笑我们了，她受不住这样的奚落。

于是吃我残饭的便只有油鸡们。这是我积久才看出来的，但同时也如赫胥黎的论定"人类在宇宙间的位置"一般，自觉了我在这里的位置：不过是叭儿狗和油鸡之间。

后来，经多次的抗争和催逼，油鸡们也逐渐成为肴馔，我们和阿随都享用了十多日的鲜肥；可是其实都很瘦，因为它们早已每日只能得到几粒高粱了。从此便清静得多。只有子君很颓唐，似乎常觉得凄苦和无聊，至于不大愿意开口。我想，人是多么容易改变呵！

但是阿随也将留不住了。我们已经不能再希望从什么地方会有来信，子君也早没有一点食物可以引它打拱或直立起来。冬季又逼近得这么快，火炉就要成为很大的问题；它的食量，在我们其实早是一个极易觉得的很重的负担。于是连它也留不住了。

倘使插了草标[4]到庙市去出卖，也许能得几文钱罢，然而我们都不能，也不愿这样做。终于是用包袱蒙着头，由我带到西郊去放掉了，还要追上来，便推在一个并不很深的土坑里。

我一回寓，觉得又清静得多多了；但子君的凄惨的神色，却使我很吃惊。那是没有见过的神色，自然是为阿随。但又何至于此呢？我还没有说起推在土坑里的事。

到夜间，在她的凄惨的神色中，加上冰冷的分子了。

"奇怪。——子君，你怎么今天这样儿了？"我忍不住问。

"什么？"她连看也不看我。

"你的脸色……。"

"没有什么，——什么也没有。"

我终于从她言动上看出，她大概已经认定我是一个忍心的人。其实，我一个人，是容易生活的，虽然因为骄傲，向来不与世交来往，迁居以后，也疏远了所有旧识的人，然而只要能远走高飞，生路还宽广得很。现在忍受着这生活压迫的苦痛，大半倒是为她，便是放掉阿随，也何尝不如此。但子君的识见却似乎只是浅薄起来，竟至于连这一点也想不到了。

我拣了一个机会，将这些道理暗示她；她领会似的点头。然而看她后来的情形，她是没有懂，或者是并不相信的。

天气的冷和神情的冷，逼迫我不能在家庭中安身。但是，往那里去呢？大道上，公园里，虽然没有冰冷的神情，冷风究竟也刺得人皮肤欲裂。我终于在通俗图书馆里觅得了我的天堂。

那里无须买票；阅书室里又装着两个铁火炉。纵使不过是烧着不死不活的煤的火炉，但单是看见装着它，精神上也就总觉得有些温暖。书却无可看：旧的陈腐，新的是几乎没有的。

好在我到那里去也并非为看书。另外时常还有几个人，多则十余人，都是单薄衣裳，正如我，各人看各人的书，作为取暖的口实。这于我尤为合式。道路上容易遇见熟人，得到轻蔑的一瞥，但此地却决无那样的横祸，因为他们是永远围在别的铁炉旁，或者靠在自家的白炉边的。

那里虽然没有书给我看，却还有安闲容得我想。待到孤身枯坐，回忆从前，这才觉得大半年来，只为了爱，——盲目的爱，——而将别的人生的要义全盘疏忽了。第一，便是生活。人必生活着，爱才有所附丽。世界上并非没有为了奋斗者而开的活路；我也还未忘却翅子的扇动，虽然比先前已经颓唐得多……。

屋子和读者渐渐消失了，我看见怒涛中的渔夫，战壕中的兵士，摩托车[5]中的贵人，洋场上的投机家，深山密林中的豪杰，讲台上的教授，昏夜的运动者和深夜的偷儿……。子君，——不在近旁。她的勇气都失掉了，只为着阿随悲愤，为着做饭出神；然而奇怪的是倒也并不怎样瘦损……。

冷了起来，火炉里的不死不活的几片硬煤，也终于烧尽了，已是闭馆的时候。又须回到吉兆胡同，领略冰冷的颜色去了。近来也间或遇到温暖的神情，但这却反而增加我的苦痛。记得有一夜，子君的眼里忽而又发出久已不见的稚气的光来，笑着和我谈到还在会馆时候的情形，时时又很带些恐怖的神色。我知道我近来的超过她的冷漠，已经引起她的忧疑来，只得也勉力谈笑，想给她一点慰藉。然而我的笑貌一上脸，我的话一出口，却即刻变为空虚，这空虚又即刻发生反响，回向我的耳目里，给我一个难堪的恶毒的冷嘲。

子君似乎也觉得的，从此便失掉了她往常的麻木似的镇静，虽然竭力掩饰，总还是时时露出忧疑的神色来，但对我却温和得多了。

我要明告她，但我还没有敢，当决心要说的时候，看见她孩子一般的眼色，就使我只得暂且改作勉强的欢容。但是这又即刻来冷嘲我，并使我失却那冷漠的镇静。

她从此又开始了往事的温习和新的考验，逼我做出许多虚伪的温存的答案来，将温存示给她，虚伪的草稿便写在自己的心上。我的心渐被这些草稿填满了，常觉得难于呼吸。我在苦恼中常常想，说真实自然须有极大的勇气的；假如没有这勇气，而苟安于虚伪，那也便是不能开辟新的生路的人。不独不是这个，连这人也未尝有！

子君有怨色，在早晨，极冷的早晨，这是从未见过的，但也许是从我看来的怨色。我那时冷冷地气愤和暗笑了；她所磨练的思想和豁达无畏的言论，到底也还是一个空虚，而对于这空虚却并未自觉。她早已什么书也不看，已不知道人的生活的第一着是求生，向着这求生的道路，是必须携手同行，或奋身孤往的了，倘使只知道搥着一个人的衣角，那便是虽战士也难于战斗，只得一同灭亡。

我觉得新的希望就只在我们的分离；她应该决然舍去，——我也突然想到她的死，然而立刻自责，忏悔了。幸而是早晨，时间正多，我可以说我的真实。我们的新的道路的开辟，便在这一遭。

我和她闲谈，故意地引起我们的往事，提到文艺，于是涉及外国的文人，文人的作品：《诺拉》，《海的女人》[6]。称扬诺拉的果决……。也还是去年在会馆的破屋里讲过的那些话，但现在已经变成空虚，从我的嘴传入自己的耳中，时时疑心有一个隐形的坏孩子，在背后恶意地刻毒地学舌。

她还是点头答应着倾听，后来沉默了。我也就断续地说完了我的话，连余音都消失在虚空中了。

"是的。"她又沉默了一会，说，"但是，……涓生，我觉得你近来很两样了。可是的？你，——你老实告诉我。"

我觉得这似乎给了我当头一击，但也立即定了神，说出我的意见和主张来：新的路的开辟，新的生活的再造，为的是免得一同灭亡。

临末，我用了十分的决心，加上这几句话：

"……况且你已经可以无须顾虑，勇往直前了。你要我老实说；是的，人是不该虚伪的。我老实说罢：因为，因为我已经不爱你了！但这于你倒好得多，因为你更可以毫无挂念地做事……。"

我同时豫期着大的变故的到来，然而只有沉默。她脸色陡然变成灰黄，死了似的；瞬间便又苏生，眼里也发了稚气的闪闪的光泽。这眼光射向四处，正如孩子在饥渴中寻求着慈爱的母亲，但只在空中寻求，恐怖地回避着我的眼。

我不能看下去了，幸而是早晨，我冒着寒风径奔通俗图书馆。

在那里看见《自由之友》，我的小品文都登出了。这使我一惊，仿佛得了一点生气。我想，生活的路还很多，——但是，现在这样也还是不行的。

我开始去访问久已不相闻问的熟人，但这也不过一两次；他们的屋子自然是暖和的，我在骨髓中却觉得寒冽。夜间，便蜷伏在比冰还冷的冷屋中。

冰的针刺着我的灵魂，使我永远苦于麻木的疼痛。生活的路还很多，我也还没有忘却翅子的扇动，我想。——我突然想到她的死，然而立刻自责，忏悔了。

在通俗图书馆里往往瞥见一闪的光明，新的生路横在前面。她勇猛地觉悟了，毅然走出这冰冷的家，而且，——毫无怨恨的神色。我便轻如行云，漂浮空际，上有蔚蓝的天，下是深山大海，广厦高楼，战场，摩托车，洋场，公馆，晴明的闹市，黑暗的夜……。

而且，真的，我豫感得这新生面便要来到了。

我们总算度过了极难忍受的冬天，这北京的冬天；就如蜻蜓落在恶作剧的坏孩子的手里一般，被系着细线，尽情玩弄，虐待，虽然幸而没有送掉性命，结果也还是躺在地上，只争着一个迟早之间。

写给《自由之友》的总编辑已经有三封信，这才得到回信，信封里只有两张书券:两角的和三角的。我却单是催,就用了九分的邮票,一天的饥饿,又都白挨给于己一无所得的空虚了。

然而觉得要来的事,却终于来到了。

这是冬春之交的事,风已没有这么冷,我也更久地在外面徘徊;待到回家,大概已经昏黑。就在这样一个昏黑的晚上,我照常没精打采地回来,一看见寓所的门,也照常更加丧气,使脚步放得更缓。但终于走进自己的屋子里了,没有灯火;摸火柴点起来时,是异样的寂寞和空虚!

正在错愕中,官太太便到窗外来叫我出去。

“今天子君的父亲来到这里,将她接回去了。”她很简单地说。

这似乎又不是意料中的事,我便如脑后受了一击,无言地站着。

“她去了么?”过了些时,我只问出这样一句话。

“她去了。”

“她,——她可说什么?”

“没说什么。单是托我见你回来时告诉你,说她去了。”

我不信;但是屋子里是异样的寂寞和空虚。我遍看各处,寻觅子君;只见几件破旧而黯淡的家具,都显得极其清疏,在证明着它们毫无隐匿一人一物的能力。我转念寻信或她留下的字迹,也没有;只是盐和干辣椒,面粉,半株白菜,却聚集在一处了,旁边还有几十枚铜元。这是我们两人生活材料的全副,现在她就郑重地将这留给我一个人,在不言中,教我借此去维持较久的生活。

我似乎被周围所排挤,奔到院子中间,有昏黑在我的周围;正屋的纸窗上映出明亮的灯光,他们正在逗着孩子玩笑。我的心也沉静下来,觉得在沉重的迫压中,渐渐隐约地现出脱走的路径:深山大泽,洋场,电灯下的盛筵,壕沟,最黑最黑的深夜,利刃的一击,毫无声响的脚步……。

心地有些轻松,舒展了,想到旅费,并且嘘一口气。

躺着,在合着的眼前经过的豫想的前途,不到半夜已经现尽;暗中忽然仿佛看见一堆食物,这之后,便浮出一个子君的灰黄的脸来,睁了孩子气的眼睛,恳托似的看着我。我一定神,什么也没有了。

但我的心却又觉得沉重。我为什么偏不忍耐几天,要这样急急地告诉她真话的呢?现在她知道,她以后所有的只是她父亲——儿女的债主——的烈日一般的严威和旁人的赛过冰霜的冷眼。此外便是虚空。负着虚空的重担,在严威和冷眼中走着所谓人生的路,这是怎么可怕的事呵!而况这路的尽头,又不过是——连墓碑也没有的坟墓。

我不应该将真实说给子君，我们相爱过，我应该永久奉献她我的说谎。如果真实可以宝贵，这在子君就不该是一个沉重的空虚。谎语当然也是一个空虚，然而临末，至多也不过这样地沉重。

我以为将真实说给子君，她便可以毫无顾虑，坚决地毅然前行，一如我们将要同居时那样。但这恐怕是我错误了。她当时的勇敢和无畏是因为爱。

我没有负着虚伪的重担的勇气，却将真实的重担卸给她了。她爱我之后，就要负了这重担，在严威和冷眼中走着所谓人生的路。

我想到她的死……。我看见我是一个卑怯者，应该被摈于强有力的人们，无论是真实者，虚伪者。然而她却自始至终，还希望我维持较久的生活……。

我要离开吉兆胡同，在这里是异样的空虚和寂寞。我想，只要离开这里，子君便如还在我的身边；至少，也如还在城中，有一天，将要出乎意表地访我，像住在会馆时候似的。

然而一切请托和书信，都是一无反响；我不得已，只好访问一个久不问候的世交去了。他是我伯父的幼年的同窗，以正经出名的拔贡[7]，寓京很久，交游也广阔的。

大概因为衣服的破旧罢，一登门便很遭门房的白眼。好容易才相见，也还相识，但是很冷落。我们的往事，他全都知道了。

"自然，你也不能在这里了，"他听了我托他在别处觅事之后，冷冷地说，"但那里去呢？很难。——你那，什么呢，你的朋友罢，子君，你可知道，她死了。"

我惊得没有话。

"真的？"我终于不自觉地问。

"哈哈。自然真的。我家的王升的家，就和她家同村。"

"但是，——不知道是怎么死的？"

"谁知道呢。总之是死了就是了。"

我已经忘却了怎样辞别他，回到自己的寓所。我知道他是不说谎话的；子君总不会再来的了，像去年那样。她虽是想在严威和冷眼中负着虚空的重担来走所谓人生的路，也已经不能。她的命运，已经决定她在我所给与的真实——无爱的人间死灭了！

自然，我不能在这里了；但是，"那里去呢？"

四围是广大的空虚，还有死的寂静。死于无爱的人们的眼前的黑暗，我仿佛一一看见，还听得一切苦闷和绝望的挣扎的声音。

我还期待着新的东西到来，无名的，意外的。但一天一天，无非是死的寂静。

我比先前已经不大出门，只坐卧在广大的空虚里，一任这死的寂静侵蚀着我的灵魂。死的寂静有时也自己战栗，自己退藏，于是在这绝续之交，便闪出无名的，意外的，新的期待。

一天是阴沉的上午，太阳还不能从云里面挣扎出来；连空气都疲乏着。耳中听到细碎的步声和咻咻的鼻息，使我睁开眼。大致一看，屋子里还是空虚；但偶然看到地面，却盘旋着一匹小小的动物，瘦弱的，半死的，满身灰土的……。

我一细看，我的心就一停，接着便直跳起来。

那是阿随。它回来了。

我的离开吉兆胡同，也不单是为了房主人们和他家女工的冷眼，大半就为着这阿随。但是，“那里去呢？”新的生路自然还很多，我约略知道，也间或依稀看见，觉得就在我面前，然而我还没有知道跨进那里去的第一步的方法。

经过许多回的思量和比较，也还只有会馆是还能相容的地方。依然是这样的破屋，这样的板床，这样的半枯的槐树和紫藤，但那时使我希望，欢欣，爱，生活的，却全都逝去了，只有一个虚空，我用真实去换来的虚空存在。

新的生路还很多，我必须跨进去，因为我还活着。但我还不知道怎样跨出那第一步。有时，仿佛看见那生路就像一条灰白的长蛇，自己蜿蜒地向我奔来，我等着，等着，看看临近，但忽然便消失在黑暗里了。

初春的夜，还是那么长。长久的枯坐中记起上午在街头所见的葬式，前面是纸人纸马，后面是唱歌一般的哭声。我现在已经知道他们的聪明了，这是多么轻松简截的事。

然而子君的葬式却又在我的眼前，是独自负着虚空的重担，在灰白的长路上前行，而又即刻消失在周围的严威和冷眼里了。

我愿意真有所谓鬼魂，真有所谓地狱，那么，即使在孽风怒吼之中，我也将寻觅子君，当面说出我的悔恨和悲哀，祈求她的饶恕；否则，地狱的毒焰将围绕我，猛烈地烧尽我的悔恨和悲哀。

我将在孽风和毒焰中拥抱子君，乞她宽容，或者使她快意……。

但是，这却更虚空于新的生路；现在所有的只是初春的夜，竟还是那么长。我活着，我总得向着新的生路跨出去，那第一步，——却不过是写下我的悔恨和悲哀,为子君,为自己。

我仍然只有唱歌一般的哭声,给子君送葬,葬在遗忘中。

我要遗忘;我为自己,并且要不再想到这用了遗忘给子君送葬。

我要向着新的生路跨进第一步去,我要将真实深深地藏在心的创伤中,默默地前行,用遗忘和说谎做我的前导……。

一九二五年十月二十一日毕

【注释】

①会馆:旧时都市中同乡会或同业公会设立的馆舍,供同乡或同业旅居、聚会之用。 ②长班:旧时官员的随身仆人,也用来称呼一般的"听差"。 ③庙会:又称"庙市",旧时在节日或规定的日子,设在寺庙或其附近的集市。 ④草标:旧时在被卖的人身或物品上插置的草秆,作为出卖的标志。 ⑤摩托车:当时对小汽车的称呼。 ⑥《诺拉》:通译《娜拉》(又译作《玩偶之家》)。《海的女人》:通译《海的夫人》。都是易卜生的著名剧作。 ⑦拔贡:清代科举考试制度规定:在规定的年限(原定六年,后改为十二年)选拔"文行兼优"的秀才,保送到京师,贡入国子监,称为"拔贡"。是贡生的一种。

【题解】

鲁迅(1881—1936),原名周树人,浙江绍兴人。中国现代文学的主要奠基人,伟大的文学家和思想家。1918年开始以"鲁迅"为笔名发表《狂人日记》,成为第一篇中国现代白话小说。有《呐喊》、《彷徨》、《故事新编》等小说集和散文集《朝花夕拾》、散文诗集《野草》及《坟》、《热风》、《华盖集》、《二心集 》、《且介亭杂文》等十余部杂文集。

《伤逝》是中国现代短篇小说中的精品,是鲁迅唯一的一篇爱情题材小说。它向来以其深刻的思想意蕴和抒情诗般的格调受到研究者的重视和读者的喜爱。《伤逝》展示给我们的是一个凄婉动人的爱情故事,是一出深刻的爱情悲剧。《伤逝》采取的是第一人称写法,以故事当事人之一涓生的"手记"形式追述他和子君爱情悲剧的全过程以及他对死去的子君的哀思和悔恨。强烈的主观色彩、浓郁的抒情诗意、深刻的爱情哲理、凝练的文学语言,使它具有极高的审美价值。

《伤逝》的圆形结构,是其作为一篇精美圆熟的小说一直深受广大读者喜爱的主要原因之一,并且由此我们可以更准确地理解这篇小说深刻的思想意义。王富仁曾指出:"几乎鲁迅的每篇小说,都有一个严密的封闭系统。"(《中国反封建思想革命的一面镜子》)《伤近》以涓生写"手记"始,写完“手记”终，也是一个严密的“封套”，即一个“圆”。但《伤逝》的结构特点还不止于此，它是封套中有封套，大圆中有小圆。《伤逝》的第 2 至 19 节为小说的主体，即对涓生子君爱情悲剧的追述。而这一爱情悲剧本身又构成一个“封套”，一个更有意义的圆形结构。

涓生和子君的爱情悲剧历时一年，其发展过程经历了三个阶段，即春天——爱情之花的萌发、秋天——爱情之花的枯萎、冬天——爱情之花的凋零。从时间的角度看，小说的故事情节是一个封闭的圆圈：暮春——秋——冬——初春。按照结构主义批评观点看，作品叙述的故事从春天开始，到春天结束，从结局来看，春天似乎给人以生机和希望，但从全局来看，从故事开始的暮春，到结束的初春，这是一个首尾衔接的封闭的循环。这一圆形结构封闭了通往希望的途径。鲁迅客观、真实地描写了五四时代知识分子的爱情悲剧，深刻地展示出他们所处的环境，即历史转折时期的新旧交替的中国社会，同时也清醒地看到了他们身上的优点和缺点，勇敢与脆弱。故事中爱情悲剧的幸存者涓生还处于“梦醒了无路可以走”的境况之中。子君从父亲的封建家庭中出走，就像娜拉走出玩偶之家一样。可是，正如鲁迅所深刻指出的，其结局不是堕落就是回来。子君最后又回到了封建家庭的怀抱，并在那无爱的人间死亡。《伤逝》的这样一个封闭的圆形结构本身给我们思想认识上的启示就是：此路不通。人物要走出这个小圈子，那就要站得更高一些，飞得更远一些，既要改造社会，又要突破自我，这样才能走上一条开放的通向未来的光明之路。

涓生和子君爱情悲剧的发生既有深刻的社会原因，也与主人公自身的弱点与局限密切相关，因而作品既是对黑暗社会和封建主义的有力批判，也是对单纯追求个性解放的知识青年的告诫：没有对社会的改造、没有经济独立，个性解放、个人幸福是难以实现的。

【思考与训练】

1. 谈谈《伤逝》的结构艺术。
2. 试析涓生、子君爱情悲剧的成因。
3. 体会小说浓郁的抒情气氛。

（胡德才撰稿）

沈从文

丈　夫

落了春雨，一共有七天，河水涨大了。

河中涨了水，平常时节泊在河滩的烟船妓船，离岸极近，船皆系在吊脚楼下的支柱上。

在四海春茶馆楼上喝茶的闲汉子，伏身在临河一面窗口，可以望到对河的宝塔“烟雨红桃”好景致，也可以知道船上妇人陪客烧烟的情形。因为那么近，上下都方便，有喊熟人的声音，从上面或从下面喊叫，到后是互相见到了，谈话了，取了亲昵样子，骂着野话粗话，于是楼上人会了茶钱，从湿而发臭的甬道走去，从那些肮脏地方走到船上了。

上了船，花钱半元到五块，随心所欲吃烟睡觉，同妇人毫无拘束的放肆取乐，这些在船上生活的大臀肥身年青女人，就用一个妇人的好处，服侍男子过夜。

船上人，她们把这件事也像其余地方一样称呼，这叫做“生意”。她们都是做生意而来的。在名分上，那名称与别的工作同样，既不与道德相冲突，也并不违反健康。她们从乡下来，从那些种田挖园的人家，离了乡村，离了石磨同小牛，离了那年青而强健的丈夫，跟随到一个熟人，就来到这船上做生意了。做了生意，慢慢的变成为城市里人，慢慢的与乡村离远，慢慢的学会了一些只有城市里才需要的恶德，于是这妇人就毁了。但那毁，是慢慢的，因为需要一些日子，所以谁也不去注意了。而且也仍然不缺少在任何情形下还依然会好好的保留着那乡村纯朴气质的妇人，所以在市的小河妓船上，决不会缺少年青女子的来路。

事情非常简单，一个不亟于生养孩子的妇人，到了城市，能够每月把从城市里两个晚上所得的钱，送给那留在乡下诚实耐劳种田为生的丈夫处去，在那方面就可以过了好日子，名分不失，利益存在，所以许多年青的丈夫，在娶妻以后，把妻送出来，自己留在家中耕田种地安分过日子，也竟是极其平常的事。

这种丈夫，到什么时候，想及那在船上做生意的年青的媳妇，或逢年过节，照规矩要见见媳妇的面了，自己便换了一身浆洗干净的衣服，腰带上挂了那个工作时常不离口的短烟袋，背了整箩整篓的红薯糍粑之类，赶到市上来，象访远亲一样，从码头第一号船上问起，一直到认出自己女人所在的船上为止。问明白了，到了船上，小心小心的把一双布鞋放到舱外护板上，把带来的东西交给了女人，一面便用着吃惊的眼睛，搜索女人的全身。这时节，女人在丈夫眼下自然已完全不同了。

大而油光的发髻，用小镊子扯成的细细眉毛，脸上的白粉同绯红胭脂，以及那城市里人神气派头，城市里人的衣裳，都一定使从乡下来的丈夫感到极大的惊讶，有点手足无措。那呆像是女人很容易清楚的。女人到后开了口，或者问："那次五块钱得了么？"或者问："我们那对猪养儿子了没有？"女人说话时口音自然也完全不同了，变成象城市里做太太的大方自由，完全不是在乡下做媳妇的神气了。

听女人问到钱，问到家乡豢养的猪，这作丈夫的看出自己做主人的身分，并不在这船上失去，看出这城里奶奶还不完全忘记乡下，胆子大了一点，慢慢的摸出烟管同火镰。第二次惊讶，是烟管忽然被女人夺去，即刻在那粗而厚大的掌握里，塞了一枝哈德门香烟的缘故。吃惊也仍然是暂时的事，于是这做丈夫的，一面吸烟一面谈话……

到了晚上，吃过晚饭，仍然在吸那有新鲜趣味的香烟。来了客，一个船主或一个商人，穿生牛皮长统靴子，抱兜一角露出粗而发亮的银链，喝过一肚子烧酒，摇摇荡荡的上了船。

一上船就大声的嚷要亲嘴要睡，那洪大而含胡的声音，那势派，都使这作丈夫的想起了村长同乡绅那些大人物的威风，于是这丈夫不必指点，也就知道怯生生的往后舱钻去，躲到那后梢舱上去低低的喘气，一面把含在口上那枝卷烟摘下来，毫无目的的眺望河中暮景。夜把河上改变了，岸上河上已经全是灯火，这丈夫到这时节一定要想起家里的鸡同小猪，仿佛那些小小东西才是自己的朋友，仿佛那些才是亲人，如今与妻接近，与家庭却离得很远，淡淡的寂寞袭上了身，他愿意转去了。

当真转去没有？不。三十里路路上有豺狗，有野猫，有查夜的放哨的团丁，全是不好惹的东西，转去自然做不到。船上的大娘自然还得留他上三元宫看夜戏，到四海春去喝清茶，并且既然到了市上，大街上的灯同城市中的人更不可不去看看。于是留下了，坐到后舱看河中景致，等候大娘的空暇。到后要上岸了，就由小阳桥上扳篷架到船头；玩过后，仍然由那旧地方转到船上，小心小心使声音放轻，省得留在舱里躺到床上烧烟的人发怒。

到要睡觉的时候，城里起了更，西梁山上的更鼓冬冬响了一会，悄悄的从板缝里看看客人还不走，丈夫没有什么话可说，就在梢舱上新棉絮里一个人睡了。半夜里，或者已睡着，或者还在胡思乱想，那媳妇抽空爬过了后舱，问是不是想吃一点糖。本来非常欢喜口含冰糖的脾气，是做媳妇的记得清楚明白，所以即或说已经睡觉，已经吃过，也仍然还是塞了一小片冰糖在口里。媳妇用着略略抱怨自己那种神气走去了，丈夫把冰糖含在口里，正象仅仅为了这一点理由，就得原谅媳妇的行为，尽她在前舱陪客，自己也仍然很和平的睡觉了。

这样的丈夫在黄庄多着，那里出强健女子同忠厚男人。地方实在太穷了，一点点收成照例要被上面的人拿去一大半，手足贴地的乡下人，任你如何勤省耐劳的干做，一年中四分之一时间，即或用红薯叶子拌和糠灰充饥，总还不容易对付下去。地方虽在山中，离大河码头只三十里，由于习惯，女子出乡讨生活，男人通明白这做生意的一切利益。他懂事，女子名分上仍然归他，养得儿子归他，有了钱，也总有一部分归他。

那些船排列在河下，一个陌生人，数来数去是永远无法数清的。明白这数目，而且明白那秩序，记忆得出每一个船与摇船人样子，是五区一个老水保。

水保是个独眼睛的人。这独眼就据说在年青时节因殴斗杀过一个水上恶人，因为杀人，同时也就被人把眼睛抠瞎了。

但两只眼睛不能分明的，他一只眼睛却办到了。一个河里都由他管事。他的权力在这些小船上，比一个中国的皇帝、总统在地面上的权力还统一集中。

涨了河水，水保比平时似乎忙多了。由于责任，他得各处去看看。是不是有些船上做父母的上了岸，小孩子在哭奶了。是不是有些船上在吵架，需要排难解纷。是不是有些船因照料无人，有溜去的危险。在今天，这位大爷，并且要到各处去调查一些从岸上发生影响到了水面的事情。岸上这几天来发生三次小抢案，据公安局那方面人说，是凡地上小缝小罅都找寻到了，还是毫无痕迹。地上小缝小罅都亏那些体面的在职人员找过，于是水保的责任便到了。他得了通知，就是那些说谎话的公安局办事处通知，要他到半夜会同水面武装警察上船去搜索"歹人"。

水保得到这个消息时是上半天。一个整白天他要做许多事。他要先尽一些从平日受人款待好酒好肉而来的义务了，于是沿了河岸，从第一号船起始，每个船上去谈谈话。他得先调查一下，问问这船上是不是留容得有不端正的外乡人。

做水保的人照例是水上一霸，凡是属于水面上的事他无有不知。这人本来就是一个吃水上饭的人，是立于法律同官府对面，按照习惯被官吏来利用,处治这水上一切的。但人一上了年纪,世界成天变,变去变来这人有了钱,成过家,喝点酒,生儿育女,生活安舒,这人慢慢的转成一个和平正直的人了。在职务上帮助了官府,在感情上却亲近了船家。在这些情形上面他建设了一个道德的模范。他受人尊敬不下于官,却不让人害怕讨厌。他做了河船上许多妓女的干爹。由于这些社会习惯的联系,他的行为处事是靠在水上人一边的。

他这时正从一个木跳板上跃到一只新油漆过的"花船"头,那船位置在较清静的一家莲子铺吊脚楼下。他认得这只船归谁管,一上船就喊"七丫头"。

没有声音。年青的女人不见出来,年老的掌班也不见出来。老年人很懂事情,以为或者是大白天有年青男子上船做呆事,就站在船头眺望,等了一会。

过一阵他又喊了两声,又喊伯妈,喊五多;五多是船上的小毛头,年纪十二岁,人很瘦,声音尖锐,平时大人上了岸就守船,买东西煮饭,常常挨打,爱哭,过一会儿又唱起小调来。但是喊过五多后,也仍然得不到结果。因为听到舱里又似乎实在有声音,象人出气,不象全上了岸,也不象全在做梦。水保就钩身窥觑舱口,向暗处询问是谁在里面。

里面还是不作答。

水保有点生气了,大声的问,"你是哪一个?"

里面一个很生疏的男子声音,又虚又怯回答说,"是我。"

接着又说,"都上岸去了。"

"都上岸了么?"

"上岸了。她们……"

好象单单是这样答应,还深恐开罪了来人,这时觉得有一点义务要尽了,这男子于是从暗处爬出来,在舱口,小心小心扳到篷架,非常拘束的望到来人。

先是望到那一对峨然巍然似乎是为柿油涂过的猪皮靴子,上去一点是一个赭色柔软麂皮抱兜,再上去是一双回环抱着的毛手,满是青筋黄毛,手上有颗其大无比的黄金戒指,再上去才是一块正四方形象是无数橘子皮拼合而成的脸膛。

这男子,明白这是有身分的主顾了,就学到城市里人说话,说,"大爷,您请里面坐坐,她们就回来。"

从那说话的声音,以及干浆衣服的风味上,这水保一望就明白这个人是才从乡下来的种田人。本来女人不在就想走,但年青人忽然使他发生了兴味,他留着了。

“你从什么地方来的?”他问他,为了不使人拘束,水保取得是做父亲的和平样子,望到这年青人。“我认不得你。”

他想了一下,好象也并不认得客人,就回答,“我昨天来的。”

“乡下麦子抽穗了没有?”

“麦子吗? 水碾子前我们那麦子,哈,我们那猪,哈,我们那……”

这个人,象是忽然明白了答非所问,记起了自己是同一个有身分的城里人说话,不应当说“我们”,不应当说我们“水碾子”同“猪”,把字眼用错,所以再也接不下去了。

因为不说话,他就怯怯的望到水保笑,他要人了解他,原谅他——他是个正派人,并不敢有意张三拿四。

水保是懂这个意思的。且在这对话中,明白这是船上人的亲戚了,他问年青人,“老七到什么地方去了,什么时候可以回来?”

这时节,这年青人答语小心了。他仍然说,“是昨天来的。”

他又告水保,他“昨天晚上来的。”末了才说,老七同掌班、五多上岸烧香去了,要他守船。因为守船必得把守船身分说出,他还告给了水保,他是老七的“汉子”。

因为老七平常喊水保都喊干爹,这干爹第一次认识了女婿,不必挽留,再说了几句,不到一会儿,两人皆爬进舱中了。

舱中有个小小床铺,床上有锦绸同红色印花洋布铺盖,折叠得整整齐齐。来客照规矩应当坐在床沿。光线从舱口来,所以在外面以为舱中极黑,在里面却一切分明。

年青人为客找烟卷,找自来火,毛脚毛手打翻了身边一个贮栗子的小坛子,圆而发乌金光泽的板栗在薄明的船舱里各处滚去,年青人各处用手去捕捉,仍然放到小坛中去,也不知道应当请客人吃点东西。但客人却毫不客气,从舱板上把栗拾起咬破了吃,且说这风干的栗子真好。

“这个很好,你不欢喜么?”因为水保见到主人并不剥栗子吃。

“我欢喜。这是我屋后栗树上长的。去年结了好多,乖乖的从刺球里爆出来,我欢喜。”他笑了,近于提到自己儿子模样,很高兴说这个话。

“这样大栗子不容易得到。”

“我一个一个选出来的。”

“你选?”

"是的,因为老七欢喜吃这个,我才留下来。"

"你们那里可有猴栗?"

"什么猴栗?"

水保就把故事所说的"猴子在大山上住,被人辱骂时,抛下拳大栗子打人。人想这栗子,就故意去山下骂丑话,预备捡栗子。"一一说给乡下人听。

因为栗子,正苦无话可说的年青人,得到同情他的人了。

他就告水保另外属于栗子的种种事情。他知道的乡下问题可多咧。于是他说到地名"栗坳"的新闻。又说到一种栗木作成的犁具如何结实合用。这人是太需要说到这些了。昨天来一晚上都有客人吃酒烧酒,把自己关闭在小船后梢,同五多说话,五多睡得成死猪。今天一早上,本来应当有机会同媳妇谈到乡下事情了,女人又说要上岸过七里桥烧香,派他一个人守船。坐到船上等了半天,还不见人回,到后梢去看河上景致,一切新奇不同,全只给自己发闷。先一时,正睡在舱里,就想这满江大水若到乡下涨,鱼梁上不知道应当有多少鲤鱼上梁!把鱼捉来时,用柳条穿鳃到太阳下去晒,正计算到那数目,总算不清楚。忽然客人来到船上,似乎一切鱼都争着跳进水中去了。

来了客人,且在神气上看出来人是并不拒绝这些谈话的,所以这年青人,凡是预备到同自己媳妇在枕边诉说的各样事情,这时得到了一个好机会,都拿来同水保谈了。

他告给水保许多乡下情形,说到小猪捣乱的脾气,叫小猪名字是"乖乖",又说到新由石匠整治过的那副石磨,顺便告给了一个石匠的笑话。又说到一把失去了多久的镰刀,一把水保梦想不到的小镰刀,他说,"你瞧,奇怪不奇怪?我赌咒我各处都找到了。我们的床下,门枋上,仓角里,什么不找到?它躲了。躲猫猫一样,不见了。我为这件事骂过老七。老七哭过。可还是不见。鬼打岩,蒙蒙眼,原来它躲在屋梁上饭箩里!半年躲在饭箩里!它吃饭!一身锈得象生疮。这东西多狡猾!我说这个你明白我没有?怎么会到饭箩里半年?那是一只做样子的东西,挂到斗窗上。我记起那事了,是我削楔子,手上刮了皮,流了血,生了大气,赌气把刀一丢。……到水上磨了半天,还不错,仍然能吃肉,你一不小心,就得流血。我还不曾同老七说到这个,她不会忘记那哭得伤心的一回事。找到了,哈哈,真找到了。"

"找到它就好了。"

"是的,得到了它那是好的。因为我总疑心这东西是老七掉到溪里,不好意思说明。我知道她不骗我了。我明白了。我知道她受了冤屈,因为我说过:‘找不出么？那我就要打人!’我并不曾动过手。可是生气时也真吓人。她哭了半夜!”

“你不是用得着它割草么?”

“嗨,哪里,用处多咧。是小镰刀,那么精巧,你怎么说是割草？那是削一点薯皮,刮刮篾:这些这些用的。小得很,值三百钱,钢火妙极了。我们都应当有这样一把刀放到身边,不明白么?”

水保说,“明白明白:都应当有一把,我懂你这个话。”

他以为水保当真是懂的,什么也说到了,甚至于希望明年来一个小宝宝,这样只合宜于同自己的媳妇睡到一个枕头上商量的话也说到了。年青人毫无拘束的还加上许多粗话蠢话。说了半天,水保起身要走了,他才记起问客人贵姓。

“大爷,您贵姓？留一个片子到这里,我好回话。”

“不用不用。你只告她有这么一个大个儿到过船上,穿这样大靴子。告她晚上不要接客,我要来。”

“不要接客,您要来?”

“就是这样说,我一定要来的。我还要请你喝酒。我们是朋友。”

“我们是朋友,是朋友。”

水保用他那大而肥厚的手掌,拍了一下年青人的肩膊,从船头上岸,走到别一个船上去了。

在水保走后,年青人就一面等候一面猜想这个大汉子是谁。他还是第一次同这样尊贵的人物谈话。他不会忘记这很好的印象的。人家今天不仅是同他谈话,还喊他做朋友,答应请他喝酒！他猜想这人一定是老七的“熟客”。他猜想老七一定得了这人许多钱。他忽然觉得愉快,感到要唱一个歌了,就轻轻的唱了一首山歌。用四溪人体裁,他唱得是“水涨了,鲤鱼上梁,大的有大草鞋那么大,小的有小草鞋那么小。”

但是等了一会还不见老七回来,一个鬼也不回来,他又想起那大汉子的丰采言谈了。他记起那一双靴子,闪闪发光,以为不是极好的山柿油涂到上面,是不会如此体面好看的。他记起那黄而发沉的戒子,说不分明那将值多少钱,一点不明白那宝贝为什么如此可爱。他记起那伟人点头同发言,一个督抚的派头,一个军长的身分——这是老七的财神！他于是又唱了一首歌。用杨村人不庄重口吻,唱得是“山坳的团总烧炭,山脚的地保爬灰;爬灰红薯才肥,烧炭脸庞发黑。”

到午时,各处船上都已有人烧饭了。湿柴烧不燃,烟子各处窜,使人流泪打嚏，柴烟平铺到水面时如薄绸。听到河街馆子里大师傅用铲子敲打锅边的声音，听到邻船上白菜落锅的声音，老七还不见回来。可是船上烧湿柴的本领年青人还没有学到，小钢灶总是冷冷的不发吼。做了半天还是无结果，只有把它放下一个办法了。

应当吃饭时候不得饭吃，人饿了，坐到小凳上敲打舱板，他仍然得想一点事情。一个不安分的估计在心上滋长了。正似乎为装满了钱钞便极其骄傲模样的抱兜，在他眼下再现时，把原有的和平已失去了。一个用酒糟同红血所捏成的橘皮红色四方脸，也是极其讨厌的神气，保留到印象上。并且，要记忆有什么用？他记忆得到那嘱咐，是当到一个丈夫面前说的！“今晚上不要接客，我要来。”该死的话，是那么不客气的从那吃红薯的大口里说出！为什么要说这个？有什么理由要说这个？……

胡想使他心上增加了愤怒，饥饿重复揪着了这愤怒的心，便有一些原始人就不缺少的情绪，在这个年青简单的人情绪中长大不已。

他不能再唱一首歌了。喉咙为妒嫉所扼，唱不出什么歌。

他不能再有什么快乐。按照一个种田人的脾气，他想到明天就要回家。

有了脾气再来烧火，自然更不行了，于是把所有的柴全丢到河里去了。

“雷打你这柴！要你到洋里海里去！”

但那柴是在两三丈以外，便被别个船上的人捞起了的。那船上人似乎一切都准备好了，正等待一点从河面漂流而来的湿柴，把柴捞上，即刻就见到用废缆一段引火，且即刻满船发烟，火就带着小小爆裂声音燃好了。看到这一切，新的愤怒使年青人感到羞辱，他想不必等待人回船就要走路。

在街尾遇到女人同小毛头五多两个人，正牵了手说着笑着走来。五多手上拿得有一把胡琴，崭新的样子，这是做梦也不曾遇到的一件家伙！

“你走哪里去？”

“我——要回去。”“要你看船船也不看，要回去。什么人得罪了你，这样小气？”

“我要回去，你让我回去。”

“回到船上去！”

看看媳妇，样子比说话还硬劲。并且看到那一张胡琴，明知道这是特别买来给他的，所以再不能坚持，摸了摸自己发烧的额角，幽幽的说，“回去也好，回去也好”，就跟了媳妇的身后跑转船上。

掌班大娘也赶来了，原来提了一副猪肺，好象东西只是乘便偷来的，深恐被人追上带到衙门里去。所以跑得颧骨发了红，喘气不止。大娘一上船，女人在舱中就喊：

“大娘，你瞧，我家汉子想走！”

“谁说的，戏都不看就走！”

“我们到街口碰到他，他生气样子，一定是怪我们不早回来。”

“那是我的错；是菩萨的错；是屠户的错。我不该同屠户为一个钱吵闹半天，屠户不该肺里灌这样多水。”

“是我的错。”陪男子在舱里的女人，这样说了一句话，坐下了。对面是男子汉。她于是有意的在把衣服解换时，露出极风情的红绫胸褡。胸褡上绣了“鸳鸯戏荷”。

男子觑着，不说话。有说不出的什么东西，在血里窜着涌着。

在后梢，听到大娘同五多谈着柴米。

“怎么我们的柴都被谁偷去了！”

“米是谁淘好的？”

“一定是火烧不燃。……姐夫是乡下人，只会烧松香。”

“我们不是昨天才解散一捆柴么？”

“都完了。”

“去前面搬一捆，不要说了。”

“姐夫只知道淘米！”

听到这些话的年青汉子，一句话不说，静静的坐在舱里，望到那一把新买来的胡琴。

女人说，“弦都配好了，试拉拉看。”

先是不作声，到后把琴搁在膝上，查看松香。调琴时，生疏的音从指间流出，拉琴人便快乐的微笑了。

不到一会，满舱是烟，男子被女人喊出去，仍然把琴拿到外面去，站在船头调弦。

到后吃中饭时，五多说：

“姐夫，你回头拉‘孟姜女哭长城’，我唱。”

“我不会拉。”

“我听说你拉得很好，你骗我谎我。”

“我不骗你。”

大娘说，“我听老七说你拉得好，所以到庙里，一见这琴，我就想起你才说就为姐买回去吧。是运气，烂贱就买来了。这到乡里一块钱还恐怕买不到，不是么？”

"是的。值多少钱?"

"一吊六。他们都说值得!"

五多说,"谁说值得?"

大娘很生气的说,"毛丫头,谁说不值得?你知道什么!撕你的嘴!"

因为这琴是从一个卖琴熟人手上拿来,一个钱不花,听到大娘的谎话,五多分辩,大娘就骂五多,老七却笑了。男子以为这是笑大娘不懂事,所以也在一旁干笑。

男子先把饭吃完,就动手拉琴,新琴声音又清又亮,五多高兴到得意忘形,放下碗筷唱将起来,被大娘结结实实打了一筷子头,才忙着吃饭、收碗、洗锅子。

到了晚上,前舱盖了篷,男子拉琴,五多唱歌,老七也唱歌,美孚灯罩子有红纸剪成的遮光帽,全舱灯光红红的如办大喜事,年青人在热闹中像过年,心上开了花。可是过不久,有兵士从河街过身,喝得烂醉,听到这声音了。

两个醉鬼踉踉跄跄到了船边,两手全是污泥,用手扳船,口含胡桃那么混混胡胡的嚷叫:

"什么人唱,报上名来!唱得好,赏一个五百。不听到么?老子赏你五百!"

里面琴声戛然而止,沉静了。

醉鬼用脚不住踢船,蓬蓬蓬发出钝而沉闷的声音,且想推篷,搜索不到篷盖接榫处,于是又叫嚷,"不要赏么,婊子狗造的?装聋,装哑?什么人敢在这里作乐?我怕谁?皇帝我也不怕。大爷,我怕皇帝我不是人!我们军长师长,都是混账王八蛋!是皮蛋鸡蛋,寡了的臭蛋!我才不怕。"

另一个喉咙发沙的说道:

"骚婊子?出来拖老子上船!"

且即刻听到用石头打船篷,大声的辱骂祖宗。一船人都吓慌了。大娘忙把灯扭小一点,走出去推篷,男子听到那汹汹声气,夹了胡琴就往后舱钻去。不一会,醉人已经进到前舱了。两个人一面说着野话一面要争到同老七亲嘴,同大娘五多亲嘴。且听到问:"是什么人在此唱歌作乐,把拉琴的抓来再给老子唱一个歌。"

大娘不敢作声,老七也无主意了,两个酒疯子就大声的骂人。

"臭货,喊龟子出来,跟老子拉琴,赏一千!英雄盖世的曹孟德也不会这样大方!我赏一千,一千个红薯,快来,不出来我烧掉你们这只船!听着没有,老东西!?赶快,莫让老子们生了气,灯笼子认不得人?”

“大爷,这是我们自己家几个人玩玩,不是外人……”

“不!不!不!老婊子,你不中吃。你老了,皱皮柑!快叫拉琴的来!杂种!我要拉琴,我要自己唱!”一面说一面便站起身来,想向后舱去搜寻。大娘弄慌了,把口张大合不拢去。老七急中生智,拖着那醉鬼的手,安置到自己的大奶上。

醉人懂到这意思,又坐下了。“好的,妙的,老子出得起钱,老子今天晚上要到这里睡觉!孤王酒醉在桃花宫,韩素梅生来好貌容……”

这一个在老七左边躺下去后,另一个不说什么,也在右边躺了下去。

年青人听到前舱仿佛安静了一会,在隔壁轻轻的喊大娘。

正感到一种侮辱的大娘,悄悄爬过去,男子还不大分明是什么事情,问大娘:

“什么事情?”

“营上的副爷,醉了,象猫,等一会儿就得走。”

“要走才行。我忘记告你们了,今天有一个大方脸人来,好象大官,吩咐过我,他晚上要来,不许留客。”

“是脚上穿大皮靴子,说话象打锣么?”

“是的,是的。他手上还有一个大金戒子。”

“那是老七干爹。他今早上来过了么?”

“来过的。他说了半天话才走,吃过些干栗子。”

“他说些什么?”

“他说一定要来,一定莫留客,……还说一定要请我喝酒。”

大娘想想,来做什么?难道是水保自己要来歇夜?难道是老对老,水保注意到……想不通,一个老鸨虽一切丑事做成习惯,什么也不至于红脸,但被人说到“不中吃”时,是多少感到一种羞辱的。她悄悄的回到前舱,看前舱新事情不成样子,扁了扁瘪嘴,骂了一声猪狗,终归又转到后舱来了。

“怎么?”

“不怎么。”

“怎么,他们走了?”

“不怎么,他们睡了。”

“睡了?”

大娘虽不看清楚这时男子的脸色,但她很懂这语气,就说:“姐夫,你难得上城来,我们可以上岸玩去。今夜三元宫夜戏,我请你坐高台子,是‘秋胡三戏结发妻'。"

男子摇头不语。

兵士胡闹一阵走后，五多大娘老七都在前舱灯光下说笑，说那兵士的醉态。男子留在后舱不出来。大娘到门边喊过了二次，不答应，不明白这脾气从什么地方发生。大娘回头就来检查那四张票子的花纹，因为她已经认得出票子的真假了。

票子倒是真的，她在灯光下指点给老七看那些记号，那些花，且放到鼻子上嗅嗅，说这个一定是清真馆子里找出来的，因为有牛油味道。

五多第二次又走过去，"姐夫，姐夫，他们走了，我们来把那个唱完，我们还得……"

女人老七象是想到了什么心事，拉着了五多，不许她说话。

一切沉默了。男子在后舱先还是正用手指扣琴弦，作小小声音，这时手也离开那弦索了。

三个女人都听到从河街上飘来的锣鼓唢呐声音，河街上一个做生意人办喜事，客来贺喜，大唱堂戏，一定有一整夜热闹。

过了一会，老七一个人轻脚轻手爬到后舱去，但即刻又回来了。

大娘问："怎么了？"

老七摇摇头，叹了一口气。

先以为水保恐怕不会来的，所以大家仍然睡了觉，大娘老七五多三个人在前舱，只把男子放到后面。

查船的在半夜时，由水保领来了，水面鸦雀无声，四个全副武装警察守在船头，水保同巡官晃着手电筒进到前舱。这时大娘已把灯捻明了，她经验多，懂得这不是大事情。老七披了衣坐在床上，喊干爹，喊巡官老爷，要五多倒茶。五多还睡意迷蒙，只想到梦里在乡下摘三月莓。

男子被大娘摇醒揪出来，看到水保，看到一个穿黑制服的大人物，吓得不能说话，不晓得有什么严重事情发生。

那巡官装成很有威风的神气开了口："这是什么人？"

水保代为答应，"老七的汉子，才从乡下来走亲戚。"

老七说道，"老爷，他昨天才来的。"

巡官看了一会儿男子，又看了一会儿女人，仿佛看出水保的话不是谎话，就不再说话了，随意在前舱各处翻翻。待注意到那个贮风干栗子的小坛子时，水保便抓了一大把栗子塞到巡官那件体面制服的大口袋里去，巡官只是笑，也不说什么。

一伙人一会儿就走到另一船上去了。大娘刚要盖篷，一个警察回来传话：

“大娘，大娘，你告老七，巡官要回来过细考察她一下，你懂不懂？”

大娘说，“就来么？”

“查完夜就来。”

“当真吗？”

“我什么时候同你这老婊子说过谎？”

大娘很欢喜的样子，使男子很奇怪，因为他不明白为什么巡官还要回来考察老七。但这时节望到老七睡起的样子，上半晚的气已经没有了，他愿意讲和，愿意同她在床上说点家常私话，商量件事情，就傍床沿坐定不动。

大娘象是明白男子的心事，明白男子的欲望，也明白他不懂事，故只同老七打知会，“巡官就要来的！”

老七咬着嘴唇不作声，半天发痴。

男子一早起来就要走路，沉默的一句话不说，端整了自己的草鞋，找到了自己的烟袋。一切归一了，就坐到那矮床边沿，象是有话说又说不出口。

老七问他，“你不是昨晚上答应过干爹，今天到他家中吃中饭吗？”

“……”摇摇头，不作答。

“人家特意为你办了酒席，好意思不领情？”

“……”

“戏也不看看么？”

“……”

“满天红的晕油包子，到半日才上笼，那是你欢喜的包子。”

“……”

一定要走了，老七很为难，走出船头呆了一会，回身从荷包里掏出昨晚上那兵士给的票子来，点了一下数，一共四张，捏成一把塞到男子左手心里去。男子无话说，老七似乎懂到那意思了，“大娘，你拿那三张也把我。”大娘将钱取出，老七又把这钱塞到男子右手心里去。

男子摇摇头，把票子撒到地下去，两只大而粗的手掌捣着脸孔，象小孩子那样莫名其妙的哭了起来。

五多同大娘看情形不好，一齐逃到后舱去了。五多心想这真是怪事，那么大的人会哭，好笑。可是她并不笑。她站在船后梢舵，看见挂在梢舱顶梁上的胡琴，很愿意唱一个歌，可是不知为什么也总唱不出声音来。

水保来船上请远客吃酒，只有大娘同五多在船上。问到时，才明白两夫妇一早都回转乡下去了。

1930 年 4 月作于吴淞

【题解】

沈从文(1902—1988),原名沈岳焕,湖南凤凰人,出生在一个破落的军人家里。现代著名作家。其小说创作主要包括两个方面的内容,一是描写湘西世界,主要作品有《神巫之爱》、《边城》、《萧萧》、《长河》、《丈夫》、《柏子》等;二是反映都市生活,主要作品有《绅士的太太》、《都市一妇人》、《八骏图》等。前者突出人性的纯朴、自然与美好,后者主要揭示城市知识分子阶层的病态,个性压抑和性压抑。代表沈从文文学成就与风格的还是关于湘西世界的小说。其代表作《边城》也是沈从文描写湘西世界小说的代表。

沈从文的小说《丈夫》同他创作的其他小说一样,在情节安排上,并没有什么机巧与复杂;在人物形象的塑造上,看不到处心积虑和刻意。一个事件,沈从文原原本本地道来,平铺直叙,淡然素朴地保留了事件的自在性与原生态,也没有明显的正邪较量,没有动作与反动作,没有人物之间的戏剧性冲突。在这篇小说里,我们还是能看到来自事件的非凡性、对人物身心反应的期待、在浮华的声色下潜流着巨变的能量、从司空见惯中突现出些许的复杂与紧张,这正是《丈夫》最为高妙的艺术张力的形成根源。

【思考与训练】

1. 该小说没有设计外在的情节冲突,但有内在强烈的心理冲突。请分析概括出这种心理冲突线索。

2. 小说中,作者赋予了水保这个人物鲜明的性格特征。请结合小说的内容,具体地概括出水保的性格特征。

3. 作者在刻画水保这个人物时主要运用了哪种表现手法?请分析这种表现手法的作用。

(帅锦平撰稿)

张爱玲

封锁

（《传奇》）

开电车的人开电车。在大太阳底下，电车轨道像两条光莹莹的，水里钻出来的曲鳝，抽长了，又缩短了；抽长了，又缩短了，就这么样往前移——柔滑的，老长老长的曲鳝，没有完，没有完……开电车的人眼睛钉住了这两条蠕蠕的车轨，然而他不发疯。

如果不碰到封锁，电车的进行是永远不会断的。封锁了。摇铃了。"叮玲玲玲玲玲，"每一个"玲"字是冷冷的一小点，一点一点连成了一条虚线，切断了时间与空间。

电车停了，马路上的人却开始奔跑，在街的左面的人们奔到街的右面，在右面的人们奔到左面。商店一律地沙啦啦拉上铁门。女太太们发狂一般扯动铁栅栏，叫道："让我们进来一会儿！我这儿有孩子哪，有年纪大的人！"然而门还是关得紧腾腾的。铁门里的人和铁门外的人眼睁睁对看着，互相惧怕着。

电车里的人相当镇静。他们有座位可坐，虽然设备简陋一点，和多数乘客的家里的情形比较起来，还是略胜一筹。街上渐渐地也安静下来，并不是绝对的寂静，但是人声逐渐渺茫，像睡梦里所听到的芦花枕头里的窸窣。这庞大的城市在阳光里盹着了，重重地把头搁在人们的肩上，口涎顺着人们的衣服缓缓流下去，不能想象的巨大的重量压住了每一个人。上海似乎从来没有这么静过——大白天里！一个乞丐趁着鸦雀无声的时候，提高了喉咙唱将起来："阿有老爷太太先生小姐做做好事救救我可怜人哇？阿有老爷太太……"然而他不久就停了下来，被这不经见的沉寂吓噤住了。

还有一个较有勇气的山东乞丐，毅然打破了这静默。他的嗓子浑圆嘹亮："可怜啊可怜！一个人啊没钱！"悠久的歌，从一个世纪唱到下一个世纪。音乐性的节奏传染上了开电车的。开电车的也是山东人。他长长地叹了一口气，抱着胳膊，向车门上一靠，跟着唱了起来："可怜啊可怜！一个人啊没钱！"

电车里，一部分的乘客下去了。剩下的一群中，零零落落也有人说句把话。靠近门口的几个公事房里回来的人继续谈讲下去。一个人撒喇一声抖开了扇子，下了结论道："总而言之，他别的毛病没有，就吃亏在不会做人。"

另一个鼻子里哼了一声,冷笑道:“说他不会做人,他把上头敷衍得挺好的呢!”

一对长得颇像兄妹的中年夫妇把手吊在皮圈上,双双站在电车的正中,她突然叫道:“当心别把裤子弄脏了!”他吃了一惊,抬起他的手,手里拎着一包熏鱼。他小心翼翼使那油汪汪的纸口袋与他的西装裤子维持二寸远的距离。他太太兀自絮叨道:“现在干洗是什么价钱?做一条裤子是什么价钱?”

坐在角落里的吕宗桢,华茂银行的会计师,看见了那熏鱼,就联想到他夫人托他在银行附近一家面食摊子上买的菠菜包子。女人就是这样!弯弯扭扭最难找的小胡同里买来的包子必定是价廉物美的!她一点也不为他着想——一个齐齐整整穿着西装戴着玳瑁边眼镜提着公事皮包的人,抱着报纸里的热腾腾的包子满街跑,实在是不像话!然而无论如何,假使这封锁延长下去,耽误了他的晚饭,至少这包子可以派用场。他看了看手表,才四点半。该是心理作用罢?他已经觉得饿了。他轻轻揭开报纸的一角,向里面张了一张。一个个雪白的,喷出淡淡的麻油气味。一部分的报纸粘住了包子,他谨慎地把报纸撕了下来,包子上印了铅字,字都是反的,像镜子里映出来的,然而他有这耐心,低下头去逐个认了出来:“讣告……申请……华股动态……隆重登场候教……”都是得用的字眼儿,不知道为什么转载到包子上,就带点开玩笑性质。也许因为“吃”是太严重的一件事了,相形之下,其他的一切都成了笑话。吕宗桢看着也觉得不顺眼,可是他并没有笑,他是一个老实人。他从包子上的文章看到报上的文章,把半页旧报纸读完了,若是翻过来看,包子就得跌出来,只得罢了。他在这里看报,全车的人都学了样,有报的看报,没有报的看发票,看章程,看名片。任何印刷物都没有的人,就看街上的市招。他们不能不填满这可怕的空虚——不然,他们的脑子也许会活动起来。思想是痛苦的一件事。

只有吕宗桢对面坐着的一个老头子,手心里骨碌碌骨碌碌搓着两只油光水滑的核桃,有板有眼的小动作代替了思想。他剃着光头,红黄皮色,满脸浮油,打着皱,整个的头像一个核桃。他的脑子就像核桃仁,甜的,滋润的,可是没有多大意思。

老头子右首坐着吴翠远,看上去像一个教会派的少奶奶,但是还没有结婚。她穿着一件白洋纱旗袍,滚一道窄窄的蓝边——深蓝与白,很有点讣闻的风味。她携着一把蓝白格子小遮阳伞。头发梳成千篇一律的式样,惟恐唤起公众的注意。然而她实在没有过分触目的危险。她长得不难看,可是她那种美是一种模棱两可的,仿佛怕得罪了谁的美,脸上一切都是淡淡的,松弛的,没有轮廓。连她自己的母亲也形容不出她是长脸还是圆脸。

在家里她是一个好女儿,在学校里她是一个好学生。大学毕了业后,翠远就在母校服务,担任英文助教。她现在打算利用封锁的时间改改卷子。翻开了第一篇,是一个男生做的,大声疾呼抨击都市的罪恶,充满了正义感的愤怒,用不很合文法的,吃吃艾艾的句子,骂着"红嘴唇的卖淫妇……大世界……下等舞场与酒吧间"。翠远略略沉吟了一会,就找出红铅笔来批了一个"A"字。若在平时,批了也就批了,可是今天她有太多的考虑的时间,她不由地要质问自己,为什么她给了他这么好的分数:不问倒也罢了,一问,她竟涨红了脸。她突然明白了:因为这学生是胆敢这么毫无顾忌地对她说这些话的唯一的一个男子。

他拿她当做一个见多识广的人看待;他拿她当做一个男人,一个心腹。他看得起她。翠远在学校里老是觉得谁都看不起她——从校长起,教授、学生、校役……学生们尤其愤慨得厉害:"申大越来越糟了!一天不如一天!用中国人教英文,照说,已经是不应当,何况是没有出过洋的中国人!"翠远在学校里受气,在家里也受气。吴家是一个新式的,带着宗教背景的模范家庭。家里竭力鼓励女儿用功读书,一步一步往上爬,爬到了顶儿尖儿上——一个二十来岁的女孩子在大学里教书!打破了女子职业的新纪录。然而家长渐渐对她失掉了兴趣,宁愿她当初在书本上马虎一点,匀出点时间来找一个有钱的女婿。

她是一个好女儿,好学生。她家里都是好人,天天洗澡,看报,听无线电向来不听申曲滑稽京戏什么的,而专听贝多芬瓦格涅的交响乐,听不懂也要听。世界上的好人比真人多……翠远不快乐。

生命像圣经,从希伯来文译成希腊文,从希腊文译成拉丁文,从拉丁文译成英文,从英文译成国语。翠远读它的时候,国语又在她脑子里译成了上海话。那未免有点隔膜。

翠远搁下了那本卷子,双手捧着脸。太阳滚热地晒在她背脊上。

隔壁坐着个奶妈,怀里躺着小孩,孩子的脚底心紧紧抵在翠远的腿上。小小的老虎头红鞋包着柔软而坚硬的脚……这至少是真的。

电车里,一位医科学生拿出一本图画簿,孜孜修改一张人体骨骼的简图。其他的乘客以为他在那里速写他对面盹着的那个人。大家闲着没事干,一个一个聚拢来,三三两两,撑着腰,背着手,围绕着他,看他写生。拎着熏鱼的丈夫向他妻子低声道:"我就看不惯现在兴的这些立体派,印象派!"

他妻子附耳道:“你的裤子!”

那医科学生细细填写每一根骨头,神经,筋络的名字。有一个公事房里回来的人将折扇半掩着脸,悄悄向他的同事解释道:“中国画的影响。现在的西洋画也时兴题字了,倒真是‘东风西渐’!”

吕宗桢没凑热闹,孤零零地坐在原处。他决定他是饿了。大家都走开了,他正好从容地吃他的菠菜包子,偏偏他一抬头,瞥见了三等车厢里有他一个亲戚,是他太太的姨表妹的儿子。他恨透了这董培芝。培芝是一个胸怀大志的清寒子弟,一心只想娶个略具资产的小姐。吕宗桢的大女儿今年方才十三岁,已经被培芝睃在眼里,心里打着如意算盘,脚步儿越发走得勤了。吕宗桢一眼望见了这年青人,暗暗叫声不好,只怕培芝看见了他,要利用这绝好的机会向他进攻。若是在封锁期间和这董培芝困在一间屋子里,这情形一定是不堪设想!他匆匆收拾起公事皮包和包子,一阵风奔到对面一排座位上,坐了下来。现在他恰巧被隔壁的吴翠远挡住了,他表侄绝对不能够看见他。翠远回过头来,微微瞪了他一眼。糟了!这女人准是以为他无缘无故换了一个座位,不怀好意。他认得出那被调戏的女人的脸谱——脸板得纹丝不动,眼睛里没有笑意,嘴角也没有笑意,连鼻洼里都没有笑意,然而不知道什么地方有一点颤巍巍的微笑,随时可以散布开来。觉得自己是太可爱了的人,是煞不住要笑的。

该死,董培芝毕竟看见了他,向头等车厢走过来了,谦卑地,老远地就躬着腰,红喷喷的长长的面颊,含有僧尼气息的灰布长衫——一个吃苦耐劳,守身如玉的青年,最合理想的乘龙快婿。宗桢迅疾地决定将计就计,顺手推舟,伸出一只手臂来搁在翠远背后的窗台上,不声不响宣布了他的调情的计划。他知道他这么一来,并不能吓退了董培芝,因为培芝眼中的他素来是一个无恶不作的老年人。由培芝看来,过了三十岁的人都是老年人,老年人都是一肚子的坏。培芝今天亲眼看见他这样下流,少不得一五一十去报告给他太太听——气气他太太也好!谁叫她给他弄上这么一个表侄!气,活该气!

他不怎么喜欢身边这女人。她的手臂,白倒是白的,像挤出来的牙膏。她的整个的人像挤出来的牙膏,没有款式。

他向她低声笑道:“这封锁,几时完哪?真讨厌!”翠远吃了一惊,掉过头来,看见了他搁在她身后的那只胳膊,整个身子就僵了一僵,宗桢无论如何不能容许他自己抽回那只胳膊。他的表侄正在那里双眼灼灼望着他,脸上带着点会心的微笑。如果他夹忙里跟他表侄对一对眼光,也许那小子会怯怯地低下头去——处女风韵的窘态；也许那小子会向他挤一挤眼睛——谁知道？

他咬一咬牙，重新向翠远进攻。他道："您也觉着闷罢？我们说两句话，总没有什么要紧！我们——我们谈谈！"他不由自主的，声音里带着哀恳的调子。翠远重新吃了一惊，又掉回头来看了他一眼。他现在记得了，他瞧见她上车的——非常戏剧化的一刹那，但是那戏剧效果是碰巧得到的，并不能归功于她。他低声道："你知道么？我看见你上车，前头的玻璃上贴的广告，撕破了一块，从这破的地方我看见你的侧面，就只一点下巴。"是乃络维奶粉的广告，画着一个胖孩子，孩子的耳朵底下突然出现了这女人的下巴，仔细想起来是有点吓人的。"后来你低下头去从皮包里拿钱，我才看见你的眼睛、眉毛、头发。"拆开来一部分一部分地看，她未尝没有她的一种风韵。

翠远笑了。看不出这人倒也会花言巧语——以为他是个靠得住的生意人模样！她又看了他一眼。太阳光红红地晒穿他鼻尖下的软骨。他搁在报纸上的那只手，从袖口里出来，黄色的，敏感的——一个真的人！不很诚实，也不很聪明，但是一个真的人！她突然觉得炽热，快乐。她背过脸去，细声道："这种话，少说些罢！"

宗桢道："嗯？"他早忘了他说了些什么。他眼睛钉着他表侄的背影——那知趣的青年觉得他在这儿是多余的，他不愿得罪了表叔，以后他们还要见面呢，大家都是快刀斩不断的好亲戚；他竟退回三等车厢去了。董培芝一走，宗桢立刻将他的手臂收回，谈吐也正经起来。他搭讪着望了一望她膝上摊着的练习簿，道："申光大学……您在申光读书！"

他以为她这么年青？她还是一个学生？她笑了，没做声。

宗桢道："我是华济毕业的。华济。"她颈子上有一粒小小的棕色的痣，像指甲刻的印子。宗桢下意识地用右手捻了一捻左手的指甲，咳嗽了一声，接下去问道："您读的是哪一科？"

翠远注意到他的手臂不在那儿了，以为他态度的转变是由于她端凝的人格，潜移默化所致。这么一想，倒不能不答话了，便道："文科。您呢？"宗桢道："商科。"他忽然觉得他们的对话，道学气太浓了一点，便道："当初在学校里的时候，忙着运动，出了学校，又忙着混饭吃。书，简直没念多少！"翠远道："你公事忙么？"宗桢道："忙得没头没脑。早上乘电车上公事房去，下午又乘电车回来，也不知道为什么去，为什么来！我对于我的工作一点也不感到兴趣。说是为了挣钱罢，也不知道是为谁挣的！"翠远道："谁都有点家累。”宗桢道：“你不知道——我家里——咳，别提了！”翠远暗道：“来了！他太太一点都不同情他！世上有了太太的男人，似乎都是急切需要别的女人的同情。”宗桢迟疑了一会，方才吞吞吐吐，万分为难地说道：“我太太——一点都不同情我。”

翠远皱着眉毛望着他，表示充分了解。宗桢道：“我简直不懂我为什么天天到了时候就回家去。回到哪儿去？实际上我是无家可归的。”他褪下眼镜来，迎着亮，用手绢子拭去上面的水渍，道：“咳！混着也就混下去了，不能想——就是不能想！”近视眼的人当众摘下眼镜子，翠远觉得有点秽亵，仿佛当众脱衣服似的，不成体统。宗桢继续说道：“你——你不知道她是怎么样的一个女人！”翠远道：“那么，你当初……”宗桢道：“当初我也反对来着。她是我母亲给订下的。我自然是愿意让我自己拣，可是……她从前非常的美……我那时又年青……年青的人，你知道……”翠远点点头。

宗桢道：“她后来变成了这么样的一个人——连我母亲都跟她闹翻了，倒过来怪我不该娶了她！她……她那脾气——她连小学都没有毕业。”翠远不禁微笑道：“你仿佛非常看重那一纸文凭！其实，女子教育也不过是那么一回事！”她不知道为什么她说出这句话来，伤了她自己的心。宗桢道：“当然哪，你可以在旁边说风凉话，因为你是受过上等教育的。你不知道她是怎么样的一个——”他顿住了口，上气不接下气，刚戴上了眼镜子，又褪下来擦镜片。翠远道：“你说得太过分了一点罢？”宗桢手里捏着眼镜，艰难地做了一个手势道：“你不知道她是——”翠远忙道：“我知道，我知道。”她知道他们夫妇不和，决不能单怪他太太，他自己也是一个思想简单的人。他需要一个原谅他，包涵他的女人。

街上一阵乱，轰隆轰隆来了两辆卡车，载满了兵。翠远与宗桢同时探头出去张望；出其不意地，两人的面庞异常接近。在极短的距离内，任何人的脸都和寻常不同，像银幕上特写镜头一般的紧张。宗桢和翠远突然觉得他们俩还是第一次见面。在宗桢的眼中，她的脸像一朵淡淡几笔的白描牡丹花，额角上两三根吹乱的短发便是风中的花蕊。

他看着她，她红了脸。她一脸红，让他看见了，他显然是很愉快。她的脸就越发红了。

宗桢没有想到他能够使一个女人脸红，使她微笑，使她背过脸去，使她掉过头来。在这里，他是一个男子。平时，他是会计师，他是孩子的父亲，他是家长，他是车上的搭客，他是店里的主顾，他是市民。可是对于这个不知道他的底细的女人，他只是一个单纯的男子。

他们恋爱着了。他告诉她许多话，关于他们银行里，谁跟他最好，谁跟他面和心不和，家里怎样闹口舌，他的秘密的悲哀，他读书时代的志愿……无休无歇的话，可是她并不嫌烦。恋爱着的男子向来是喜欢说，恋爱着的女人向来是喜欢听。恋爱着的女人破例地不大爱说话，因为下意识地她知道：男人彻底地懂得了一个女人之后，是不会爱她的。

宗桢断定了翠远是一个可爱的女人——白，稀薄，温热，像冬天里你自己嘴里呵出来的一口气。你不要她，她就悄悄地飘散了。她是你自己的一部分，她什么都懂，什么都宽宥你。你说真话，她为你心酸；你说假话，她微笑着，仿佛说："瞧你这张嘴！"

宗桢沉默了一会，忽然说道："我打算重新结婚。"翠远连忙做出惊慌的神气，叫道："你要离婚？那……恐怕不行罢？"宗桢道："我不能够离婚。我得顾全孩子们的幸福。我大女儿今年十三岁了，才考进了中学，成绩很不错。"翠远暗道："这跟当前的问题又有什么关系？"她冷冷地道："哦，你打算娶妾。"宗桢道："我预备将她当妻子看待。我——我会替她安排好的。我不会让她为难。"翠远道："可是，如果她是个好人家的女孩子，只怕她未见得肯罢？种种法律上的麻烦……"宗桢叹了口气道："是的。你这话对。我没有这权利。我根本不该起这种念头……我年纪太大了。我已经三十五了。"翠远缓缓地道："其实，照现在的眼光看来，那倒也不算大。"宗桢默然。半晌方说道："你……几岁？"翠远低下头去道："二十五。"宗桢顿了一顿，又道："你是自由的么？"翠远不答。宗桢道："你不是自由的。即使你答应了，你的家里人也不会答应的，是不是？……是不是？"

翠远抿紧了嘴唇。她家里的人——那些一尘不染的好人——她恨他们！他们哄够了她。他们要她找个有钱的女婿，宗桢没有钱而有太太——气气他们也好！气，活该气！

车上的人又渐渐多了起来，外面许是有了"封锁行将开放"的谣言，乘客一个一个上来，坐下，宗桢与翠远给他们挤得紧紧的，坐近一点，再坐近一点。

宗桢与翠远奇怪他们刚才怎么这样的糊涂，就想不到自动地坐近一点。宗桢觉得她太快乐了，不能不抗议。他用苦楚的声音向她说："不行！这不行！我不能让你牺牲了你的前程！你是上等人，你受过这样好的教育……我——我又没有多少钱，我不能坑了你的一生！"可不是，还是钱的问题。他的话有理。翠远想道："完了。"以后她多半是会嫁人的，可是她的丈夫决不会像一个萍水相逢的人一般的可爱——封锁中的电车上的人……一切再也不会像这样自然。再也不会……呵，这个人，这么笨！这么笨！她只要他的生命中的一部分，谁也不希罕的一部分。他白糟蹋了他自己的幸福。那么愚蠢的浪费！她哭了，可是那不是斯斯文文的，淑女式的哭。她简直把她的眼泪唾到他脸上。他是个好人——世界上的好人又多了一个！

向他解释有什么用？如果一个女人必须倚仗着她的言语来打动一个男人，她也就太可怜了。

宗桢一急，竟说不出话来，连连用手去摇撼她手里的阳伞。她不理他。他又去摇撼她的手，道："我说——我说——这儿有人哪！别！别这样！等会儿我们在电话上仔细谈。你告诉我你的电话。"翠远不答。他逼着问道："你无论如何得给我一个电话号码。"翠远飞快地说了一遍道："七五三六九。"宗桢道："七五三六九？"她又不做声了。宗桢嘴里喃喃重复着："七五三六九，"伸手在上下的口袋里掏摸自来水笔，越忙越摸不着。翠远皮包里有红铅笔，但是她有意地不拿出来。她的电话号码，他理该记得。记不得，他是不爱她，他们也就用不着往下谈了。

封锁开放了。"叮玲玲玲玲玲"摇着铃，每一个"玲"字是冷冷的一点，一点一点连成一条虚线，切断时间与空间。

一阵欢呼的风刮过这大城市，电车当当当往前开了。宗桢突然站起身来，挤到人丛中，不见了。翠远偏过头去，只做不理会。他走了。对于她，他等于死了。电车加足了速力前进，黄昏的人行道上，卖臭豆腐干的歇下了担子，一个人捧着文王神卦的匣子，闭着眼霍霍地摇。一个大个子的金发女人，背上背着大草帽，露出大牙齿来向一个意大利水兵一笑，说了句玩笑话。翠远的眼睛看到了他们，他们就活了，只活那么一刹那。车往前当当地跑，他们一个个的死去了。

翠远烦恼地合上了眼。他如果打电话给她，她一定管不住她自己的声音，对他分外的热烈，因为他是一个死去了又活过来的人。

电车里点上了灯，她一睁眼望见他遥遥坐在他原来的位子上。她震了一震——原来他并没有下车去！她明白他的意思了：封锁期间的一切，等于没有发生。整个的上海打了个盹，做了个不近情理的梦。

开电车的放声唱道："可怜啊可怜！一个人啊没钱！可怜啊可——"一个缝穷婆子慌里慌张掠过车头，横穿过马路。开电车的大喝道："猪猡！"

吕宗桢到家正赶上吃晚饭。他一面吃一面阅读他女儿的成绩报告单，刚寄来的。他还记得电车上那一回事，可是翠远的脸已经有点模糊——那是天生使人忘记的脸。他不记得她说了些什么，可是他自己的话他记得很清楚——温柔地:“你——几岁?”慷慨激昂地:“我不能让你牺牲了你的前程!”

饭后,他接过热手巾,擦着脸,踱到卧室里来,扭开了电灯。一只乌壳虫从房这头爬到房那头,爬了一半,灯一开,它只得伏在地板的正中,一动也不动。在装死么?在思想着么?整天爬来爬去,很少有思想的时间罢?然而思想毕竟是痛苦的。宗桢捻灭了电灯,手按在机括上,手心汗潮了,浑身一滴滴沁出汗来,像小虫子痒痒地在爬。他又开了灯,乌壳虫不见了,爬回窠里去了。

【题解】

张爱玲(1920—1995),原名张瑛,笔名梁京,祖籍河北丰润,生于上海,现代著名作家。主要作品有中短篇小说集《传奇》,散文集《流言》、《对照记——看老照相簿》,长篇小说《十八春》、《小团圆》,研究专著《红楼梦魇》等。

《封锁》写于1943年8月,原载1943年11月上海《天地》第2期,初收入小说集《传奇》。《封锁》以20世纪40年代初的旧上海为背景,叙述了因为封锁而暂时停下来的电车车厢内的一段恋爱故事。会计师吕宗桢为了躲避车上一个讨厌的熟人,主动与一个大学英文女助教吴翠远攀谈、调情。在这种特殊情境下,两个人越谈越投机,由陌生人逐渐进入恋爱状态。然而,封锁一解除,会计师就立刻消失在人群之中。“封锁期间的一切,等于没有发生。整个的上海打了个盹,做了个不近情理的梦。”

张爱玲以“虚伪之中有真实、浮华之中有素朴”的现代人为观照对象,采用“参差的对照的写法”,用冷静得近乎刻薄的笔法解构了爱情、亲情乃至全部人情与整个人生。我们看到的是一张张苍白、渺小的脸孔,自私、空虚的灵魂。“生命是一袭华美的袍,爬满了蚤子。”

张爱玲作品的题材,大多都是这种男女间的小事情。她善于从习见的、平常的“男女间的小事情”去发现遮蔽于世俗人生的陌生感,从而追问更接近现实的“人的本性”。聚焦日常的世俗人生,导向人性的终极思考,正是张爱玲作品最具穿透力和残酷性的原因所在。

《封锁》典型地代表了张爱玲独特的审美方式和语言风格:将小说家的细腻与诗人的敏感结合起来,将客观的观察和主观的感受结合起来,以近乎刻薄的机智和淡到似乎没有的诗意,去叙述故事,描写人物及其心理状态。如描写吴翠远“她的手臂,白倒是白的,像挤出来的牙膏。她的整个的人像挤出来的牙膏,没有款式”,观察吕宗桢“近视眼的人当众摘下眼镜子,翠远觉得有点秽亵,仿佛当众脱衣服似的,不成体统”,等等。日常生活中平凡的人和事,一旦进入张爱玲的视线,就有了张式的独特感受和别致描绘。

【思考与训练】

1. 结合具体作品,简析张爱玲小说的题材和主题。

2. 结合具体作品,简析张爱玲小说的艺术风格。

(罗晓静撰稿)

徐志摩

雪花的快乐

(《志摩的诗》)

假如我是一朵雪花,
翩翩的在半空里潇洒,
我一定认清我的方向——
飞飏,飞飏,飞飏,——
这地面上有我的方向。

不去那冷寞的幽谷,
不去那凄清的山麓,
也不上荒街去惆怅——
飞飏,飞飏,飞飏,——
你看,我有我的方向!
在半空里娟娟的飞舞,
认明了那清幽的住处,
等着她来花园里探望——
飞飏,飞飏,飞飏,——
啊,她身上有朱砂梅的清香!

那时我凭借我的身轻,
盈盈的,沾住了她的衣襟,

贴近她柔波似的心胸——
消溶，消溶，消溶——
溶入了她柔波似的心胸！

【题解】

徐志摩(1897—1931)，原名徐章垿，浙江海宁县人。新月派主要成员，现代诗人、散文家。主要作品有诗集《志摩的诗》、《翡冷翠的一夜》、《猛虎集》和《云游》，散文集《落叶》、《巴黎的鳞爪》、《自剖》和《秋》以及译作、小说、日记等。

《雪花的快乐》写于1924年12月30日，原载1925年1月17日《现代评论》第1卷第6期，初收入《志摩的诗》，是徐志摩前期诗歌的代表作。沈从文称其“柔软的调子中交织着热情，得到一种近于神奇的完美”(《论徐志摩的诗》)。从诗作内容看，诗人借“飞飏的雪花”这一自然事物，传达了对于爱的甜美、温馨的向往，也表达了对“爱”、“自由”、“美”这种单纯信仰和理想的追求。这首以“我”为中心的抒情诗，是诗人“情感的无关阑的泛滥”(《猛虎集》自序)，更是新月派诗人强烈的个性意识和自我意识的直接表露。从艺术风格来看，《雪花的快乐》追求诗歌“内在音节”的音乐性，既有浓郁的诗意和诗感，又特别适合朗诵和歌咏。

【思考与训练】

1. 朗诵《雪花的快乐》。
2. 简述徐志摩诗歌的风格和艺术个性。

(罗晓静撰稿)

李金发

弃　妇

(《微雨》)

长发披遍我两眼之前，
遂割断了一切羞恶之疾视，
与鲜血之急流，枯骨之沉睡。

黑夜与蚊虫联步徐来，
越此短墙之角，
狂呼在我清白之耳后，
如荒野狂风怒号：
战栗了无数游牧。

靠一根草儿，与上帝之灵往返在空谷里。
我的哀戚惟游蜂之脑能深印着；
或与山泉长泻在悬崖，
然后随红叶而俱去。

弃妇之隐忧堆积在动作上，
夕阳之火不能把时间之烦闷
化成灰烬，从烟突里飞去，
长染在游鸦之羽，
将同栖止于海啸之石上，
静听舟子之歌。

衰老的裙裾发出哀吟，
徜徉在丘墓之侧，
永无热泪，
点滴在草地，
为世界之装饰。

【题解】

李金发（1900—1976），原名李淑良，广东梅县人，现代诗人。他赴法国留学期间受象征派艺术大师波德莱尔和魏尔伦的影响而开始诗歌创作。1925年出版《微雨》，成为中国诗坛第一部象征主义诗集，其诗歌以晦涩难懂著称，被称之为“诗怪”，为我国第一个象征主义诗人。此外还有诗集《为幸福而歌》、《食客与凶年》等。

《弃妇》被收入诗集《微雨》。该诗通过黑夜、蚊虫、游蜂、荒野、狂风等悲伤景象的描绘，形象地表现了现实世俗对“弃妇”的诋毁，写出了一位被遗弃的妇女的痛苦和悲哀。诗人代她向黑暗社会的歧视和重压奔走呼号，淋漓尽致地倾吐了弃妇心中的痛苦、幽怨之情。

《弃妇》是我国象征主义诗歌的开山之作。在这首诗里，诗人主要运用了象征手法。诗人调动起各种感官,映照了个体生命所面临的衰败哀戚之处境,读后给人一种寒彻心骨之感。"弃妇"不仅仅是悲情的象征,更是诗人人生坎坷、悲惨命运的写照。它以深沉低哀的吟唱,道出了那个时代青年内心的苦涩,曲折地控诉了造成这种苦闷忧郁的时代。诗人对弃妇境况感同身受,与弃妇的命运融为一体,充满着一种迁移流动感,具有强烈的感染力和冲击力。弃妇这个形象象征着诗人自己所受的种种社会压迫和厌世的心态。这是本诗深层的含义所在。

【思考与训练】

1. 简析"弃妇"这一意象的象征意蕴。

2. 分析该诗的象征手法。

(祥耘撰稿)

戴望舒

萧红墓畔口占

《灾难的岁月》

走六小时寂寞的长途,
到你头边放一束红山茶,
我等待着,长夜漫漫,
你却卧听着海涛闲话。

1944.11.20

【题解】

戴望舒(1905—1950),浙江杭州人。现代诗派代表诗人。主要作品有诗集《我的记忆》、《望舒草》、《望舒诗稿》和《灾难的岁月》等。诗人的早期代表作为《雨巷》,叶圣陶曾称赞它"替新诗的音节开了一个新的纪元",前苏联学者契尔卡斯基认为它是"象征派暗示的抒情诗的典范"。

《萧红墓畔口占》是诗人后期创作的一首仅四行的短诗。通过逝者的静卧海滨与生者的离乱奔波相对比,表达沉痛的悼念之情和孤寂之感,情真意切，感人至深。台湾诗人余光中认为这是戴望舒最好的诗，“真正富于中国情韵，语言又纯厚天然”，有“唐诗的兴味”，“初读似无文采，再读始见真情，的是唐人绝句的意境”。当代诗人臧棣在《一首伟大的诗可以有多短》一文中，认为这是“一颗无与伦比的明珠”，“在新诗史上，十行以内的诗中，没有一首能和它相媲美”，“它是新诗历史上最伟大的短诗之一”。

有“中国三十年代的文学洛神”之称的抒情小说家萧红于 1942 年 1 月寂寞地病逝于战乱中的香港，年仅 31 岁，可谓“才高命薄，雄心未竟”。是戴望舒和几位朋友拉了一辆板车，经过数小时寂寞的旅程，将萧红遗体运至火葬场，然后又将骨灰草草葬于浅水湾。随后，戴望舒又被日本宪兵投进监狱，受尽折磨。出狱后，戴望舒孤身一人，在寂寞中等待。这时，他又来到萧红的墓地，并写下了这首诗。

“走六小时寂寞的长途”，“六小时”说明时间之长，“长途”说明距离之远。“寂寞”既是诗人其时其地的实际感受和心境的写照，同时又何尝不是萧红一生遭际和不幸的写真呢！寂寞才女永逝，孤独的诗人则饱受煎熬，读其诗想其人，令人无限感伤。第二行“到你头边放一束红山茶”为诗篇带来一线亮色，萧红爱花，“一束红山茶”正是萧红生前气质和风采的再现。如今诗人送上一束鲜艳的红山茶，正是对死者最大的告慰。第三行“我等待着，长夜漫漫”，写在墓地的诗人情不自禁想起自己的处境，感慨遥深。灾难的岁月，风雨如晦，寂寞的诗人只能无奈地等待。最后一行又落脚在死者，那美丽迷人的浅水湾成了萧红的诗意归宿，她终得以“卧听着海涛闲话”。在这样动荡不安的岁月，萧红的早逝虽然不幸，但也未尝不是一种解脱，而像诗人这样在漫漫的长夜孤独、寂寞地等待，也是一种折磨和痛苦。因此，最后两句诗，既是对死者的真挚怀念，也表达了诗人对动荡时局的不满与愤慨以及对自己和友人的生命之旅的追索与反思。

【思考与训练】

1. 结合写作背景理解这首诗所表达的思想感情。
2. 背诵这首诗。

（胡德才撰稿）

穆　旦

诗八首

《穆旦诗集(1939—1945)》

一

你底眼睛看见这一场火灾，
你看不见我，虽然我为你点燃；
唉，那燃烧的不过是成熟的年代。
你底，我底。我们相隔如重山！

从这自然底蜕变底程序里，
我却爱了一个暂时的你。
即使我哭泣，变灰，变灰又新生，
姑娘，那只是上帝玩弄他自己。

二

水流山石间沉淀下你我，
而我们成长，在死底子宫里。
在无数的可能里一个变形的生命
永远不能完成他自己。

我和你谈话，相信你，爱你，
这时候就听见我底主暗笑，
不断地他添来另外的你我
使我们丰富而且危险。

三

你底年龄里的小小野兽，
它和春草一样地呼吸，
它带来你底颜色，芳香，丰满，
它要你疯狂在温暖的黑暗里。

我越过你大理石的理智殿堂，
而为它埋藏的生命珍惜；
你我底手底接触是一片草场，
那里有它底固执，我底惊喜。

四

静静地，我们拥抱在
用言语所能照明的世界里，
而那未成形的黑暗是可怕的，
那可能的和不可能的使我们沉迷。

那窒息着我们的
是甜蜜的未生即死的言语，
它底幽灵笼罩，使我们游离，
游进混乱的爱底自由和美丽。

五

夕阳西下，一阵微风吹拂着田野，
是多么久的原因在这里积累。
那移动了景物的移动我底心
从最古老的开端流向你，安睡。

那形成了树木和屹立的岩石的，
将使我此时的渴望永存，
一切在它底过程中流露的美
教我爱你的方法，教我变更。

六

相同和相同溶为怠倦，
在差别间又凝固着陌生；
是一条多么危险的窄路里，
我制造自己在那上面旅行。

他存在,听从我底指使,
他保护,而把我留在孤独里,
他底痛苦是不断的寻求
你底秩序,求得了又必须背离。

七

风暴,远路,寂寞的夜晚,
丢失,记忆,永续的时间,
所有科学不能祛除的恐惧
让我在你底怀里得到安憩——

呵,在你底不能自主的心上,
你底随有随无的美丽的形象,
那里,我看见你孤独的爱情
笔立着,和我底平行着生长!

八

再没有更近的接近,
所有的偶然在我们间定型;
只有阳光透过缤纷的枝叶
分在两片情愿的心上,相同。

等季候一到就要各自飘落,
而赐生我们的巨树永青,
它对我们的不仁的嘲弄
(和哭泣)在合一的老根里化为平静。

1942 年 2 月

【题解】

穆旦(1918—1977),本名查良铮,浙江海宁人。有诗集三册:《探险队》、《穆旦诗集(1939—1945)》、《旗》;译著甚丰,主要有《欧根·奥涅金》、《唐璜》等。

《诗八首》是在哲学的层面上来抒写爱情,是对爱情作为一种情感过程的整体把握。

第一部分(1、2首)写"初恋"。穆旦曾说:在相同与不同之间找到不断的平衡,这才能维持有活力的爱情。这是解读本诗的一把钥匙。在初恋的时候,在"火灾"般的爱情中,追求和拒绝,矛盾重重。但是在双方的相交、相契与相融中,爱情逐渐成熟。

第二部分(3、4首)写"热恋"。爱情进入成熟阶段。"和春草一样的呼吸","你我底手底接触是一片草场"。在中国诗歌里,"春""草"是情爱的寓意与象征。经过苦苦追求,终于在热恋中收获了爱情的甜蜜。爱情至此达到高潮。

第三部分(5、6首)写"沉思"。这是对爱的体会。爱情稳固之后,就会进入宁静的状态:"安睡"。充满了对爱情永恒的渴望,"将使我此时的渴望永存"。第六首提示爱情是不断地在差异中间追求平衡。

第四部分(7、8首)写"升华"。"笔立着,和我底平行着生长!"真正的爱情是各自拥有自己的独立人格,同甘共苦,风雨同舟,一直走向生命的尽头。

穆旦的诗思维跳跃性较强,语言简洁洗练。《诗八首》体现出一个思想者关于爱情的灵肉、苦乐和生死的辩证关系的思考,是对爱情哲学高度的把握。

【思考与训练】

1.《诗八首》属于中国传统诗歌"无题"类的爱情诗,该诗是如何表现爱情的?

2. 体会该诗情感的升华层次。

(祥耘撰稿)

冰　心

笑

雨声渐渐的住了,窗帘后隐隐的透进清光来。推开窗户一看,呀!凉云散了,树叶上的残滴,映着月儿,好似萤光千点,闪闪烁烁的动着。——真没想到苦雨孤灯之后,会有这么一幅清美的图画!

凭窗站了一会儿,微微的觉得凉意侵人。转过身来,忽然眼花缭乱,屋子里的别的东西，都隐在光云里；一片幽辉，只浸着墙上画中的安琪儿。——这白衣的安琪儿，抱着花儿，扬着翅儿，向着我微微的笑。

"这笑容仿佛在哪儿看见过似的，什么时候，我曾……"我不知不觉的便坐在窗口下想，——默默的想。

严闭的心幕，慢慢的拉开了，涌出五年前的一个印象。——一条很长的古道。驴脚下的泥，兀自滑滑的。田沟里的水，潺潺的流着。近村的绿树，都笼在湿烟里。弓儿似的新月，挂在树梢。一边走着，似乎道旁有一个孩子，抱着一堆灿白的东西。驴儿过去了，无意中回头一看。——他抱着花儿，赤着脚儿，向着我微微的笑。

"这笑容又仿佛是哪儿看见过似的！"我仍是想——默默的想。

又现出一重心幕来，也慢慢的拉开了，涌出十年前的一个印象。——茅檐下的雨水，一滴一滴的落到衣上来。土阶边的水泡儿，泛来泛去的乱转。门前的麦陇和葡萄架子，都濯得新黄嫩绿的非常鲜丽。——一会儿好容易雨晴了，连忙走下坡儿去。迎头看见月儿从海面上来了，猛然记得有件东西忘下了，站住了，回过头来。这茅屋里的老妇人——她倚着门儿，抱着花儿，向着我微微的笑。

这同样微妙的神情，好似游丝一般，飘飘漾漾的合了拢来，绾在一起。

这时心下光明澄静，如登仙界，如归故乡。眼前浮现的三个笑容，一时融化在爱的调和里看不分明了。

一九二零年

【题解】

冰心(1900—1999)，原名谢婉莹，原籍福建长乐，生于福州，现代著名女作家。1919年开始发表第一篇小说《两个家庭》，此后，相继发表了《斯人独憔悴》、《去国》、《超人》等"问题小说"。同时，受到泰戈尔《飞鸟集》的影响，写作无标题的自由体小诗。这些晶莹清丽、轻柔隽逸的小诗，后结集为《繁星》和《春水》出版，被人称为"春水体"。1923年毕业于燕京大学文科。赴美国威尔斯利女子大学学习英国文学。在旅途和留美期间，写有散文集《寄小读者》，显示出婉约典雅、轻灵隽丽、凝炼流畅的特点，具有高度的艺术表现力，比小说和诗歌取得更高的成就。这种独特的风格曾被时人称为"冰心体"，产生了广泛的影响。

《笑》是冰心最早的散文成名作。文章由一个雨后月夜的美景引出对三幅微笑图景的追忆，表达作者对人生理想境界——“融化在爱的调和里”的追求，抒发作者博爱的思想感情。文章将如诗如画的客观图景与似水般的柔情自然和谐地融合在一起，从而创造了一个深邃优美的散文意境，给人以美的享受。文章语言清新流利，凝练典雅，富于形象性和情意性。可以从中看出作者在散文语言的锤炼上功夫的深厚。

作为一篇美文，此文表现出情美、景美和言美三个特点。

情美。《笑》可以说是冰心“爱的哲学”的诗意盎然的文学表达。在冰心的眼中，世界是充满鲜花和阳光的，对于人生的忧愁和痛苦，她提出用“爱”来解脱。该文用了“三个微笑”来体现她的这一理想。第一个微笑是远离现实只在天国中才能存在的小天使的微笑——画中小天使安琪儿的笑，然后是两个类似于天使微笑的人间的微笑——儿童的笑和老妇人（母亲的形象）的笑，就是这样的三个圣洁而美丽的微笑，给我们构建了一个理想的天国般的境界，渲染了母爱、童贞，也宣扬了“世界是爱”的空想。

景美。在每一个微笑出现之前，总有一幅清美的自然景象映衬着，这样景与人互相交织、辉映成趣。文中那段描写儿童的微笑的文字，长长的古道，潺潺的流水，湿烟里的绿树，挂在树梢的一弯弓儿似的新月，悠闲走着的驴儿，赤脚微笑的孩子，组合成一个和谐的诗的画面。还有第三幅画面，迷蒙的小雨，乱转的水泡，“濯得新黄嫩绿的非常鲜丽”的麦垄和葡萄架子，同样是一幅诱人的田园画。由此，自然、童心、母爱真正融化在爱的调和里，共同成就了一个圣洁美好的理想世界。

言美。《笑》作为一篇美文，除了情美和景美外，还有语言的优美。冰心于中国旧文学有着深厚的修养，在采用白话文写作时，她善于从旧文学中汲取精华，讲究文字的概括力和表现力，使得其文字除了带有女性作者的细腻清丽外，还有一种典雅的韵味。该文文字简洁、凝练，细细揣摩，就能让人体会到唐人绝句、宋人山水诗的韵味。

【思考与训练】

1. 文中描写了哪三幅笑的画面？分析它们的相似之处。

2. 文中大量使用表意准确生动的单音节词，这些单音节词多是文言词语中有生命力和表现力的。在文中找出来，分析一下它们的作用。

3. 如何理解冰心的“爱的哲学”？

（帅锦平撰稿）

周作人

乌篷船

（《泽泻集》）

子荣君[①]：

接到手书，知道你要到我的故乡去，叫我给你一点什么指导。老实说，我的故乡，真正觉得可怀恋的地方，并不是那里；但是因为在那里生长，住过十多年，究竟知道一点情形，所以写这一封信告诉你。

我所要告诉你的，并不是那里的风土人情，那是写不尽的，但是你到那里一看也就会明白的，不必罗唆地多讲。我要说的是一种很有趣的东西，这便是船。你在家乡平常总坐人力车，电车，或是汽车，但在我的故乡那里这些都没有，除了在城内或山上是用轿子以外，普通代步都是用船。船有两种，普通坐的都是"乌篷船"，白篷的大抵作航船用，坐夜航船到西陵去也有特别的风趣，但是你总不便坐，所以我就可以不说了。乌篷船大的为"四明瓦"，小的为脚划船亦称小船。但是最适用的还是在这中间的"三道"，亦即三明瓦。篷是半圆形的，用竹片编成，中夹竹箬，上涂黑油，在两扇"定篷"之间放着一扇遮阳，也是半圆的，木作格子，嵌着一片片的小鱼鳞，径约一寸，颇有点透明，略似玻璃而坚韧耐用，这就称为明瓦。三明瓦者，谓其中舱有两道，后舱有一道明瓦也。船尾用橹，大抵两支，船首有竹篙，用以定船。船头着眉目，状如老虎，但似在微笑，颇滑稽而不可怕，唯白篷船则无之。三道船篷之高大约可以使你直立，舱宽可以放下一顶方桌，四个人坐着打马将，——这个恐怕你也已学会了罢？小船则真是一叶扁舟，你坐在船底席上，篷顶离你的头有两三寸，你的两手可以搁在左右的舷上，还把手都露出在外边。在这种船里仿佛是在水面上坐，靠近田岸去时泥土便和你的眼鼻接近，而且遇着风浪，或是坐得少不小心，就会船底朝天，发生危险，但是也颇有趣味，是水乡的一种特色。不过你总可以不必去坐，最好还是坐那三道船罢。

你如坐船出去，可是不能像坐电车的那样性急，立刻盼望走到。倘若出城，走三四十里路（我们那里的里程是很短，一里才及英里三分之一），来回总要预备一天。你坐在船上，应该是游山的态度，看看四周物色，随处可见的山，岸旁的乌柏，河边的红蓼和白苹，渔舍，各式各样的桥，困倦的时候睡在舱中拿出随笔来看，或者冲一碗清茶喝喝。偏门外的鉴湖一带，贺家池，壶觞左近，我都是喜欢的，或者往娄公埠骑驴去游兰亭（但我劝你还是步行，骑驴或者于你不很相宜），到得暮色苍然的时候进城上都挂着薜荔的东门来，倒是颇有趣味的事。倘若路上不平静，你往杭州去时可于下午开船，黄昏时候的景色正最好看，只可惜这一带地方的名字我都忘记了。夜间睡在舱中，听水声橹声，来往船只的招呼声，以及乡间的犬吠鸡鸣，也都很有意思。雇一只船到乡下去看庙戏，可以了解中国旧戏的真趣味，而且在船上行动自如，要看就看，要睡就睡，要喝酒就喝酒，我觉得也可以算是理想的行乐法。只可惜讲维新以来这些演剧与迎会都已禁止，中产阶级的低能人别在"布业会馆"等处建起"海式"的戏场来，请大家买票看上海的猫儿戏。这些地方你千万不要去。——你到我那故乡，恐怕没有一个人认得，我又因为在教书不能陪你去玩，坐夜船，谈闲天，实在抱歉而且惆怅。川岛君夫妇现在偁山下，本来可以给你介绍，但是你到那里的时候他们恐怕已经离开故乡了。初寒，善自珍重，不尽。（十五年十一月十八日夜，于北京。）

【注释】

①子荣：周作人笔名，始用于1923年8月26日《晨报副刊》发表的《医院的阶陛》一文。一说"子荣"之名系从周作人在日本时的恋人"乾荣子"的名字点化而来。

【题解】

周作人（1885—1967），原名周櫆寿，字启明，号知堂。浙江绍兴人。现代著名作家。主要散文集有《自己的园地》、《雨天的书》、《谈龙集》、《谈虎集》等。周作人的散文小品多着眼于琐细而又不惹人注目的花草虫鱼之类的小题材，但是作者却能够全神贯注于这些平常的对象之中，并细致入微地刻画、表现它们，从而使这类文章具有幽隽淡远的别样意趣。平和娴雅的情趣是周作人这类散文所表现的中心，旁征博引，知识丰厚，语言朴实无华，不恃藻饰，构成了他此类作品的重要特色。他的这类散文密切了文学与生活的关系，可以使人增长知识，开阔眼界。

《乌篷船》是一篇以书信形式写的别具一格的小品文。友人要到作者的故乡去，作者在信中开篇告诉朋友，故乡最有特色的风物便是船。于是，便开始向朋友介绍船的种类、形状、材料、结构和用途。在介绍乌篷船时，作者详尽介绍了"三明瓦"的好处，并对其作了非常具体细致的描述，然后，又写了怎样坐船以及"到乡下去看戏"等种种的"理想的行乐法"。在谈到游历家乡景色时，作者特别强调要耐着性子，从容不迫，"要看就看，要睡就睡，要喝酒就喝酒”。作者认为，只有这样才是游山玩水的最佳心境。从表面上看，这里作者是在写游山玩水，然而细细体味，其中却透露出作者对人生的处世态度。在作者看来，在人生路途上，每个人大可不必行色匆匆，心急火燎；其实心平气和、淡泊恬适才应该是处世的最佳态度。作者以平和冲淡的格调、朴素自然的笔墨，紧紧扣住乌篷船这一典型事物，表达了对故乡的眷恋之情，透露出闲适隐逸的情思。

舒徐自在、平和冲淡是周作人小品文独有的魅力。这篇散文也同样表现出周作人此类散文的特有风格。

首先，采用书信体形式，显得亲切随意。在结构上，作者不刻意追求大起大落的变化，而是以乌篷船为中心，先写乌篷船的特点、构造等，然后再侧重写乘船游故乡的景色。其间，作者信笔所至，舒卷自如，不着痕迹地介绍出了故乡的风情野趣。

其次，笔调委婉含蓄，语言风格自然平和。作品无论是写船，写乘船游景，或是借此表达悠悠的思乡之情以及闲适的人生态度，笔墨都极其朴素、自然、含蓄。如作品的前半部分介绍乌篷船的特点，那平实的介绍，简直有如介绍商品的“说明书”；但细想，倘若作者真的对阔别多年的家乡已经淡漠，那么他谈起故乡的风物，就不会是这样真切、细腻。又如作品的后半部，作者在向人们介绍如何乘船游家乡景色时，简直就像一个高明的导游——时而从远处的山峦谈到“岸旁的乌柏，河边的红寥和白苹，渔舍，各式各样的桥”；时而又从鉴湖、兰亭说到“城上都挂着薜荔”的绍兴东门，从河中的水声、橹声谈到两岸乡间的犬吠鸡鸣，从乡下的庙戏论及“海式”戏场里的猫儿戏。这里，作者介绍家乡风物的笔墨也是极平实的，而且作者也没有直接写出自己的乡情；但透过作者对家乡风物如数家珍、绘声绘色的介绍，人们一样可以领悟到作者对故乡的绵绵情愫，领略到作者所追求的闲适隐逸的处世态度。

《乌篷船》是周作人冲淡平和的小品文的代表作，阅读这类散文，不但可以领略到作者闲适恬然的情思，而且也可以获得一种悠然自得的美的享受。

【思考与训练】

1. 作者在文中表现了一种怎样的心境？

2. 作者为什么要在文中详细介绍“乌篷船”的种类、形状、材料、结构和用途？

3. 本文收信人与写信人实际上是同一人，作者这样做的目的是什么？

（帅锦平撰稿）

丰子恺

秋

我的年岁上冠用了“三十”二字，至今已两年了。不解达观的我，从这两个字上受到了不少的暗示与影响。虽然明明觉得自己的体格与精力比二十九岁时全然没有什么差异，但“三十”这一个观念笼在头上，犹之张了一顶阳伞，使我的全身蒙了一个暗淡色的阴影，又仿佛在日历上撕过了立秋的一页以后，虽然太阳的炎威依然没有减却，寒暑表上的热度依然没有降低，然而只当得余威与残暑，或霜降木落的先驱，大地的节候已从今移交于秋了。

实际，我两年来的心情与秋最容易调和而融合。这情形与从前不同。在往年，我只慕春天。我最欢喜杨柳与燕子。尤其欢喜初染鹅黄的嫩柳。我曾经名自己的寓居为“小杨柳屋”，曾经画了许多杨柳燕子的画，又曾经摘取秀长的柳叶，在厚纸上裱成各种风调的眉，想象这等眉的所有者的颜貌，而在其下面添描出眼鼻与口。那时候我每逢早春时节，正月二月之交，看见杨柳枝的线条上挂了细珠，带了隐隐的青色而“遥看近却无”的时候，我心中便充满了一种狂喜，这狂喜又立刻变成焦虑，似乎常常在说：“春来了！不要放过！赶快设法招待它，享乐它，永远留住它。”我读了“良辰美景奈何天”等句，曾经真心地感动。以为古人都太息一春的虚度。前车可鉴！到我手里决不放它空过了。最是逢到了古人惋惜最深的寒食清明，我心中的焦灼便更甚。那一天我总想有一种足以充分酬偿这佳节的举行。我准拟作诗，作画，或痛饮，漫游。虽然大多不被实行；或实行而全无效果，反而中了酒，闹了事，换得了不快的回忆；但我总不灰心，总觉得春的可恋。我心中似乎只有知道春，别的三季在我都当作春的预备，或待春的休息时间，全然不曾注意到它们的存在与意义。而对于秋，尤无感觉：因为夏连续在春的后面，在我可当作春的过剩；冬先行春的前面，在我可当作春的准备；独有与春全无关联的秋，在我心中一向没有它的位置。

自从我的年龄告了立秋以后，两年来的心境完全转了一个方向，也变成秋天了。然而情形与前不同:并不是在秋日感到像昔日的狂喜与焦灼。我只觉得一到秋天,自己的心境便十分调和。非但没有那种狂喜与焦灼,直常常被秋风秋雨秋色秋光所吸引而融化在秋中,暂时失却了自己的所在。而对于春,又并非像昔日对于秋的无感觉。我现在对于春非常厌恶。每当万象回春的时候,看到群花的斗艳,蜂蝶的扰攘,以及草木昆虫等到处争先恐后地滋生繁殖的状态,我觉得天地间的凡庸,贪婪,无耻,与愚痴,无过于此了!尤其是在青春的时候,看到柳条上挂了隐隐的绿珠,桃枝上着了点点的红斑,最使我觉得可笑又可怜。我想唤醒一个花蕊来对它说:"啊!你也来反复这老调了!我眼看见你的无数的祖先,个个同你一样地出世,个个努力发展,争荣竞秀;不久没有一个不憔悴而化泥尘。你何苦也来反复这老调呢?如今你已长了这孽根,将来看你弄娇弄艳,装笑装颦,招致了蹂躏,摧残,攀折之苦,而步你的祖先们的后尘!"

实际,迎送了三十几次的春来春去的人,对于花事早已看得厌倦,感觉已经麻木,热情已经冷却,决不会再像初见世面的青年少女地为花的幻姿所诱惑而赞之,叹之,怜之,惜之了。况且天地万物,没有一件逃得出荣枯,盛衰,生灭,有无之理。过去的历史昭然地证明着这一点,无须我们再说。古来无数的诗人千篇一律地为伤春惜花费词,这种效颦也觉得可厌。假如要我对于世间的生荣死灭费一点词,我觉得生荣不足道,而宁愿欢喜赞叹一切的死灭。对于死者的贪婪,愚昧,与怯弱,后者的态度何等谦逊,悟达,而伟大!我对于春与秋的舍取,也是为了这一点。

夏目漱石三十岁的时候,曾经这样说:"人生二十而知有生的利益;二十五而知有明之处必有暗;至于三十的今日,更知明多之处暗亦多,欢浓之时愁亦重。"我现在对于这话也深抱同感;有时又觉得三十的特征不止这一端,其更特殊的是对于死的体感。青年们恋爱不遂的时候惯说生生死死,然而这不过是知有"死"的一回事而已,不是体感。犹之在饮冰挥扇的夏日,不能体感到围炉拥衾的冬夜的滋味。就是我们阅历了三十几度寒暑的人,在前几天的炎阳之下也无论如何感不到浴日的滋味。围炉,拥衾,浴日等事,在夏天的人的心中只是一种空虚的知识,不过晓得将来须有这些事而已,但是不能体感它们的滋味。须得入了秋天,炎阳逞尽了威势而渐渐退却,汗水浸胖了的肌肤渐渐收缩,身穿单衣似乎要打寒噤,而手触法郎绒觉得快适的时候,于是围炉、拥衾,浴日等知识方能渐渐融入体验界中而化为体感。我的年龄告了立秋以后,心境中所起的最特殊的状态便是这对于"死"的体感。以前我的思虑真疏浅!以为春可以常在人间,人可以永在青年,竟完全没有想到死。又以为人生的意义只在于生,我的一生最有意义,似乎我是不会死的。直到现在,仗了秋的慈光的鉴照,死的灵气钟育,才知道生的甘苦悲欢,是天地间反复过亿万次的老调,又何足珍惜?我但求此生的平安的度送与脱出而已。犹之罹了疯狂的人,病中的颠倒迷离何足计较?但求其去病而已。

我正要搁笔,忽然西窗外黑云弥漫,天际闪出一道电光,发出隐隐的雷声,骤然洒下一阵夹着冰雹的秋雨。啊!原来立秋过得不多天,秋心稚嫩而未曾老练,不免还有这种不调和的现象,可怕哉!

1929 年

【题解】

丰子恺(1898—1975),原名丰润、丰仁,号子恺,浙江桐乡人,著名漫画家、散文家。有散文集《缘缘堂随笔》、《车厢社会》、《率真集》、《教师日记》、《缘缘堂再笔》及《子恺漫画》、《子恺画集》等著作。

丰子恺禀赋极高,多才多艺,擅长美术音乐,又工散文。日本一位评论家曾用"鹤立鸡群"来评价他的散文,比喻他在当时上海作家中的特殊地位。皈依佛教之后,他的为人,从行为到思想,都深受佛家的影响。他的散文集名为《缘缘堂随笔》,缘缘堂是丰子恺居所的名字,从这个名字可见出他的人生取向。他一生淡泊,洁身自好,自称占据他的心灵的,唯有"天上的神明与星辰,人间的艺术与儿童"。他的散文,多为关于艺术、儿童和人生的感怀和颖悟。大体可分为三类:一类是探究人生和自然奥秘,且受佛教思想影响,带有玄思色彩的,以早期的《渐》、《春》、《秋》、《两个"?"》等为代表。一类是描写儿童情趣的,突出地表现了他的儿童本位思想和一颗赤子之心,如《给我的孩子们》、《华瞻的日记》、《儿女》、《作父亲》等。这类题材成为他 1920 年代后期创作的中心题材。一类是写他本人的生活经历和社会的炎凉世态的,如《车厢社会》等。他崇尚自然,作风平易,随意写来,不加矫饰。

丰子恺的散文创作始于 1920 年代中期。他在描摹人生世态时,思想上是存在着矛盾的,他多少也看到了世间的黑暗,却又往往逃避严酷的现实。他先神游于儿童的世界,他自称是"儿童的崇拜者",赞美儿童"彻底地诚实,纯洁而不虚饰",认为儿童有着"天地间最健全的心眼",成人却"因了世智尘劳而蒙蔽,斯丧,是一个可怜的残疾者"。他"觉得孩子们都有大丈夫气，大人比起他们来，个个都虚伪卑怯”。

这篇散文虽题为《秋》，却是从秋天的感受入手，写出了作者对春秋的取舍、对生死的看法，既有秋心老练、超凡脱的成熟，也有看破红尘后无法了却凡心的矛盾。它是作者对人生真谛深层次的领悟，也折射出当时中国阶级矛盾的激烈现实，也反映了丰子恺皈依佛门的复杂心理。尤其是作者拂去了“自古逢秋悲寂寥”的感伤，更给人一份达观与成熟的感觉。

【思考与训练】

1. 作者为什么说“决不会再像初见世面的青年少女地为花的幻姿所诱惑而赞之，叹之，怜之，惜之了”？

2. 如何理解作者在文中表达的生死观？

（帅锦平撰稿）

曹　禺

雷　雨（节选）

景——周宅客厅内。半夜两点钟的光景。……

［四凤拉萍至中门，中门开，鲁妈与大海进。

［两点钟内鲁妈的样子另变了一个人。声音因为在雨里叫喊哭号已经喑哑，眼皮失望地向下垂，前额的皱纹很深地刻在面上，过度的刺激使她变成了呆滞，整个激成刻板的痛苦的模型。她的衣服像是已烘干了一部分，头发还有些湿，鬓角凌乱地贴着湿的头发。她的手在颤，很小心地走进来。

鲁四凤　（惊惧）妈！（畏缩）

［略顿，鲁妈哀怜地望着四凤。

鲁侍萍　（伸出手向四凤，哀痛地）凤儿，来！

［四凤跑至母亲面前，跪下。

鲁四凤　妈！（抱着母亲的膝）

鲁侍萍　（抚摸四凤的头顶，痛惜地）孩子，我的可怜的孩子。

鲁四凤　（泣不成声地）妈，饶了我吧，饶了我吧，我忘了您的话了。

鲁侍萍　（扶起四凤）你为什么早不告诉我？

鲁四凤　（低头）我疼您，妈，我怕，我不愿意有一点叫您不喜欢我，看不起我，我不敢告诉您。

鲁侍萍 （沉痛地）这还是你的妈太糊涂了，我早该想到的。（酸苦地）然而天，这谁又料得到，天底下会有这种事，偏偏又叫我的孩子们遇着呢？哦，你们妈的命太苦，你们的命也太苦了。

鲁大海 （冷淡地）妈，我们走吧，四凤先跟我们回去。——我已经跟他（指萍）商量好了，他先走，以后他再接四凤。

鲁侍萍 （迷惑地）谁说的？谁说的？

鲁大海 （冷冷地望着鲁妈）妈，我知道您的意思，自然只有这么办。所以，周家的事我以后也不提了，让他们去吧。

鲁侍萍 （迷惑，坐下）什么？让他们去？

周　萍 （嗫嚅）鲁奶奶，请您相信我，我一定好好地待她，我们现在决定就走。

鲁侍萍 （拉着四凤的手，颤抖地）凤，你，你要跟他走？

鲁四凤 （低头，不得已紧握着鲁妈的手）妈，我只好先离开您了。

鲁侍萍 （忍不住）你们不能够在一块儿！

鲁大海 （奇怪地）妈，您怎么？

鲁侍萍 （站起）不，不成！

鲁四凤 （着急）妈！

鲁侍萍 （不顾她，拉着她的手）我们走吧。（向大海）你出去叫一辆洋车，四凤大概走不动了。我们走，赶快走。

鲁四凤 （死命地退缩）妈，您不能这样做。

鲁侍萍 不，不成！（呆滞地，单调地）走，走。

鲁四凤 （哀求）妈，您愿意您的女儿急得要死在您的眼前么？

周　萍 （走向鲁妈前）鲁奶奶，我知道我对不起您。不过我能尽我的力量补我的错，现在事情已经做到这一步，您——

鲁大海 妈，（不懂地）您这一次，我可不明白了！

鲁侍萍 （不得已，严厉地）你先去雇车去！（向四凤）凤儿，你听着，我情愿你没有，我不能叫你跟他在一块儿。——走吧！

［大海刚至门口，四凤喊一声。

鲁四凤 （喊）啊，妈，妈！（晕倒在母亲怀里）

鲁侍萍 （抱着四凤）我的孩子，你——

周　萍 （急）她晕过去了。

［鲁妈按着她的前额，低声唤“四凤”，忍不住地泣下。

[萍向饭厅跑。

鲁大海 不用去——不要紧，一点凉水就好。她小时就这样。

[萍拿凉水洒在她面上，四凤渐醒，面呈死白色。

鲁侍萍 （拿凉水灌四凤）凤儿，好孩子。你回来，你回来。——我的苦命的孩子。

鲁四凤 （口渐张眼睁开，喘出一口气）啊，妈！

鲁侍萍 （安慰地）孩子，你不要怪妈心狠，妈的苦说不出。

鲁四凤 （叹出一口气）妈！

鲁侍萍 什么？凤儿。

鲁四凤 我，我不能告诉你，萍！

周　萍 凤，你好点了没有？

鲁四凤 萍，我，总是瞒着你；也不肯告诉您（乞怜地望着鲁妈）妈，您——

鲁侍萍 什么，孩子，快说。

鲁四凤 （抽咽）我，我——（放胆）我跟他现在已经有……（大哭）

鲁侍萍 （切迫地）怎样，你说你有——（过受打击，不动）

周　萍 （拉起四凤的手）四凤！怎么，真的，你——

鲁四凤 （哭）嗯。

周　萍 （悲喜交集）什么时候？什么时候？

鲁四凤 （低头）大概已经三个月。

周　萍 （快慰地）哦，四凤，你为什么不告诉我，我，我的——

鲁侍萍 （低声）天哪。

周　萍 （走向鲁）鲁奶奶，您无论如何不要再固执哪，都是我错了：我求您！（跪下）我求您放了她吧。我敢保我以后对得起她，对得起您。

鲁四凤 （立起，走到鲁妈面前跪下）妈，您可怜可怜我们，答应我们，让我们走吧。

鲁侍萍 （不做声，坐着，发痴）我是在做梦。我的儿女，我自己生的儿女，三十年功夫——哦，天哪，（掩面哭，挥手）你们走吧，我不认得你们。（转过头去）

周　萍 谢谢您！（立起）我们走吧。凤！（四凤起）

鲁侍萍 （回头，不自主地）不，不能够！

[四凤又跪下。

鲁四凤 （哀求）妈，您，您是怎么？我的心定了。不管他是富，是穷，不管他是谁，我是他的了。我心里第一个许了他，我看得见的只有他，妈，我现在到了这一步：他到哪儿我也到哪儿；他是什么，我也跟他是什么。妈，您难道不明白，我——

鲁侍萍 （指手令她不要向下说，苦痛地）孩子。

鲁大海 妈，妹妹既然是闹到这样，让她去了也好。

周　萍 （阴沉地）鲁奶奶，您心里要是一定不放她，我们只好不顺从您的话，自己走了。凤！

鲁四凤 （摇头）萍！（还望着鲁妈）妈！

鲁侍萍 （沉重的悲伤，低声）啊，天知道谁犯了罪，谁造的这种孽！——他们都是可怜的孩子，不知道自己做的是什么。天哪，如果要罚，也罚在我一个人身上；我一个人有罪，我先走错了一步。（伤心地）如今我明白了，我明白了，事情已经做了的，不必再怨这不公平的天；人犯了一次罪过，第二次也就自地跟着来。——（摸着四凤的头）他们是我的干净孩子，他们应当好好地活着，享着福。冤孽是在我心里头，苦也应当我一个人尝。他们快活，谁晓得就是罪过？他们年青，他们自己并没有成心做了什么错。（立起，望着天）今天晚上，是我让他们一块儿走，这罪过我知道，可是罪过我现在替他们犯了；所有的罪孽都是我一个人惹的，我的儿女们都是好孩子，心地干净的，那么，天，真有了什么，也就让我一个人担待吧。（回过头）凤儿，——

鲁四凤 （不安地）妈，您心里难过，——我不明白您说的什么。

鲁侍萍 （回转头。和蔼地）没有什么。（微笑）你起来，凤儿，你们一块儿走吧。

鲁四凤 （立起，感动地，抱着她的母亲）妈！

周　萍 去！（看表）不早了，还只有二十五分钟，叫他们把汽车开出来，走吧。

鲁侍萍 （沉静地）不，你们这次走，是在黑地里走，不要惊动旁人。（向大海）大海，你出去叫车去，我要回去，你送他们到车站。

鲁大海 嗯。

［大海由中门下。

鲁侍萍 （向四凤哀婉地）过来，我的孩子，让我好好地亲一亲。（四凤过来抱母；鲁妈向萍）你也来，让我也看你一下。（萍至前，低头，鲁望他擦眼泪）好！你们走吧——我要你们两个在未走以前答应我一件事。

周　萍 您说吧。

鲁侍萍 你们不答应，我还是不要四凤走的。

鲁四凤 妈，您说吧，我答应。

鲁侍萍 （看他们两人）你们这次走，最好越走越远，不要回头。今天离开，你们无论生死，永远也不许见我。

鲁四凤 （难过）妈，那不——

周　萍 （眼色，低声）她现在很难过，才说这样的话，过后，她就会好了的。

鲁四凤 嗯，也好，——妈，那我们走吧。

［四凤跪下，向鲁妈叩头，四凤落泪，鲁妈竭力忍着。

鲁侍萍 （挥手）走吧！

周　萍 我们从饭厅里出去吧，饭厅里还放着我几件东西。

［三人——萍，四凤，鲁妈——走到饭厅门口，饭厅门开。繁漪走出，三人俱惊视。

鲁四凤 （失声）太太！

周繁漪 （沉稳地）咦，你们到哪儿去？外面还打着雷呢！

周　萍 （向繁漪）怎么你一个人在外面偷听！

周繁漪 嗯，不只我，还有人呢。（向饭厅上）出来呀，你！

［冲由饭厅上，畏缩地。

鲁四凤 （惊愕）二少爷！

周　冲 （不安地）四凤！

周　萍 （不高兴，向弟）弟弟，你怎么这样不懂事？

周　冲 （莫明其妙地）妈叫我来的，我不知道你们这是干什么。

周繁漪 （冷冷地）现在你就明白了。

周　萍 （焦躁，向繁漪）你这是干什么？

周繁漪 （嘲弄地）我叫你弟弟来跟你们送行。

周　萍 （气愤）你真卑——

周　冲 哥哥！

周　萍 弟弟，我对不起你！——（突向繁漪）不过世界上没有像你这样的母亲！

周　冲 （迷惑地）妈，这是怎么回事？

周繁漪 你看哪！（向四凤）四凤，你预备上哪儿去？

鲁四凤 （嗫嚅）我……我？……

周　萍 不要说一句瞎话。告诉他们，挺起胸来告诉他们，说我们预备一块儿走。

周　冲 （明白）什么，四凤，你预备跟他一块儿走？

鲁四凤　嗯，二少爷，我，我是——

周　冲　（半质问地）你为什么早不告诉我？

鲁四凤　我不是不告诉你；我跟你说过，叫你不要找我，因为我——我已经不是个好女人。

周　萍　（向四凤）不，你为什么说自己不好？你告诉他们！（指繁漪）告诉他们，说你就要嫁我！

周　冲　（略惊）四凤，你——

周繁漪　（向冲）现在你明白了。（冲低头）

周　萍　（突向繁漪，刻毒地）你真没有一点心肝！你以为你的儿子会替——会破坏么？弟弟，你说，你现在有什么意思，你说，你预备对我怎么样？说！哥哥都会原谅你。

［冲望繁漪，又望四凤，自己低头。

周繁漪　冲儿，说呀！（半晌，急促）冲儿，你为什么不说话呀？你为什么不抓着四凤问？你为什么不抓着你哥哥说话呀？（又顿。众人俱看冲，冲不语）冲儿你说呀，你怎么，你难道是个死人？哑巴？是个糊涂孩子？你难道见着自己心上喜欢的人叫人抢去，一点儿都不动气么？

周　冲　（抬头，羊羔似地）不，不，妈！（又望四凤，低头）只要四凤愿意，我没有一句话可说。

周　萍　（走到冲面前，拉着他的手）哦，我的好弟弟，我的明白弟弟！

周　冲　（疑惑地，思考地）不，不，我忽然发现……我觉得……我好像并不是真爱四凤；（渺渺茫茫地）以前——我，我，我——大概是胡闹！

周　萍　（感激地）不过，弟弟——

周　冲　（望着萍热烈的神色，退缩地）不，你把她带走吧，只要你好好地待她！

周繁漪　（整个消灭，失望）哦，你呀！（忽然，气愤）你不是我的儿子；你不像我，你——你简直是条死猪！

周　冲　（受侮地）妈！

周　萍　（惊）你是怎么回事？

周繁漪　（昏乱地）你真没有点男子气，我要是你，我就打了她，烧了她，杀了她。你真是糊涂虫，没有一点生气的。你还是你父亲养的，你父亲的小绵羊。我看错了你——你不是我的，你不是我的儿子。

周　萍　（不平地）你是冲弟弟的母亲么？你这样说话。

周繁漪　（痛苦地）萍，你说，你说出来；我不怕，你告诉他，我现在已经不是他的母亲。

周　冲　（难过地）妈，您怎么？

周繁漪　（丢弃了拘束）我叫他来的时候，我早已忘了我自己（向冲，半疯狂地）你不要以为我是你的母亲，（高声）你的母亲早死了，早叫你父亲压死了，闷死了。现在我不是你的母亲。她是见着周萍又活了的女人，（不顾一切地）她也是要一个男人真爱她，要真真活着的女人！

周　冲　（心痛地）哦，妈。

周　萍　（眼色向冲）她病了。（向繁漪）你跟我上楼去吧！你大概是该歇一歇。

周繁漪　胡说！我没有病，我没有病，我神经上没有一点病。你们不要以为我说胡话。（揩眼泪，哀痛地）我忍了多少年了，我在这个死地方，监狱似的周公馆，陪着一个阎王十八年了，我的心并没有死；你的父亲只叫我生了冲儿，然而我的心，我这个人还是我的。（指萍）就只有他才要了我整个的人，可是他现在不要我，又不要我了。

周　冲　（痛极）妈，我最爱的妈，您这是怎么回事？

周　萍　你先不要管她，她在发疯！

周繁漪　（激烈地）不要学你的父亲。没有疯——我这是没有疯！我要你说，我要你告诉他们——这是我最后的一口气！

周　萍　（狼狈地）你叫我说什么？我看你上楼睡觉去吧。

周繁漪　（冷笑）你不要装！你告诉他们，我并不是你的后母。

［大家俱惊，略顿。

周　冲　（无可奈何地）妈！

周繁漪　（不顾地）告诉他们，告诉四凤，告诉她！

鲁四凤　（忍不住）妈呀！（投入鲁妈怀）

周　萍　（望着弟弟，转向繁漪）你这是何苦！过去的事你何必说呢？叫弟弟一生不快活。

周繁漪　（失了母性，喊着）我没有孩子，我没有丈夫，我没有家，我什么都没有，我只要你说：我——我是你的。

周　萍　（苦恼）哦，弟弟！你看弟弟可怜的样子，你要是有一点母亲的心——

周繁漪　（报复地）你现在也学会你的父亲了，你这虚伪的东西，你记着，是你才欺骗了你的弟弟，是你欺骗我，是你才欺骗了你的父亲！

周　萍　（愤怒）你胡说，我没有，我没有欺骗他！父亲是个好人，父亲一生是有道德的，（繁漪冷笑）——（向四凤）不要理她，她疯了，我们走吧。

周繁漪 不用走，大门锁了。你父亲就下来，我派人叫他来的。

鲁侍萍 哦，太太！

周　萍 你这是干什么？

周繁漪 （冷冷地）我要你父亲见见他将来的好媳妇你们再走。（喊）朴园，朴园！……

周　冲 妈，您不要！

周　萍 （走到繁漪面前）疯子，你敢再喊！

［繁漪跑到书房门口，喊。

鲁侍萍 （慌）四凤，我们出去。

周繁漪 不，他来了！

［朴园由书房进，大家俱不动，静寂若死。

周朴园 （在门口）你叫什么？你还不上楼去睡。

周繁漪 （倨傲地）我请你见见你的好亲戚。

周朴园 （见鲁妈，四凤在一起，惊）啊，你，你，——你们这是做什么？

周繁漪 （拉四凤向朴园）这是你的媳妇，你见见。（指着朴园向四凤）叫他爸爸！（指着鲁妈向朴园）你也认识认识这位老太太。

鲁侍萍 太太！

周繁漪 萍，过来！当着你的父亲，过来，跟这个妈叩头。

周　萍 （难堪）爸爸，我，我——

周朴园 （明白地）怎么——（向鲁妈）侍萍，你到底还是回来了。

周繁漪 （惊）什么？

鲁侍萍 （慌）不，不，您弄错了。

周朴园 （悔恨地）侍萍，我想你也会回来的。

鲁侍萍 不，不！（低头）啊！天！

周繁漪 （惊愕地）侍萍？什么，她是侍萍？

周朴园 嗯。（烦厌地）繁，你不必再故意地问我，她就是萍儿的母亲，三十年前死了的。

周繁漪 天哪！

［半晌。四凤苦闷地叫了一声，看着她的母亲，鲁妈苦痛地低着头。萍脑筋昏乱，迷惑地望着父亲，同鲁妈。这时繁漪渐渐移到周冲身边，现在她突然发现一个更悲惨的命运，逐渐地使她同情萍，她觉出自己方才的疯狂，这使她很快地恢复原来平常母亲的情感。她不自主地愧恨地望着自己的冲儿。

周朴园 （沉痛地）萍儿，你过来。你的生母并没有死，她还在世上。

周　萍 （半狂地）不是她！爸，您告诉我，不是她！

周朴园 （严厉地）混帐！萍儿，不许胡说。她没有什么好身世，也是你的母亲。

周　萍 （痛苦万分）哦，爸！

周朴园 （尊重地）不要以为你跟四凤同母，觉得脸上不好看，你就忘了人伦天性。

鲁四凤 （向母）哦，妈！（痛苦地）

周朴园 （沉重地）萍儿，你原谅我。我一生就做错了这一件事。我万没有想到她今天还在，今天找到这儿。我想这只能说是天命。（向鲁妈叹口气）我老了，刚才我叫你走，我很后悔，我预备寄给你两万块钱。现在你既然来了，我想萍儿是个孝顺孩子，他会好好地侍奉你。我对不起你的地方，他会补上的。

周　萍 （向鲁妈）您——您是我的——

鲁侍萍 （不自主地）萍——（回头抽咽）

周朴园 跪下，萍儿！不要以为自己是在做梦，这是你的生母。

鲁四凤 （昏乱地）妈，这不会是真的。

鲁侍萍 （不语，抽咽）

周繁漪 （笑向萍，悔恨地）萍，我，我万想不到是——是这样，萍——

周　萍 （怪笑，向朴）父亲！（怪笑，向鲁妈）母亲！（看四凤，指她）你——

鲁四凤 （与萍互视怪笑，忽然忍不住）啊，天！（由中门跑下，萍扑在沙发上，鲁妈死气沉沉地立着。）

周繁漪 （急喊）四凤！四凤！（转向冲）冲儿，她的样子不大对，你赶快出去看她。

［冲由中门跑下，喊四凤。

周朴园 （至萍前）萍儿，这是怎么回事？

周　萍 （突然）爸，您不该生我！（跑，由饭厅下）。

［远处听见四凤的惨叫声，冲狂呼四凤，过后冲也发出惨叫。

鲁侍萍 四凤，你怎么啦！

（同时叫）

周繁漪 我的孩子，我的冲儿！

［二人同由中门跑出。

周朴园 （急走至窗前拉开窗幕，颤声）怎么？怎么？

［仆由中门跑上。

仆　人　（喘）老爷！

周朴园　快说，怎么啦？

仆　人　（急不成声）四凤……死了……

周朴园　（急）二少爷呢？

仆　人　也……也死了。

周朴园　（颤声）不，不，怎……么？

仆　人　四凤碰着那条走电的电线。二少爷不知道，赶紧拉了一把，两个人一块儿中电死了。

周朴园　（几晕）这不会。这，这，——这不能够，不能够！

［朴园与仆人跑下。

［萍由饭厅出，颜色苍白，但是神气沉静地。他走到那张放鲁大海的手枪的桌前，抽开抽屉，取出手枪，手微颤，慢慢走进右边书房。

［外面人声嘈乱，哭声，叫声，吵声，混成一片。鲁妈由中门上，脸更呆滞，如石膏人像。老年仆人跟在后面，拿着电筒。

［鲁妈一声不响地立在台中。

老仆人　（安慰地）老太太，您别发呆！这不成，您得哭，您得好好哭一场。

鲁侍萍　（无神地）我哭不出来！

老仆人　这是天意，没有法子。——可是您自己得哭。

鲁侍萍　不，我想静一静。（呆立）

［中门大开，许多仆人围着繁漪，繁漪不知是在哭在笑。

仆　人　（在外面）进去吧，太太，别看哪。

周繁漪　（为人拥至中门，倚门怪笑）冲儿，你这么张着嘴？你的样子怎么直对我笑？——冲儿，你这个糊涂孩子。

周朴园　（走在中门中，眼泪在面上）繁漪，进来！我的手发木，你也别看了。

老　仆　太太，进来吧。人已经叫电火烧焦了，没有法子办了。

周繁漪　（进来，干哭）冲儿，我的好孩子。刚才还是好好的，你怎么会死，你怎么会死得这样惨？（呆立）

周朴园　（已进来）你要静一静。（擦眼泪）

周繁漪　（狂笑）冲儿，你该死，该死！你有了这样的母亲，你该死！

［外面仆人与鲁大海打架声。

周朴园　这是谁？谁在这时候打架。

［老仆下问，立时另一仆人上。

周朴园　外面是怎么回事？

仆　人　今天早上那个鲁大海，他这时又来了，跟我们打架。

周朴园　叫他进来！

仆　人　老爷，他连踢带打地伤了我们好几个，他已经从小门跑了。

周朴园　跑了？

仆　人　是，老爷。

周朴园　（略顿，忽然）追他去，跟我追他去。

仆　人　是，老爷。

［仆人一齐下。屋中只有朴园，鲁妈，繁漪三人。

周朴园　（哀伤地）我丢了一个儿子，不能再丢第二个了。

［三人都坐下来。

鲁侍萍　都去吧！让他去了也好，我知道这孩子。他恨你，我知道他不会回来见你的。

周朴园　（寂静，自己觉得奇怪）年轻的反而走到我们前头了，现在就剩下我们这些老——（忽然）萍儿呢？大少爷呢？萍儿，萍儿！（无人应）来人呀！来人！（无人应）你们跟我找呀，我的大儿子呢？

［书房枪声，屋内死一般的静默。

周繁漪　（忽然）啊！（跑下书房，朴园呆立不动，立时繁漪狂喊跑出）他……他……

周朴园　他……他……

［园与繁漪一同跑下，进书房。

［鲁妈立起，向书房颠踬了两步，至台中，渐向下倒，跪在地上，如序幕结尾老妇人倒下的样子。

［舞台渐暗，奏序幕之音乐（High Mass-Bach）若在远处奏起，至完全黑暗时最响，与序幕末尾音乐声同。幕落，即开，接尾声。

【题解】

曹禺（1910—1996），原名万家宝，祖籍湖北潜江，生于天津，中国现代杰出戏剧家，有《雷雨》、《日出》、《原野》、《北京人》等作品，前三部戏剧被人合称为曹禺的“生命三部曲”。《雷雨》是其戏剧处女作和代表作，发表于1934年。《雷雨》是中国话剧发展史上的一块里程碑，它的问世，既奠定了曹禺在中国现代戏剧史上的大师地位，也标志着中国话剧艺术走向成熟。

《雷雨》以20世纪20年代中国社会为背景，以带封建性的资产阶级家庭为舞台，以封建式家长和资本家周朴园为中心，以连续两代出身资产阶级家庭的青年和无产阶级姑娘的恋爱故事以及资产阶级家庭内部的乱伦事件为主要内容，通过这个家庭以及社会上错综复杂的矛盾冲突，揭示了人性的丰富和复杂，暴露了资产阶级家庭的罪恶，预示了旧家庭及旧社会必然没落的命运。

严密而精巧的结构，是曹禺广泛借鉴自古希腊戏剧至易卜生戏剧的艺术技巧而在《雷雨》中实现的艺术创造。《雷雨》采用的是典型的锁闭式结构，选择面临高潮的时机开幕，舞台时间、地点高度集中，比较严格地遵守传统戏剧“三一律”的观念。《雷雨》在结构艺术上的具体体现，一是成功地运用了“回溯式”方法，将“过去的戏剧”与“现在的戏剧”紧密结合起来，用前者不断地推动后者的急剧发展，通过“发现”和“陡转”，逼近戏剧高潮，揭示“天地间的‘残忍’”，命运的不可逆转，从而有力地反映出悲剧的深刻性。这些结构技巧在第四幕中有充分的体现。另一重要特点是精心构筑错综复杂的人物关系。《雷雨》中的主要人物之间的关系有三重：血缘关系、性爱关系和阶级关系。正是多重而复杂的人物关系使《雷雨》的剧情发展错综变化、矛盾冲突尖锐激烈，人性内涵丰富复杂。

周朴园是《雷雨》中各种矛盾的交汇点，他是一个具有浓厚封建特征的资本家，与蘩漪的矛盾突出地展示了他的专制性，第一幕的高潮戏“喝药”就是最好的体现。作为资本家，他也有贪婪、残忍和虚伪的一面，他与以鲁大海为代表的工人的矛盾以及与侍萍重逢后的表现都显露出资本家的本性。但周朴园决不只是一个贴上阶级标签的符号，他也是一个有血有肉有情感的人。三十年前，他与侍萍是有过一段镂骨铭心的爱情的。他后来一直沉浸在对侍萍的怀念之中。而与侍萍重逢时的变化也是符合三十年后的资本家周朴园的身份和心理的。他虽然怀念那段美好的感情，但一旦危及到他现在的地位、名誉，他就会在感情和地位、名誉之间选择后者。但这并不能说明他此前所作都是伪装，而只能说明人性之丰富与复杂。

蘩漪是《雷雨》中最独特的艺术典型。她是一个追求个性自由的女性，却有一颗善恶交织的独特而复杂的灵魂。由于在周家过着没有爱情的生活，她爱上了一个不该爱的人，和周萍发生了母子乱伦。乱伦是有罪的，他们一直就在一个有罪的氛围和心理中度过了三年。由于蘩漪生活遭遇的不幸和周朴园对她的专横冷酷，她是令人同情的。周萍也是无辜的，他刚出现在这个家里，就被年纪比他大、被情欲苦恼折磨的后母像救命稻草一样爱住。后来，他后悔了，极力想摆脱。可是，由于周萍又爱上了四凤，蘩漪的爱慢慢由一种罪变成一种恶，她要赶走四凤，留住周萍，她是通过恶的行为来挽救自己的爱情，甚至不惜做“困兽的斗”，以致一错再错，终于伤害了几个无辜的生命。通过这一人物，剧作对人性深处的邪恶也进行了深入的拷问。

【思考与训练】

1. 谈谈《雷雨》在结构上的主要特点。
2. 周朴园心里有没有爱？——试谈周朴园对侍萍的感情。
3. 你认为蘩漪是一个怎样的人物？试谈这一人物的独特性和复杂性。

（胡德才撰稿）

中国当代文学

中国当代文学,指1949年以后的中国文学(包括大陆和台湾、香港、澳门地区),发展至今已有六十年的历史。这里重点描述的是当代中国大陆文学的发展,即五四运动以来的新文学运动发展到社会主义历史阶段以后所产生的文学现象和文学过程。中国当代文学一方面继承了五四以来新文学运动的现实主义传统,以不同的文学形式忠实地记录和描摹了中华人民共和国成立以来中国民众的命运变迁和精神历程,一方面在党的社会主义文艺方针的指导下,赋予了文艺创作新的时代精神和品质。中国当代文学是描绘新人物、新世界的文学,是表现新思想、新境界的文学,是呈现出新形式、新风格的文学,是开创了新繁荣、新格局的文学。

六十年来,中国当代文学的发展尽管有过多次的曲折和反复,但从总体来看,它走过的是一个从单一到多元、从浅直到丰厚、从封闭到开放的光辉历程。经过历代文学艺术家、文艺理论家的艰难探索和实践,中国当代文学取得了丰硕的成果。特别是在党的十一届三中全会后,思想解放运动蓬勃发展,党的"百花齐放、百家争鸣"的文艺方针得到切实地贯彻和落实,中国当代文学走上了健康发展的道路,进入了文学艺术家心情舒畅、文艺作品佳作不断、文坛一片姹紫嫣红的繁荣时代。

根据我国社会主义革命和建设发展的历史以及由此而产生的政治、经济、文化相关联的变动和文艺创作的自身规律,中国当代文学大致可分为三个阶段。第一阶段即从1949年至1966年,这一阶段的文学称之为"十七年文学";第二阶段从1966年5月至1976年10月,这一阶段的文学称之为"文革文学";第三阶段从1977年至今,这一阶段的文学称之为"新时期文学"。这三个阶段的文学创作和发展各有其自身的特点,共同构成了中国当代文学迄今为止既坎坷曲折又繁荣辉煌的历史。

"十七年文学"以1957年的"反右派运动"为标志,可分为两个时期。

一是初步繁荣期(1949—1957)。这一时期,国家顺利地进行了社会主义所有制改造,完成了第一个五年计划,年轻的共和国充满生机,整个社会洋溢着乐观向上的情绪。国家给予了文化事业前所未有的关注和扶持,文艺家们对文艺事业充满了憧憬和激情。在这样的社会背景和时代精神的感召下,文艺事业呈现出初步繁荣的景象。文艺家们深入到工厂、农村、边疆、朝鲜战争前线,为新的国家、新的生活、新的时代创作了大量的诗歌、散文、小说和戏剧,初步奠定了中国当代文学的新格局。特别是在1956年党的"百花齐放、百家争鸣"的文艺方针的推动和前苏联"解冻文学"的影响下,文坛创作一度出现欣欣向荣的局面。但是,这一过程不幸被1957年夏秋之际发动的“反右派运动”所打断,中国当代文艺的发展因此受到严重的挫折。

二是发展徘徊期(1957—1966)。这一时期国家政治生活大体安定,经济文化都有相应的发展。但是由于“反右派运动”的消极影响和“左”倾思潮的继续发展,文艺领域中的政治批判运动仍在不断展开,文艺创作处在因政治因素的干扰而进退两难的境地。这一时期虽有成绩和收获,但又时遇打压和挫折,文艺创作和研究左右徘徊,局面相当艰难。不过,虽然文艺创作的发展遭受阻碍,题材、主题、表现方法等受到种种责难和限制,甚至一大批曾经十分活跃且颇有成就的作家、诗人、戏剧家失去了创作的权利,但由于大多数文艺家还执著于自己的信念和理想而继续努力工作,同时党的文艺方针有时能得到适当的调整,因此这一时期的文艺创作还是取得了喜人的成就,不同形式的优秀作品联袂涌现,直到今天仍具有广泛的影响和艺术魅力。

1966 年 5 月开始的“文化大革命”直至 1976 年 10 月才结束,共持续了十年。这是中国文学的凋敝期。“文化大革命”给我国的政治、经济、文化、教育等各方面带来了极其严重的伤害,文艺事业也饱受摧残。由于用“封建主义、资产阶级、修正主义”的罪名否定并批判“文革”前绝大多数的文艺作品,全国几乎所有的文艺报刊被迫停刊,广大的文艺家受到种种人身迫害,文艺事业遭受极大的损失。进入 1970 年代后,由于中国民众在精神生活方面的强烈需求和对文艺现状的强烈不满,文艺界形势稍有改观。一部分刊物得以恢复,一部分出版社被解除禁令,开始发行和出版得到“文革”当局审批后的若干文艺作品。同时,还有大量的民间写作在进行,这一类作品不可能得到官方批准甚至不能公开,只能在地下阅读、传抄,这样就形成了“文革”时期特有的文艺景观,即多种文艺状态并存的局面。在公开发行出版方面,有“文革”文艺理论影响下产生的作品,有为“四人帮”阴谋政治服务的作品,也有经过“文革”文艺理论改造后的作品;在地下创作和传抄方面,有下放知青的包括“朦胧诗”在内的各类诗作和小说,有早已失去创作权利的作家诗人们的诗和散文,也有“文革”中被打倒的作家们的长篇小说。“文革文学”虽然形态各异,但也留存下了极少数有价值的作品,譬如食指的诗《相信未来》、北岛的《回答》、张扬的长篇小说《第二次握手》等,但总的来说,“文革文学”是凋敝的文学,是被摧残的文学,是被扭曲的文学,是中国民众的精神和情感被无情蹂躏的文学。

1976 年 10 月,“文化大革命”宣告结束,中国社会主义建设开始了新的历史进程，这段历史持续至今被称之为“社会主义新时期”，与之相随相伴的中国当代文学亦称之为“新时期文学”，这一时期的文学创作空前繁荣，是中国当代文学的黄金时期。

在理论上，文艺界彻底批判和否定了“文革”文艺理论，拨乱反正，正本清源，重新确立了马克思主义文艺观的指导地位。同时为十七年的文艺作品恢复名誉，大批文学艺术作品得以重新出版发行，大批文学艺术家获得平反并恢复了创作权；在创作上，文艺家们以1976年清明节前后发生的“天安门诗歌运动”为前导，以现实主义创作原则为指南，揭开了“新时期文学”创作的序幕。

三十多年来，在思想解放运动的启迪和改革开放大潮的冲击下，“新时期文学”以前所未有的开放姿态和包容精神，创造性地继承和发扬了中国传统文学的优秀品质，创作了大量透射着新的时代精神、具有民族韵味和民族风格的艺术作品；文艺家们大胆学习和借鉴世界文艺百年来的思潮和成果，赋予了中国文学新的血液和基因，促使中国当代文学的创作产生了质的更新与嬗变，各门类的文学作品给予了读者震撼性的审美感受。

“新时期文学”是多元化、多色彩、多格调的文学。虽然现实主义的创作方法仍然处于主导地位，但其中的题材、主题、形式和风格极其广泛和多样，充分体现了文艺家们对现实主义的个性化理解和运用。这一现象在“伤痕文学”、“反思文学”、“改革文学”中得到了切实的体现；虽然西方文艺思潮对中国作家的影响不能取代现实主义强大的艺术生命力，但现代主义、超现实主义、后现代主义、实证主义等种种观念，已被许多青年作家们吸纳，在“寻根文学”、“先锋小说”、“新写实小说”、“都市浪子小说”的文本中冲撞着读者的心灵。

最可贵的是，在“新时期文学”凯歌行进的历程中，中国作家艺术家们逐渐增强了用自己的眼睛观察社会和用自己的心性领悟生活的自觉意识，将自己用心灵和思想把握的生活感悟作为创作的肌理和骨骼，融会到诗歌、小说、散文和戏剧的题材、体裁以及各种新颖的表现手法中，不管是在价值取向还是在审美取向上，都具有独特的思想和风格。

中国当代文学经典作品选目：

赵树理：《三里湾》（长篇小说）

吴　强：《红日》（长篇小说）

郭小川：《望星空》（诗歌）

卢新华:《伤痕》(短篇小说)
王　蒙:《春之声》(短篇小说)
王安忆:《长恨歌》(长篇小说)
张承志:《黑骏马》(中篇小说)
路　遥:《平凡的世界》(长篇小说)
余秋雨:《文化苦旅》(散文集)
钱　钢:《唐山大地震》(报告文学)
余光中:《余光中经典作品》(诗文集)
老　舍:《茶馆》(话剧)
金　庸:《射雕英雄传》(长篇小说)

(谢维强撰稿)

汪曾祺

受　戒

明海出家已经四年了。

他是十三岁来的。

这个地方的地名有点怪,叫庵赵庄。赵,是因为庄上大都姓赵。叫做庄,可是人家住得很分散,这里两三家,那里两三家。一出门,远远可以看到,走起来得走一会,因为没有大路,都是弯弯曲曲的田埂。庵,是因为有一个庵。庵叫苦提庵,可是大家叫讹了,叫成荸荠庵。连庵里的和尚也这样叫。"宝刹何处?"——"荸荠庵"。庵本来是住尼姑的。"和尚庙"、"尼姑庵"嘛。可是荸荠庵住的是和尚。也许因为荸荠庵不大,大者为庙,小者为庵。

明海在家叫小明子。他是从小就确定要出家的。他的家乡不叫"出家",叫"当和尚"。他的家乡出和尚。就像有的地方出劁猪的,有的地方出织席子的,有的地方出箍桶的,有的地方出弹棉花的,有的地方出画匠,有的地方出婊子,他的家乡出和尚。人家弟兄多,就派一个出去当和尚。当和尚也要通过关系,也有帮。这地方的和尚有的走得很远。有到杭州灵隐寺的、上海静安寺的、镇江金山寺的、扬州天宁寺的。一般的就在本县的寺庙。明海家田少,老大、老二、老三,就足够种的了。他是老四。他七岁那年,他当和尚的舅舅回家,他爹、他娘就和舅舅商议,决定叫他当和尚。他当时在旁边,觉得这实在是在情在理,没有理由反对。当和尚有很多好处。一是可以吃现成饭。哪个庙里都是管饭的。二是可以攒钱。只要学会了放瑜伽焰口,拜梁皇忏,可以按例分到辛苦钱。积攒起来,将来还俗娶亲也可以;不想还俗,买几亩田也可以。当和尚也不容易,一要面如朗月,二要声如钟磬,三要聪明记性好。他舅舅给他相了相面,叫他前走几步,后走几步,又叫他喊了一声赶牛打场的号子:"格当嘚——",说是"明子准能当个好和尚,我包了!"要当和尚,得下点本,——念几年书。哪有不认字的和尚呢!于是明子就开蒙入学,读了《三字经》、《百家姓》、《四言杂字》、《幼学琼林》、《上论、下论》、《上孟、下孟》,每天还写一张仿。村里都夸他字写得好,很黑。

舅舅按照约定的日期又回了家,带了一件他自己穿的和尚领的短衫,叫明子娘改小一点,给明子穿上。明子穿了这件和尚短衫,下身还是在家穿的紫花裤子,赤脚穿了一双新布鞋,跟他爹、他娘磕了一个头,就随舅舅走了。

他上学时起了个学名，叫明海。舅舅说，不用改了。于是“明海”就从学名变成了法名。

过了一个湖。好大一个湖！穿过一个县城。县城真热闹：官盐店，税务局，肉铺里挂着成片的猪，一个驴子在磨芝麻，满街都是小磨香油的香味，布店，卖茉莉粉、梳头油的什么斋，卖绒花的，卖丝线的，打把式卖膏药的，吹糖人的，耍蛇的……他什么都想看看。舅舅一劲地推他：“快走！快走！”

到了一个河边，有一只船在等着他们。船上有一个五十来岁的瘦长瘦长的大伯，船头蹲着一个跟明子差不多大的女孩子，在剥一个莲蓬吃。明子和舅舅坐到舱里，船就开了。明子听见有人跟他说话，是那个女孩子。

“是你要到荸荠庵当和尚吗？”

明子点点头。

“当和尚要烧戒疤呕！你不怕？”

明子不知道怎么回答，就含含糊糊地摇了摇头。

“你叫什么？”

“明海。”

“在家的时候？”

“叫明子。”

“明子！我叫小英子！我们是邻居。我家挨着荸荠庵。——给你！”

小英子把吃剩的半个莲蓬扔给明海，小明子就剥开莲蓬壳，一颗一颗吃起来。

大伯一桨一桨地划着，只听见船桨拨水的声音：“哗——许！哗——许！”

……

荸荠庵的地势很好，在一片高地上。这一带就数这片地势高，当初建庵的人很会选地方。门前是一条河。门外是一片很大的打谷场。三面都是高大的柳树。山门里是一个穿堂。迎门供着弥勒佛。不知是哪一位名士撰写了一副对联：

大肚能容容天下难容之事
开颜一笑笑世间可笑之人

弥勒佛背后，是韦驮。过穿堂，是一个不小的天井，种着两棵白果树。天井两边各有三间厢房。走过天井，便是大殿，供着三世佛。佛像连龛才四尺来高。大殿东边是方丈，西边是库房。大殿东侧，有一个小小的六角门，白门绿字，刻着一副对联：

一花一世界

三藐三菩提

进门有一个狭长的天井，几块假山石，几盆花，有三间小房。

小和尚的日子清闲得很。一早起来，开山门，扫地。庵里的地铺的都是箩底方砖，好扫得很，给弥勒佛、韦驮烧一炷香，正殿的三世佛面前也烧一炷香、磕三个头、念三声"南无阿弥陀佛"，敲三声磬。这庵里的和尚不兴做什么早课、晚课，明子这三声磬就全都代替了。然后，挑水，喂猪。然后，等当家和尚，即明子的舅舅起来，教他念经。

教念经也跟教书一样，师父面前一本经，徒弟面前一本经，师父唱一句，徒弟跟着唱一句。是唱哎。舅舅一边唱，一边还用手在桌上拍板。一板一眼，拍得很响，就跟教唱戏一样。是跟教唱戏一样，完全一样哎。连用的名词都一样。舅舅说，念经：一要板眼准，二要合工尺。说：当一个好和尚，得有条好嗓子。说：民国二十年闹大水，运河倒了堤，最后在清水潭合龙，因为大水淹死的人很多，放了一台大焰口，十三大师——十三个正座和尚，各大庙的方丈都来了，下面的和尚上百。谁当这个首座？推来推去，还是石桥——善因寺的方丈！他往上一坐，就跟地藏王菩萨一样，这就不用说了；那一声"开香赞"，围看的上千人立时鸦雀无声。说：嗓子要练，夏练三伏，冬练三九，要练丹田气！说：要吃得苦中苦，方为人上人！说：和尚里也有状元、榜眼、探花！要用心，不要贪玩！舅舅这一番大法说得明海和尚实在是五体投地，于是就一板一眼地跟着舅舅唱起来：

"炉香乍爇——"

"炉香乍爇——"

"法界蒙薰——"

"法界蒙薰——"

"诸佛现金身……"

"诸佛现金身……"

……

等明海学完了早经，——他晚上临睡前还要学一段，叫做晚经，——荸荠庵的师父们就都陆续起床了。

这庵里人口简单，一共六个人。连明海在内，五个和尚。

有一个老和尚，六十几了，是舅舅的师叔，法名普照，但是知道的人很少，因为很少人叫他法名，都称之为老和尚或老师父，明海叫他师爷爷。这是个很枯寂的人，一天关在房里，就是那“一花一世界”里。也看不见他念佛，只是那么一声不响地坐着。他是吃斋的，过年时除外。

下面就是师兄弟三个，仁字排行：仁山、仁海、仁渡。庵里庵外，有的称他们为大师父、二师父；有的称之为山师父、海师父。只有仁渡，没有叫他“渡师父”的，因为听起来不像话，大都直呼之为仁渡。他也只配如此，因为他还年轻，才二十多岁。

仁山，即明子的舅舅，是当家的。不叫“方丈”，也不叫“住持”，却叫“当家的”，是很有道理的，因为他确确实实干的是当家的职务。他屋里摆的是一张账桌，桌子上放的是账簿和算盘。账簿共有三本。一本是经账，一本是租账，一本是债账。和尚要做法事，做法事要收钱，——要不，当和尚干什么？常做的法事是放焰口。正规的焰口是十个人。一个正座，一个敲鼓的，两边一边四个。人少了，八个，一边三个，也凑合了。荸荠庵只有四个和尚，要放整焰口就得和别的庙里合伙。这样的时候也有过，通常只是放半台焰口。一个正座，一个敲鼓，另外一边一个。一来找别的庙里合伙费事；二来这一带放得起整焰口的人家也不多。有的时候，谁家死了人，就只请两个，甚至一个和尚咕噜咕噜念一通经，敲打几声法器就算完事。很多人家的经钱不是当时就给，往往要等秋后才还。这就得记账。另外，和尚放焰口的辛苦钱不是一样的。就像唱戏一样，有份子。正座第一份。因为他要领唱，而且还要独唱。当中有一大段“叹骷髅”，别的和尚都放下法器休息，只有首座一个人有板有眼地慢声吟唱。第二份是敲鼓的。你以为这容易呀？哼，单是一开头的“发擂”，手上没功夫就敲不出迟疾顿挫！其余的，就一样了。这也得记上：某月某日、谁家焰口半台，谁正座，谁敲鼓……省得到年底结账时赌咒骂娘……这庵里有几十亩庙产，租给人种，到时候要收租。庵里还放债。租、债一向倒很少亏欠，因为租佃借钱的人怕菩萨不高兴。这三本账就够仁山忙的了。另外香烛、灯火、油盐“福食”，这也得随时记记账呀。除了账簿之外，山师父的方丈的墙上还挂着一块水牌，上漆四个红字：“勤笔免思”。

仁山所说当一个好和尚的三个条件，他自己其实一条也不具备。他的相貌只要用两个字就说清楚了：黄，胖。声音也不像钟磬，倒像母猪。聪明么？难说，打牌老输。他在庵里从不穿袈裟，连海青直裰也免了。经常是披着件短僧衣，袒露着一个黄色的肚子。下面是光脚踏拉着一对僧鞋，——新鞋他也是踏拉着。他一天就是这样不衫不履地这里走走，那里走走，发出母猪一样的声音：“呣——呣——”。

二师父仁海。他是有老婆的。他老婆每年夏秋之间来住几个月,因为庵里凉快。庵里有六个人,其中之一,就是这位和尚的家眷。仁山、仁渡叫她嫂子,明海叫她师娘。这两口子都很爱干净,整天的洗涮。傍晚的时候,坐在天井里乘凉。白天,闷在屋里不出来。

三师父是个很聪明精干的人。有时一笔账大师兄扒了半天算盘也算不清,他眼珠子转两转,早算得一清二楚。他打牌赢的时候多,二三十张牌落地,上下家手里有些什么牌,他就差不多都知道了。他打牌时,总有人爱在他后面看歪头胡。谁家约他打牌,就说"想送两个钱给你"。他不但经忏俱通(小庙的和尚能够拜忏的不多),而且身怀绝技,会"飞铙"。七月间有些地方做盂兰会,在旷地上放大焰口,几十个和尚,穿绣花袈裟,飞铙。飞铙就是把十多斤重的大铙钹飞起来。到了一定的时候,全部法器皆停,只几十副大铙紧张急促地敲起来。忽然起手,大铙向半空中飞去,一面飞,一面旋转。然后,又落下来,接住。接住不是平平常常地接住,有各种架势,"犀牛望月"、"苏秦背剑"……这哪是念经,这是耍杂技。也许是地藏王菩萨爱看这个,但真正因此快乐起来的是人,尤其是妇女和孩子。这是年轻漂亮的和尚出风头的机会。一场大焰口过后,也像一个好戏班子过后一样,会有一个两个大姑娘、小媳妇失踪,——跟和尚跑了。他还会放"花焰口"。有的人家,亲戚中多风流子弟,在不是很哀伤的佛事——如做冥寿时,就会提出放花焰口。所谓"花焰口"就是在正焰口之后,叫和尚唱小调,拉丝弦,吹管笛,敲鼓板,而且可以点唱。仁渡一个人可以唱一夜不重头。仁渡前几年一直在外面,近二年才常住在庵里。据说他有相好的,而且不止一个。他平常可是很规矩,看到姑娘媳妇总是老老实实的,连一句玩笑话都不说,一句小调山歌都不唱。有一回,在打谷场上乘凉的时候,一伙人把他围起来,非叫他唱两个不可。他却情不过,说:"好,唱一个。不唱家乡的。家乡的你们都熟,唱个安徽的。"

姐和小郎打大麦,
一转子讲得听不得。
听不得就听不得,
打完了大麦打小麦。

唱完了,大家还嫌不够,他就又唱了一个:

姐儿生得漂漂的,
两个奶子翘翘的。

有心上去摸一把，
心里有点跳跳的。
……

这个庵里无所谓清规，连这两个字也没人提起。

仁山吃水烟，连出门做法事也带着他的水烟袋。

他们经常打牌。这是个打牌的好地方。把大殿上吃饭的方桌往门口一搭，斜放着，就是牌桌。桌子一放好，仁山就从他的方丈里把筹码拿出来，哗啦一声倒在桌上。斗纸牌的时候多，搓麻将的时候少。牌客除了师兄弟三人，常来的是一个收鸭毛的，一个打兔子兼偷鸡的，都是正经人。收鸭毛的担一副竹筐，串乡串镇，拉长了沙哑的声音喊叫：

"鸭毛卖钱——！"

偷鸡的有一件家什——铜蜻蜓。看准了一只老母鸡，把铜蜻蜓一丢，鸡婆子上去就是一口。这一啄，铜蜻蜓的硬簧绷开，鸡嘴撑住了，叫不出来了。正在这鸡十分纳闷的时候，上去一把薅住。

明子曾经跟这位正经人要过铜蜻蜓看看。他拿到小英子家门前试了一试，果然！小英的娘知道了，骂明子：

"要死了！儿子！你怎么到我家来玩铜蜻蜓了！"

小英子跑过来：

"给我！给我！"

她也试了试，真灵，一个黑母鸡一下子就把嘴撑住，傻了眼了！

下雨阴天，这二位就光临荸荠庵，消磨一天。

有时没有外客，就把老师叔也拉出来，打牌的结局，大都是当家和尚气得鼓鼓的："×妈妈的！又输了！下回不来了！"

他们吃肉不瞒人。年下也杀猪。杀猪就在大殿上。一切都和在家一样，开水、木桶、尖刀。捆猪的时候，猪也是没命地叫。跟在家不同的，是多一道仪式，要给即将升天的猪念一道"往生咒"，并且总是老师叔念，神情很庄重：

"……一切胎生、卵生、息生，来从虚空来，还归虚空去往生再世，皆当欢喜。南无阿弥陀佛！"

三师父仁渡一刀子下去，鲜红的猪血就带着很多沫子喷出来。

……

明子老往小英子家里跑。

小英子的家像一个小岛，三面都是河，西面有一条小路通到荸荠庵。独门独户，岛上只有这一家。岛上有六棵大桑树，夏天都结大桑椹，三棵结白的，三棵结紫的；一个菜园子，瓜豆蔬菜，四时不缺。院墙下半截是砖砌的，上半截是泥夯的。大门是桐油油过的，贴着一副万年红的春联：

向阳门第春常在
积善人家庆有余

门里是一个很宽的院子。院子里一边是牛屋、碓棚；一边是猪圈、鸡窠，还有个关鸭子的栅栏。露天地放着一具石磨。正北面是住房，也是砖基土筑，上面盖的一半是瓦，一半是草。房子翻修了才三年，木料还露着白茬。正中是堂屋，家神菩萨的画像上贴的金还没有发黑。两边是卧房。隔扇窗上各嵌了一块一尺见方的玻璃，明亮亮的，——这在乡下是不多见的。房檐下一边种着一棵石榴树，一边种着一棵栀子花，都齐房檐高了。夏天开了花，一红一白，好看得很。栀子花香得冲鼻子。顺风的时候，在荸荠庵都闻得见。

这家人口不多，他家当然是姓赵。一共四口人：赵大伯、赵大妈，两个女儿——大英子、小英子。老两口没得儿子。因为这些年人不得病，牛不生灾，也没有大旱大水闹蝗虫，日子过得很兴旺。他们家自己有田，本来够吃的了，又租种了庵上的十亩田。自己的田里，一亩种了荸荠，——这一半是小英子的主意，她爱吃荸荠，一亩种了茨菇。家里喂了一大群鸡鸭，单是鸡蛋鸭毛就够一年的油盐了。赵大伯是个能干人。他是一个“全把式”，不但田里场上样样精通，还会罩鱼、洗磨、凿砻、修水车、修船、砌墙、烧砖、箍桶、劈篾、绞麻绳。他不咳嗽，不腰疼，结结实实，像一棵榆树。人很和气，一天不声不响。赵大伯是一棵摇钱树，赵大娘就是个聚宝盆。大娘精神得出奇。五十岁了，两个眼睛还是清亮亮的。不论什么时候，头都是梳得滑溜溜的，身上衣服都是格挣挣的。像老头子一样，她一天不闲着。煮猪食，喂猪，腌咸菜，——她腌的咸萝卜干非常好吃，舂粉子，磨小豆腐，编蓑衣，织芦篚。她还会剪花样子。这里嫁闺女，陪嫁妆，磁坛子、锡罐子，都要用梅红纸剪出吉祥花样，贴在上面，讨个吉利，也才好看：“丹凤朝阳”呀、“白头到老”呀、“子孙万代”呀、“福寿绵长”呀。二三十里的人家都来请她：“大娘，好日子是十六，你哪天去呀？”——“十五，我一大清早就来！”“一定呀！”——“一定！一定！”

两个女儿，长得跟她娘像一个模子里托出来的。眼睛长得尤其像，白眼珠鸭蛋青，黑眼珠棋子黑，定神时如清水，闪动时像星星。浑身上下，头是头，脚是脚。头发滑溜溜的，衣服格挣挣的。——这里的风俗，十五六岁的姑娘就都梳上头了。这两个丫头，这一头的好头发！通红的发根，雪白的簪子！娘女三个去赶集，一集的人都朝她们望。

姐妹俩长得很像，性格不同。大姑娘很文静，话很少，像父亲。小英子比她娘还会说，一天咭咭呱呱地不停。大姐说：

"你一天到晚咭咭呱呱——"

"像个喜鹊！"

"你自己说的！——吵得人心乱！"

"心乱？"

"心乱！"

"你心乱怪我呀！"

二姑娘话里有话。大英子已经有了人家。人她偷偷地看过，人很敦厚，也不难看，家道也殷实，她满意。已经下过小定，日子还没有定下来。她这二年，很少出房门，整天赶她的嫁妆。大裁大剪，她都会。挑花绣花，不如娘。她可又嫌娘出的样子太老了。她到城里看过新娘子，说人家现在绣的都是活花活草。这可把娘难住了。最后是喜鹊忽然一拍屁股："我给你保举一个人！"

这人是谁？是明子。明子念"上孟下孟"的时候，不知怎么得了半套《芥子园》，他喜欢得很。到了荸荠庵，他还常翻出来看，有时还把旧账簿子翻过来，照着描。小英子说：

"他会画！画得跟活的一样！"

小英子把明海请到家里来，给他磨墨铺纸，小和尚画了几张，大英子喜欢得了不得："就是这样！就是这样！这就可以乱孱！"——所谓"乱孱"是绣花的一种针法：绣了第一层，第二层的针脚插进第一层的针缝，这样颜色就可由深到淡，不露痕迹，不像娘那一代绣的花是平针，深浅之间，界限分明，一道一道的。小英子就像个书童，又像个参谋：

"画一朵石榴花！"

"画一朵栀子花！"

她把花掐来，明海就照着画。

到后来，凤仙花、石竹子、水蓼、淡竹叶、天竺果子、腊梅花，他都能画。

大娘看着也喜欢，搂住明海的和尚头：

"你真聪明！你给我当一个干儿子吧！"

小英子捺住他的肩膀，说：

“快叫！快叫！”

小明子跪在地下磕了一个头，从此就叫小英子的娘做干娘。

大英子绣的三双鞋，三十里方圆都传遍了。很多姑娘都走路坐船来看。看完了，就说：“啧啧啧，真好看！这哪是绣的，这是一朵鲜花！”她们就拿了纸来央大娘求了小和尚来画。有求画帐檐的，有求画门帘飘带的，有求画鞋头花的。每回明子来画花，小英子就给他做点好吃的，煮两个鸡蛋，蒸一碗芋头，煎几个藕团子。

因为照顾姐姐赶嫁妆，田里的零碎生活小英子就全包了。她的帮手，是明子。

这地方的忙活是栽秧、车高田水，薅头遍草、再就是割稻子、打场子。这几茬重活，自己一家是忙不过来的。这地方兴换工。排好了日期，几家顾一家，轮流转。不收工钱，但是吃好的。一天吃六顿，两头见肉，顿顿有酒。干活时，敲着锣鼓，唱着歌，热闹得很。其余的时候，各顾各，不显得紧张。

薅三遍草的时候，秧已经很高了，低下头看不见人。一听见非常脆亮的嗓子在一片浓绿里唱：

栀子哎开花哎六瓣头哎……

姐家哎门前哎一道桥哎……

明海就知道小英子在哪里，三步两步就赶到，赶到就低头薅起草来，傍晚牵牛“打汪”，是明子的事。——水牛怕蚊子。这里的习惯，牛卸了轭，饮了水，就牵到一口和好泥水的“汪”里，由它自己打滚扑腾，弄得全身都是泥浆，这样蚊子就咬不通了。低田上水，只要一挂十四轧的水车，两个人车半天就够了。明子和小英子就伏在车杠上，不紧不慢地踩着车轴上的拐子，轻轻地唱着明海向二师父学来的各处山歌。打场的时候，明子能替赵大伯一会，让他回家吃饭。——赵家自己没有场，每年都在荸荠庵外面的场上打谷子。他一扬鞭子，喊起了打场号子：

“格当嘚——”

这打场号子有音无字，可是九转十三弯，比什么山歌号子都好听。赵大娘在家，听见明子的号子，就侧起耳朵：

“这孩子这条嗓子！”

连大英子也停下针线：

“真好听！”

小英子非常骄傲地说：

"一十三省数第一!"

晚上,他们一起看场。——荸荠庵收来的租稻也晒在场上。他们并肩坐在一个石磙子上,听青蛙打鼓,听寒蛇唱歌,——这个地方以为蝼蛄叫是蚯蚓叫,而且叫蚯蚓叫"寒蛇",听纺纱婆子不停地纺纱,"吵——",看萤火虫飞来飞去,看天上的流星。

"呀!我忘了在裤带上打一个结!"小英子说。

这里的人相信,在流星掉下来的时候在裤带上打一个结,心里想什么好事,就能如愿。

……

"㧟"荸荠,这是小英最爱干的生活。秋天过去了,地净场光,荸荠的叶子枯了,——荸荠的笔直的小葱一样的圆叶子里是一格一格的,用手一捋,哔哔地响,小英子最爱捋着玩,——荸荠藏在烂泥里。赤了脚,在凉浸浸滑滑溜的泥里踩着,——哎,一个硬疙瘩!伸手下去,一个红紫红紫的荸荠。她自己爱干这生活,还拉了明子一起去。她老是故意用自己的光脚去踩明子的脚。

她挎着一篮子荸荠回去了,在柔软的田埂上留了一串脚印。明海看着她的脚印,傻了。五个小小的趾头,脚掌平平的,脚跟细细的,脚弓部分缺了一块。明海身上有一种从来没有过的感觉,他觉得心里痒痒的。这一串美丽的脚印把小和尚的心搞乱了。

……

明子常搭赵家的船进城,给庵里买香烛,买油盐。闲时是赵大伯划船;忙时是小英子去,划船的是明子。

从庵赵庄到县城,当中要经过一片很大的芦花荡子。芦苇长得密密的,当中一条水路,四边不见人。划到这里,明子总是无端端地觉得心里很紧张,他就使劲地划桨。

小英子喊起来:

"明子!明子!你怎么啦?你发疯啦?为什么划得这么快?"……

明海到善因寺去受戒。

"你真的要去烧戒疤呀?"

"真的。"

"好好的头皮上烧十二个洞,那不疼死啦?"

"咬咬牙。舅舅说这是当和尚的一大关,总要过的。"

"不受戒不行吗?"

"不受戒的是野和尚。"

"受了戒有啥好处?"

"受了戒就可以到处云游,逢寺挂褡。"

"什么叫'挂褡'?"

"就是在庙里住。有斋就吃。"

"不把钱?"

"不把钱。有法事,还得先尽外来的师父。"

"怪不得都说'远来的和尚会念经'。就凭头上这几个戒疤?"

"还要有一份戒牒。"

"闹半天,受戒就是领一张和尚的合格文凭呀!"

"就是!"

"我划船送你去。"

"好。"

小英子早早就把船划到荸荠庵门前。不知是什么道理,她兴奋得很。她充满了好奇心,想去看看善因寺这座大庙,看看受戒是个啥样子。

善因寺是全县第一大庙,在东门外,面临一条水很深的护城河,三面都是大树,寺在树林子里,远处只能隐隐约约看到一点金碧辉煌的屋顶,不知道有多大。树上到处挂着"谨防恶犬"的牌子。这寺里的狗出名的厉害。平常不大有人进去。放戒期间,任人游看,恶狗都锁起来了。

好大一座庙!庙门的门坎比小英子的胳膝都高。迎门矗着两块大牌,一边一块,一块写着斗大两个大字:"放戒",一块是:"禁止喧哗"。这庙里果然是气象庄严,到了这里谁也不敢大声咳嗽。明海自去报名办事,小英子就到处看看。好家伙,这哼哈二将、四大天王,有三丈多高,都是簇新的,才装修了不久。天井有二亩地大,铺着青石,种着苍松翠柏。"大雄宝殿",这才真是个"大殿"!一进去,凉嗖嗖的。到处都是金光耀眼。释迦牟尼佛坐在一个莲花座上,单是莲座,就比小英子还高。抬起头来也看不全他的脸,只看到一个微微闭着的嘴唇和胖敦敦的下巴。两边的两根大红蜡烛,一搂多粗。佛像前的大供桌上供着鲜花、绒花、绢花,还有珊瑚树、玉如意、整根的大象牙。香炉里烧着檀香。小英子出了庙,闻着自己的衣服都是香的。挂了好些幡。这些幡不知是什么缎子的,那么厚重,绣的花真细。这么大一口磬,里头能装五担水!这么大一个木鱼,有一头牛大,漆得通红的。她又去转了转罗汉堂,爬到千佛楼上看了看。真有一千个小佛!她还跟着一些人去看了看藏经楼。藏经楼没有什么看头,都是经书！妈吔！逛了这么一圈，腿都酸了。小英子想起还要给家里打油，替姐姐配丝线，给娘买鞋面布，给自己买两个坠围裙飘带的银蝴蝶，给爹买旱烟，就出庙了。

等把事情办齐，晌午了。她又到庙里看了看，和尚正在吃粥。好大一个“膳堂”，坐得下八百个和尚。吃粥也有这样多讲究：正面法座上摆着两个锡胆瓶，里面插着红绒花，后面盘膝坐着一个穿了大红满金绣袈裟的和尚，手里拿了戒尺。这戒尺是要打人的。哪个和尚吃粥吃出了声音，他下来就是一戒尺。不过他并不真的打人，只是做个样子。真稀奇，那么多的和尚吃粥，竟然不出一点声音！他看见明子也坐在里面，想跟他打个招呼又不好打。想了想，管他禁止不禁止喧哗，就大声喊了一句：“我走啦！”她看见明子目不斜视地微微点了点头，就不管很多人都朝自己看，大摇大摆地走了。

第四天一大清早小英子就去看明子。她知道明子受戒是第三天半夜，——烧戒疤是不许人看的。她知道要请老剃头师傅剃头，要剃得横摸顺摸都摸不出头发茬子，要不然一烧，就会“走”了戒，烧成了一片。她知道是用枣泥子先点在头皮上，然后用香头子点着。她知道烧了戒疤就喝一碗蘑菇汤，让它“发”，还不能躺下，要不停地走动，叫做“散戒”。这些都是明子告诉她的。明子是听舅舅说的。

她一看，和尚真在那里“散戒”，在城墙根底下的荒地里。一个一个，穿了新海青，光光的头皮上都有十二个黑点子。——这黑疤掉了，才会露出白白的、圆圆的“戒疤”。和尚都笑嘻嘻的，好像很高兴。她一眼就看见了明子。隔着一条护城河，就喊他：

“明子！”

“小英子！”

“你受了戒啦？”

“受了。”

“疼吗？”

“疼。”

“现在还疼吗？”

“现在疼过去了。”

“你哪天回去？”

“后天。”

“上午？下午？”

"下午。"

"我来接你!"

"好!"

……

小英子把明海接上船。

小英子这天穿了一件细白夏布上衣,下边是黑洋纱的裤子,赤脚穿了一双龙须草的细草鞋,头上一边插着一朵栀子花,一边插着一朵石榴花。她看见明子穿了新海青,里面露出短褂子的白领子,就说:"把你那外面的一件脱了,你不热呀!"

他们一人一把桨。小英子在中舱,明子扳艄,在船尾。

她一路问了明子很多话,好像一年没有看见了。

她问,烧戒疤的时候,有人哭吗?喊吗?

明子说,没有人哭。有个山东和尚骂人:

"俺日你奶奶!俺不烧了!"

她问善因寺的方丈石桥是相貌和声音都很出众吗?

"是的。"

"说他的方丈比小姐的绣房还讲究?"

"讲究。什么东西都是绣花的。"

"他屋里很香?"

"很香。他烧的是伽楠香,贵得很。"

"听说他会做诗,会画画,会写字?"

"会。庙里走廊两头的砖额上,都刻着他写的大字。"

"他是有个小老婆吗?"

"有一个。"

"才十九岁?"

"听说。"

"好看吗?"

"都说好看。"

"你没看见?"

"我怎么会看见?我关在庙里。"

明子告诉她,善因寺一个老和尚告诉他,寺里有意选他当沙弥尾,不过还没有定,要等主事的和尚商议。

"什么叫'沙弥尾'?"

“放一堂戒，要选出一个沙弥头，一个沙弥尾。沙弥头要老成，要会念很多经。沙弥尾要年轻，聪明，相貌好。”

“当了沙弥尾跟别的和尚有什么不同？”

“沙弥头，沙弥尾，将来都能当方丈。现在的方丈退居了，就当。石桥原来就是沙弥尾。”

“你当沙弥尾吗？”

“还不一定哪。”

“你当方丈，管善因寺？管这么大一个庙？！”

“还早呐！”

划了一气，小英子说：“你不要当方丈！”

“好，不当。”

“你也不要当沙弥尾！”

“好，不当。”

又划了一气，看见那一片芦花荡子了。

小英子忽然把桨放下，走到船尾，趴在明子的耳朵旁边，小声地说：

“我给你当老婆，你要不要？”

明子眼睛鼓得大大的。

“你说话呀！”

明子说：“嗯。”

“什么叫‘嗯’呀！要不要，要不要？”

明子大声地说：“要！”

“你喊什么！”

明子小小声说：“要——！”

“快点划！”

英子跳到中舱，两只桨飞快地划起来，划进了芦花荡。

芦花才吐新穗。紫灰色的芦穗，发着银光，软软的，滑溜溜的，像一串丝线。有的地方结了蒲棒，通红的，像一枝一枝小蜡烛。青浮萍，紫浮萍。长脚蚊子，水蜘蛛。野菱角开着四瓣的小白花。惊起一只青桩（一种水鸟），擦着芦穗，扑鲁鲁鲁飞远了。

……

一九八〇年八月十二日，写四十三年前的一个梦

【题解】

汪曾祺(1920—1997),江苏高邮人,当代作家。1939 年考入西南联大中文系,1940 年开始写小说,受到沈从文的指导。“文革”中参与样板戏《沙家浜》的定稿。1979 年重新开始创作。1980 年代以后写了许多描写民国时代风俗人情的小说,受到很高的赞誉。出版了小说集《晚饭花集》、《汪曾祺短篇小说选》,论文集《晚翠文谈》等。所作《大淖记事》获 1981 年全国优秀短篇小说奖。被誉为“抒情的人道主义者,中国最后一个纯粹的文人,中国最后一个士大夫”。

小说《受戒》写于“文革”后的 1979 年。小说的主人公是明海和小英子,实际上作者抒写的是桃花源式的自然纯朴的生活理想。这个桃花源中诸多人物不受清规戒律的约束,其情感表露非常直接而且质朴,他们虽然都是凡夫俗子,却没有任何奸猾、恶意,众多人物之间的朴素自然的爱意组成了洋溢着生之快乐的生存空间。

从小说《受戒》中,读者可以看到沈从文描写湘西风情的名作《边城》的神韵:清新隽永、淡泊高雅的田园牧歌情调,展示人类原始的爱欲和忘俗的人性,幽静的寺庙,淳朴的风土人情,散文化小说的叙述方式,颇具民俗气息而带有南方人特有的温和淳朴的文学语言。一个小和尚的红尘故事,纯净优美,引人入胜。故事自平淡始又以平淡终,但字里行间洋溢着人性美,宛如清澈小溪漫过心头,又如陈年佳酿令人回味无穷。

【思考与训练】

1. 明海为什么会出家?
2. 小说是如何刻画明海和小英子的形象的?
3. 小说结尾的景物描写所传达的寓意是什么?

（祥耘撰稿）

曾　卓

悬崖边的树

不知道是什么奇异的风
将一棵树吹到了那边——
平原的尽头
临近深谷的悬崖上

它倾听远处森林的喧哗
和深谷中小溪的歌唱
它孤独地站在那里
显得寂寞而又倔强

它的弯曲的身体
留下了风的形状
它似乎即将倾跌进深谷里
却又象是要展翅飞翔……

1970 年

【题解】

曾卓(1922—2002),湖北黄陂人,生于武汉。1947 年毕业于南京中央大学。“七月派”诗人之一。代表性诗作有《有赠》、《悬崖边的树》、《老水手的歌》等。

《悬崖边的树》是一首自况诗,塑造的是诗人的自我形象,这是一个饱经磨难、身处逆境、孤独顽强、坚韧执著的战士形象。从这一形象,我们可以想象诗人经历中曾有过的那段寂寞、痛苦的日子。诗人于 1950 年代中期被一股政治旋风卷出诗坛,随即是二十余年的“沉默”,之后随着思想解放运动的春风,重新开始歌唱。但风华正茂的诗人,转瞬之间,已皤然一老翁,青春的高歌,已变作老树的沉吟。

在遭遇不幸的日子里,诗人并未消沉颓丧,尽管环境险恶,但诗人不折不挠,孤独而顽强。全诗采用象征、比拟手法,借物写人,通过对自然物象的描摹,包蕴着丰富的社会历史内容。首节诗交代“悬崖边的树”的来历,意在突出风的奇异、树的不幸、悬崖的险恶。第二节诗描绘“悬崖边的树”的形象。它身处险恶的环境,但不甘寂寞潦倒,渴望与外界沟通,向往火热的生活。它孤独、寂寞,又坚韧、倔强。末节诗抒写"悬崖边的树"的意义和给人的启示。它历尽坎坷,饱经风霜,笔挺的躯干已经弯曲,但过去了的一切,都不会毫无意义。历史的陈迹,将化作永久的记忆。诗的最后两句看似并列,实是衬托,欲扬先抑,将诗人感情的抒发推向高潮,诗的境界也得到升华。诗人从自己的人生体验中提炼出使人警醒、给人启迪的思想,从这饱和情感的思想中又透出浓郁的诗意。

【思考与训练】

1. 结合创作背景,简析《悬崖边的树》的思想意蕴。
2. 简析这首诗的主要表现手法。
3. 背诵这首诗。

(胡德才撰稿)

食　指

相信未来

当蜘蛛网无情地查封了我的炉台
当灰烬的余烟叹息着贫困的悲哀
我依然固执地铺平失望的灰烬
用美丽的雪花写下:相信未来

当我的紫葡萄化为深秋的露水
当我的鲜花依偎在别人的情怀
我依然固执地用凝霜的枯藤
在凄凉的大地上写下:相信未来

我要用手指那涌向天边的排浪
我要用手掌那托住太阳的大海
摇曳着曙光那枝温暖漂亮的笔杆

用孩子的笔体写下:相信未来

我之所以坚定地相信未来
是我相信未来人们的眼睛
她有拨开历史风尘的睫毛
她有看透岁月篇章的瞳孔

不管人们对于我们腐烂的皮肉
那些迷途的惆怅、失败的苦痛
是寄予感动的热泪、深切的同情
还是给以轻蔑的微笑、辛辣的嘲讽

我坚信人们对于我们的脊骨
那无数次的探索、迷途、失败和成功
一定会给予热情、客观、公正的评定
是的,我焦急地等待着他们的评定

朋友,坚定地相信未来吧
相信不屈不挠的努力
相信战胜死亡的年轻
相信未来、热爱生命

【题解】

食指(1948—),原名郭路生,从小热爱诗歌。在中国20世纪60—70年代,他以其独具的个性和特色,引领地下诗坛。1999年人民文学出版社出版的《食指的诗》,获第三届人民文学奖。另有诗集《相信未来》等。

《相信未来》写于"文革"中,曾感动了一代青年,激发了他们继续生活下去的勇气。

这首诗的前三节,用"蜘蛛网"等意象描绘出了那个荒凉、艰难的时代和苦难与失望的感受。又用"雪花"、"枯藤"写下"相信未来"的词句,传达出不屈服于苦难现实的精神。更用"排浪"、"大海"、"曙光"、"孩子的笔体"这类充满力量、光明和童真的意象,把自己对未来的坚定信念表达得真诚、乐观和自信。

接下来的三节,诗人解释了为什么相信未来的原因:一方面"相信未来人们的眼睛 ";另一方面对"我们"这一代人的努力充满自信。诗的最后一节,用真诚热情的呼告,满怀激情地鼓励一代青年认识自身"努力"、"年轻"

的价值。用“相信未来、热爱生命”的诗句，表达了诗人对人生终极价值的关心与追求。全诗以逐渐高昂的气势和无所畏惧的精神，勇敢地向苦难的现实宣战，在一个灰色的年代向一代青年展示了光明的未来。

【思考与训练】

1. 这首诗描绘荒凉、艰难的时代和苦难与失望的感受，运用了哪些意象？传达出不屈服于苦难现实的精神和对未来的坚定信念又运用了哪些意象？

2. 如何理解“未来人们的眼睛/她有拨开历史风尘的睫毛/她有看透岁月篇章的瞳孔”的含义？

3. 背诵这首诗。

（谢维强撰稿）

北　岛

回　答

卑鄙是卑鄙者的通行证，
高尚是高尚者的墓志铭。
看吧，在那镀金的天空中，
飘满了死者弯曲的倒影。

冰川纪过去了，
为什么到处都是冰凌？
好望角发现了，
为什么死海里千帆相竞？

我来到这个世界上，
只带着纸、绳索和身影，
为了在审判之前，
宣读那些被判决的声音：

告诉你吧，世界
我——不——相——信！
纵使你脚下有一千名挑战者，
那就把我算作第一千零一名。

我不相信天是蓝的；
我不相信雷的回声；
我不相信梦是假的；
我不相信死无报应。

如果海洋注定要决堤，
就让所有的苦水都注入我心中；
如果陆地注定要上升，
就让人类重新选择生存的峰顶。

新的转机和闪闪的星斗，
正在缀满没有遮拦的天空。
那是五千年的象形文字，
那是未来人们凝视的眼睛。

1976 年 4 月

【题解】

北岛（1949—　），本名赵振开，浙江湖州人，生于北京。有诗集《陌生的海滩》、《北岛诗选》、《在天涯》、《午夜歌手》、《零度以上的风景线》、《开锁》等。北岛的作品已被译成二十多种文字出版，被选为美国艺术文学院终身荣誉院士，为当今深受国际社会关注的诗人。

《回答》是北岛的代表作，发表之前曾被广泛传抄，初刊于《今天》创刊号（1978 年 12 月 23 日），后作为第一首公开发表的朦胧诗，刊载于《诗刊》1979 年第 3 期。它是“文革”后的时代强音，是先知先觉者对新生社会的期待和呼唤，是从迷惘到觉醒的一代青年对现实的严肃“回答”。

“死海里千帆相竞”，就是对“文革”十年群魔乱舞、人妖颠倒的社会写真。诗中最撼人心魄的四个“我不相信”排比句，是对黑暗势力的连珠炮般的轰击，是代表善良与正义的呼声。

北岛的《回答》标志着“朦胧诗”时代的开始，典型地体现了北岛诗歌在艺术表现上的特点：大量使用象征、比喻等修辞手法，通过意象之间的拼接、跳跃和组合，营造朦胧的深邃意境，表达丰富的思想情感。

诗中的"卑鄙是卑鄙者的通行证，高尚是高尚者的墓志铭"已经成为中国新诗名句。通行证展现卑鄙者的畅行，墓志铭表明高尚者被葬送。这两句诗表明了诗人对"文化大革命"十年浩劫的强烈否定。

【思考与训练】

1. 北岛的诗歌创作开始于十年动乱后期，它们如何反映了从迷惘到觉醒的一代青年的心声？

2. 北岛的诗歌具有怎样的风格特征？

3. 背诵这首诗。

（祥耘撰稿）

舒　婷

神女峰

在向你挥舞的各色花帕中
是谁的手突然收回
紧紧捂住了自己的眼睛
当人们四散离去，谁
还站在船尾
衣裙漫飞，如翻涌不息的云
江涛
　　高一声
　　　　低一声
美丽的梦留下美丽的忧伤
人间天上，代代相传
但是，心
真能变成石头吗
沿着江岸

金光菊和女贞子的洪流
正煽动新的背叛
与其在悬崖上展览千年
不如在爱人肩头痛哭一晚

1981.6 于长江

【题解】

舒婷(1952—),原名龚佩瑜,生于福建泉州,成长于厦门鼓浪屿。当代"朦胧诗"派代表诗人。代表诗作有《致橡树》、《双桅船》、《神女峰》、《惠安女子》等,有诗集《会唱歌的鸢尾花》等。

舒婷被认为是"动乱结束之后最明确地提出'人'的命题的一位诗人"(谢冕)。1979 年,曾以《致橡树》产生广泛影响。其最打动人的地方,正在于她对"人"的思索。1982 年发表的《神女峰》则是敏感的女诗人在同一命题上的新开拓。

自从有了人类社会,人就一直在寻找着自己的位置和价值。曾几何时,诗歌的使命只在歌颂神圣。人,特别是普通人被赶出了诗的理想国,于是就有了动乱之后人的重新发现。舒婷诗歌的重大价值之一就在于"人"的命题的提出与思索。她说:"我愿意尽可能地用诗来表现我对'人'的一种关切。"她不再轻易地以人们熟知的方式来唱颂歌,她的呼喊带着鲜明的批判色彩,她代表着动乱之后觉醒的年轻一代以批判的视角在审视自身的生存状况,提醒人们注意普通人的价值。正是在这种意义上,显示出《神女峰》的独特价值。

多少年来,神女峰被人们欣赏、赞叹、歌唱。但舒婷有自己独到的发现。她从神女峰感到了中国女子精神上的重压,感到了人性的被扭曲,人的失落。传统颂诗里的神女是心怀宇宙,施爱人间的女神;舒婷却想唤下山巅上的神女,回到人间过普通人的生活。刹那间的醒悟,来得那样突然,显示着诗人的敏感,深沉的思索伴随着美丽的忧伤。女诗人以她赤诚的心在呼唤着对人的价值的确认,通过对人的关切来表达对现实的关切。诗人对虚幻的神的世界的否定,正表现出她对现实人生的热爱与执著。

在表现方式上,诗人主要是通过内心的观照来辐射外部世界,诗作带有强烈的主观色彩。诗人完全按照感情的起伏组织诗行,打破了"大体整齐"的诗歌形式,复杂多变的情绪表达造成了章句结构的不规则化。既有为抒情而突出的悠缓的长句,又有为了达到某种戏剧性效果而突出的短句。自由诗的弹性节奏取代了格律化诗的硬性节拍。强烈的感情突如其来,又戛然而止,它赋予诗作以生命和活力。诗作的结尾强烈而突然,诗人从向神女告别的瞬间产生的万千思绪中爆发出一个新的思想,宣告了一种新的背叛。结尾两句使得全诗达到一个不平常的高度,它是诗人的感情和理想的升华,是诗的高潮和灵魂,读者也顿时感到一种心灵的提高,领悟到一种更高、更富于哲学意味的真理,从而产生一种极大的快感,并且回味无穷。

【思考与训练】

1. 简述《神女峰》的思想价值。

2.《神女峰》在艺术表现上有何特点?

(胡德才撰稿)

巴　金

怀念萧珊

(《随想录》)

一

今天是萧珊逝世的六周年纪念日。六年前的光景还非常鲜明地出现在我的眼前。那一天我从火葬场回到家中,一切都是乱糟糟的,过了两三天我渐渐地安静下来了,一个人坐在书桌前,想写一篇纪念她的文章。在五十年前我就有了这样一种习惯:有感情无处倾吐时我经常求助于纸笔。可是一九七二年八月里那几天,我每天坐三四个小时望着面前摊开的稿纸,却写不出一句话。我痛苦地想,难道给关了几年的"牛棚",真的就变成"牛"了?头上仿佛压了一块大石头,思想好像冻结了一样。我索性放下笔,什么也不写了。

六年过去了。林彪、"四人帮"及其爪牙们的确把我搞得很"狼狈",但我还是活下来了,而且偏偏活得比较健康,脑子也并不糊涂,有时还可以写一两篇文章。最近我经常去火葬场,参加老朋友们的骨灰安放仪式。在大厅里,我想起许多事情。同样地奏着哀乐,我的思想却从挤满了人的大厅转到只有二三十个人的中厅里去了,我们正在用哭声向萧珊的遗体告别。我记起了《家》里面觉新说过的一句话:“好像珏死了,也是一个不祥的鬼。”四十七年前我写这句话的时候,怎么想得到我是在写自己!我没有流眼泪,可是我觉得有无数锋利的指甲在搔我的心。我站在死者遗体旁边,望着那张惨白色的脸,那两片咽下千言万语的嘴唇,我咬紧牙齿,在心里唤着死者的名字。我想,我比她大十三岁,为什么不让我先死?我想,这是多不公平!她究竟犯了什么罪?她也给关进“牛棚”,挂上“牛鬼蛇神”的小纸牌,还扫过马路。究竟为什么?理由很简单,她是我的妻子。她患了病,得不到治疗,也因为她是我的妻子。想尽办法一直到逝世前三个星期,靠开后门她才住进医院。但是癌细胞已经扩散,肠癌变成了肝癌。

她不想死,她要活,她愿意改造思想,她愿意看到社会主义建成。这个愿望总不能说是痴心妄想吧。她本来可以活下去,倘使她不是“黑老 K”的“臭婆娘”。一句话,是我连累了她,是我害了她。

在我靠边的几年中间,我所受到的精神折磨她也同样受到。但是我并未挨过打,她却挨了“北京来的红卫兵”的铜头皮带,留在她左眼上的黑圈好几天后才褪尽。她挨打只是为了保护我,她看见那些年轻人深夜闯进来,害怕他们把我揪走,便溜出大门,到对面派出所去,请民警同志出来干预。那里只有一个人值班,不敢管。当着民警的面,她被他们用铜头皮带狠狠抽了一下,给押了回来,同我一起关在马桶间里。

她不仅分担了我的痛苦,还给了我不少的安慰和鼓励。在“四害”横行的时候,我在原单位(中国作家协会上海分会)给人当作“罪人”和“贱民”看待,日子十分难过,有时到晚上九十点钟才能回家。我进了门看到她的面容,满脑子的乌云都消散了。我有什么委屈、牢骚,都可以向她尽情倾吐。有一个时期我和她每晚临睡前要服两粒眠尔通才能够闭眼,可是天刚刚发白就都醒了。我唤她,她也唤我。我诉苦般地说:“日子难过啊!”她也用同样的声音回答:“日子难过啊!”但是她马上加一句:“要坚持下去。”或者再加一句:“坚持就是胜利。”我说“日子难过”,因为在那一段时间里,我每天在“牛棚”里面劳动、学习、写交代、写检查、写思想汇报。任何人都可以责骂我、教训我、指挥我。从外地到“作协分会”来串联的人可以随意点名叫我出去“示众”,还要自报罪行。上下班不限时间,由管理“牛棚”的“监督组”随意决定。任何人都可以闯进我家里来,高兴拿什么就拿走什么。这个时候大规模的群众性批斗和电视批斗大会还没有开始,但已经越来越逼近了。

她说“日子难过”,因为她给两次揪到机关,靠边劳动,后来也常常参加陪斗。在淮海中路“大批判专栏”上张贴着批判我的罪行的大字报，我一家人的名字都给写出来“示众”，不用说“臭婆娘”的大名占着显著的地位。这些文字像虫子一样咬痛她的心。她让上海戏剧学院“狂妄派”学生突然袭击，揪到“作协分会”去的时候，在我家大门上还贴了一张揭露她的所谓罪行的大字报。幸好当天夜里我儿子把它撕毁。否则这一张大字报就会要了她的命！

人们的白眼，人们的冷嘲热骂蚕蚀着她的身心。我看出来她的健康逐渐遭到损害。表面上的平静是虚假的。内心的痛苦像一锅煮沸的水，她怎么能遮盖住！怎样能使它平静！她不断地给我安慰，对我表示信任，替我感到不平。然而她看到我的问题一天天地变得严重，上面对我的压力一天天地增加，她又非常担心。有时同我一起上班或者下班，走进巨鹿路口，快到“作协分会”，或者走进南湖路口，快到我们家，她总是抬不起头。我理解她，同情她，也非常担心她经受不起沉重的打击。我记得有一天到了平常下班的时间，我们没有受到留难，回到家里她比较高兴，到厨房去烧菜。我翻看当天的报纸，在第三版上看到当时做了“作协分会”的“头头”的两个工人作家写的文章《彻底揭露巴金的反革命真面目》。真是当头一棒！我看了两三行，连忙把报纸藏起来，我害怕让她看见。她端着烧好的菜出来，脸上还带笑容，吃饭时她有说有笑。饭后她要看报，我企图把她的注意力引到别处。但是没有用，她找到了报纸。她的笑容一下子完全消失。

这一夜她再没有讲话，早早地进了房间。我后来发现她躺在床上小声哭着。一个安静的夜晚给破坏了。今天回想当时的情景，她那张满是泪痕的脸还在我的眼前。我多么愿意让她的泪痕消失，笑容在她憔悴的脸上重现，即使减少我几年的生命来换取我们家庭生活中一个宁静的夜晚，我也心甘情愿！

二

我听周信芳同志的媳妇说，周的夫人在逝世前经常被打手们拉出去当作皮球推来推去，打得遍体鳞伤。有人劝她躲开，她说：“我躲开，他们就要这样对付周先生了。”萧珊并未受到这种新式体罚。可是她在精神上给别人当皮球打来打去。她也有这样的想法：她多受一点精神折磨，可以减轻对我的压力。其实这是她一片痴心，结果只苦了她自己。我看见她一天天地憔悴下去，我看见她的生命之火逐渐熄灭，我多么痛心。我劝她，我安慰她，我想拉住她，一点也没有用。

她常常问我："你的问题什么时候才解决呢？"我苦笑说："总有一天会解决的。"她叹口气说："我恐怕等不到那个时候了。"后来她病倒了，有人劝她打电话找我回家，她不知从哪里得来的消息，她说："他在写检查，不要打岔他。他的问题大概可以解决了。"等到我从五七干校回家休假，她已经不能起床。她还问我检查写得怎样，问题是否可以解决。我当时的确在写检查，而且已经写了好几次了。他们要我写，只是为了消耗我的生命。但她怎么能理解呢？

这时离她逝世不过两个多月，癌细胞已经扩散，可是我们不知道，想找医生给她认真检查一次，也毫无办法。平日去医院挂号看门诊，等了许久才见到医生或者实习医生，随便给开个药方就算解决问题。只有在发烧到摄氏三十九度才有资格挂急诊号，或者还可以在病人拥挤的观察室里待上一天半天。当时去医院看病找交通工具也很困难，常常是我女婿借了自行车来，让她坐在车上，他慢慢地推着走。有一次她雇到小三轮车去看病，看好门诊回家雇不到车了，只好同陪她看病的朋友一起慢慢地走回来，走走停停，走到街口，她快要倒下了，只得请求行人到我们家通知，她一个表侄正好来探病，就由他去把她背了回家。她希望拍一张 X 光片子查一查肠子有什么病，但是办不到。后来靠了她一位亲戚帮忙开后门两次拍片，才查出她患肠癌。以后又靠朋友设法开后门住进了医院。她自己还很高兴，以为得救了。只有她一个人不知道真实的病情，她在医院里只活了三个星期。

我休假回家假期满了，我又请过两次假，留在家里照料病人。最多也不到一个月。我看见她病情日趋严重，实在不愿意把她丢开不管，我要求延长假期的时候，我们那个单位的一个"工宣队"头头逼着我第二天就回干校去。我回到家里，她问起来，我无法隐瞒。她叹了口气，说"你放心去吧"。她把脸掉过去，不让我看见她。我女儿、女婿看到这种情景，自告奋勇地跑到巨鹿路向那位"工宣队"头头解释，希望同意我在市区多留些日子照料病人。可是那个头头"执法如山"，还说：他不是医生，留在家里，有什么用！"留在家里对他改造不利！"他们气愤地回到家中，只说机关不同意，后来才对我传达了这句"名言"。我还能讲什么呢？明天回干校去！

整个晚上她睡不好，我更睡不好。出乎意外，第二天一早我那个插队落户的儿子在我们房间里出现了，他是昨天半夜里到的。他得了家信，请假回家看母亲，却没有想到母亲病成这样。我见了他一面，把他母亲交给他，就回干校去了。

在车上我的情绪很不好。我实在想不通为什么会有这样的事情。我在干校待了五天,无法同家里通消息。我已经猜到她的病不轻了。可是人们不让我过问她的事情。这五天是多么难熬的日子!到第五天晚上在干校的造反派头头通知我们全体第二天一早回市区开会。这样我才又回到了家,见到了我的爱人。靠了朋友帮忙,她可以住进中山医院肝癌病房,一切都准备好,她第二天就要住院了。她多么希望住院前见我一面,我终于回来了。连我也没有想到她的病情发展得这么快。我们见了面,我一句话也讲不出来。她说了一句:“我到底住院了。”我答说:“你安心治疗吧。”她父亲也来看她,老人家双目失明,去医院探病有困难,可能是来同他的女儿告别了。

我吃过中饭,就去参加给别人戴上反革命帽子的大会,受批判、戴帽子的不止一个,其中有一个我的熟人王若望同志,他过去也是作家,不过比我年轻。我们一起在“牛棚”里关过一个时期,他的罪名是“摘帽右派”。他不服,不听话,他贴出大字报,声明“自己解放自己”,因此罪名越搞越大,给提去关了一个时期还不算,还戴上了反革命的帽子监督劳动。在会场里我一直像在做怪梦。开完会回家,见到萧珊我感到格外亲切,仿佛重回人间,可是她不舒服,不想讲话,偶尔讲一句半句。我还记得她讲了两次:“我看不到了。”我连声问她看不到什么?她后来才说:“看不到你解放了。”我还能再讲什么呢?

我儿子在旁边,垂头丧气,精神不好,晚饭只吃了半碗,像是患感冒。她忽然指着他小声说:“他怎么办呢?”他当时在安徽山区已经待了三年半,政治上没有人管,生活上不能养活自己,而且因为是我的儿子,给剥夺了好些公民权利。他先学会沉默,后来又学会抽烟。我怀着内疚的心情看看他,我后悔当初不该写小说,更不该生儿育女。我还记得前两年在痛苦难熬的时候她对我说:“孩子们说爸爸做了坏事,害了我们大家。”这好像用刀子在割我身上的肉。我没有出声,我把泪水全吞在肚里。她睡了一觉醒过来忽然问我:“你明天不去了?”我说:“不去了。”就是那个“工宣队”头头今天通知我不用再去干校就留在市区。他还问我:“你知道萧珊是什么病?”我答说:“知道。”其实家里瞒住我,不给我知道真相,我还是从他这句问话里猜到的。

三

第二天早晨她动身去医院,一个朋友和我女儿、女婿陪她去。她穿好衣服等候车来。她显得急躁,又有些留恋,东张张西望望,她也许在想是不是能再看到这里的一切。我送走她,心上反而加了一块大石头。

将近二十天里,我每天去医院陪伴她大半天。我照料她,我坐在病床前守着她，同她短短地谈几句话。她的病情恶化，一天天衰弱下去，肚子却一天天大起来，行动越来越不方便。当时病房里没有人照料，生活方面除饭食外一切都必须自理。后来听同病房的人称赞她“坚强”，说她每天早晚都默默地挣扎着下了床，走到厕所。医生对我们谈起，病人的身体经不住手术，最怕的是她肠子堵塞，要是不堵塞，还可以拖延一个时期。她住院后的半个月是一九六六年八月以来我既感痛苦又感到幸福的一段时间，是我和她在一起度过的最后的平静的时刻，我今天还不能将它忘记。但是半个月以后，她的病情有了发展，一天吃中饭的时候，医生通知我儿子找我去谈话。他告诉我：病人的肠子给堵住了，必须开刀。开刀不一定有把握，也许中途出毛病。但是不开刀，后果更不堪设想。他要我决定，并且要我劝她同意。我做了决定，就去病房对她解释。我讲完话，她只说了一句：“看来，我们要分别了。”她望着我，眼睛里全是泪水。我说：“不会的……”我的声音哑了。接着护士长来安慰她，对她说：“我陪你，不要紧的。”她回答：“你陪我就好。”时间很紧迫，医生、护士们很快作好准备，她给送进手术室去了，是她表侄把她推到手术室门口的，我们就在外面走廊上等了好几个小时，等到她平安地给送出来，由儿子把她推回到病房去。儿子还在她身边守过一个夜晚。过两天他也病倒了，查出来他患肝炎，是从安徽农村带回来的。本来我们想瞒住他的母亲，可是无意间让他母亲知道了。她不断地问：“儿子怎么样？”我自己也不知道儿子怎么样，我怎么能使她放心呢？晚上回到家，走进空空的、静静的房间，我几乎要叫出声来：“一切都朝我的头打下来吧，让所有的灾祸都来吧。我受得住！”

我应当感谢那位热心而又善良的护士长，她同情我的处境，要我把儿子的事情完全交给她办。她作好安排，陪他看病、检查，让他很快住进别处的隔离病房，得到及时的治疗和护理。他在隔离房里苦苦地等候母亲病情的好转。母亲躺在病床上，只能有气无力地说几句短短的话，她经常问：“棠棠怎么样？”从她那双含泪的眼睛里我明白她多么想看见她最爱的儿子。但是她已经没有精力多想了。

她每天给输血，打盐水针。她看见我去就断断续续地问我：“输多少的血？该怎么办？”我安慰她：“你只管放心。没有问题，治病要紧。”她不止一次地说：“你辛苦了。”我有什么苦呢？我能够为我最亲爱的人做事情，哪怕做一件小事，我也高兴！后来她的身体更不行了。医生给她输氧气，鼻子里整天插着管子。她几次要求拿开，这说明她感到难受，但是听了我们的劝告，她终于忍受下去了。开刀以后她只活了五天。谁也想不到她会去得这么快！五天中间我整天守在病床前，默默地望着她在受苦（我是设身处地感觉到这样的），可是她除了两三次要求搬开床前巨大的氧气筒，三四次表示担心输血较多付不出医药费之外，并没有抱怨过什么。见到熟人她常有这样一种表情：请原谅我麻烦了你们。她非常安静，但并未昏睡，始终睁大两只眼睛。眼睛很大，很美，很亮。我望着，望着，好像在望快要燃尽的烛火。我多么想让这对眼睛永远亮下去！我多么害怕她离开我！我甚至愿意为我那十四卷"邪书"受到千刀万剐，只求她能安静地活下去。

不久前我重读梅林写的《马克思传》，书中引用了马克思给女儿的信里一段话，讲到马克思夫人的死。信上说："她很快就咽了气。……这个病具有一种逐渐虚脱的性质，就像由于衰老所致一样。甚至在最后几小时也没有临终的挣扎，而是慢慢地沉入睡乡。她的眼睛比任何时候都更大、更美、更亮！"这段话我记得很清楚。马克思夫人也死于癌症。我默默地望着萧珊那对很大、很美、很亮的眼睛，我想起这段话，稍微得到一点安慰。听说她的确也"没有临终的挣扎"，也是"慢慢地沉入睡乡"。我这样说，因为她离开这个世界的时候，我不在她的身边。那天是星期天，卫生防疫站因为我们家发现了肝炎病人，派人上午来做消毒工作。她的表妹有空愿意到医院去照料她，讲好我们吃过中饭就去接替。没有想到我们刚刚端起饭碗，就得到传呼电话，通知我女儿去医院，说是她妈妈"不行"了。真是晴天霹雳！我和我女儿、女婿赶到医院。她那张病床上连床垫也给拿走了。别人告诉我她在太平间。我们又下了楼赶到那里，在门口遇见表妹。还是她找人帮忙把"咽了气"的病人抬进来的。死者还不曾给放进铁匣子里送进冷库，她躺在担架上，但已经白布床单包得紧紧的，看不到面容了。我只看到她的名字。我弯下身子，把地上那个还有点人形的白布包拍了好几下，一面哭唤着她的名字。不过几分钟的时间，这算是什么告别呢？

据表妹说，她逝世的时刻，表妹也不知道。她曾经对表妹说："找医生来。"医生来过，并没有什么。后来她就渐渐地"沉入睡乡"。表妹还以为她在睡眠。一个护士来打针，才发觉她的心脏已经停止跳动了。我没有能同她诀别，我有许多话没有能向她倾吐，她不能没有留下一句遗言就离开我！我后来常常想，她对表妹说："找医生来"。很可能不是"找医生"，是"找李先生"（她平日这样称呼我）。为什么那天上午偏偏我不在病房呢？家里人都不在她身边，她死得这样凄凉！

我女婿马上打电话给我们仅有的几个亲戚。她的弟媳赶到医院，马上晕了过去。三天以后在龙华火葬场举行告别仪式。她的朋友一个也没有来，因为一则我们没有通知，二则我是一个审查了将近七年的对象。没有悼词没有吊客，只有一片伤心的哭声。我衷心感谢前来参加仪式的少数亲友和特地来帮忙的我女儿的两三个同学。最后，我跟她的遗体告别，女儿望着遗容哀哭，儿子在隔离房还不知道把他当作命根子的妈妈已经死亡。值得提说的是她当作自己儿子照顾了好些年的一位亡友的男孩从北京赶来，只为了见她最后一面。这个整天同钢铁打交道的技术员，他的心倒不像钢铁那样。他得到电报以后，他爱人对他说："你去吧，你不去一趟，你的心永远安定不了。"我在变了形的她的遗体旁边站了一会。别人给我和她照了像。我痛苦地想：这是最后一次了，即使给我们留下来很难看的形象，我也要珍视这个镜头。

一切都结束了。过了几天我和女儿、女婿到火葬场，领到了她的骨灰盒。在存放室寄存了三年之后，我按期把骨灰盒接回家里。有人劝我把她的骨灰安葬，我宁愿让骨灰盒放在我的寝室里，我感到她仍然和我在一起。

四

梦魇一般的日子终于过去了。六年仿佛一瞬间似的远远地落在后面了。其实哪里是一瞬间！这段时间里有多少流着血和泪的日子啊。不仅是六年，从我开始写这篇短文到现在又过去了半年，半年中我经常在火葬场的大厅里默哀，行礼，为了纪念给"四人帮"迫害致死的朋友。想到他们不能把个人的智慧和才华献给社会主义祖国，我万分惋惜。每次戴上黑纱插上纸花的同时，我也想起我自己最亲爱的朋友，一个普通的文艺爱好者，一个成绩不大的翻译工作者，一个心地善良的人。她是我生命的一部分，她的骨灰里有我的泪和血。

她是我的一个读者。一九三六年我在上海第一次同她见面。一九三八年和一九四一年我们两次在桂林像朋友似的住在一起。一九四四年我们在贵阳结婚。我认识她的时候，她还不到二十，对她的成长我应当负很大的责任。她读了我的小说，给我写信，后来见到了我，对我发生了感情。她在中学念书，看见我以前，因为参加学生运动被学校开除，回到家乡住了一个短时期，又出来进另一所学校。倘使不是为了我，她三七、三八年一定去了延安。她同我谈了八年的恋爱，后来到贵阳旅行结婚，只印发了一个通知，没有摆过一桌酒席。从贵阳我和她先后到了重庆，住在民国路文化生活出版社门市部楼梯下七八个平方米的小屋里。她托人买了四只玻璃杯开始组织我们的小家庭。她陪着我经历了各种艰苦生活。在抗日战争紧张的时期，我们一起在日军进城以前十多个小时逃离广州，我们从广东到广西，从昆明到桂林，从金华到温州，我们分散了，又重见，相见后又别离。在我那两册《旅途通讯》中就有一部分这种生活的记录。四十年前有一位朋友批评我："这算什么文章！"我的《文集》出版后，另一位朋友认为我不应当把它们也收进去。他们都有道理。两年来我对朋友、对读者讲过不止一次，我决定不让《文集》重版。但是为我自己，我要经常翻看那两小册《通讯》。在那些年代，每当我落在困苦的境地里，朋友们各奔前程的时候，她总是亲切地在我耳边说："不要难过，我不会离开你，我在你的身边。"的确，只有她最后一次进手术室之前她才说过这样一句："我们要分别了。"

我同她一起生活了三十多年。但是我并没有好好地帮助过她。她比我有才华，却缺乏刻苦钻研的精神。我很喜欢她翻译的普希金和屠格涅夫的小说。虽然译文并不恰当，也不是普希金和屠格涅夫的风格，它们却是有创造性的文学作品，阅读它们对我是一种享受。她想改变自己的生活，不愿作家庭妇女，却又缺少吃苦耐劳的勇气。她听一个朋友的劝告，得到后来也是给"四人帮"迫害致死的叶以群同志的同意，到《上海文学》"义务劳动"，也做了一点点工作。然而在运动中却受到批判，说她专门向老作家组稿，又说她是我派去的"坐探"。她为了改造思想，想走捷径，要求参加"四清"运动，找人推荐到某铜厂的工作组工作。工作相当忙碌、紧张，她却精神愉快。但是到我快要靠边的时候，她也被叫回"作协分会"参加运动。她第一次参加这种急风暴雨般的斗争，而且是以反动权威家属的身份参加，她不知道该怎么办才好。她张皇失措，坐立不安，替我担心，又为儿女们的前途忧虑。她盼望什么人向她伸出援助的手，可是朋友们离开了她，"同事们"拿她当作箭靶，还有人想通过整她来整我。她不是"作协分会"或者刊物的正式工作人员，可是仍然被"勒令"靠边劳动、站队挂牌，放回家以后，又给揪到机关。她怕人看见，每天大清早起来，拿着扫帚出门，扫得精疲力尽，才回到家里，关上大门，吐了一口气。但有时她还碰到上学去的小孩，对她叫骂"巴金的臭婆娘"。我偶尔看见她拿着扫帚回来，不敢正眼看她，我感到负罪的心情，这是对她的一个致命的打击。不到两个月，她病倒了，以后就没有再出去扫街（我妹妹继续扫了一个时期），但是也没有完全恢复健康。尽管她还继续拖了四年，但一直到死她并不曾看到我恢复自由。这就是她的最后，然而绝不是她的结局。她的结局将和我的结局连在一起。

我绝不悲观。我要争取多活。我要为我们社会主义祖国工作到生命的最后一息。在我丧失工作能力的时候，我希望病榻上有萧珊翻译的那几本小说。等到我永远闭上眼睛,就让我的骨灰同她的掺和在一起。

【题解】

巴金(1904—2005),原名李尧棠,字芾甘,四川成都人。五四新文化运动以来最有影响的作家之一,中国现代文坛的巨匠。主要作品有小说《激流三部曲》(《家》《春》《秋》)、《寒夜》和散文集《随想录》等。《家》是巴金的小说代表作,《随想录》则代表了其散文的主要成就。

《怀念萧珊》开始写于1978年8月13日,直到1979年1月16日才最后完成。五个月的创作时间,面对萧珊的遗像,巴金不知度过了多少个不眠之夜,倾注了多少悲情思念的泪水,才写成了这篇撼人心肺、催人泪下的悼亡散文。

作者开篇直接入题:"今天是萧珊逝世的六周年纪念日"。在这个特殊的日子里,作家悲愤不已,近乎狂怒地质问苍天:"我想,我比她大十三岁,为什么不让我先死?我想,这是多不公平!她究竟犯了什么罪?"赤裸裸地表达出内心的悲痛。带着血与泪的痛楚,巴金用朴实无华的口吻叙述着他和萧珊三十六年风雨同舟、患难与共的一段段感人故事,让读者一次次地被真情感动。

散文侧重追忆了十年浩劫期间作家个人、家庭的悲惨遭遇——妻子的死、儿子的病、自己的艰难处境,以此抒发了对亡妻萧珊真挚淳厚、绵绵不绝的情怀,愤怒地控诉了"四人帮"迫害人民群众和知识分子的滔天罪行,揭示了十年动乱给国家、民族造成的灾难。

结束语"等到我永远闭上眼睛,就让我的骨灰同她的掺和在一起",巴金那种对亡妻至情至切的爱跃然纸上,荡气回肠,撼天动地!冰心《关于男人》把巴金称作"一位最可爱可佩的作家",说他最可佩处之一在于"他对萧珊的爱情是严肃、真挚而专一的"。本文与苏轼悼念亡妻词《江城子》有异曲同工之妙!

【思考与训练】

1. 巴金在散文中是如何刻画忍辱负重、忘我献身的萧珊形象的?
2. 简析本文的艺术特色?
3. 你如何理解"她是我生命的一部分,她的骨灰里有我的泪和血"?

(祥耘撰稿)

余光中

我的四个假想敌

二女幼珊在港参加侨生联考,以第一志愿分发台大外文系。听到这消息,我松了一口气,从此不必担心四个女儿通通嫁给广东男孩了。

我对广东男孩当然并无偏见,在港六年,我班上也有好些可爱的广东少年,颇讨老师的欢心,但是要我把四个女儿全都让那些“靓仔”、“叻仔”掳掠了去,却舍不得。不过,女儿要嫁谁,说得洒脱些,是她们的自由意志,说得玄妙些呢,是因缘,做父亲的又何必患得患失呢?何况在这件事上,做母亲的往往位居要冲,自然而然成了女儿的亲密顾问,甚至亲密战友,作战的对象不是男友,却是父亲。等到做父亲的惊醒过来,早已腹背受敌,难挽大势了。

在父亲的眼里,女儿最可爱的时候是在十岁以前,因为那时她完全属于自己。在男友的眼里,她最可爱的时候却在十七岁以后,因为这时她正像毕业班的学生,已经一心向外了。父亲和男友,先天上就有矛盾。对父亲来说,世界上没有东西比稚龄的女儿更完美的了,唯一的缺点就是会长大,除非你用急冻术把她久藏,不过这恐怕是违法的,而且她的男友迟早会骑了骏马或摩托车来,把她吻醒。

我未用太空舱的冻眠术,一任时光催迫,日月轮转,再揉眼时,怎么四个女儿都已依次长大,昔日的童话之门砰地一关,再也回不去了。四个女儿,依次是珊珊、幼珊、佩珊、季珊。简直可以排成一条珊瑚礁。珊珊十二岁的那年,有一次,未满九岁的佩珊忽然对来访的客人说:“喂,告诉你,我姐姐是一个少女了!”在座的大人全笑了起来。

曾几何时,惹笑的佩珊自己,甚至最幼稚的季珊,也都在时光的魔杖下,点化成“少女”了。冥冥之中,有四个“少男”正偷偷袭来,虽然蹑手蹑足,屏声止息,我却感到背后有四双眼睛,像所有的坏男孩那样,目光灼灼,心存不轨,只等时机一到,便会站到亮处,装出伪善的笑容,叫我岳父。我当然不会应他。哪有这么容易的事!我像一棵果树,天长地久在这里立了多年,风霜雨露,样样有份,换来果实累累,不胜负荷。而你,偶尔过路的小子,竟然一伸手就来摘果子,活该蟠地的树根绊你一跤!

而最可恼的,却是树上的果子,竟有自动落入行人手中的样子。树怪行人不该擅自来摘果子,行人却说是果子刚好掉下来,给他接着罢了。这种事，总是里应外合才成功的。当初我自己结婚，不也是有一位少女开门揖盗吗？“堡垒最容易从内部攻破”，说得真是不错。不过彼一时也，此一时也。同一个人，过街时讨厌汽车，开车时却讨厌行人。现在是轮到我来开车。

好多年来，我已经习于和五个女人为伍，浴室里弥漫着香皂和香水气味，沙发上散置皮包和发卷，餐桌上没有人和我争酒，都是天经地义的事。戏称吾庐为“女生宿舍”，也已经很久了。做了“女生宿舍”的舍监，自然不欢迎陌生的男客，尤其是别有用心的一类。但是自己辖下的女生，尤其是前面的三位，已有“不稳”的现象，却令我想起叶慈的一句诗：

一切已崩溃，失去重心。

我的四个假想敌，不论是高是矮，是胖是瘦，是学医还是学文，迟早会从我疑惧的迷雾里显出原形，一一走上前来，或迂回曲折，嗫嚅其词，或开门见山，大言不惭，总之要把他的情人，也就是我的女儿，对不起，从此领去。无形的敌人最可怕，何况我在亮处，他在暗里，又有我家的“内奸”接应，真是防不胜防。只怪当初没有把四个女儿及时冷藏，使时间不能拐骗，社会也无由污染。现在她们都已大了，回不了头；我那四个假想敌，那四个鬼鬼祟祟的地下工作者，也都已羽毛丰满，什么力量都阻止不了他们了。先下手为强，这件事，该乘那四个假想敌还在襁褓的时候，就予以解决的。至少美国诗人纳许（Ogden Nash，1902—1971）劝我们如此。他在一首妙诗《由女婴之父来唱的歌》（*Song to Be Sung by the Father of Infant Female Children*）之中，说他生了女儿吉儿之后，惴惴不安，感到不知什么地方正有个男婴也在长大，现在虽然还浑浑噩噩，口吐白沫，却注定将来会抢走他的吉儿。于是做父亲的每次在公园里看见婴儿车中的男婴，都不由神色一变，暗暗想道：“会不会是这家伙？”想着想着，他“杀机陡萌”（My dreams，I fear，are infanticiddle），便要解开那男婴身上的别针，朝他的爽身粉里撒胡椒粉，把盐撒进他的奶瓶，把沙撒进他的菠菜汁，再扔头优游的鳄鱼到他的婴儿车里陪他游戏，逼他在水深火热之中挣扎而去，去娶别人的女儿。足见诗人以未来的女婿为假想敌，早已有了前例。

不过一切都太迟了。当初没有当机立断，采取非常措施，像纳许诗中所说的那样，真是一大失策。如今的局面，套一句史书上常见的话，已经是“寇入深矣！”女儿的墙上和书桌的玻璃垫下，以前的海报和剪报之类，还是披头，拜丝，大卫·凯西弟的形象，现在纷纷都换上男友了。至少，滩头阵地已经被入侵的军队占领了去，这一仗是必败的了。记得我们小时，这一类的照片仍被列为机密要件,不是藏在枕头套里,贴着梦境,便是夹在书堆深处,偶尔翻出来神往一番,哪有这么二十四小时眼前供奉的?

这一批形迹可疑的假想敌,究竟是哪年哪月开始入侵厦门街余宅的,已经不可考了。只记得六年前迁港之后,攻城的军事便换了一批口操粤语的少年来接手。至于交战的细节,就得问名义上是守城的那几个女将,我这位"昏君"是再也搞不清的了。只知道敌方的炮火,起先是瞄准我家的信箱,那些歪歪斜斜的笔迹,久了也能猜个七分;继而是集中在我家的电话,"落弹点"就在我书桌的背后,我的文苑就是他们的沙场,一夜之间,总有十几次脑震荡。那些粤音平上去入,有九声之多,也令我难以研判敌情。现在我带幼珊回了厦门街,那头的广东部队轮到我太太去抵挡,我在这头,只要留意台湾健儿,任务就轻松多了。

信箱被袭,只如战争的默片,还不打紧。其实我宁可多情的少年勤写情书,那样至少可以练习作文,不致在视听教育的时代荒废了中文。可怕的还是电话中弹,那一串串警告的铃声,把战场从门外的信箱扩至书房的腹地,默片变成了身历声,假想敌在实弹射击了。更可怕的,却是假想敌真的闯进了城来,成了有血有肉的真敌人,不再是假想了好玩的了,就像军事演习到中途,忽然真的打起来了一样。真敌人是看得出来的。在某一女儿的接应之下,他占领了沙发的一角,从此两人呢喃细语,嗫嚅密谈,即使脉脉相对的时候,那气氛也浓得化不开,窒得全家人都透不过气来。这时几个姐妹早已回避得远远的了,任谁都看得出情况有异。万一敌人留下来吃饭,那空气就更为紧张,好像摆好姿势,面对照相机一般。平时鸭塘一般的餐桌,四姐妹这时像在演哑剧,连筷子和调羹都似乎得到了消息,忽然小心翼翼起来。明知这僭越的小子未必就是真命女婿,(谁晓得宝贝女儿现在是十八变中的第几变呢?)心里却不由自主升起一股淡淡的敌意。也明知女儿正如将熟之瓜,终有一天会蒂落而去,却希望不是随眼前这自负的小子。

当然,四个女儿也自有不乖的时候,在恼怒的心情下,我就恨不得四个假想敌赶快出现,把她们统统带走。但是那一天真要来到时,我一定又会懊悔不已。我能够想象,人生的两大寂寞,一是退休之日,一是最小的孩子终于也结婚之后。宋淇有一天对我说:"真羡慕你的女儿全在身边!"真的吗?至少目前我并不觉得,自己有什么可羡之处。也许真要等到最小的季珊也跟着假想敌度蜜月去了,才会和我存并坐在空空的长沙发上,翻阅她们小时的相簿,追忆从前,六人一车长途壮游的盛况,或是晚餐桌上,热气蒸腾,大家共享的灿烂灯光。人生有许多事情,正如船后的波纹,总要过后才觉得美的。这么一想,又希望那四个假想敌,那四个生手笨脚的小伙子,还是多吃几口闭门羹,慢一点出现吧。

袁枚写诗,把生女儿说成"情疑中副车";这书袋掉得很有意思,却也流露了重男轻女的封建意识。照袁枚的说法,我是连中了四次副车,命中率够高的了。余宅的四个小女孩现在变成了四个小妇人,在假想敌环伺之下,若问我择婿有何条件,一时倒恐怕答不上来。沉吟半晌,我也许会说:"这件事情,上有月下老人的婚姻谱,谁也不能窜改,包括韦固,下有两个海誓山盟的情人,'二人同心,其利断金',我凭什么要逆天拂人,梗在中间?何况终身大事,神秘莫测,事先无法推理,事后不能悔棋,就算交给廿一世纪的电脑,恐怕也算不出什么或然率来。倒不如故示慷慨,伪作轻松,博一个开明父亲的美名,到时候带颗私章,去做主婚人就是了。"

问的人笑了起来,指着我说:"什么叫做'伪作轻松'?可见你心里并不轻松。"

我当然不很轻松,否则就不是她们的父亲了。例如人种的问题,就很令人烦恼。万一女儿发痴,爱上一个耸肩摊手口香糖嚼个不停的小怪人,该怎么办呢?在理性上,我愿意"有婿无类",做一个大大方方的世界公民。但是在感情上,还没有大方到让一个臂毛如猿的小伙子把我的女儿抱过门槛。现在当然不再是"严夷夏之防"的时代,但是一任单纯的家庭扩充成一个小型的联合国,也大可不必。问的人又笑了,问我可曾听说混血儿的聪明超乎常人。我说:"听过,但是我不希罕抱一个天才的'混血孙'。我不要一个天才儿童叫我 Grandpa,我要他叫我外公。"问的人不肯罢休:"那么省籍呢?"

"省籍无所谓。"我说,"我就是苏闽联姻的结果,还不坏吧?当初我母亲从福建写信回武进,说当地有人向她求婚。娘家大惊小怪,说'那么远!怎么就嫁给南蛮!'后来娘家发现,除了言语不通之外,这位闽南姑爷并无可疑之处。这几年,广东男孩锲而不舍,对我家的压力很大,有一天闽粤结成了秦晋,我也不会感到意外。如果有个台湾少年特别巴结我,其志又不在跟我谈文论诗,我也不会怎么为难他的。至于其他各省,从黑龙江直到云南,口操各种方言的少年,只要我女儿不嫌他,我自然也欢迎。"

"那么学识呢?"

"学什么都可以。也不一定要是学者,学者往往不是好女婿,更不是好丈夫。只有一点:中文必须精通。中文不通,将祸延吾孙!"

客又笑了。"相貌重不重要?"他再问。

"你真是迂阔之至!"这次轮到我发笑了。"这种事,我女儿自己会注意,怎么会要我来操心?”

笨客还想问下去,忽然门铃响起。我起身去开大门,发现长发乱处,又一个假想敌来掠余宅。

【题解】

余光中(1928—),福建永春人,生于南京,1949年前在内地求学,1952年毕业于台湾大学。著名诗人、散文家,有《舟子的悲歌》、《白玉苦瓜》、《左手的缪斯》、《逍遥游》、《听听那冷雨》等诗集和散文集。

余光中认为:“散文是一位作家的身份证。”风格雄健、想象丰富、比喻新奇、语言瑰丽、才情横溢,是余光中散文的基本特点。其散文细分则大致有三类:一类浓墨重彩,富阳刚之气,如《逍遥游》;一类温雅清丽,感情细腻,如《听听那冷雨》;一类幽默诙谐,情趣盎然,如《我的四个假想敌》。

《我的四个假想敌》构思奇巧,以诙谐的笔调将父亲对女儿的钟爱及女儿长到婚嫁年龄时父亲不忍割舍的微妙心理叙写得曲折有致,妙趣横生。全文以战争为喻,将女儿的婚嫁想象成了父亲和候选女婿对女儿的一场争夺战。因而,候选女婿成了“假想敌”,女儿则是一心向外的“内奸”,母亲是其“亲密战友”,父亲也就“腹背受敌,难挽大势”了。全文在“敌人”、“部队”、“偷袭”、“交战”、“攻城”、“守城”、“炮火”、“沙场”、“占领”、“里应外合”、“地下工作”、“研判敌情”、“实弹射击”等军事用语的演绎中将寻常的人生现象与况味叙写得淋漓尽致又趣味盎然。丰富的想象、新奇的比喻、机智的议论、博涉中西的典故以及行云流水般的语言使散文传情达意真挚自然,感性与理趣相统一,艺术上趋于炉火纯青。

【思考与训练】

1. 简述余光中散文的艺术成就。
2. 谈谈《我的四个假想敌》的艺术特点。

(胡德才撰稿)

贾平凹

秦　腔

山川不同,便风俗区别,风俗区别,便戏剧存异;普天之下人不同貌,剧不同腔,京,豫,晋,越,黄梅,二簧,四川高腔,几十种品类;或问:历史最悠久者,文武最正经者,是非最汹汹者?曰:秦腔也。正如长处和短处一样突出便见其风格,对待秦腔,爱者便爱得要死,恶者便恶得要命。外地人——尤其是自夸于长江流域的纤秀之士——最害怕秦腔的震撼;评论说得婉转的是:唱得有劲;说得直率的是:大喊大叫。于是,便有柔弱女子,常在戏台下以绒堵耳,又或在平日教训某人:你要不怎么怎么样,今晚让你去看秦腔!秦腔成了惩罚的代名词。所以,别的剧种可以各省走动,唯秦腔则如秦人一样,死不离窝;严重的乡土观念,也使其离不了窝:可能还在西北几个地方变腔走调的有些市场,却绝对冲不出往东南而去的潼关呢。

但是,几百年来,秦腔却没有被淘汰,被沉沦,这使多少人在大惑而不得其解。其解是有的,就在陕西这块土地上。如果是一个南方人,坐车轰轰隆隆往北走,渡过黄河,进入西岸,八百里秦川大地,原来竟是:一抹黄褐的平原;辽阔的地平线上,一处一处用木椽夹打成一尺多宽墙的土屋,粗笨而庄重;冲天而起的白杨,苦楝,紫槐,枝杆粗壮如桶,叶却小似铜钱,迎风正反翻覆……你立即就会明白了:这里的地理构造竟与秦腔的旋律惟妙惟肖的一统!再去接触一下秦人吧,活脱脱的一群秦始皇兵马俑的复出:高个,浓眉,眼和眼间隔略远,手和脚一样粗大,上身又稍稍见长于下身。当他们背着沉重的三角形状的犁铧,赶着山包一样团块组合式的秦川公牛,端着脑袋般大小的耀州瓷碗,蹲在立的卧的石磙子碌碡上吃着牛肉泡馍,你不禁又要改变起世界观了:啊,这是块多么空旷而实在的土地,在这块土地摸爬滚打的人群是多么"二愣"的民众!那晚霞烧起的黄昏里,落日在地平线上欲去不去的痛苦的妊娠,五里一村,十里一镇,高音喇叭里传播的秦腔互相交织,冲撞,这秦腔原来是秦川的天籁,地籁,人籁的共鸣啊!于此,你不渐渐感觉到了南方戏剧的秀而无骨吗?不深深的懂得秦腔为什么形成和存在而占却时间、空间的位置吗?

八百里秦川,以西安为界,咸阳,兴平,武功,周至,凤翔,长武,岐山,宝鸡,两个专区几十个县为西府;三原,泾阳,高陵,户县,合阳,大荔,韩城,白水,一个专区十几个县为东府。秦腔,就源于西府。在西府,民性敦厚,说话多用去声，一律咬字沉重，对话如吵架一样，哭丧又一呼三叹。呼喊远人更是特殊：前声拖十二分地长，末了方极快地道出内容。声韵的发展，使会远道喊人的人都从此有了唱秦腔的天才。老一辈的能唱，小一辈的能唱，男的能唱，女的能唱；唱秦腔成了做人最体面的事，任何一个乡下男女，只有唱秦腔，才有出人头地的可能，大凡有出息的，是个人才的，哪一个何曾未登过台，起码不能吼一阵乱弹呢?!

农民是世上最劳苦的人，尤其是在这块平原上，生时落草在黄土炕上，死了被埋在黄土堆下；秦腔是他们大苦中的大乐，当老牛木犁疙瘩绳，在田野已经累得筋疲力尽，立在犁沟里大喊大叫来一段秦腔，那心胸肺腑，关关节节的困乏便一尽儿涤荡净了。秦腔与他们，要和"西凤"白酒，长线辣子，大叶卷烟，牛肉泡馍一样成为生命的五大要素。若与那些年长的农民聊起来，他们想象的伟大的共产主义生活，首先便是这五大要素。他们有的是吃不完的粮食，他们缺的是高超的艺术享受，他们教育自己的子女，不会是那些文豪们讲的，幼年不是祖母讲着动人的迷丽的童话，而是一字一板传授着秦腔。他们大都不识字，但却出奇地能一本一本整套背诵出剧本，虽然那常常是之乎者也的字眼从那一圈胡子的嘴里吐出来十分别扭。有了秦腔，生活便有了乐趣，高兴了，唱"快板"，高兴得似被烈性炸药爆炸了一样，要把整个身心粉碎在天空！痛苦了，唱"慢板"，揪心裂肠的唱腔却表现了多么有情有味的美来，美给了别人的享受，美也熨平了自己心中愁苦的皱纹。当他们在收获时节的土场上，在月在中天的庄院里大吼大叫唱起来的时候，那种难以想象的狂喜，激动，雄壮，与那些献身于诗歌的文人，与那些有吃有穿却总感空虚的都市人相比，常说的什么伟大的永恒的爱情是多么渺小、有限和虚弱啊！

我曾经在西府走动了两个秋冬，所到之处，村村都有戏班，人人都会清唱。在黎明或者黄昏的时分，一个人独独地到田野里去，远远看着天幕下一个一个山包一样隆起的十三个朝代帝王的陵墓，细细辨认着田埂上，荒草中那一截一截汉唐时期石碑上的残字，高高的土屋上的窗口里就飘出一阵冗长的二胡声，几声雄壮的秦腔叫板，我就痴呆了，感觉到那村口的土尘里，一头叫驴的打滚是那么有力，猛然发现了自己心胸中一股强硬的气魄随同着胳膊上的肌肉疙瘩一起产生了。

每到农闲的夜里，村里就常听到几声锣响：戏班排演开始了。演员们都集合起来，到那古寺庙里去。吹，拉，弹，奏，翻，打，念，唱，提袍甩袖，吹胡瞪眼，古寺庙成了古今真乐府，天地大梨园。导演是老一辈演员，享有绝对权威，演员是一家几口，夫妻同台，父子同台，公公儿媳也同台。按秦川的风俗：父和子不能不有其序，爷和孙却可以无道，弟与哥嫂可以嬉闹无常，兄与弟媳则无正事不能多言。但是，一到台上，秦腔面前人人平等，兄可以拜弟媳为帅为将，子可以将老父绳绑索捆。寺庙里有窗无扇，屋梁上蛛丝结网，夏天蚊虫飞来，成团成团在头上旋转，薰蚊草就墙角燃起，一声唱腔一声咳嗽。冬天里四面透风，柳木疙瘩火当中架起，一出场一脸正经，一下场凑近火堆，热了前怀，凉了后背。排演到什么时候，什么时候都有观众，有抱着二尺长的烟袋的老者，有凳子高、桌子高趴满窗台的孩子。庙里一个跟头未翻起，窗外就哇地一声叫倒好，演员出来骂一声：谁说不好的滚蛋！他们抓住窗台死不滚去，倒要连声讨好：翻得好！翻得好！更有殷勤的，跑回来偷拿了红薯、土豆、在火堆里煨熟给演员作夜餐，赚得进屋里有一个安全位置。排演到三更鸡叫，月儿偏西，演员们散了，孩子们还围了火堆弯腰踢腿，学那一招一式。

一出戏排成了，一人传出，全村振奋，扳着指头盼那上演日期。一年十二个月，正月元宵日，二月龙抬头，三月三，四月四，五月五日过端午，六月六日晒丝绸，七月过半，八月中秋，九月初九，十月一日，再是那腊月五豆，腊八，二十三……月月有节，三月一会，那戏必是上演的。戏台是全村人的共同的事业，宁肯少吃少穿也要筹资集款，买上好的木石，请高强的工匠来修筑。村子富不富，就比这戏台阔不阔。一演出，半下午人就扛凳子去占地位了，未等戏开，台下坐的、站的人头攒拥，台两边阶上立的卧的是一群顽童。那锣鼓就叮叮咣咣地闹台，似乎整个世界要天翻地覆了。各类小吃趁机摆开，一个食摊上一盏马灯，花生，瓜子，糖果，烟卷，油茶，麻花，烧鸡，煎饼，长一声短一声叫卖不绝。锣鼓还在一声儿敲打，大幕只是不拉，演员偶尔从幕边往下望望，下边就喊：开演呀，场子都满了！幕布放下，只说就要出场了，却又叮叮咣咣不停。台下就乱了，后边的喊前边的坐下，前边的喊后边的为什么不说最前边的立着；场外的大声叫着亲朋子女名字，问有坐处没有，场内的锐声回应快进来；有要吃煎饼的喊熟人去买一个，熟人买了站在场外一扬手，"日"地一声隔人头甩去，不偏不倚目标正好；左边的喊右边的踩了他的脚，右边的叫左边的挤了他的腰，一个说：狗年快完了，你还叫啥哩？一个说：猪年还没到，你便拱开了！言语伤人，动了手脚；外边的趁机而入，一时四边向里挤，里边向外扛，人的旋涡涌起，如四月的麦田起风，根儿不动，头身一会儿倒西，一会儿倒东，喊声，骂声，笑声一片；有拚命挤将出来的，一出来方觉世界偌大，身体胖肿，但差不多却光了脚，乱了头发。大幕又一挑，站出戏班头儿，大声叫喊要维持秩序；立即就跳出一个两个所谓"二杆子"人物来。这类人物多是头脑简单，四肢发达，却十二分忠诚于秦腔，此时便拿了树条儿，哪里人挤，哪里打去，如凶神恶煞一般。人人恨骂这些人，人人又都盼有这些人，叫他们是秦腔宪兵，宪兵者越发忠于职责，虽然彻夜不得看戏，但大家一夜满足了，他们也就满足了一夜。

终于台上锣鼓停了，大幕拉开，角色出场。但不管男的女的，出来偏不面对观众，一律背身掩面，女的就碎步后移，水上漂一样，台下就叫：瞧那腰身，那肩头，一身的戏哟！是男的就摇那帽翎，一会双摇，一会单摇，一边上下飞闪，一边纹丝不动，台下便叫：绝了，绝了！等到那角色儿猛一转身，头一高扬，一声高叫，声如炸雷豁啷啷直从人们头顶碾过，全场一个冷颤，从头到脚，每一个手指尖儿，每一根头发梢儿都麻酥酥的了。如果是演《救裴生》，那慧娘站在台中往下蹲，慢慢地，慢慢地，慧娘蹲下去了，全场人头也矮下去了半尺，等那慧娘往起站，慢慢地，慢慢地，慧娘站起来了，全场人的脖子也全拉长了起来。他们不喜欢看生戏，最欢迎看熟戏，那一腔一调都晓得，哪个演员唱得好，就摇头晃脑跟着唱，哪个演员走了调，台下就有人要纠正。说穿了，看秦腔不为求新鲜，他们只图过过瘾。

在这样的地方，这样的环境，这样的气氛，面对着这样的观众，秦腔是最逞能的，它的艺术的享受，是和拥挤而存在，是有力气而获得的。如果是冬天，那风在刮着，像刀子一样，如果是夏天，人窝里热得如蒸笼一般，但只要不是大雪，冰雹，暴雨，台下的人是不肯撤场的。最可贵的是那些老一辈的秦腔迷，他们没有力气挤在台下，也没有好眼力看清演员，却一溜一排地蹲在戏台两侧的墙根，吸着草烟，慢慢将唱腔品赏。一声叫板，便可以使他们坠入艺术之宫，“听了秦腔，肉酒不香”，他们是体会得最深。那些大一点的，脾性野一点的孩子，却占领了戏场周围所有的高空，杨树上，柳树上，槐树上，一个枝杈一个人。他们常常乐而忘了险境，双手鼓掌时竟从树杈上掉下来，掉下来自不会损伤，因为树下是无数的人头，只是招致一顿臭骂罢了。更有一些爬在了场边的麦秸积上，夏天四面来风，好不凉快，冬日就趴个草洞，将身子缩进去，露一个脑袋，也正是有闲阶级享受不了秦腔吧，他们常就瞌睡了，一觉醒来，月在西天，戏毕人散，只好苦笑一声悄然没声儿地溜下来回家敲门去了。

当然，一次秦腔演出，是一次演员亮相，也是一次演员受村人评论的考场。每每角色一出场，台下就一片嘁嘁喳喳：这是谁的儿子，谁的女子，谁家的媳妇，娘家何处？于是乎，谁有出息，谁没能耐，一下子就有了定论。有好多外村的人来提亲说媒，总是就在这个时候进行。据说有一媒人将一女子引到台下，相亲台上一个男演员，事先夸口这男的如何俊样，如何能干，但戏演了过半，那男的还未出场。后来终于出来，是个国民党的伪兵，还持枪未走到中台，扮游击队长的演员挥枪一指，“叭”地一声，那伪兵就倒地而死，爬着钻进了后幕。那女子当下哼了一声，闭了嘴，一场亲事自然了了。这是喜中之悲一例。据说还有一例，一个老头在脖子上架了孙孙去看戏，孙孙吵着要回家，老头好说好劝只是不忍半场而去，便破费买了半斤花生，他眼盯着台上，手在下边剥花生，然后一颗一颗扬手喂到孙孙嘴里，但喂着喂着，竟将一颗塞进孙孙鼻孔，吐不出，咽不下，口鼻出血，连夜送到医院动手术，花去了七十元钱。但是，以秦腔引喜的事却不计其数。每个村里，总会有那么个老汉，夜里看戏，第二天必是头一个起床往戏台下跑。戏台下一片石头，砖头，一堆堆瓜子皮，糖果纸，烟屁股，他掀掀这块石头，踢踢那堆尘土，少不了要捡到一角两角甚至三元四元钱币来，或者一只鞋，或者一条手帕。这是村里钻刁人干的营生，而馋嘴的孩子们有的则夜里趁各家锁门之机，去地里摘那香瓜来吃，去谁家院里将桃杏装在背心兜里回来分红。自然少不了有那些青春妙龄的少男少女，则往往在台下混乱之中眼送秋波，或者就悄悄退出，相依相偎到黑黑的渠畔树林子里去了……

秦腔在这块土地上，有着神圣的不可动摇的基础。凡是到这些村庄去下乡，到这些人家去作客，他们最高级的接待是陪着看一场秦腔，实在不逢年过节，他们就会要合家唱一会乱弹，你只能点头称好，不能耻笑，甚至不能有一点不入神的表示。他们一生最崇敬的只有两种人，一是国家领导人，一是当地的秦腔名角。即使在任何地方，这些名角没有在场，只要发现了名角的父母，去商店买油是不必排队的，进饭馆吃饭是会有座位的，就是在半路上挡车，只要喊一声：我是某某的什么，司机也便要戛地停车。但是，谁要侮辱一下秦腔，他们要争死争活地和你论理，以至大打出手，永远使你记住教训。每每村里过红白丧喜之事，那必是要包一台秦腔的，生儿以秦腔迎接，送葬以秦腔致哀，似乎这个人生的世界，就是秦腔的舞台，人只要在舞台上，生，旦，净，丑，才各显了真性，恶的夸张其丑，善的凸现其美，善使他们获得了美的教育，恶的也使丑里化作了美的艺术。

广漠旷远的八百里秦川，只有这秦腔，也只能有这秦腔，八百里秦川的劳作农民只有也只能有这秦腔使他们喜怒哀乐。秦人自古是大苦大乐之民众，他们的家乡交响乐除了大喊大叫的秦腔还能有别的吗？

1983年5月2日草于五味村

【题解】

贾平凹(1952—),原名贾平娃,陕西丹凤人。1975年毕业于西北大学中文系。当代著名作家,有《商州》、《浮躁》、《废都》、《高老庄》、《秦腔》等长篇小说,《山地笔记》、《腊月·正月》等中短篇小说和《月迹》、《心迹》等散文集。

贾平凹在1990年代初创办《美文》杂志时曾提倡"大散文":"鼓呼大散文的概念,鼓呼扫除浮艳之风;鼓呼剔除陈言旧套;鼓呼散文的现实感,史诗感,真情感;鼓呼更多的散文大家;鼓呼真正属于我们身处的这个时代的散文。"(贾平凹:《〈美文〉发刊词》)事实上,此前十年,贾平凹已开始"大散文"的实践,《秦腔》可视为当代"大散文"的先声。正如有学者指出的:"这里没有流行的小散文中柔柔弱弱的花草水月和鸡肠小肚的恩怨是非,《秦腔》以'大散文'的气象追求一种大境界。"(杨匡汉:《推荐贾平凹的〈秦腔〉》)贾平凹的《秦腔》正是以充沛的激情、从一个特殊的角度,抒写了八百里秦川的人情风俗和秦地人的生存状态、生活方式、生命意志和精神风貌,笔力遒劲,气势恢弘,具有鲜活的生命气息和史诗意味,堪称大家手笔。

文章题为"秦腔",却并不细说"秦腔"本身,而是着力抒写孕育了"秦腔"的秦地山川及其风情民俗,特别是热爱秦腔的秦地人民。秦腔作为地方剧种,集地域文化之大成,是秦人歌哭生命的独特形式,秦腔与秦地人民的生活与生命形式已不可分。这正是该文独特的表现角度。

作者没有停留在对秦腔剧种源流、唱腔等表层内容的阐释上,而是深入挖掘作为秦地文化象征的秦腔所包蕴的丰富的文化内涵。作者借此展示了具有深厚历史文化传统的秦地人刚烈、粗犷、豪放的性格气质和精神上自给自足的生存状态。"秦腔"之所以诞生并长盛不衰的原因也就寓于其中了。文章因此具有了厚重的历史感和文化意蕴。

作者激情四溢,行文酣畅淋漓,语言刚健、质朴、洒脱,文章的格调一如秦腔的风格:粗犷、高亢、豪放、大气。

【思考与训练】

1. 如何理解贾平凹提倡的"大散文"?为什么说《秦腔》是当代"大散文"的先声?

2. 简析《秦腔》的主要艺术特色。

(胡德才撰稿)

陈亚先

曹操与杨修(节选)

第四场

［二道幕前,招贤者上。

招贤者 大汉丞相曹公,升赏主簿杨修,大设灵堂祭奠孔闻岱！招,招……咳……

［蒋干捧宝剑上。

招贤者 蒋先生,(指剑)您这是……

蒋　干 哎,丞相夜梦杀人之时,这把宝剑若不在身边,丞相焉能误杀孔闻岱,都怪这把宝剑不好,理该将它灵堂示众,告慰亡灵。(下)

招贤者 蒋干先生也是好心,可惜……唉……

曹　操 (画外音)

梦中失手,错杀无辜,
痛悔何及,泪落如豆！

［二道幕启,庄严肃穆的孔闻岱灵堂。

蒋　干 千不怪万不怪,只怪这倚天宝剑罪在不赦啊。

杨　修 (冷笑)嗬,嗬……

(背躬唱)

曹孟德大英雄令人钦敬,
有过错为什么不肯坦承?
夜梦杀人谁能信,
万马齐喑实堪惊,
非是我愤世嫉俗甚,
我心头悲,眼中泪,满腹疑猜,一腔悲愤,我那苦命的孔贤弟呀！
杨修岂能够忍气吞声。

曹　操 人死不能复生,杨主簿,切莫过于悲伤。

杨　修 曹丞相,你的祭礼是如此丰厚,可叹我只有一样。

曹　操 一样什么?

杨　修 一片真心！

曹　操 如此说来,旁人就无有真心了?

杨　修　他们自己心中明白！

曹　操　……老夫要为闻岱守灵一夜。

杨　修　哦？……少不得由我作陪？

曹　操　正要与先生清夜长谈。

杨　修　不可不可！倘若丞相又要犯那夜梦杀人之疾，那便如何是好哇？

曹　操　嘀嘀嘀嘀，杨主簿，你也知道怕死？

杨　修　杨修一死不紧要，丞相您的大业要紧呐！

曹　操　……好，你安寝去罢，安寝去罢。

杨　修　（略一踌躇，计上心来，旁唱）

后堂我把夫人请，
来将丞相的好梦惊。
我看他犯不犯这夜梦杀人的病，
文过饰非怎服人？

［更鼓三响，杨修下。

［曹示意众退下。

蒋　干　转来！丞相彻夜守灵，尔等好生侍卫，不可大意。

众　遵命，参军放心。

［众下。

曹　操（唱）寂寞三更人去后，
恰便似雪上复霜愁更愁。
我谎称在梦中失了手，
杨德祖咄咄逼人不罢休，
求才难哪才难求，
寒夜漠漠万重忧。

［丫环捧锦袍引倩娘上。

倩　娘　（唱）乱世夫妻多忧患，
祸福相关同悲欢，
餐风露宿常相伴，
偕卧兵车渡关山。
千危万难终不散，（为曹披衣，曹睁开眼睛）
春宵风清也觉寒。

曹　操　（唱）戎马倥偬苦征战，
贤妻伴我十余年，

老夫今日又遇危难，
连累贤妻夜不安。

倩　娘　（唱）相爷你误杀闻岱非本愿，
白发人彻夜守灵也堪怜。
说甚么今又遇危难，
得道多助心放宽。

曹　操　（唱）误杀了孔闻岱我肝肠悔断，
设大礼祭亡灵为把众人安。
百般担忧只一件——

倩　娘　哪一件？

曹　操　那杨修……唉！

倩　娘　那杨修，为相爷的军国大事昼夜操劳，就是相爷的起居冷暖，他也常挂在心。适才，就是他去至后堂，请我为相爷添衣。

曹　操　（一怔）怎么？是杨修他、他、他……
（唱）他请你为我把衣添！？

倩　娘　正是。

［曹操看锦袍，赫然发现正是他赠与给杨修的那一件，转看宝剑，看倩娘，大惊。

倩　娘　丞相为何如此惊慌？

曹　操　唉！
（唱）马到临崖收缰晚，
进退维谷好为难。

倩　娘　相爷你……

曹　操　（唱）牵玉手，睹芳容，
可怜贤妻懵懂人！
我在灵堂方入梦，
你不该把我的好梦惊。
我在梦中杀了孔闻岱，
文官武将尽知情。
偏有杨修来作梗，
逼我在人前认罪名。
不舍贤妻难服众，
欲舍贤妻我怎能？

事到此间乱方寸，
杨修陷我两难人！

倩 娘 （唱）曹丞相握重兵天下纵横，
难道说保一亲人都不能？

曹 操 （唱）我的贤妻呀！
汉祚衰群凶起狼烟滚滚，
锦江山飘血腥遍野尸横。
只杀得赤地千里鸡犬殆尽，
只杀得百姓家九死一生。
献帝初天下人丁五千万，
杀到今剩下七百万民。
儿郎铠甲生虮虱，
思之断肠复断魂。
曹孟德志在安天下，
赤壁折了百万兵！
求贤纳士重振奋，
误杀了孔闻岱大错铸成！
怕只怕天下贤士心寒透，
我宏图大业化灰尘！（向倩娘跪拜）

倩 娘 （唱）相爷一拜如山重，
拜得倩娘梦魂惊。
为妾一死不要紧，
怎忍心白发人反送了黑发人的身？

曹 操 （唱）流泪眼观流泪眼，

倩 娘 （唱）断肠人对断肠人！

曹 操 贤妻呀！

（同唱）

倩 娘 相爷呀

曹 操 （唱）有朝一日狼烟尽，
我为你造一座烈女碑亭。
夫妻到此悲难忍，
英雄泪染透了翠袖红巾。

［倩娘跪下。

倩　娘　（唱）愿相爷，金戈铁马多保重，

莫为我薄命女暗销魂。

待到海晏河清把功庆，

到坟前奠半碗剩酒残羹。

［向曹三拜，取剑自刎。

曹　操　（曹操悲痛欲绝。凄厉呼喊）来人哪，来人哪！

［鹿鸣女、杨修、蒋干、招贤者、丫环、卫士急上，见状大惊。

鹿鸣女　母亲！

杨　修　曹丞相你……你这夜梦杀人之疾，就如此沉重吗?!

曹　操　杨主簿，你看今日之事，怎样处置方好？

杨　修　但凭于你！

曹　操　好！老夫作主，将我鹿鸣女儿许配杨主簿为妻！

杨　修　啊!?

招贤者　丞相千金之女，下嫁主簿杨修，再表求贤之诚。

［幕落。

第五场

［二道幕前。招贤者上。

招贤者　招贤喽，招贤喽！

大汉兵精粮足，定雪赤壁之辱；

大军进驻斜谷，指日灭蜀吞吴。

［蒋干手举一封书信，骑马上。

招贤者　蒋先生，你回来啦？

蒋　干　回来了，丞相今在哪里？

招贤者　曹丞相昨晚在中军宝帐商议军机大事，天一亮就带领众将踏雪巡营去了！

蒋　干　（喊）丞相！丞……待我迎上前去。

［二道幕启：风雪弥漫，战马齐鸣。中原健儿，金戈铁马，意气昂扬。

蒋　干　啊，丞相，好兴致呀。

曹　操　（踌躇满志地）罡风卷战袍，大雪满弓刀。

众马舞歌：

罡风卷战袍，

大雪满弓刀。

看巴山蜀水涌波涛，
指山河魏侯挥鞭笑，
灭蜀吴功成在吾曹，
金戈铁马长啸，
中原豪杰，胆气直上云霄！

[曹操、杨修、公孙涵、曹洪、夏侯惇、许褚、张辽等众将，策马走来。

蒋　干　哎呀呀，金戈铁马，踏雪巡营，好一幅英雄图画也。

曹　操　看看我军天下无敌的阵势，免得长他人威风，灭自家志气。子翼，战表可曾下达？

蒋　干　诸葛亮收了丞相的战表，不说战，也不说降，回复了小诗一首，刁钻古怪，令人费解。

曹　操　众位将军。

众　丞相。

曹　操　哪一位解得诸葛亮诗中之意，老夫有赏。

众　但不知上面写的甚么？

蒋　干　喏喏喏，（念诗）

黄花逐水漂，
二人过木桥。
好景无心爱，
须防歹徒刀。

杨　修　嘀嘀嘀，诸葛亮盼的就是我军自以为天下无敌。

蒋　干　哎呀呀，到底是丞相的女婿大官人，聪明过人，想必已然猜出诗中之意了。

曹　操　恐怕未必。列公有何高见？

众　这个……

蒋　干　公孙兄，你可曾猜出来呀？

公孙涵　（与蒋干背白）蒋参军，昨夜在中军宝帐议论军机大事，姓杨的那股狂劲儿又来了，丞相正压着火呢。你小心马屁拍到马脚上！

蒋　干　哦！

许　褚　什么鸟诗，待我看来！

公孙涵　蒋先生捧此诗，在马背上猜了十里之遥，尚未猜出，许褚将军你嘛……

许　褚　马行十里，我若猜出，你便怎样？

公孙涵 除非有人暗地里告诉你！

许　褚 你！……

蒋　干 依我看来，你若猜了出来，杨主簿替你牵马坠镫，你若是猜不出来，你与杨主簿牵马坠镫。

［众大笑。

许　褚 我不猜了，不猜了，丞相你请。（把诗呈曹操）

曹　操 ［曹操接过诸葛亮的诗，睨视杨修。

［杨修微微冷笑。

曹　操 如此说来，马行十里，我若不能猜出这诗中之意，就要与杨主簿牵马坠镫了？

众 啊……不！不！不！（大笑）

曹　操 （背唱）

只为错杀了孔闻岱，
杨德祖到今日不释于怀。
兵出斜谷他再三阻碍，
借此诗他又要卖弄高才。

杨　修 （唱）阿谀声如烈酒把他醉坏，
全不见危机四伏袭人来！
我甘愿犯虎威将他劝诫，
丞相，前面绝壁悬崖，无有路了。
（接唱）劝丞相谨提防马坠悬崖！

曹　操 待老夫勒转马头。

杨　修 丞相，诸葛亮诗中之意，你已然猜出来了。

曹　操 老夫尚未猜到。

公孙涵 十里未到，十里未到。

众 十里未到。

杨　修 哎！你我从左营来到右营，二十里都过了，就是这胯下的畜生，它也明白！

曹　操 昨晚吵到今日，你还不罢休么？

杨　修 丞相……

曹　操 杨主簿！你当真要老夫与你牵马坠镫？

曹　洪 丞相带马，哪个敢骑？

杨　修 丞相言而有信，杨修不敢不骑！

曹　洪　我把你这狂傲的……

曹　操　嗯！尔等不必多言，杨主簿，你放开缰绳。

［曹下马，众皆下马。

［曹操为杨修带马。

众　（唱）丞相带马世少有，

曹　操　（唱）曹孟德南征北战数十秋，
今日马前把人伺候，
宰相腹内好行舟。

［马嘶跳，众担心。

众　丞相！

曹　操　不妨事。

［圆场，曹操踏雪踉跄。

杨　修　（极为关切地）丞相，缓缓而行吧……

曹　操　是，缓缓而行。（牵马下）

蒋　干　（唱）世间只有牛吃草。

公孙涵　（唱）几曾见过草吃牛。

蒋　干　（唱）杨德祖不知天高和地厚。

公孙涵　（唱）他自作自受难回头。

蒋　干　哎呀，公孙兄啊，我实实地走不动了。

公孙涵　我也走不动了。

蒋　干　丞相偌大年纪，焉能经受得起？

公孙涵　你我赶上前去。

蒋　干　赶上前去。

［二人同下马。

二　人　（同）丞相慢走！

［曹操牵马上。步履艰难，跌跌撞撞。

［杨修急下马，欲扶曹，曹冷冷避开。

杨　修　丞相，你早就猜出来了。

曹　操　不错，我早就猜出来了。

蒋　干　丞相，既已猜出，何不早说？

曹　操　我若早说，谁与杨主簿牵马坠镫！？黄花本是一少女，女傍有水，是"汝"字。

蒋　干　木上二人？

曹　操　是“来”字。

公孙涵　无心之爱？

曹　操　是“受”字！

公孙涵　歹徒之刀？

曹　操　是个“死”字。诸葛亮的诗是“汝来受死”四字！

公孙涵　丞相大智大慧，天下无敌！

众　天下无敌！

曹　操　哎！说什么大智大慧天下无敌？老夫之才，不及杨修三十里！

杨　修　哎呀，丞相啊！说什么不及杨修三十里，智者千虑，也有一失……

曹　操　不错！老夫是智者千虑，也有一失，杨主簿你呢？

杨　修　这……

曹　操　兵出斜谷，你再三争论，何以见得错的是我曹操，对的是你杨修？

杨　修　我……

曹　操　杨主簿，老夫替你牵马坠镫，你还不罢休吗？

杨　修　这……哎呀丞相啦！这兵驻斜谷，危机四伏，眼看又是一场赤壁之败呀！

曹　操　住口，兵出斜谷，大计已定，敢再多言，军法不容！

杨　修　丞相……

曹　操　众将各归营垒，待命决战，带马！

[曹将诸葛亮的“诗”猛掷于地，上马，下。

[众将分下。

[杨修怅然独立。

[二道幕落。

招贤者　许褚、张辽呀，你们跟他是好朋友，劝劝他，再有本事，也别这么讨厌行不行呀？不过，话又说回来了，要是没有这种讨厌的，那就讨厌了！（例行公事地呼喊）讨厌喽……不不不，招贤喽！

第六场

[二幕启。杨修军帐前，僮儿身披小甲，正在升起帐前红灯笼。

[杨忧闷而上。

二士兵　口令？（上）

杨　修　杨修回来了。

[兵士接马鞭下。

僮　儿　老爷，今晚军中的戒严口令是（向杨修耳边，轻声说）鸡肋二字。

杨　修　怎么，丞相传下军中戒严口令，乃是鸡肋二字？

僮　儿　嘻嘻哈哈，往后，鸡爪子、鸡屁股都快出来了。夫人回来了。

［向远处指，鹿鸣女抱襁褓，侍女捧容器上。

杨　修　（杨修低声问僮儿）夫人往哪里去了？

僮　儿　夫人去给相爷送鸡汤去的。

杨　修　夫人到中军帐做甚么去了？

鹿鸣女　你在父相面前做的好事。我手捧鸡汤替你去赔笑脸。可怜老父相潸然泪下，言道女儿倒有父女之情，女婿却无有半子之义。

杨　修　你父女议论兵困斜谷之事。丞相举起一块鸡肋，说道鸡肋鸡肋弃之可惜，食之无味，言罢就传下军中口令鸡肋二字?！你道是也不是？

鹿鸣女　你料事如神，可惜不懂人情世故……

杨　修　丞相是要退兵了！

［鹿鸣女制止杨修，对众人说。

鹿鸣女　尔等歇息去吧。（众下）说甚么父相决计要退兵，依我看来，这鸡肋二字说的是你杨修。

杨　修　不，不不，这鸡肋二字说的不是我杨修，他说的是兵困斜谷，进而无望，退又可惜，这才是食而无味，弃之可惜。我料他三思之后，决计要退兵了。

鹿鸣女　若能退兵，乃天下之幸也。

杨　修　不过，父相他，是万万不肯在人前认错的，这退兵二字他自己说不出口，此事只好由我杨修，替他周旋，……带马！

鹿鸣女　且慢！你要往那里去？

杨　修　我大军一动，诸葛亮必然要趁火打劫，许褚、张辽兵扎险要之地，我要叫他们早做准备。

鹿鸣女　父相未曾传令，你却要擅自调动兵马？

杨　修　调动兵马，挽救三军，有何不可？

鹿鸣女　纵然是挽救三军，也该禀明父相，擅自行事，你也忒胆大妄为了！

杨　修　胆大妄为？

鹿鸣女　依我看来，你还是先禀明父相的好。

杨　修　父相父相，口口声声都是父相，真不愧是你父相的好女儿，果然是有其父必有其女。

鹿鸣女　你！

（唱）一句话顿叫我心痛碎，
你怎知鹿鸣女千愁万苦何等伤悲。
成婚来盼的是亲如鱼水，
相敬爱相体贴比翼双飞。
谁料想姻缘未解旧怨怼，
翁婿们屡屡反目意相违。
到如今水火不容锋芒对，
生教他牵马坠镫踏雪归，全不顾三军上下众目睽睽。
似这等恃才傲主你不思悔，
竟还要擅调兵将犯军规。
我父纵有沧海量，
沧海也会起风雷。
怕只怕狂澜未挽身先毁，
空抛了少年头悔恨难追。

［长跪而泣。

杨　修　（心为震撼，唱）

只道是夫妻们同床异梦强聚首，
万不料，中原才女情义厚，竟把我的福祸安危挂心头。
我的贤夫人哪，（挽扶鹿鸣）
自从我投奔你父后，
事与愿违壮志难酬。

到如今你年迈的父相，大小三军，兵困绝境，眼见得赤壁悲歌又重奏，

一场败局无人来收，我岂能随波逐流看水流舟。
纵然他，翁婿之情全无有；
纵然他，一腔怒气冲斗牛；
宏图大业未成就，
料定他断然不敢杀我杨修。

带马！

［杨修上马，下。鹿鸣女怅望杨修去向。帐中小儿啼哭传来，鹿鸣女匆匆下。

［二军士与僮儿小声议论着下。

［曹操由二侍卫执灯引上。

曹　操　（念）入川来战局险峻，

　　　　　果然是蜀道难行。

　　　　　再不下撤兵将令，

　　　　　只恐怕溃不成军。

二军士　（上）口令！

二侍卫　鸡——

二军士　肋！过去吧！

军士甲　……这下儿可好了，咱们可以保住脑袋回洛阳过年去了。

军士乙　人家杨主簿早就说过，这仗不能这么打，不能这么打，可咱们丞相就是不听，这不，临了，还得听人家杨主簿的。

军士甲　还是杨主簿有见识。

军士乙　走，收拾行李，回家探母去喽。

曹　操　转来。

二军士　哎哟，曹丞相在此，小人等罪该万死。（伏跪）

曹　操　我来问你们，是哪一个讲的，老夫要退兵？

二军士　这个……

曹　操　敢有隐瞒，军法不贷！

二侍卫　讲！

军士甲　杨主簿刚才在这儿说的。

曹　操　他往哪里去了？

军士甲　他说去到许褚、张辽二位将军的帐中，叫他们早做准备。

曹　操　啊！他竟敢擅传将令！

杨　修　（内）马来。（上）

杨　修　参见丞相。

曹　操　夜静更深，你往哪里去了？

杨　修　军情紧急，整装待命。

曹　操　怎么，你还要上阵厮杀？

杨　修　数十万大军尚不能前进一步，我一介书生，上阵厮杀又有何用？

曹　操　如此说来，老夫只有退兵了？！

杨　修　丞相已有退兵之意了？

曹　操　哼！我尚未传令退兵，是那一个自作聪明，擅传将令？

杨　修　哎呀丞相啊，杨修只是体察丞相之意行事呀，我、我、我这是不得已而为之啊！

曹　操　好一个不得已而为之，你可知今日三军统帅还不是你！

杨　修　……杨修我为天下大业，一片赤诚。

曹　操　好，你对你的天下大业赤诚去吧。

杨　修　丞相！

［操欲去，杨扯住他，陈述衷情，操戟指怒骂，杨也怒而反责，鹿鸣女上推开杨修，跪求父亲，曹甩开女儿，拂袖而去。

［鹿鸣女回首，又跪求杨修，杨修木然，鹿鸣女抱住杨修大哭！

鹿鸣女　我父相屈杀你了。

杨　修　（唱）休流泪，免悲哀。

百年好也终有一朝分开。
杨修必死难更改，
后事拜托，拜托你安排。
我死不必把孝戴，
我死不必摆灵牌，
休将我的死讯传出外，
免得那世人笑我，他们笑我呆。
亲朋问我的人何在，
你就说，我远游不归来。
尸首运至在皇城外，
　你将那酒醍醐与我同埋。
我要借酒将愁解，
做一个忘忧鬼酒醉颜开。
在生落得个声名败，
到阴曹我再去放浪形骸。

［公孙涵率众上，拔下杨修帐前标旗。

公孙涵　嗯哼！

杨　修　公孙先生，今日为何陡长了八面的威风！

公孙涵　杨主簿，你扰乱军心，理当斩首，丞相命我接替主簿之职。您就交印吧！

杨　修　我这颗小小的主簿印信，你对它竟然是垂涎已久哇。

［公孙涵伸手接，杨修又把印缩回来。

杨　修　真是可叹哪，这世间有多少大事，就坏在这种东西身上啊。

［公孙涵抢去大印，挥手令众人动手。

公孙涵 伺候了！

[杨修佩剑被缴，自己脱下曹操赠给他的锦袍，狠狠摔在地上，被上了手铐。

[鹿鸣女绝望自刎，侍女吃惊瘫倒，襁褓幼儿落地，哭声惨绝。

[招贤者上，鸣锣。例行公事，高呼。

招贤者 招贤喽！

[二幕落，刽子手执手谕牌，挡住招贤者。

刽子手 丞相有令，晓谕三军！

招贤者 （念牌上字）

大汉丞相，
统兵百万，
灭蜀吞吴，
势如破竹，
主簿杨修，
扰乱军心，
斩……

刽子手 念。

招贤者 （念）斩首示众，
以儆效尤，
大小三军，
校场观刑啊！

[号角声悲，众兵将过场，张辽勒住马缰，与许褚交头接耳，毅然勒转马头，与许褚向相反方向下。

第七场

[斜谷，刑场。

[冷月如盘，宛若当年曹杨初会的地方。

[夏侯惇等肃立。

众 参见丞相！

曹操 （念）茫茫风雪兮，天地渺暝，

[刽子手押杨修上。

曹操 （念）法无姑宽兮，哀君丧命！

[报子急上。

报子 报！中军探马，有十万火急军情密报！

[曹示意近前，报子与曹耳语，曹大惊。

杨　修　嘿嘿！诸葛亮已然派出奇兵，要断我军粮草，你道是也不是？

曹　操　……

杨　修　不必惊慌，许褚、张辽已然抢先一步了！

［报子上。

报　子　报！敌军袭劫我军粮草，中了许褚、张辽的埋伏，他们大败而回！

杨　修　（大笑）这就是杨修自作聪明，擅自行事之故耳！

［三军议论沸然。

曹　操　呀！

（唱）杨修智谋实少有，
　　料事如神更无俦！
　　欲留下这运筹帷幄的擎天手，
　　妙笔为我写春秋。
　　难怪这赦免二字说出口，
　　列公，
　　　　何人能解我心忧？

公孙涵　丞相，斩杀杨修乃大义灭亲，三军无不佩服，丞相莫忧。

蒋　干　啊，丞相！杨修虽犯将令，但已将功折罪，丞相若不杀他，乃是仁者之怀，三军将士无不心悦诚服。

夏侯惇　着哇！若非杨主簿足智多谋，大军危矣，某将夏侯惇愿保杨修不死。

（跪）

曹　洪　末将曹洪也愿作保！（跪）

徐　晃　徐晃愿保！（跪）

李　典　李典愿保！（跪）

众　我等愿保！（跪）

曹　操　（大惊）呀！

（唱）平日里一片颂扬对曹某，
　　却原来众望所归是杨修！

杨　修　列公啊，你们都帮了倒忙了！

曹　操　老夫有话与杨主簿言讲，列公各归队伍。

［众下。

杨　修　曹丞相，你今日险些儿又失算了吧！

曹　操　杨修哇杨修，你不要聪明反被聪明误哇，坐下来，我们谈谈心！

杨　修　我乃是临死之人了，你还怕我高你一头么？

［曹拾级而上，与杨修同坐。

曹　操　杨主簿，事到如今，你也该听听老夫说几句知心的话了。

杨　修　只怕你那真心的话儿，是不敢对人言讲啊。

曹　操　唉！老夫实实再三的不想杀你。

杨　修　你是再三要杀杨修。

曹　操　请问这一？

杨　修　当初，你杀孔闻岱时，就有意要杀我，此乃一也！

曹　操　二呢？

杨　修　你谎称梦中杀人，被我点破，此乃二也！

曹　操　这三？

杨　修　踏雪巡营，你为我牵马坠镫，此乃三也！

曹　操　杨主簿啊！三次要杀你的是我曹操；三次不杀你的，也是曹操，我已费劲了苦心了。今日，我也实实再三不想杀你，却又实实不得不杀！

杨　修　敢问丞相，你那心底深处，是为何不得不杀我？

曹　操　你当初对我发下誓言，肝脑涂地，以报知遇之恩，此心此意，如今安在？

杨　修　当初，大汉天下五千万人，被那群凶混战，杀得只剩下七百余万口，那是丞相"念之断肠"的襟怀，如今还在也不在？

曹　操　初衷不改，天地可鉴！

杨　修　我更是初衷不改，天地可鉴！

曹　操　可惜呀可惜，可惜你，不明白！

杨　修　可惜呀可惜，可惜不明白的是你呀！

曹　操　啊？

杨　修　啊！

曹　操　哼哼哼哼！

杨　修　嘿嘿嘿嘿！

［二人由笑声变为痛哭失声。

［招贤者上。

招贤者　他们两边都不明白。这不是明明白白的吗？（战鼓声起，下）

［众将士齐上。

夏侯惇　（上）丞相，诸葛亮大军犹如神兵天降，五虎上将从四面杀来了！

杨　修　丞相快快撤兵，免得全军覆没哇！

众　将　丞相！丞相！丞相！

曹　操　大敌当前，敢有扰乱军心者，以杨修为戒！

众　丞相！

曹　操　斩！

［刽子手斧落。灯灭。

招贤者　（内声）大汉丞相，斜谷惨败！（追光引招贤者上。他已须发尽白，步履蹒跚）招贤纳士，再图大业——招贤喽！

［舞台复明。

［在现代歌曲《让世界充满爱》的欢快旋律中，"曹操"与"杨修"握手，谢幕。

［剧终。

【题解】

陈亚先（1948—　），湖南岳阳人，著名剧作家。有《曹操与杨修》、《唐太宗与魏徵》、《大唐天后》等戏曲作品。《曹操与杨修》原为巴陵戏，初刊于《剧本》1987年第1期，1988年获第四届全国优秀剧本奖，同年由上海京剧院演出，获"优秀新剧目奖"，次年获"中国戏曲学会奖"。《曹操与杨修》被认为"是京剧史上一座重要里程碑"（刘厚生），是新时期戏曲艺术革新探索的集大成之作，被选入《中国当代十大悲剧集》，和话剧《桑树坪纪事》一起堪称是新时期戏剧艺术璀璨的双璧。

《曹操与杨修》采用的是危机先入、杀气弥漫贯穿始终的结构法。剧作写曹操与杨修从相知、相隔到最后杨修被杀这样一个从顺境到逆境的过程。全剧七场，开篇"祭灵"写曹操与杨修同时到郭嘉坟前扫墓祭灵。一个求贤若渴，一个报国心切，两人一见如故。第二场，曹操听信谗言"错杀"功臣孔闻岱，此为杨修与曹操由相知到相隔的转折点。第三场写因孔闻岱之功，杨修为曹操筹得急需之军马粮草，曹操"赠袍"与杨修，同时以"老夫素有夜梦杀人之疾"为由，开脱了自己误杀孔闻岱的事故。杨修与曹操自此始相隔。第四场写曹操故作姿态，邀杨修同为孔闻岱守灵。杨修谢绝之后，递过曹操所赠锦袍，请倩娘前去为丞相御寒。曹操睹袍大惊，再以"夜梦杀人之疾"为由，逼倩娘自刎。第五场写因未解诗谜，曹操为杨修"牵马"，杨修因此触犯众怒，曹杨冲突进一步激化。第六场写杨修决心为阻止丞相出兵抗争到底，他由"鸡肋"之号令猜透曹操撤兵之本意，可他擅自部署退兵事宜，而被加以"扰乱军心"的滔天罪名。第七场杨修被杀是全剧高潮，杨修临刑之时仍力劝曹操撤兵，可曹操宁可兵败，也不肯失了面子。最后杨修被杀，曹操兵败斜谷。历史又循环到全剧开场的起点上。明月依旧，兵败依旧，招贤依旧。首尾呼应，耐人寻味。《曹》剧融合了写实的话剧和写意的戏曲这两种戏剧样式的特点，剧情紧凑、节奏明快，适应了现代观众的审美需求。剧中招贤者的出现，则是将戏曲与布莱希特"间离效果"的手法相结合的产物。

剧中的曹操是一个"为人性的卑微所深深束缚、缠绕着的历史伟人形象"（尚长荣）。"治国安邦的远大抱负、运筹帷幄的雄才大略和求贤若渴的政治胸襟是他伟大的一面，惟我独尊、刚愎自用、嫉贤妒能、滥杀无辜是他卑微的一面。在他与杨修的冲突历程中，他的伟大与卑微不断地互相否定着，一杀孔闻岱，二杀倩娘，三杀杨修，卑微在这场冲突中终于彻底占据了上风，完成了其人性价值毁灭的悲剧。"（吕效平）

杨修则是剧作成功塑造的一个才高智广、恃才傲物、执著求真、锋芒毕露的古代知识分子形象。杨修真正不满于曹操的不是误杀孔闻岱，而是曹操竟然以政治上的欺瞒权术泯灭真诚。杨修之死是悲壮的，恃才傲物、露才扬己的性格特点并不是杨修之死的主要原因，真正的原因是长期积淀下来的中国封建统治者的惟我独尊、刚愎自用、文过饰非、嫉贤妒能等国民劣根性。

《曹操与杨修》作为一出优秀的新编历史京剧，其思想内涵已远远超出了它所写的两位历史人物本身，它引发的是读者和观众对历史和人性的反思。

【思考与训练】

1. 简述《曹操与杨修》的结构特点。
2. 谈谈《曹操与杨修》中的曹操与传统小说、戏剧中的曹操有何不同。
3. 如何评价《曹操与杨修》中的杨修？杨修悲剧的原因何在？

（胡德才撰稿）

外国文学

顾名思义,外国文学系指除本国文学之外的世界各国文学。按学科惯例,外国文学还可细分为西方文学(欧洲文学、美洲文学和大洋洲文学)与东方文学(亚洲文学、非洲文学)。在人类文学演进发展的历程中,东方文学与西方文学彼此呼应,多层面、多角度地反映了人类文明的嬗变过程以及人类审美思维的发展轨迹,共同谱写了世界文学的恢弘乐章。

一、西方文学

(一)古代西方文学

西方文学的源头是古希腊文学,古希腊文学的源头是古希腊神话。古希腊文学的巅峰《荷马史诗》便是在古希腊神话的沃土上结出的艺术硕果。古希腊还是悲剧的发源地,三大悲剧诗人埃斯库罗斯、索福克勒斯和欧里庇得斯的创作为后人树立了光辉的典范。虽然接踵而至的古罗马文学拥有维吉尔这样的伟大作家,但和辉煌绚烂的古希腊文学比较起来,也只能是黯然失色。

古罗马帝国灭亡后,欧洲进入漫长的中世纪时期。中世纪文学主要由教会文学、骑士文学和市民文学构成。意大利诗人但丁是中世纪最伟大的作家,他的代表作《神曲》一方面集中世纪文化之大成,同时也吹响了文艺复兴的号角。

14 世纪至 17 世纪初,文艺复兴运动席卷欧洲大陆。文艺复兴文学是文艺复兴运动的重要组成部分,集中体现了文艺复兴运动的人文主义理念。意大利诗人彼特拉克被誉为"人文主义之父"。薄伽丘是意大利民族文学的奠基人,短篇小说集《十日谈》是他的代表作。法国作家拉伯雷是继薄伽丘之后又一位杰出的人文主义作家,他的长篇小说《巨人传》是一部交织着现实与幻想的奇特作品。塞万提斯是西班牙文艺复兴文学的杰出代表,他的长篇讽刺小说《堂吉诃德》对欧洲长篇小说艺术的发展产生了深远影响。英国文艺复兴文学的代表是莎士比亚。

文艺复兴的热潮消退之后,古典主义文学成为 17 世纪欧洲最具影响力的文学流派。法国作家高乃依的《熙德》和拉辛的《安德洛玛克》是古典主义悲剧的经典之作。莫里哀是 17 世纪欧洲最优秀的喜剧作家,他的代表作《伪君子》成功地塑造了达尔杜弗这一经典的伪善者形象。

(二)近代西方文学

18 世纪欧洲文学的主旋律是启蒙主义文学,法国、英国和德国的启蒙主义文学都取得了极高的成就。法国作家卢梭的教育小说《爱弥尔》是法国启蒙主义文学的代表作。笛福是英国现实主义小说奠基人,他的代表作《鲁滨逊漂流记》是英国现实主义小说诞生的标志。德国作家歌德是最伟大的启蒙主义作家,他的代表作《浮士德》是继《荷马史诗》、《神曲》和《哈姆雷特》之后西方文学史上又一部里程碑式的作品。

19 世纪西方文学的主流是浪漫主义文学和现实主义文学。与启蒙主义文学相比,浪漫主义文学不再刻意突出人的理性,而是深入发掘人类的感情世界,通过瑰丽的想象和夸张的手法塑造特点鲜明的艺术形象。在创作风格上,浪漫主义以想象力丰富的构思和跌宕起伏的情节为主要特征。英国诗人华兹华斯的抒情诗、法国作家雨果的小说《巴黎圣母院》、美国作家麦尔维尔的小说《白鲸》都是中国读者耳熟能详的浪漫主义杰作。

与浪漫主义文学相比,现实主义文学少了些许激情,却多了几分对社会及人性的理性思考和尖锐批判。法国是现实主义文学的诞生地,司汤达的小说《红与黑》是第一部现实主义作品,巴尔扎克的《人间喜剧》是法国现实主义文学的巅峰之作。狄更斯在英国文学史上的地位仅次于莎士比亚,勃朗特姐妹则是 19 世纪英国文坛上一道靓丽的风景。代表着俄国现实主义文学最高成就的是托尔斯泰和陀思妥耶夫斯基。

(三)20 世纪西方文学

20 世纪西方文学最引人注目的现象是现代派文学的盛行。现代派文学并不是一个标准意义上的文学流派,而是许多新兴的反传统的文学流派的总称,主要包括象征主义文学、表现主义文学、未来主义文学、意识流文学、意象主义文学和超现实主义文学等六个重要流派。在中国形成较大影响的现代派作品主要有奥地利作家卡夫卡的《变形记》、英国作家乔伊斯的《尤利西斯》和艾略特的《荒原》、法国作家贝克特的《等待戈多》以及美国作家福克纳的《喧哗与骚动》。西方现代文学既是西方社会精神危机在文学上的反映,同时也凝聚着当代西方作家面对前人丰厚的文学遗产,独辟蹊径、力争创新的良苦用心。

二、东方文学

(一)古代东方文学

古代东方是世界文明的发源地,古代东方文学是世界上最为古老的文学形态。古埃及的宗教诗集《亡灵书》是世界上最古老的文学作品。古巴比伦神话《埃努玛·埃立什》是世界上现存最古老的神话。犹太教经典《旧约》收录了希伯来人大量的神话、传说、小说与诗歌。《梨俱吠陀》是印度最古老的诗集，也是印度各宗教教派的共同经典。

随着封建专制集权国家的建立，东方文化进入了中古时期。此时的东方逐渐形成了三大文化圈：以中国文化为中心的东亚文化圈；以阿拉伯文化为中心的中东文化圈；以印度文化为中心的南亚、东南亚文化圈。随着三大文化圈的形成与发展，中古东方文学也进入了“黄金时代”。印度作家迦梨陀娑的长诗《云使》和戏剧《沙恭达罗》，阿拉伯的民间故事集《一千零一夜》、日本女作家紫式部的小说《源氏物语》都是世界文学史上脍炙人口的经典。

（二）近代东方文学

传统的自然经济形态和漫长的封建统治严重阻碍了东方各国的社会发展进程。到了19世纪中叶，除日本等少数国家外，几乎所有的东方国家都沦为西方国家的殖民地或半殖民地。西方殖民者的入侵在给东方人民带来巨大灾难的同时，也将先进的西方文明呈现在了东方人民的面前。面对这一特殊的历史境遇，一些优秀的东方作家开始深刻反省本民族的文化传统，积极吸收西方文化的先进成果，试图在东西方文明的尖锐冲突中为本民族的未来摸索出正确的发展方向。

夏目漱石是日本近代最优秀的作家。夏目漱石笔下的人物形象通常面对着两种尖锐的冲突：一是传统儒家思想所崇尚的安贫乐道的精神与西方拜金主义商业文明之间的冲突，二是东方传统的利他主义美德与西方自我本位观念之间的冲突。他们的尴尬处境不仅反映了夏目漱石本人的苦恼和彷徨，更折射出近代东方知识分子的普遍心境。

泰戈尔是印度文学史上最伟大的作家。在以诗集《吉檀迦利》为代表的一系列优秀作品中，泰戈尔从“梵我一如”的印度传统哲学观点出发，结合西方人道主义思想，形成了以泛爱与和谐为核心的世界观。在这一世界观的指导下，泰戈尔着力抨击了当时印度社会存在的种种不公，主张社会各阶层应该平等互助。同时，在处理东西方关系时，泰戈尔也主张世界大同，东西互补。在东西方文化激烈碰撞的年代，泰戈尔的这一主张是具有明显的前瞻性的。

（三）二战后的东方文学

第二次世界大战结束后，东方各国陆续结束了殖民地半殖民地状态。取得民族独立的东方人民也拥有了更为平和的心境，开始以更加冷静的心态探讨东西方文化的互补性，思考本民族文化的现代形态入口。

川端康成是20世纪最具影响力的日本作家。在《雪国》、《古都》和《千纸鹤》等一系列经典作品中，川端康成以西方象征主义和表现主义文学创作手法为载体，以日本文化所崇尚的幽、玄、美为思想内核，创造出一种既具民族特质，又具世界色彩的文学新样式。

埃及作家马哈福兹是当代阿拉伯文学的杰出代表，他的小说继承了倡导平等和宽容的阿拉伯文学宗教精神传统，同时也吸收了许多西方的价值体系和思想观念，如崇尚个性的解放与自由，强调文学的政治参与功能。最能体现马哈福兹创作风格的是《三步曲》。小说以一个埃及家庭三代人的命运为线索，展现了埃及人在20世纪上半叶东西方文化冲突交融过程中的挣扎与思考。

外国文学经典作品选目：

［希腊］荷　马：《伊利亚特》

［英］莎士比亚：《哈姆雷特》

［德］歌　德：《浮士德》

［法］莫里哀：《伪君子》

［法］巴尔扎克：《高老头》

［俄］陀思妥耶夫斯基：《罪与罚》

［俄］列夫·托尔斯泰：《安娜·卡列尼娜》、《复活》

［捷克］米兰·昆德拉：《生命中不能承受之轻》

《圣经》（合和本）

［印］泰戈尔：《吉檀伽利》

［日］川端康成：《雪国》

（李纲撰稿）

索福克勒斯

俄狄浦斯王(节选)

第三场

[伊俄卡斯忒偕侍女自宫中上。①

伊俄卡斯忒　我邦的长老们啊,我想起了拿着这缠羊毛的树枝和香料到神的庙上②;因为俄狄浦斯由于各种忧虑,心里很紧张,他不像一个清醒的人,不会凭旧事推断新事③;只要有人说出恐怖的话,他就随他摆布。

我既然劝不了他,只好带着这些象征祈求的礼物来求你,吕刻俄斯·阿波罗啊——因为你离我最近——请给我们一个避免污染的方法。我们看见他受惊,像乘客看见船上舵工受惊一样,大家都害怕。

[报信人自观众左方上。④

报信人　啊,客人们,我可以向你们打听俄狄浦斯王的宫殿在哪里吗?最好告诉我他本人在哪里,要是你们知道的话。

歌队　啊,客人,这就是他的家,他本人在里面;这位夫人是他儿女的母亲。

报信人　愿她在幸福的家里永远幸福,既然她是他的全福的妻子!⑤

伊俄卡斯忒　啊,客人,愿你也幸福;你说了吉祥话,应当受我回敬。请你告诉我,你来求什么,或者有什么消息见告。

报信人　夫人,对你家和你丈夫是好消息。

伊俄卡斯忒　什么消息?你是从什么人那里来的?

报信人　从科任托斯来的。你听了我要报告的消息一定高兴。怎么会不高兴呢?但也许还会发愁呢。

伊俄卡斯忒　到底是什么消息?怎么会使我高兴又使我发愁?

报信人　人民要立俄狄浦斯为伊斯特摩斯⑥地方的王,那里是这样说的。

伊俄卡斯忒　怎么?老波吕玻斯不是还在掌权吗?

报信人　不掌权了;因为死神已把他关进坟墓了。

伊俄卡斯忒　你说什么?老人家,波吕玻斯死了吗?

报信人　倘若我撒谎,我愿意死。

伊俄卡斯忒　侍女呀,还不快去告诉主人?(侍女进宫。)

啊,天神的预言,你成了什么东西了?俄狄浦斯多年来所害怕,所要躲避的正是这人,他害怕把他杀了;现在他已寿尽而死,不是死在俄狄浦斯手中的。

[俄狄浦斯偕众侍从自宫中上。

俄狄浦斯 啊,伊俄卡斯忒,最亲爱的夫人,为什么把我从屋里叫来?

伊俄卡斯忒 请听这人说话,你一边听,一边想天神的可怕的预言成了什么东西了。

俄狄浦斯 他是谁?有什么消息见告?

伊俄卡斯忒 他是从科任托斯来的,来讣告你父亲波吕玻斯不在了,去世了。

俄狄浦斯 你说什么,客人?亲自告诉我吧。

报信人 如果我得先把事情讲明白,我就让你知道,他死了,去世了。

俄狄浦斯 他是死于阴谋,还是死于疾病?

报信人 天平稍微倾斜,一个老年人便长眠不醒。⑦

俄狄浦斯 那不幸的人好像是害病死的。

报信人 并且因为他年高寿尽了。

俄狄浦斯 啊!夫人呀,我们为什么要重视皮托的颁布预言的宙宇,或空中啼叫的鸟儿呢?它们曾指出我命中注定要杀我父亲。但是他已经死了,埋进了泥土;我却还在这里,没有动过刀枪。除非说他是因为思念我而死的,那么倒是我害死了他。这似灵不灵的神示已被波吕玻斯随身带着,和他一起躺在冥府里,不值半文钱了。

伊俄卡斯忒 我不是早这样告诉了你吗?

俄狄浦斯 我倒是这样想过,可是,我因为害怕,迷失了方向。

伊俄卡斯忒 现在别再把这件事放在心上了。

俄狄浦斯 难道我不该害怕玷污我母亲的床榻吗?

伊俄卡斯忒 偶然控制着我们,未来的事又看不清楚,我们为什么惧怕呢?最好尽可能随随便便地生活。别害怕你会玷污你母亲的婚姻;许多人曾在梦中娶过母亲⑧;但是那些不以为意的人却安乐地生活。

俄狄浦斯 要不是我母亲还活着,你这话倒也对;可是她既然健在,即使你说得对,我也应当害怕啊!

伊俄卡斯忒 可是你父亲的死总是个很大的安慰。

俄狄浦斯 我知道是个很大的安慰,可是我害怕那活着的妇人。

报信人 你害怕的妇人是谁呀?

俄狄浦斯 老人家,是波吕玻斯的妻子墨洛珀。

报信人 她哪一点使你害怕?

俄狄浦斯 啊,客人,是因为神送来的可怕的预言。

报信人　说得说不得？是不是不可以让人知道？

俄狄浦斯　当然可以。罗克西阿斯曾说我命中注定要娶自己的母亲，亲手杀死自己的父亲。因此多年来我远离着科任托斯。我在此虽然幸福，可是看见父母的容颜是件很大的乐事啊。

报信人　你真的因为害怕这些事，离开了那里？

俄狄浦斯　啊，老人家，还因为我不想成为杀父的凶手。

报信人　主上啊，我怀着好意前来，怎么不能解除你的恐惧呢？

俄狄浦斯　你依然可以从我手里得到很大的应得的报酬。

报信人　我是特别为此而来的，等你回去的时候，我可以得到一些好处呢。

俄狄浦斯　但是我决不肯回到我父母家里。

报信人　年轻人！显然你不知道你在做什么。

俄狄浦斯　怎么不知道呢，老人家？看在天神面上，告诉我吧。

报信人　如果你是为了这个缘故不敢回家。

俄狄浦斯　我害怕福玻斯的预言在我身上应验。

报信人　是不是害怕因为杀父娶母而犯罪？

俄狄浦斯　是的，老人家，这件事一直在吓唬我。

报信人　你知道你没有理由害怕么？

俄狄浦斯　怎么没有呢，如果我是他们的儿子？

报信人　因为你和波吕玻斯没有血统关系。

俄狄浦斯　你说什么？难道波吕玻斯不是我的父亲？

报信人　正像我不是你的父亲，他也同样不是。

俄狄浦斯　我的父亲怎能和你这个同我没关系的人同样不是？

报信人　你不是他生的，也不是我生的。

俄狄浦斯　那么他为什么称呼我作他的儿了呢？

报信人　告诉你吧，是因为他从我手中把你当一件礼物接受了下来。

俄狄浦斯　但是他为什么十分爱别人送的孩子呢？

报信人　他从前没有儿子，所以才这样爱你。

俄狄浦斯　是你把我买来，还是你把我捡来送给他的？

报信人　是我从喀泰戎峡谷里把你捡来送给他的。

俄狄浦斯　你为什么到那一带去呢？

报信人　我在那里放牧山上的羊。

俄狄浦斯　你是个牧人，还是个到处漂泊的佣工？

报信人　年轻人，那时候我是你的救命恩人。

俄狄浦斯　你把我抱在怀里的时候,我有没有什么痛苦?

报信人　你的脚跟可以证实你的痛苦。

俄狄浦斯　哎呀,你为什么提起这个老毛病?

报信人　那时候你的左右脚跟是钉在一起的,我给你解开了。

俄狄浦斯　那是我襁褓时期遭受的莫大的耻辱。

报信人　是呀,你是由这不幸而得到你现在的名字的。

俄狄浦斯　看在天神面上,告诉我,这件事是我父亲还是我母亲做的?你说。

报信人　我不知道;那把你送给我的人比我知道得清楚。

俄狄浦斯　怎么?是你从别人那里把我接过来的,不是自己捡来的吗?

报信人　不是自己捡来的,是另一个牧人把你送给我的。

俄狄浦斯　他是谁?你指得出来吗?

报信人　他被称为拉伊俄斯的仆人。

俄狄浦斯　是这地方从前的国王的仆人吗?

报信人　是的,是国王的牧人。

俄狄浦斯　他还活着吗?我可以看见他吗?

报信人　(向歌队)你们这些本地人应当知道得最清楚。

俄狄浦斯　你们这些站在我面前的人里面,有谁在乡下或城里见过他所说的牧人,认识他?赶快说吧!这是水落石出的时机。

歌队长　我认为他所说的不是别人,正是你刚才要找的乡下人;这件事伊俄卡斯忒最能够说明。

俄狄浦斯　夫人,你还记得我们刚才想召见的人吗?这人所说的是不是他?

伊俄卡斯忒　为什么问他所说的是谁?不必理会这事。不要记住他的话。

俄狄浦斯　我得到了这样的线索,还不能发现我的血缘,这可不行。

伊俄卡斯忒　看在天神面上,如果你关心自己的性命,就不要再追问了;我自己的苦闷已经够了。

俄狄浦斯　你放心,即使我发现我母亲三世为奴,我有三重奴隶身份,你出身也不卑贱。

伊俄卡斯忒　我求你听我的话,不要这样。

俄狄浦斯　我不听你的话,我要把事情弄清楚。

伊俄卡斯忒　我愿你好,好心好意劝你。

俄狄浦斯　你这片好心好意一直在使我苦恼。

伊俄卡斯忒　啊,不幸的人,愿你不知道你的身世。

俄狄浦斯 谁去把牧人带来？让这个女人去赏玩她的高贵门第吧！

伊俄卡斯忒 哎呀，哎呀，不幸的人呀！我只有这句话对你说，从此再没有别的话可说了！

（伊俄卡斯忒冲进宫。）

歌队长 俄狄浦斯，王后为什么在这样忧伤的心情下冲了进去？我害怕她这样闭着嘴，会有祸事发生。

俄狄浦斯 要发生就发生吧！即使我的出身卑贱，我也要弄清楚。那女人——女人总是很高傲的——她也许因为我出身卑贱感觉羞耻。但是我认为我是仁慈的幸运的宠儿，不至于受辱。幸运是我的母亲；十二个月份是我的弟兄，他们能划出我什么时候渺小，什么时候伟大。这就是我的身世，我决不会被证明是另一个人；因此我一定要追问我的血统。

（罗念生译）

【注释】

①伊俄卡斯忒苦劝俄狄浦斯，全不见效。她并没有派人去召唤那牧人。她这次拿着缠羊毛的树枝进来，把树枝放在阿波罗的祭坛上。 ②庙：指雅典娜庙与阿波罗庙。伊俄卡斯忒本想到庙里去，但为了近便起见，向宫前的阿波罗祈求。 ③旧事：指阿波罗对拉伊俄斯发出的神示没有应验。新事：指忒瑞西阿斯先知说俄狄浦斯是杀父的凶手。 ④报信人是从科任托斯来的。他这一来，伊俄卡斯忒刚才的祈祷好像立刻就有了回应。 ⑤全福：指这位夫人生得有儿女。或解作"他的妻子，家里的主妇"。 ⑥伊斯特摩斯：科任托斯附近的地峡。 ⑦天平稍微倾斜：表示寿命已尽。 ⑧此处大概暗射希庇亚斯（Hippias）的故事。希庇亚斯是雅典的僭主，后来被放逐。他在马拉松之役（前490）前夕做了这样一个梦，他把雅典当做母亲，认为这是他借波斯兵力复辟的吉兆。

【题解】

本文选自《外国剧作选》（上海文艺出版社，1979）。索福克勒斯（前496—前406），古希腊三大悲剧诗人之一，流传至今的剧本有七部，影响最大的是《俄狄浦斯王》和《安提戈涅》。《俄狄浦斯王》以其复杂、紧凑、完美的结构，在古代被认为是戏剧中的典范，法国诗人拉辛称其为"一出完美的悲剧"。

《俄狄浦斯王》是一出命运悲剧，剧中的基本冲突是人的意志和命运的冲突。俄狄浦斯本是忒拜城国王拉伊俄斯之子，出生前国王就得到"神谕”,俄狄浦斯命中注定会杀父娶母。国王和王后伊俄卡斯忒在儿子出生三天后就将他遗弃,并命人将他弄死。可是好心的仆人却将他转送他邦并被科任托斯国王波吕玻斯抚养。长大成人的俄狄浦斯也获得他将杀父娶母的“神谕”,为了逃避这不幸的命运,他决定离开王宫流浪东方。不知不觉中他来到了出生地忒拜城,路途上,因为一时的争执,他打死了四个人,殊不知,其中一个就是他的生父。随后,他猜中了那人面狮身妖怪的谜语,替忒拜人消除了灾难,被拥戴为忒拜城的国王,并娶了他的母亲为妻。俄狄浦斯虽竭力想逃避这不幸的命运,可还是犯下了杀父娶母之罪,受到命运的摧残。在古希腊,“神”被看做是主宰一切的神秘力量,索福克勒斯一方面肯定了人的坚强毅力和勇于面对现实、敢于反抗命运的行为,另一方面又通过主人公的悲剧结局表现了人无法摆脱命运主宰的宿命论观念。不过,精神分析学家弗洛伊德却认为该剧的效果“并不在于命运与人类意志的冲突”,他根据精神分析学说,指出,“俄狄浦斯王杀了自己的父亲拉伊俄斯,娶了自己的母亲伊俄卡斯忒,他只不过向我们显示出我们自己童年时代的愿望实现了”。这就是所谓“俄狄浦斯情结”(Oedipus Complex,意为恋母妒父心理)。

剧中的俄狄浦斯是一位理想的君王、一位和命运苦斗的英雄,他正直、诚实、勇敢,但性情有些急躁。俄狄浦斯是无罪的,他之所以陷入悲惨的命运,不是因为有罪,而是由于他竭力想逃避杀父娶母的命运所致。

《俄狄浦斯王》开了西方戏剧中“锁闭式”结构的先河,剧作从忒拜城遭遇瘟疫、俄狄浦斯王追查杀害前王的凶手落笔,巧妙地运用“回顾式”方法,通过先知的警告、伊俄卡斯忒的劝慰、报信人的解释、牧人的指证,一步紧逼一步,使俄狄浦斯的身世真相大白,终于形成伊俄卡斯忒闭门自缢、俄狄浦斯自刺双目的激越高潮,从而以死亡、自残和放逐的悲惨结局呼应并解决了剧首的危机。全剧结构精巧、集中、紧凑。剧作巧妙运用“发现”、“突转”的戏剧技巧,既使剧情发展合情合理,水到渠成,又扣人心弦,惊心动魄。

【思考与训练】

1. 如何理解俄狄浦斯王的命运悲剧?

2.《俄狄浦斯王》适合用弗洛伊德的“俄狄浦斯情结”理论进行解读吗?为什么?

3.《俄狄浦斯王》在艺术上有哪些方面值得借鉴?

(胡德才撰稿)

莎士比亚

第十二夜(节选)

第一幕第五场　奥丽维娅宅中一室

玛利娅及小丑上。

玛利娅　不,你要是不告诉我你到哪里去来,我便把我的嘴唇抿得紧紧的,连一根毛发也钻不进去,不替你说句好话。小姐因为你不在,要吊死你呢。

小丑　让她吊死我吧;好好地吊死的人,在这世上可以不怕敌人。

玛利娅　把你的话解释解释。

小丑　因为他看不见敌人了。

玛利娅　好一句无聊的回答。让我告诉你"不怕敌人"这句话是怎么来的吧。

小丑　怎么来的,玛利娅姑娘?

玛利娅　是从打仗里来的;下回你再撒赖的时候,就可以放开胆子这样说。

小丑　好吧,上帝给聪明与聪明人;至于傻子们呢,那只好靠他们的本事了。

玛利娅　可是你这么久在外边鬼混,小姐一定要把你吊死的,否则把你赶出去,那不是跟把你吊死一样好吗?

小丑　好好地吊死常常可以防止坏的婚姻;至于赶出去,那在夏天倒还没甚要紧。

玛利娅　那么你已经下了决心了吗?

小丑　不,没有;可是我决定了两端。

玛利娅　假如一端断了,一端还连着;假如两端都断了,你的裤子也落下来了。

小丑　妙,真的很妙。好,去你的吧;要是托比老爷戒了酒,你在伊利里亚的雌儿中间也好算是个门当户对的调皮角色了。

玛利娅　闭嘴,你这坏蛋,别胡说了。小姐来啦,你还是好好地想出个推托来。(下。)

小丑　才情呀,请你帮我好好地装一下傻瓜!那些自负才情的人,实际上往往是些傻瓜;我知道我自己没有才情,因此也许可以算做聪明人。昆那拍勒斯怎么说的?"与其做愚蠢的智人,不如做聪明的愚人。"

奥丽维娅偕马伏里奥上。

小丑 上帝祝福你,小姐!

奥丽维娅 把这傻子撵出去!

小丑 喂,你们不听见吗? 把这位小姐撵出去。

奥丽维娅 算了吧! 你是个干燥无味的傻子,我不要再看见你了;而且你已经变得不老实起来了。

小丑 我的小姐,这两个毛病用酒和忠告都可以治好。只要给干燥无味的傻子一点酒喝,他就不干燥了。只要劝不老实的人洗心革面,弥补他从前的过失:假如他能够弥补的话,他就不再不老实了;假如他不能弥补,那么叫裁缝把他补一补也就得了。弥补者,弥而补之也:道德的失足无非补上了一块罪恶;罪恶悔改之后,也无非补上了一块道德。假如这种简单的论理可以通得过去,很好;假如通不过去,还有什么办法? 当王八是一件倒霉的事,美人好比鲜花,这都是无可怀疑的。小姐吩咐把傻子撵出去;因此我再说一句,把她撵出去吧。

奥丽维娅 尊驾,我吩咐他们把你撵出去呢。

小丑 这就是大错而特错了! 小姐,"戴了和尚帽,不定是和尚";那就好比是说,我身上虽然穿着愚人的彩衣,可是我并不一定连头脑里也穿着它呀。我的好小姐,准许我证明您是个傻子。

奥丽维娅 你能吗?

小丑 再便当也没有了,我的好小姐。

奥丽维娅 那么证明一下看。

小丑 小姐,我必须把您盘问;我的贤淑的小乖乖,回答我。

奥丽维娅 好吧,先生,为了没有别的消遣,我就等候着你的证明吧。

小丑 我的好小姐,你为什么悲伤?

奥丽维娅 好傻子,为了我哥哥的死。

小丑 小姐,我想他的灵魂是在地狱里。

奥丽维娅 傻子,我知道他的灵魂是在天上。

小丑 这就越显得你的傻了,我的小姐;你哥哥的灵魂既然在天上,为什么要悲伤呢? 列位,把这傻子撵出去。

奥丽维娅 马伏里奥,你以为这傻子怎样? 是不是更有趣了?

马伏里奥 是的,而且会变得越来越有趣,一直到死。老弱会使聪明减退,可是对于傻子却能使他变得格外傻起来。

小丑 大爷,上帝保佑您快快老弱起来,好让您格外傻得厉害! 托比老爷可以发誓说我不是狐狸,可是他不愿跟人家打赌两便士说您不是个傻子。

奥丽维娅 你怎么说,马伏里奥?

马伏里奥 我不懂您小姐怎么会喜欢这种没有头脑的混账东西。前天我看见他给一个像石头一样冥顽不灵的下等的傻子算计了去。您瞧,他已经毫无招架之功了;要是您不笑笑给他一点题目,他便要无话可说。我说,听见这种傻子的话也会那么高兴的聪明人们,都不过是些傻子们的应声虫罢了。

奥丽维娅 啊!你是太自命不凡了,马伏里奥;你缺少一副健全的胃口。你认为是炮弹的,在宽容慷慨、气度汪洋的人看来,不过是鸟箭。傻子有特许放肆的权利,虽然他满口骂人,人家不会见怪于他;君子出言必有分量,虽然他老是指摘人家的错处,也不能算为谩骂。

小丑 麦鸠利赏给你说谎的本领吧,因为你给傻子说了好话!

玛利娅重上。

玛利娅 小姐,门口有一位年轻的先生很想见您说话。

奥丽维娅 从奥西诺公爵那儿来的吧?

玛利娅 我不知道,小姐;他是一位漂亮的青年,随从很盛。

奥丽维娅 我家里有谁在跟他周旋呢?

玛利娅 是令亲托比老爷,小姐。

奥丽维娅 你去叫他走开;他满口都是些疯话。不害羞的!(玛利娅下)马伏里奥,你给我去;假若是公爵差来的,说我病了,或是不在家,随你怎样说,把他打发走。(马伏里奥下)你瞧,先生,你的打诨已经陈腐起来,人家不喜欢了。

小丑 我的小姐,你帮我说话就像你的大儿子也会是个傻子一般;愿上帝在他的头颅里塞满脑子吧!瞧你的那位有一副最不中用的头脑的令亲来了。

托比·培尔契爵士上。

奥丽维娅 哎哟,又已经半醉了。叔叔,门口是谁?

托比 一个绅士。

奥丽维娅 一个绅士!什么绅士?

托比 有一个绅士在这儿——这种该死的咸鱼!怎样,蠢货!

小丑 好托比爷爷!

奥丽维娅 叔叔,叔叔,你怎么这么早就昏天黑地了?

托比 声天色地!我打倒声天色地!有一个人在门口。

小丑 是呀,他是谁呢?

托比　让他是魔鬼也好，我不管；我说，我心里耿耿三尺有神明。好，都是一样。（下。）

奥丽维娅　傻子，醉汉像个什么东西？

小丑　像个溺死鬼，像个傻瓜，又像个疯子。多喝了一口就会把他变成个傻瓜；再喝一口就发了疯；喝了第三口就把他溺死了。

奥丽维娅　你去找个验尸的来吧，让他来验验我的叔叔；因为他已经喝酒喝到了第三个阶段，他已经溺死了。瞧瞧他去。

小丑　他还不过是发疯呢，我的小姐；傻子该去照顾疯子。（下。）

马伏里奥重上。

马伏里奥　小姐，那个少年发誓说要见您说话。我对他说您有病；他说他知道，因此要来见您说话。我对他说您睡了；他似乎也早已知道了，因此要来见您说话。还有什么话好对他说呢，小姐？什么拒绝都挡他不了。

奥丽维娅　对他说我不要见他说话。

马伏里奥　这也已经对他说过了；他说，他要像州官衙门前竖着的旗杆那样立在您的门前不去，像凳子脚一样直挺挺地站着，非得见您说话不可。

奥丽维娅　他是怎样一个人？

马伏里奥　呃，就像一个人那么的。

奥丽维娅　可是是什么样子的呢？

马伏里奥　很无礼的样子；不管您愿不愿意，他一定要见您说话。

奥丽维娅　他的相貌怎样？多大年纪？

马伏里奥　说是个大人吧，年纪还太轻；说是个孩子吧，又嫌大些：就像是一颗没有成熟的豆荚，或是一只半生的苹果，又像大人又像小孩，所谓介乎两可之间。他长得很漂亮，说话也很刁钻；看他的样子，似乎有些未脱乳臭。

奥丽维娅　叫他进来。把我的侍女唤来。

马伏里奥　姑娘，小姐叫着你呢。（下。）

玛利娅重上。

奥丽维娅　把我的面纱拿来；来，罩住我的脸。我们要再听一次奥西诺来使的说话。

薇奥拉及侍从等上。

薇奥拉　哪一位是这里府中的贵小姐？

奥丽维娅　有什么话对我说吧；我可以代她答话。你来有什么见教？

薇奥拉　最辉煌的、卓越的、无双的美人！请您指示我这位是不是就是这里府中的小姐，因为我没有见过她。我不大甘心浪掷我的言辞；因为它不但写得非常出色，而且我费了好大的辛苦才把它背熟。两位美人，不要把我取笑；我是个非常敏感的人，一点点轻侮都受不了的。

奥丽维娅 你是从什么地方来的，先生？

薇奥拉 除了我背熟了的以外，我不能说别的话；您那问题是我所不曾预备作答的。温柔的好人儿，好好儿地告诉我您是不是府里的小姐，好让我陈说我的来意。

奥丽维娅 你是个唱戏的吗？

薇奥拉 不，我的深心的人儿；可是我敢当着最有恶意的敌人发誓，我并不是我所扮演的角色。您是这府中的小姐吗？

奥丽维娅 是的，要是我没有篡夺了我自己。

薇奥拉 假如您就是她，那么您的确是篡夺了您自己了；因为您有权力给与别人的，您却没有权力把它藏匿起来。但是这种话跟我来此的使命无关；就要继续着恭维您的言辞，然后告知您我的来意。

奥丽维娅 把重要的话说出来；恭维免了吧。

薇奥拉 唉！我好容易才把它背熟，而且它又是很有诗意的。

奥丽维娅 那么多半是些鬼话，请你留着不用说了吧。我听说你在我门口一味挺撞；让你进来只是为要看看你究竟是个什么人，并不是要听你说话。要是你没有发疯，那么去吧；要是你明白事理，那么说得简单一些：我现在没有那样心思去理会一段没有意思的谈话。

玛利娅 请你动身吧，先生；这儿便是你的路。

薇奥拉 不，好清道夫，我还要在这儿闲荡一会儿呢。亲爱的小姐，请您劝劝您这位"彪形大汉"别那么神气活现。

奥丽维娅 把你的尊意告诉我。

薇奥拉 我是一个使者。

奥丽维娅 你那种礼貌那么可怕，你带来的信息一定是些坏事情。有什么话说出来。

薇奥拉 除了您之外不能让别人听见。我不是来向您宣战，也不是来要求您臣服；我手里握着橄榄枝，我的话里充满了和平，也充满了意义。

奥丽维娅 可是你一开始就不讲礼。你是谁？你要的是什么？

薇奥拉 我的不讲礼是我从你们对我的接待上学来的。我是谁，我要些什么，是个秘密；在您的耳中是神圣，别人听起来就是亵渎。

奥丽维娅 你们都走开吧；我们要听一听这段神圣的话。（玛利娅及侍从等下）现在，先生，请教你的经文？

薇奥拉　最可爱的小姐——

奥丽维娅　倒是一种叫人听了怪舒服的教理，可以大发议论呢。你的经文呢？

薇奥拉　在奥西诺的心头。

奥丽维娅　在他的心头！在他的心头的哪一章？

薇奥拉　照目录上排起来，是他心头的第一章。

奥丽维娅　噢！那我已经读过了，无非是些旁门左道。你没有别的话要说了吗？

薇奥拉　好小姐，让我瞧瞧您的脸。

奥丽维娅　贵主人有什么事要差你来跟我的脸接洽的吗？你现在岔开你的正文了；可是我们不妨拉开幕儿，让你看看这幅图画。（揭除面幕）你瞧，先生，我就是这个样子；它不是画得很好吗？

薇奥拉　要是一切都出于上帝的手，那真是绝妙之笔。

奥丽维娅　它的色彩很耐久，先生，受得起风霜的侵蚀。

薇奥拉　那真是各种色彩精妙地调和而成的美貌；那红红的白白的都是造化亲自用他的可爱的巧手敷上去的。小姐，您是世上最忍心的女人，要是您甘心让这种美埋没在坟墓里，不给世间留下一份副本。

奥丽维娅　啊！先生，我不会那样狠心；我可以列下一张我的美貌的清单，一一开陈清楚，把每一件细目都载在我的遗嘱上，例如：一款，浓淡适中的朱唇两片；一款，灰色的倩眼一双，附眼睑；一款，玉颈一围，柔颐一个，等等。你是奉命到这儿来恭维我的吗？

薇奥拉　我明白您是个什么样的人了。您太骄傲了；可是即使您是个魔鬼，您是美貌的。我的主人爱着您；啊！这么一种爱情，即使您是人间的绝色，也应该酬答他的。

奥丽维娅　他怎样爱着我呢？

薇奥拉　用崇拜，大量的眼泪，震响着爱情的呻吟，吞吐着烈火的叹息。

奥丽维娅　你的主人知道我的意思，我不能爱他；虽然我想他品格很高，知道他很尊贵，很有身分，年轻而纯洁，有很好的名声，慷慨，博学，勇敢，长得又体面；可是我总不能爱他，他老早就已经得到我的回音了。

薇奥拉　要是我也像我主人一样热情地爱着您，也是这样的受苦，这样了无生趣地把生命拖延，我不会懂得您的拒绝是什么意思。

奥丽维娅　啊，你预备怎样呢？

薇奥拉　我要在您的门前用柳枝筑成一所小屋，不时到府中访谒我的灵魂；我要吟咏着被冷淡的忠诚的爱情的篇什，不顾夜多么深我要把它们高声歌唱，我要向着回声的山崖呼喊您的名字，使饶舌的风都叫着"奥丽维娅"。啊！您在天地之间将要得不到安静，除非您怜悯了我！

奥丽维娅　你的口才倒是颇堪造就的。你的家世怎样？

薇奥拉　超过于我目前的境遇，但我是个有身分的士人。

奥丽维娅　回到你主人那里去；我不能爱他，叫他不要再差人来了；除非或者你再来见我，告诉我他对于我的答复觉得怎样。再会！多谢你的辛苦；这几个钱赏给你。

薇奥拉　我不是个要钱的信差，小姐，留着您的钱吧；不曾得到报酬的，是我的主人，不是我。但愿爱神使您所爱的人也是心如铁石，好让您的热情也跟我主人的一样遭到轻蔑！再会，忍心的美人！（下。）

奥丽维娅　"你的家世怎样？""超过于我目前的境遇，但我是个有身分的士人。"我可以发誓你一定是的；你的语调，你的脸，你的肢体、动作、精神，各方面都可以证明你的高贵。——别这么性急。且慢！且慢！除非颠倒了主仆的名分。——什么！这么快便染上那种病了？我觉得好像这个少年的美处在悄悄地蹑步进入我的眼中。好，让它去吧。喂！马伏里奥！

马伏里奥重上。

马伏里奥　有，小姐，听候您的吩咐。

奥丽维娅　去追上那个无礼的使者，公爵差来的人，他不管我要不要，硬把这戒指留下；对他说我不要，请他不要向他的主人献功，让他死不了心，我跟他没有缘分。要是那少年明天还打这儿走过，我可以告诉他为什么。去吧，马伏里奥。

马伏里奥　是，小姐。（下。）

奥丽维娅　我的行事我自己全不懂，
怎一下子便会把人看中？
一切但凭着命运的吩咐，
谁能够作得了自己的主！（下。）

（朱生豪译）

【题解】

本文选自《莎士比亚全集》(人民文学出版社,1994)。威廉·莎士比亚(William Shakespeare,1564—1616),文艺复兴时期的文学巨匠,英国文学史上最杰出的诗人和剧作家,也是西方文学史上最杰出的作家之一。与莎士比亚同时代的著名诗人本·琼森对他的评价是:“他不属于一个时代,而属于所有的世纪!”

莎士比亚是一位多产作家,传世作品主要包括38部戏剧、154首十四行诗、两首长叙事诗。通常认为,莎士比亚的创作生涯大致可以分为三个时期:第一时期(1590—1600)的作品以历史剧和喜剧为主。主要作品包括历史剧《查理二世》、《亨利四世》,喜剧《仲夏夜之梦》、《威尼斯商人 》和《第十二夜》,以及悲剧《罗密欧与朱丽叶》;第二时期(1601—1607)的作品以悲剧为主,四大悲剧《哈姆雷特》、《奥赛罗》、《李尔王》和《麦克白》是这一时期的代表作,也是莎士比亚创作的巅峰。第三时期(1608—1613)的作品多为传奇剧,代表作是《辛白林》和《暴风雨》。

《第十二夜》(或名《随心所欲》)是莎士比亚最优秀的一部喜剧作品。戏剧讲述了一个盘根错节的爱情故事:薇奥拉和西巴斯辛是一对容貌酷似的孪生兄妹。在一次海难中,薇奥拉不幸和哥哥失散,此后女扮男装到伊利里亚贵族奥西诺公爵的门下当侍童。奥西诺疯狂地爱着伯爵小姐奥丽维娅,便派薇奥拉向奥丽维娅传达爱慕之意,而此时的薇奥拉已经偷偷爱上了奥西诺。令人哭笑不得的是,奥丽维娅对奥西诺的示爱不屑一顾,偏偏对代主求婚的薇奥拉一见钟情,而且迅速地展开了爱情攻势。随后西巴斯辛也来到了伊利里亚并巧遇奥丽维娅。奥丽维娅再次向薇奥拉(实为西巴斯辛)求爱,而西巴斯辛也立刻坠入了情网。最后,西巴斯辛和薇奥拉兄妹重逢,西巴斯辛和奥丽维娅结下百年之好,奥西诺公爵也被薇奥拉的真情所打动,欢欢喜喜地娶她为妻。戏剧在轻快而愉悦的歌声中落下帷幕。

《第十二夜》充分体现了莎士比亚喜剧的艺术风格,既具备抒情喜剧的欢快优雅,又融合了通俗喜剧的嬉笑怒骂,令人在捧腹大笑的同时品味出生活的哲理。在艺术技巧上,莎士比亚综合运用了乔装、误会、错爱等喜剧元素,使作品从始至终洋溢着欢快谐趣的气氛。薇奥拉是作品中塑造得最为成功的人物形象,也是一个寄托了莎士比亚人文主义理想的文艺复兴“新人”形象,英国文学批评家赫士列特甚至认为“《第十二夜》巨大的,秘密的迷人之处在于薇奥拉这个人物”。

【思考与训练】

1. 在薇奥拉和奥丽维娅这两个人物形象中,你更喜欢哪一个?为什么?

2. 请通读原著(或观摩舞台演出、或观看改编电影),谈谈小丑费斯特和管家马伏里奥这两个次要人物在作品中起到的作用。

3. 中国著名莎评家方平先生认为:"多立头绪的'松结构',形成了莎士比亚喜剧创作的一个显著特点。"请结合《第十二夜》谈谈这种"松结构"的艺术表达效果。

(李纲撰稿)

莫泊桑

菲菲小姐[①]

普鲁士的少校营长法斯伯格伯爵正在看那些文书。他歪着身子靠在一把绒绣面的躺椅里,把两只套着长筒马靴的脚翘在壁炉台子上。壁炉台子是用漂亮的大理石砌成的,自从他们占领了利维尔古堡,三个月以来,每天他马靴上的马刺都会把大理石刮坏一点,到现在已经刮出了两道深槽。

一杯热气腾腾的咖啡搁在独脚圆桌上,桌面原来镶嵌着精巧的图案,现在布满了利口酒留下的斑迹、雪茄烟烧出的焦痕,还有许多小刀划出的数字和花纹。少校在削铅笔时,经常会停下来,若有所思,拿着小刀像在虚无缥缈的梦中神游一样在桌面上随意乱划。

这天,他看完文书,又浏览完了营里通信中士送来的德文报纸。他站起来,拿起三四块湿木头扔进壁炉里——那是他们为了烤火从古堡的小树林里砍伐来的,之后他走到窗边。

大雨像波涛滚滚的大海一般倾泻下来,这是诺曼底特有的大雨。这倾盆大雨斜射着,密得像是一幅帷幕,形成一道显出无数斜纹的雨墙,它鞭挞着,拍击着,淹没着一切。鲁昂这一带历来被称做法国尿盆儿,眼下这雨真是名不虚传。

少校身材魁梧,扇形的长胡子散乱地垂在胸前,使人联想到一只趾高气扬的孔雀。他蓝色的眼睛,冷冰冰的,毫无表情,脸上斜着一道伤痕,那是在与奥地利的战争中留下的,据说他是一个正直的人,也是一个骁勇战将。

少校长久地望着窗外那片被水淹没的草地，远处河水暴涨的昂代勒河溢出了堤岸。他的手指像打鼓似的，在窗玻璃上轻轻敲出一段流行于莱茵河畔的华尔兹舞曲的节奏。这时，一声门响使他回过头来，副营长上尉史泰因子爵进来了。

上尉是个满面红光的矮胖子，军装在圆鼓鼓的肚子上绷得紧紧的，火红色的胡子齐根剪掉，在光线的照耀下闪闪发光。他在一次纵情声色之后莫名其妙地掉了两颗门牙，说起话来不大清楚，别人很难听懂，头顶已经秃了，在那块光秃秃的头皮四周是金黄闪亮的短短的卷发。

少校和他握了握手，端起从早上起已是第六杯的咖啡一饮而尽，然后听他报告各种勤务上的事情。接着两人走到窗前，发着牢骚诉说生活的乏味。少校原是个淡泊的人，妻小在家里，对许多事已无所谓。但是上尉贪杯好色，平日寻乐不倦，三个月来，一直在这个偏僻的地方驻守，过着苦行僧般的日子，早已是满肚子不痛快。

有人轻轻敲门，少校喊了一声“进来”，于是他们的一个好像机器人样的士兵出现在门口，只要此刻他一出现，就说明午饭已经准备停当。

早有三个军阶较低的军官在饭厅里等候：一个中尉——奥托·冯·格洛斯林，两个少尉——弗利茨·舍恩伯格和威廉·冯·埃力克侯爵。那侯爵是个金黄头发的矮个儿，对士兵傲慢而粗鲁，对俘虏残忍而冷酷，性格像火药一样暴躁。

自从入侵法国以后，埃力克侯爵的那些朋友只用法语叫他菲菲小姐。起这个绰号，第一是他腰身纤细，看上去像是绑了一副女人穿的紧身衣；第二因他面色苍白，只露出一点点初生的胡须影子；另外，他为了表示自己蔑视一切，养成了一个习惯，经常用一种嘘嘘吹哨子的声音说出一个法语短语——菲菲。[②]

利维尔古堡的饭厅原来是一间长方形的富丽堂皇的屋子，然而现在，用古代玻璃砖做成的镜子，已被枪弹打出许多星状的窟窿，弗兰德尔特产的羊毛壁毯被军刀划成一条条的破烂垂挂着，这些都是菲菲小姐无聊至极时的杰作。

墙上挂着三幅肖像：一幅是身着盔甲的骑士，一幅是红衣主教，另一幅是大法官，每人嘴上都被插进一只长烟斗，那烟斗把油画戳了一个窟窿。还有一个因年代过久而褪色的烫金画框，画中那位胸部紧束的贵族夫人，傲气凌人却翘着两大撇用木炭画出来的胡须。

在这间受到破坏的房间里，军官们在静悄悄地吃着午餐，外面的暴雨使得屋子里昏暗不明。房间看起来像吃了败仗一样凄惨,古老的橡木地板脏得简直就像小酒店里的泥地一样龌龊不堪。

吃完饭以后,他们一边吸烟一边喝酒,像往常一样谈论着他们的烦闷无聊。他们全都斜着身子躺在椅子上,一瓶瓶的白兰地和利口酒传来传去,慢慢地喝个没完。他们嘴角上都叼着一只德国烟斗,烟斗的杆长长弯弯的,头上接着一个蛋形的、画得花花绿绿的瓷烟锅。

杯子一空,他们就机械地、无精打采地再把它斟满,菲菲小姐动不动就摔酒杯,酒杯一摔碎,马上会有一个侍从兵送上另外一只。

呛人的烟雾笼罩着他们,他们仿佛都沉溺在一种忧郁、昏昏然和闲极无聊的醉态里。

那位子爵突然站起来,话里充满了怒气,骂道:"他妈的活见鬼,怎么能老这样待着,应该找点事情来做。"

奥托中尉和弗利茨少尉像普通的普鲁士人一样,身体笨重,神情严肃,这时他们一起问道:"干什么? 我的上尉?"

上尉想了三五秒钟,接着说:"干什么? 喂,如果营长允许,我们应该组织一次聚会。"

少校放下嘴里的烟斗问:"什么聚会? 上尉。"

子爵走过去说:"少校,一切由我负责操办。我派勤务兵到鲁昂去,给我们找几位姑娘来,我知道哪里有。我们在这准备一顿晚餐,什么东西也不缺。这样,我们可以有一个尽兴的晚上。"

法斯伯格伯爵微笑着耸耸肩膀:"您发疯了吗? 我的朋友。"

军官们全都站起来,围着他们的指挥官恳求道:

"请您让上尉去办吧,少校,这里真是太憋闷了。"

少校终于让步了:"好吧。"

上尉立刻派人去叫勤务兵,这是一个年纪比较大的老兵,从来没有人见他笑过,但长官们的命令,不管是什么样的命令,他都照办无误。

勤务兵面无表情地立正站着,听完上尉的吩咐,转身走出去了。五分钟以后,一辆大型的军用马车,罩着油布篷子,在瓢泼大雨中由四匹马拉着疾驰而去。

军官们仿佛从昏睡中惊醒了一般,个个面露喜色,身体也恢复了生气,他们开始交谈起来。

尽管大雨依然狂泻不停,少校却认为天色没有那么阴沉了,奥托中尉也肯定地说天就要放晴了。菲菲小姐焦躁得坐也不是,站也不是,他那双冷酷

的眼睛正在寻找供他发泄的猎物。他盯住了墙上那位翘着八字胡的贵夫人,拔出手枪说道:

"你别再想看什么热闹了。"

他坐在座位上举枪瞄准,"砰砰"两枪把贵夫人的两只眼睛打穿了。

接着他又嚷着:"咱们去玩地雷吧!"

谈话戛然而止,好像大家突然发现了很有趣的东西似的,全被吸引住了。

玩地雷是菲菲小姐的最新发明,是他破坏欲的发泄,是他心爱的娱乐。

古堡的主人,斐尔南·达莫阿·利维尔伯爵,匆忙离开古堡时除了把银餐具塞在墙洞里,其他什么也没来得及带走。伯爵是非常奢华和富有的,所以他那间和餐厅相通的大客厅,在以前简直就是一间博物馆。

墙壁上挂着昂贵的各位大师的油画、水彩画,台子上、架子上和精致的玻璃柜里,摆着成百上千件古玩,有料器、雕像,有德雷斯顿的瓷像、中国的瓷人,有古代的象牙雕刻,还有威尼斯的玻璃器具,这些珍贵稀奇的东西塞满了那间宽大的客厅。

现在,那些东西所剩无几了,并非被人抢劫,因为少校法斯伯格伯爵是不容许这种行为的,但是菲菲小姐不时地玩玩"地雷",而所有的军官在那一刻也都享受了五分钟的娱乐。

那个矮小的侯爵到客厅里去寻找他的猎物了,他拿了一把很小巧的浅红釉中国茶壶出来,壶里装满了火药,在壶嘴上装了一条长引线。他点燃引线,捧着这个"地雷"赶忙跑到隔壁大客厅里。

随后他马上出来,关上门,这些普鲁士人都站起来等着,一种儿童式的好奇心使得他们脸上显出期待的神情。一声巨响,爆炸的力量震动了古堡,他们一齐向客厅扑过去。

菲菲小姐带头冲进去,在一座炸飞了脑袋的维纳斯瓷像跟前,发狂似的拍着巴掌,其他军官拾起一些碎瓷片,看着碎片上的断口,争论着是这一次的成绩,还是上一次爆炸的损失。少校拿出家长的派头,检阅着这间宽大客厅被"地雷"破坏的情形,以及满地的艺术品残骸,他从客厅退出来,用温和的声音说道:"这一次的成绩不坏。"

一股浓浓的硝烟早已窜到了餐厅里,和烟草的烟雾混在一块儿,使人喘不过气来。少校推开窗子,还想喝最后一杯白兰地的军官们也回到了餐厅。

潮湿的空气涌进餐厅,带来了细细的水雾和一阵河水泛滥的气味。他们望着在暴雨中摇摆的大树,望着罩在乌云中的宽大河谷,以及很远很远像一支灰色长锥似的竖在风暴里的教堂钟楼。

自从普鲁士人来了以后，那钟楼一直是静悄悄的，它的沉默，是侵略者在附近这一带遇到的唯一抵抗。教堂的神父对普鲁士人在教堂里吃住没有拒绝，有几次他甚至陪少校喝上杯啤酒或者波尔多葡萄酒，少校把他当作一个友好的中间人。不过，若是要请他像往常一样按时敲钟，即使只敲一次也办不到，他宁肯让他们枪毙，这是他对侵略者的无声的抗议。他说教士是不同于双手沾满血腥的人的，只有这方法才适合教士。在这方圆几十里内，人们都称赞神父的勇气，称赞他敢于在国难当前，用教堂的顽强沉默来宣布抵抗。

被这种抵抗所鼓舞的村民，准备和神父生死与共，他们认为这抗议捍卫了法兰西的尊严。在村民看来，自己对祖国的贡献与斯特拉斯堡和波拉伏尔[3]两个地方的抵抗相比已不相上下了，他们的村庄也将因此而不朽。除此以外，他们对于普鲁士人的苛求是不拒绝的。

少校和他的部下对这种无损于他们丝毫的抵抗，付之一笑，而且因当地的村民们表现顺从，他们也就容忍了这无声的爱国主义。

只有威廉·埃力克侯爵想用强迫手段要教堂敲钟，因上司对神父采取了迁就的态度，他感到很生气，每天他都恳求少校允许他去教堂狠狠敲一次钟，哪怕是为了乐一回，也得让他去敲一次。他在恳求的时候，每每装出猫儿的媚态、女人的阿谀和情妇式的娇滴滴，但是少校从不让步，于是菲菲小姐为了安慰自己，就在古堡里玩起了“地雷”。

现在，他们五个人站在窗前吸着潮湿空气，好几分钟没有动弹，最后中尉弗利茨发出一声低沉的笑声，说道：

“那些姑娘们到这儿来散步，肯定是没有好天气的。”

然后他们就离去了，去忙个人的公务，上尉则忙着准备晚餐。

傍晚，他们又在古堡集合时，如同大阅兵一样，已经打扮得整整齐齐，容光焕发，头上都擦了油又洒了香水，见了面彼此望着发笑。少校的头发也没早上那么花白，上尉也刮过了脸，只在鼻子底下留着一小撮火焰样的胡须。

雨还没有停，餐厅仍旧开着窗子，不时有人走到窗子跟前去望望。六点十分左右，子爵报告说远远地有马车隆隆的声音，他们立刻全都围拢过去。过了一会儿那辆大马车出现了。四匹马始终在路上奔跑，连脊梁上都是烂泥，浑身热气蒸腾，鼻子喘着粗气。

五个姑娘在台阶前面下了车，那是经过上尉的朋友仔细挑选的美貌姑娘。

她们来这里并没让勤务兵费什么事，因为她们相信自己会赚上点儿钱。

另外根据三个月以来的亲身经验,她们深知普鲁士人,所以只把男人当作物品一样听之任之。“这是职业要求的。”她们在路上宽慰自己,也许是为了平衡一下良心对自己的谴责。

一群人走进了餐厅。餐厅里灯火通明,照出了被破坏的可怜情形,显得更加凄凉。餐桌上摆满各种肉食,盛在华丽的杯盘碗碟以及从墙洞里搜出来的银餐具中,看上去像刚刚抢劫完了的匪徒归巢后在开庆功宴。上尉笑容满面,毫不客气地揽着那些女人,亲她们,嗅她们,品评她们,估量她们的身价。三个年轻的正想各自挑一个,上尉用权威的态度表示反对,主张由他按照军阶来作公正的分配,才不至于损害军队的等级制度。

为了避免争执和让人怀疑有偏袒,他把她们按照身材高矮排成一排,用下命令的口气对最高的一个说道:

“你的名字?”

“帕梅拉。”她高声回答。

于是上尉喊道:

“一号,帕梅拉,归少校先生。”

接着他吻了一下二号布隆迪娜,表示是他的了。然后把壮实的阿曼达分给中尉奥托,把“西红柿”爱娃分给少尉弗利茨,剩下的就是最矮小的蕾切儿了。她是个年轻的栗色头发的犹太女子,弯弯的鼻梁,眼珠黑得像黑葡萄,上尉把她分给了最年轻的军官,身体瘦弱的埃力克侯爵。

她们都很漂亮,身材丰满,脸蛋没有什么显然不同,由于妓院共同的生活环境,就连举止神态也无二致。

三个年轻人借口要给她们找刷子和肥皂,想立刻带走她们,上尉坚决反对,说她们挺干净的,可以马上开饭。以他的经验,上楼的人下楼后肯定希望交换女伴,那就破坏了原定的分配原则。于是他们在餐厅里只不过很多次地接吻,接许多吻。

蕾切儿忽然感觉透不过气来了,咳得眼泪都流出来了,鼻孔冒出了一点儿烟,原来侯爵假借和她接吻,对她嘴里吹了一股烟。她没表现出气恼,也没吱声,但是黑眼珠里已露出了怒气,盯着这位侯爵。

大家坐到餐桌边了。少校似乎很高兴,他让帕梅拉坐在他右边,布隆迪娜坐在左边,他一边展开餐巾,一边高声说道:

“您的主意真是妙极了,上尉。”

中尉奥托和少尉弗利茨彬彬有礼,好像陪着上流社会的女宾共进晚餐,使得坐在他们身边的女人有点不好意思。但是上尉原本就是贪杯好色的,此刻得意忘形，喜笑颜开，说了许多粗野的话，他嘴唇上的那一撮红胡须像是着了火一样。他用莱茵河畔的法语大献殷勤，那些下等酒馆里的粗俗言语，从缺了两颗门牙的嘴里喷出来，夹着唾沫星儿溅到了姑娘们的脸上。

她们听不懂他说些什么，但是她们的聪明在他吐出一堆堆的猥亵话语之后显露了出来。她们一齐发疯似的大笑，倒在旁边的男人肚子上边，鹦鹉学舌般重复着上尉的语调。餐前的开胃酒已经灌醉了她们，她们显出了本来面目，使出了媚人的手段，不断地向左面又向右面吻着他们的胡须，捏捏他们的胳膊，发出尖锐的叫声，随意端起他们的酒杯，唱起法国歌曲和几段刚学来的日耳曼曲子。

男人们很快陶醉在女人肉体的温柔和芬芳中，不久就猖狂起来，他们大喊大叫，敲碎杯盘碗碟。在他们背后，有几个神情木然的士兵正服侍他们，只有少校还保留一些体面的样子。

菲菲小姐早已把蕾切儿抱在膝头上，一会儿他如同发狂般地吻着她脖子上的乌黑卷发，嗅着她的衣服里的美妙体温和香气，一会儿又隔着衣服用力地拧她，拧得她直叫唤。他存心虐待她，他需要用虐待女人来宣泄他心中的残暴的兽性。他频繁地使劲搂着她，勒得她好像和他的身子变成一个，他把自己的嘴唇用力地压住犹太女子的鲜润小嘴，逼得她不能呼吸。他突然狠狠地咬了一下她的嘴唇，一缕鲜血顺着蕾切尔的嘴角流下来，滴到胸襟上。

她舔着伤口，眼睛瞪着他，低声慢气地说道：

“你是要付出代价的。”

他笑了，是一种残酷的冷笑。

“我将来一定偿还。”他说。

到了餐后吃甜食水果的时候了，杯中斟上了香槟酒。少校站起来，举起杯子，俨然是向他们的皇后奥古斯塔[4]恭祝圣安一样：

“为我们的高贵女宾的健康而干杯！”

于是一大串祝酒词开始了，那是一些军人式的和醉汉式的殷勤献媚的词句，夹杂着淫亵的诙谐，由于对方听不懂，这些玩笑更显得粗鲁。

他们这一个说完才坐下去，另一个又站起来致词，每个人都搜肠刮肚，极力使自己变得更滑稽幽默。姑娘们醉得快要瘫倒了，两眼发呆，舌头僵硬，不管说什么都拼命鼓掌。

上尉无疑想使这狂欢的场面增添一些浪漫风流的气氛，他高声喊道：“为我们爱情的胜利而干杯！”

奥托中尉本来就像一头黑森林中的狗熊,这时他兴致勃勃酒气熏人地站起来,大量的葡萄酒驱动了他的爱国心,他嚷着:“为我们在法国的胜利而干杯!”

她们几乎都醉了,没人理他。蕾切儿气得浑身打颤,转过头来说道:

“算了吧,我认识很多法国军人的,在他们面前,你可不敢说这样的话。”

矮小的侯爵一直抱着她坐在膝头上,现在葡萄酒的力量使得他兴奋起来,他说:

“哈!哈!哈!我从没见过法国军队。只要我们一出现,他们就都跑掉了!”

那姑娘生气了,对着他的脸叫道:

“你胡说,臭混蛋!”

他就像先前盯着那幅被他用手枪射穿的油画似的,用他浅色的眼睛盯了她一秒钟,然后他笑了:

“哈!好呀,来说说他们吧,美人儿!他们如果是勇敢的,我们会来到这儿吗?”

说到这儿,他更亢奋了:

“我们是这里的主人,法国是属于我们的!”

蕾切儿猛地挣脱了他的搂抱,坐在了自己的椅子上。他站起来,举起酒杯一直走到桌子中央,说道:

“法国是属于我们的,法国人、法国的森林、田地、房屋,都是属于我们的!”

其余的那些喝得酩酊大醉的人,忽然被一种军人的狂热所激动,一齐举起酒杯大吼:

“普鲁士万岁!”

他们一口气干了杯。

姑娘们没有抗议,吓得闭口不言,蕾切儿也不再开口,她无言以对。

这时,矮小的侯爵把杯子重新斟满了香槟,搁在犹太姑娘的头上,嚷着:“所有的法国女人也是属于我们的!”

她猛地站起来,杯子里的黄澄澄的酒,像举行洗礼一样倒在她黑油油的头发上,杯子掉下去,在地上摔碎了。她嘴唇颤抖着,睁圆了眼睛瞪着那个仍在嬉笑的军官,怒气噎在她的喉咙里,她结结巴巴地说:

“这,这,这不对,这算什么,你们休想得到法国女人。”

侯爵为了笑得更自在，坐下模仿巴黎人的语调：

“她说得不错，不错，可是，你到这儿来干什么呢，我的宝贝儿？”

她呆住了，起初她在激动中没有一下听明白，所以没开口。等到她懂得了他的意思，马上怒冲冲地反驳道：

“我！我不是法国女人！我只是个妓女，普鲁士人得到的只能是妓女！”

她还没说完，他就啪地打了她一个耳光。正当他举起手准备再打的时候，她在狂怒中从桌上抓起一把吃点心的银质小刀，在迅速的来不及反应的刹那间，小刀便直挺挺地刺进了他的脖子，恰巧刺在喉头下面的空隙里。

他没说完的那句话被小刀卡在喉咙里了，他张着嘴巴愣在那里，一双眼睛露出怕人的凶光。

所有的人都大叫着，慌乱地站起来。蕾切儿抓起一把椅子朝奥托中尉扔过去，中尉直挺挺地被砸倒在地上。她趁机跑到窗口，旁人还没来得及抓住她，就推开窗子跳到仍然是倾盆大雨的黑暗中，逃走了。

菲菲小姐不到两分钟就死了。弗利茨和奥托拔出刀来，要杀掉那些吓傻了的姑娘，少校竭力制止了这场屠杀，让人把那四个吓坏了的女人关在一间屋子里，派了两个士兵守护着。随后他吩咐部下，组织了队伍去追捕逃跑的姑娘，他相信一定可以抓获。五十名士兵扑向古堡里的园子，另外两百名搜索附近的所有的人家和所有的树林。

餐桌一下子撤空了，现在那儿成了菲菲小姐的停尸台。四个军官神色严肃，酒早已醒了，他们一直站在窗口边，观察着外面的夜色。

急流般的雨一直没有停。黑暗中充满着连续不断的哗哗雨声，落下来的水、流着的水、滴着的水和溅起来的水，组成了一片飘荡的模糊声音。

忽然一声枪响，随后在很远的地方又响了一枪，在四小时的时间里，不断传来许多或近或远的枪声和集合归队的叫声。

第二天早上，派出去的人都回来了，在黑夜追捕时的慌乱和狂躁中，打死了两个自己人，伤了三个，但他们没有找到蕾切儿。

村里的村民们受到恐吓，房屋都被翻了个遍，所有的地方都被他们搜过、踏过，那个犹太女子仿佛没有留下一丝一毫痕迹。

师长得到了消息，吩咐暂时封锁这个事件，免得使这坏典型传遍整个部队。他惩罚了少校的纪律不严，少校也处罚了他的部下。师长生气地说道：

“我们不是为了娱乐和玩妓女而打仗的。”

于是法斯伯格伯爵恼羞成怒，决定报复了。

但是应该找个借口,好掩盖一下报复行动。他让人把神父找来,命令他在埃力克侯爵下葬时敲钟以表示哀悼。

出乎意外,神父谦恭地表示服从。菲菲小姐的出殡日期到了,士兵们抬着他的尸体从利维尔古堡向着公墓走去。在前面引路的,在灵柩边保护的和跟在后面的全是荷枪实弹的士兵。这时,教堂的钟第一次带着轻快的旋律,发出它的哀悼声音,像是有一只慈爱的手正在爱抚着那钟一样。

钟声在傍晚又响了起来,第二天也一样,而且每天都一样,它好像是在随着人们的意愿奏出大钟小钟的合奏。有时甚至在夜间,它也欣然地在黑影里从容不迫地响上两三声,仿佛它会突然莫名其妙地高兴起来,是它醒了吗?谁也不知道这是为什么。附近的村民说它着了魔,于是除了神父和祭器管理人两个人以外,谁也不敢再到钟楼附近去。

实际上,钟楼上面住着一个可怜的女子,她在忧郁和孤独中生活着,在暗地里供给她食物的是那两个人。

她在钟楼上一直待到普鲁士的部队开走为止。某一天傍晚,神父借了面包店里的敞篷马车,亲自把她送到鲁昂城门口。到城里的时候,神父拥抱了她一下,她下了车,快步回到了妓院,那儿的老板以为她早已死了。

不久,一位爱国人士敬佩她的英勇行为,把她从妓院里领出来,然后和她结了婚,使她成了同其他妇人一样的深得人们敬重的夫人。

(青蓝、李延春译)

【注释】

①1870 年 7 月,普法战争爆发,法国大部分领土被普鲁士军队占领,法国广大下层民众与侵略者进行了英勇的斗争。莫泊桑登上文坛后,创作了一批讴歌法国民众奋勇杀敌和维护民族尊严的小说,《菲菲小姐》即为其中的一篇。 ②菲菲:意思是“呸,呸”。 ③斯特拉斯堡和波拉伏尔:普法战争中法国人曾在这两个地方抵抗普鲁士军队。 ④奥古斯塔:德意志帝国威廉一世的皇后。

【题解】

本文选自《莫泊桑短篇小说精选》(上海人民美术出版社,2008)。莫泊桑(1850—1894),法国 19 世纪杰出的小说家,有“世界短篇小说之王”的美誉。一生创作中短篇小说约三百篇,主要有《羊脂球》、《菲菲小姐》、《我的叔叔于勒》、《项链》、《西蒙的爸爸》、《奥尔拉》等。莫泊桑扩展了短篇小说描绘生活的广度和深度，生动塑造了19世纪后期法国社会各阶层的人物形象。他的短篇创作结构严谨而多变，笔触细腻又简练，善于描写人物的内心活动。莫泊桑还创作了多部长篇小说，以《一生》、《漂亮的朋友》(《俊友》)等较为著名。

普法战争是莫泊桑短篇创作的主要题材之一，《羊脂球》、《菲菲小姐》、《米隆老爹》、《两个朋友》等都是反映这个题材的名篇。《菲菲小姐》描述了战争中一个法国妓女不堪侵略军的凌辱、愤而杀敌的故事，成功地塑造了一个深明大义、坚持民族气节的女英雄形象，表现出法国普通民众的爱国主义激情。小说同时也揭露和抨击了侵略者的野蛮、残暴和狂妄自大。

小说主要人物的性格特征十分鲜明。"菲菲小姐"埃力克侯爵心理变态，冷酷无情；上尉史泰因子爵粗俗放荡，好色成癖；少校法斯伯格伯爵性格内敛，城府颇深。与普鲁士军官们的粗暴蛮横形成强烈对比的，是应招而来的几位法国妓女的柔弱无助。身材矮小的蕾切尔面对埃力克侯爵的欺凌和占领军军官们的狂妄，由忍气吞声，到奋勇抗争，最后手刃敌寇，完成了从委曲求全到锋芒毕露的性格转变。尽管作家对这一人物着墨不是很多，但由于有其他几位妓女在强敌面前沉默不语的倾面烘托，和侵略者肆无忌惮、目空一切作反比映衬，蕾切尔的性格特征就显得丰满突出，给人留下了深刻印象。

小说善于通过肖像外貌和动作表情的描写来刻画人物形象。上尉史泰因子爵和"菲菲小姐"埃力克侯爵的相貌各具特色，一个粗野丑陋，一个苍白病态，与他们各自的个性十分相符。尤其对埃力克侯爵，小说多次写到他"那双冷酷的眼睛"、"残酷的冷笑"、"一双眼睛露出怕人的凶光"等面部表情，以揭示这个人物凶残变态的内心。作家对蕾切尔的刻画主要是借助于她的一系列表情和动作来完成的。特别是写她狂怒之下刺杀埃力克，又机智地逃脱敌手，一连串动作一气呵成，充分表现出这个外表柔弱、内心坚强的女子强烈的反抗意志。

小说前半部分关于钟楼和教堂神父的描述看似与主要情节无关，实则为蕾切尔的脱险得救埋下了伏笔。这种深藏不露又衔接自然的结构设计，体现了作家高明的艺术匠心。

【思考与训练】

1. 识记小说故事所发生的时代背景。

2. 概括作品的主题思想。

3. 概括“菲菲小姐”和蕾切尔的性格特征。

4. 找出作品中的肖像描写，体会其表现作用。

5. 课外阅读《羊脂球》，比较该篇与《菲菲小姐》的结尾，试判断哪一篇处理得更好并说明理由。

（王育松撰稿）

契诃夫

带小狗的女人

一

据说在堤岸上出现了一个新人：一个带小狗的女人。德米特利·德米特利奇·古罗夫已经在雅尔塔生活了两个星期，对这个地方已经熟悉，也开始对新人发生兴趣了。他坐在韦尔奈的售货亭里，看见堤岸上有一个年轻的金发女人在走动，她身材不高，戴一顶圆形软帽；有一条白毛的狮子狗跟在她后面跑。

后来他在本城的公园里，在街心小公园里遇见她，一天遇见好几次。她孤身一个人散步，老是戴着那顶软帽，带着那条白毛狮子狗；谁也不知道她是什么人，就都简单地把她叫做“带小狗的女人”。

“如果她没有跟她的丈夫住在这儿，也没有熟人，”古罗夫暗自思忖道，“跟她认识一下，倒也不坏呢。”

他还没到四十岁，可是已经有一个十二岁的女儿和两个上中学的儿子了。他结婚很早，当时他还是大学二年级的学生，如今他妻子的年纪仿佛比他大半倍似的。她是一个高身量的女人，生着两道黑眉毛，直率，尊严，庄重，按她对自己的说法，她是个有思想的女人。她读过很多书，在信上不写“ъ”这个硬音符号，不叫她的丈夫德米特利而叫吉米特利；他呢，私下里认为她智力有限，胸襟狭隘，缺少风雅，他怕她，不喜欢待在家里。他早已开始背着她跟别的女人私通，而且不止一次了，大概就是因为这个缘故，他一讲起女人几乎总是说坏话；每逢人家在他面前谈到女人，他总是这样称呼她们：

“卑贱的人种！”

他认为他已经受够了沉痛的经验教训，可以随意骂她们了，可是话虽如此，只要他一连两天身边没有那个"卑贱的人种"，他就过不下去。他跟男人相处觉得乏味，不称心，跟他们没有多少话好谈，冷冷淡淡，可是到了女人中间，他就觉得自由自在，知道该跟她们谈什么，该采取什么态度；甚至跟她们不讲话的时候也觉得很轻松。他的相貌、他的性格、他的全身心有一种迷人的、不可捉摸的东西，使得女人对他发生好感，吸引她们；这一点他是知道的，同时也有一种什么力量在把他推到她们那边去。

多次的经验，确实沉痛的经验，早已教导他说：跟正派女人相好，特别是跟优柔寡断、迟疑不决的莫斯科女人相好，起初倒还能够给生活添一点愉快的变化，显得是轻松可爱的生活波折，过后却不可避免地演变成为非常复杂的大问题，最后情况就变得令人难以忍受了。可是每一次他新遇见一个有趣味的女人，这种经验不知怎的总是从他的记忆里消失；他渴望生活，于是一切都显得十分简单而引人入胜了。

有一天将近傍晚，他正在公园里吃饭，那个戴软帽的女人慢慢地走过来，要在他旁边的一张桌子那儿坐下。她的神情、步态、服饰、发型都告诉他说，她是一个上流社会的女人，已经结过婚，这是头一次到雅尔塔来，孤身一个人，觉得在这儿很寂寞。……那些关于本地风气败坏的传闻，有许多是假的，他不理会那些传闻，知道这类传闻大多是那些只要自己有办法也很乐意犯罪的人们捏造出来的；可是等到那个女人在离开他只有三步远的那张桌子边坐下，他就不由得想起那些关于风流艳遇和登山旅行的传闻，于是，来一次快当而短促的结合，跟一个身世不明、连姓名都不知道的女人干一回风流韵事这样的诱人想法就突然控制了他。

他亲切地招呼那条狮子狗，等到它真走近，他却摇着手指头吓唬它。狮子狗就汗汗地叫起来。古罗夫又摇着手指头吓唬它。

那个女人瞟他一眼，立刻低下眼睛。

"它不咬人，"她说，脸红了。

"可以给它一根骨头吃吗？"等到她肯定地点一下头，他就殷勤地问道："您来雅尔塔很久了吧？"

"有五天了。"

"我在这儿可已经待了两个星期了。"

他们沉默了一忽儿。

"光阴过得很快，可是这儿又那么沉闷！"她说，眼睛没有看着他。

"讲这儿沉闷，这不过是一种惯常的说法罢了。一个市民居住在内地城市别廖夫或者日兹德拉，倒不觉得沉闷，可是一到了这儿却说：'唉，沉闷啊！哎，好大的灰尘！'人会以为他是从格林纳达[①]来的呢。"

她笑起来。后来这两个人继续沉默地吃饭，像两个不认识的人一样，可是吃过饭后他们并排走着，开始了一场说说笑笑的轻松谈话，只有那种自由而满足的、不管到哪儿去或者不管聊什么都无所谓的人才会这样谈天。他们一面散步，一面谈到海面多么奇怪地放光，海水现出淡紫的颜色，那么柔和而温暖，在月光下，水面上荡漾着几条金黄色的长带。他们谈到炎热的白昼过去以后天气多么闷热。古罗夫说他是莫斯科人，在学校里学的是语文学，然而在一家银行里工作；先前他准备在一个私人的歌剧团里演唱，可是后来不干了，他在莫斯科有两所房子。……他从她口中知道她是在彼得堡长大的，可是出嫁以后就住到斯城去，已经在那儿住了两年，她在雅尔塔还要住上一个月，说不定她丈夫也会来，他也想休养一下。至于她丈夫在什么地方工作，在省政府呢，还是在本省的地方自治局执行处，她却无论如何也说不清楚，连她自己也觉得好笑。古罗夫还打听清楚她名叫安娜·谢尔盖耶芙娜。

后来，他在自己的旅馆里想起她，想到明天想必会跟她见面。这是一定的。他上床躺下，想起她不久以前还是个贵族女子中学的学生，还在念书，就跟现在他的女儿一样，想起她笑的时候，跟生人谈话的时候，还那么腼腆，那么局促不安，大概这是她生平头一次孤身一个人处在这种环境里吧，而在这种环境里，人们纯粹出于一种她不会不懂的秘密目的跟踪她，注意她，跟她讲话。他想起她的瘦弱的脖子和她那对美丽的灰色眼睛。

"总之，她那样儿有点可怜，"他想着，昏昏睡去了。

二

他们相识以后，一个星期过去了。这一天是节日。房间里闷热，而街道上刮着大风，卷起灰尘，吹掉人的帽子。人们一整天都口渴，古罗夫屡次到那个售货亭去，时而请安娜·谢尔盖耶芙娜喝果汁，时而请她吃冰淇淋。人简直不知躲到哪儿去才好。

傍晚风小了一点，他们就在防波堤上走来走去，看轮船怎样开到此地。码头上有许多散步的人；他们聚在这儿，手里拿着花束，预备迎接什么人。这个装束考究的雅尔塔人群有两个特点清楚地映入人的眼帘：上了年纪的太太们打扮得跟年轻女人一样，将军很多。

由于海上起了风浪，轮船来迟了，到太阳下山以后才来，而且在靠拢防波堤以前,花了很长时间掉头。安娜·谢尔盖耶芙娜举起带柄眼镜瞧着轮船,瞧着乘客,好像在寻找熟人似的;等到她转过身来对着古罗夫,她的眼睛亮了。她说许多话,她的问话前言不搭后语,而且刚刚问完就马上忘了问的是什么,后来在人群中把带柄眼镜也失落了。

装束考究的人群已经走散,一个人也看不见了,风完全停住,可是古罗夫和安娜·谢尔盖耶芙娜却还站在那儿,好像等着看轮船上还有没有人下来似的。安娜·谢尔盖耶芙娜已经沉默下来,在闻一束花,眼睛没有看古罗夫。

"天气到傍晚好一点了,"他说。"可是现在我们到哪儿去呢?我们要不要坐一辆马车到什么地方去兜风?"

她一句话也没有回答。

这时候他定睛瞧着她,忽然搂住她,吻她的嘴唇,花束的香味和潮气向他扑来,他立刻战战兢兢地往四下里看:有没有人看见他们?

"我们到您的旅馆里去吧……"他轻声说。

两个人很快地走了。

她的旅馆房间里闷热,弥漫着一股她在一家日本商店里买来的香水的气味。古罗夫瞧着她,心里暗想:"在生活里会碰到多么不同的人啊!"在他的记忆里,保留着以往一些无忧无虑、心地忠厚的女人的印象,她们由于爱情而高兴,感激他带来的幸福,虽然这幸福十分短暂;还保留着另一些女人的印象,例如他的妻子,她们在恋爱的时候缺乏真诚,说过多的话,装腔作势,感情病态,从她们的神情看来,好像这不是爱情,不是情欲,而是一种更有意义的事情似的;另外还保留着两三个女人的印象,她们长得很美,内心却冷冰冰的,脸上忽而会掠过一种猛兽般的贪婪神情,她们具有固执的愿望,想向生活索取和争夺生活所不能给予的东西,这种女人年纪已经不轻,为人任性,不通情理,十分专横,头脑不聪明,每逢古罗夫对她们冷淡下来,她们的美貌总是在他心里引起憎恨的感觉,在这种时候,她们的衬衣的花边在他的眼睛里就好像鱼鳞一样了。

可是眼前这个女人却还那么腼腆,流露出缺乏经验的青年人那种局促不安的神情和别别扭扭的心态;她给人一种惊慌失措的印象,好像忽然有人出其不意地来敲门似的。安娜·谢尔盖耶芙娜,这个"带小狗的女人",对待刚发生过的事情的态度有点特别,看得十分严重,好像这是她的堕落,至少看上去是这样,而这是奇怪的,不恰当的。她垂头丧气,无精打采,她的长头发忧伤地挂在她的脸的两边,她带着沮丧的样子呆呆地出神,好像古画上那个犯了罪的女人[②]。

“这是不好的，”她说。“现在您要头一个不尊重我了。”

房间里的桌子上有一个西瓜。古罗夫给自己切了一块，慢慢地吃起来。在沉默中至少过了半个钟头。

安娜·谢尔盖耶芙娜神态动人，从她身上散发出一个正派的、纯朴的、生活阅历很浅的女人的纯洁气息。桌子上点着一支孤零零的蜡烛，几乎照不清她的脸，不过还是看得出来她心绪不好。

“我怎么能不再尊重你呢？”古罗夫问。“你自己都不知道你在说什么了。”

“求上帝饶恕我吧！”她说，眼睛里含满泪水。“这是可怕的。”

“你仿佛在替你自己辩白似的。”

“我有什么理由替我自己辩白呢？我是个下流的坏女人，我看不起自己，我根本没有替自己辩白的意思。我所欺骗的不是我的丈夫，而是我自己。而且也不光是现在，我早就在欺骗我自己了。我丈夫也许是个诚实的好人，可是要知道，他是个奴才！我不知道他在那儿干些什么事，在怎样工作，我只知道他是个奴才。我嫁给他的时候才二十岁，好奇心煎熬着我，我巴望过好一点的日子，我对自己说：‘一定有另外一种不同的生活。’我一心想生活得好！我要生活，生活。……好奇心燃烧着我……这您是不会了解的，可是，我当着上帝起誓，我已经管不住自己了，我起了变化，什么东西也没法约束我了，我就对我的丈夫说我病了，我就到这儿来了。……到了这儿，我老是走来走去，像是着了魔，发了疯。……现在呢，我变成一个庸俗下贱的女人，谁都会看不起我了。”

古罗夫已经听得乏味；那种天真的口气，那种十分意外而大煞风景的忏悔惹得他不痛快。要不是她眼睛里含着泪水，人就可能认为她是在开玩笑或者装腔作势。

“我不明白，”他轻声说，“你到底要什么？”

她把她的脸埋在他的胸脯上，偎紧他。

“请您相信我的话，务必相信我的话，我求求您……”她说。“我喜欢正直、纯洁的生活，讨厌犯罪，我自己也不知道我在干什么。老百姓说：鬼迷了心窍。现在我也可以这样说我自己：鬼迷了我的心窍。”

“得了，得了……”他嘟哝说。

他瞧着她那对不动的、惊吓的眼睛，吻她，亲热地轻声说话，她就渐渐平静下来，重又感到快活，于是两个人都笑了。

后来,等他们走出去,堤岸上已经一个人影也没有了,这座城市以及它那些柏树显得死气沉沉,然而海水还在哗哗地响,拍打着海岸,一条汽艇在海浪上摇摆,汽艇上的灯睡意朦胧地闪烁着。

他们雇到一辆马车,就到奥列安达去了。

"刚才我在楼下前厅里看到你的姓,那块牌子上写着冯·季杰利茨,"古罗夫说。"你丈夫是德国人吧?"

"不,他祖父好像是德国人,然而他本人却是东正教徒。"

到了奥列安达,他们坐在离教堂不远的一条长凳上,瞧着下面的海洋,沉默着。透过晨雾,雅尔塔朦朦胧胧,看不大清,白云一动不动地停在山顶上。树上的叶子纹丝不动,知了在叫,单调而低沉的海水声从下面传上来,述说着安宁,述说着那种在等候我们的永恒的安眠。当初此地还没有雅尔塔,没有奥列安达的时候,下面的海水就照这样哗哗地响,如今还在哗哗地响,等我们不在人世了,它仍旧会这么冷漠而低沉地哗哗响。这种持久不变,这种对我们每个人的生和死完全无动于衷,也许包藏着一种保证:我们会永恒地得救,人间的生活会不断地运行,一切会不断趋于完善。古罗夫跟一个在黎明时刻显得十分美丽的年轻女人坐在一起,面对着这神话般的环境,面对着这海,这山,这云,这辽阔的天空,不由得平静下来,心醉神迷,暗自思忖:如果往深里想一想,那么实际上,这个世界上的一切都是美好的,惟独我们在忘记生活的最高目标,忘记我们人的尊严的时候所想和所做的事情是例外。

有个人,大概是看守吧,走过来,朝他们望了望,就走开了。这件小事显得那么神秘,而且也挺美。可以看见有一条从费奥多西亚来的轮船开到了,船身被朝霞照亮,船上的灯已经熄灭。

"草上有露水了,"在沉默以后安娜·谢尔盖耶芙娜说。

"是啊。该回去啦。"

他们就回到城里去了。

后来,他们每天中午在堤岸上见面,一块儿吃早饭,吃午饭,散步,欣赏海洋。她抱怨睡眠不好,心跳得不稳;她老是提出同样的问题,一忽儿因为嫉妒而激动,一忽儿又担心他不十分尊重她了。在广场的小公园里或者大公园里,每逢他们附近一个人也没有的时候,他就会突然把她拉到自己身边,热烈地吻她。十足的闲散,这种在阳光下的接吻以及左顾右盼、生怕有人看见的担忧,炎热,海水的气味,再加上闲散的、装束考究的、饱足的人们不断在他眼前闪过,这一切仿佛使他更生了;他对安娜·谢尔盖耶芙娜说,她多么好看，多么迷人，他火热地恋着，一步也不肯离开她的身旁，而她却常呆呆地出神，老是要求他承认他不尊重她，一点也不爱她，只把她看做一个庸俗的女人。几乎每天傍晚，夜色深了，他们总要坐上马车出城走一趟，到奥列安达去，或者到瀑布那儿去。这种游玩总是很尽兴，他们得到的印象每一次都必定是美好而庄严的。

他们在等她的丈夫到此地来。可是他寄来一封信，通知她说他的眼睛出了大毛病，要求他的妻子赶快回家去。安娜·谢尔盖耶芙娜就慌忙起来。

"我走了倒好，"她对古罗夫说。"这也是命运注定的。"

她坐上马车走了，他送她去。他们走了一整天。等到她在一列特别快车的车厢里坐好，等到第二遍钟声敲响，她就说：

"好，让我再看您一回。……再看一眼。这就行了。"

她没有哭，可是神情忧伤，仿佛害了病，她的脸在颤抖。

"我会想到您……念到您，"她说。"求主跟您同在，祝您万事如意。我有什么不好的地方，您也别记着。我们永远分别了，这也是应当的，因为我们根本就不该遇见。好，求主跟您同在。"

火车很快地开走，车上的灯火消失，过一忽儿连轰隆声也听不见了，好像什么事物都串通一气，极力要赶快结束这场美妙的迷梦，这种疯狂似的。古罗夫孤身一个人留在月台上，瞧着黑暗的远方，听着螽斯的叫声和电报线的嗡嗡声，觉得自己好像刚刚睡醒过来一样。他心里暗想：如今在他的生活中又添了一次奇遇，或者一次冒险，而这件事也已经结束，如今只剩下回忆了。……他感动，悲伤，生出一点淡淡的懊悔心情；要知道，这个他从此再也不能与之见面的年轻女人跟他过得并不幸福；他对她亲热，倾心，然而在他对她的态度里，在他的口吻和温存里，仍旧微微地露出讥诮的阴影，露出一个年纪差不多比她大一倍的幸福男子的带点粗鲁的傲慢。她始终说他心好，不平凡，高尚；显然，在她的心目中，他跟他的本来面目不同，这样说来，他无意中欺骗了她。……

这儿，在车站上，已经有秋意，傍晚很凉了。

"我也该回北方去了，"古罗夫走出站台，暗想。"是时候了！"

三

在莫斯科，家家都已经是过冬的样子了，炉子生上火，早晨孩子们准备上学、喝早茶的时候，天还黑着，保姆就点一忽儿灯。严寒已经开始。下头一场雪的当儿，人们第一天坐上雪橇，看见白茫茫的大地，白皑皑的房顶，呼吸柔和而舒畅，就会感到很愉快，这时候不由得会想起青春的岁月。那些老菩提树和桦树蒙着重霜而变得雪白，现出一种忠厚的神情，比柏树和棕榈树更贴近人的心，有它们在近处，人就无意去想那些山峦和海洋了。

古罗夫是莫斯科人，他在一个晴朗、寒冷的日子回到莫斯科，等到他穿上皮大衣，戴上暖和的手套，沿彼得罗夫卡走去，每逢星期六傍晚听见教堂的钟声，不久以前的那次旅行和他到过的那些地方对他来说就失去了一切魅力。他渐渐沉浸在莫斯科的生活中，每天津津有味地阅读三份报纸，但却说他不是本着原则读莫斯科报纸的。他已经喜欢到饭馆、俱乐部去，喜欢去参加宴会、纪念会，有著名的律师和演员到他的家里来，或者他在医师俱乐部里跟教授一块儿打牌，他就觉得光彩。他已经能够吃完整份的用小煎锅盛着的酸白菜焖肉了。……

他觉得，再过上个把月，安娜·谢尔盖耶芙娜在他的记忆里就会被一层雾盖没，只有偶尔像别人那样来到他的梦中，现出她那动人的笑容罢了。可是一个多月过去，隆冬来了，而在他的记忆里一切还是很清楚，仿佛昨天他才跟安娜·谢尔盖耶芙娜分手似的。而且这回忆越来越强烈，不论是在傍晚的寂静中，孩子的温课声传到他的书房里来，或者在饭馆里听见抒情歌曲，听见风琴的声音，或者是暴风雪在壁炉里哀叫，顿时，一切就都会在他的记忆里复活：在防波堤上发生的事、清晨以及山上的迷雾、从费奥多西亚开来的轮船、接吻等等。他久久地在书房里来回走着，回想着，微微地笑，然后回忆变成幻想，在想像中，过去的事就跟将来会发生的事混淆起来了。安娜·谢尔盖耶芙娜没有到他的梦中来，可是她像影子似的跟着他到处走，一步也不放松他。他一闭上眼睛就看见她活生生地站在他面前，显得比本来的样子还要美丽，年轻，温柔；他自己也显得比原先在雅尔塔的时候更漂亮。每到傍晚她总是从书柜里，从壁炉里，从墙角里瞅他，他听见她的呼吸声、她的衣服的亲切的窸窣声。在街上他的目光常常跟踪着来往的女人，想找一个跟她长得相像的人。……

一种强烈的愿望折磨他，他渴望把他这段回忆跟什么人谈一谈。然而在家里是不能谈自己的爱情的，而在外面又找不到一个可以谈的人。跟房客们谈是不行的，在银行里也不行。而且谈些什么呢？难道那时候他真爱她吗？难道他跟安娜·谢尔盖耶芙娜的关系中有什么优美的，富于诗意的，或者有教育意义的，或者干脆有趣味的地方吗？他只好含含糊糊地谈到爱情，谈到女人，谁也猜不出他的用意在哪儿，只有他的妻子扬起两道黑眉毛，说：

"你，德米特利，可不配演花花公子的角色啊。"

有一天夜间，他同一个刚刚一块儿打过牌的文官走出医师俱乐部，忍不住说：

“但愿您知道我在雅尔塔认识了一个多么迷人的女人！”

那个文官坐上雪橇，走了，可是突然回过头来，喊道：

“德米特利·德米特利奇！”

“什么事？”

“方才您说得对：那鲟鱼肉确实有点臭味儿！”

这句话平平常常，可是不知什么缘故惹得古罗夫冒火了，他觉得这句话不干不净，带有侮辱性。多么野蛮的习气，什么样的人啊！多么无聊的夜晚，多么没趣味的、平淡的白天啊！狂赌，吃喝，酗酒，反反复复讲老一套的话。不必要的工作和老套头的谈话占去了人的最好的那部分时间，最好的那部分精力，到头来只剩下一种短了翅膀和缺了尾巴的生活，一种无聊的东西，想走也走不开，想逃也逃不脱，仿佛关在疯人院里或者监狱的强迫劳动队里似的！

古罗夫通宵没睡，满腔愤慨，然后头痛了整整一天。第二天晚上他睡不稳，老是在床上坐起来，想心思，或者从这个墙角走到那个墙角。他讨厌他的孩子，讨厌银行，不想到什么地方去，也不想谈什么话。

在12月的假期中，他准备好出门的行装，对他的妻子说。他要到彼得堡去为一个青年人张罗一件什么事，可是他动身到斯城去了。去干什么呢？他自己也不大清楚。他想跟安娜·谢尔盖耶芙娜见面，谈一谈，如果可能的话，就约她出来相会。

他早晨到达斯城，在一家旅馆里租了一个顶好的房间，房间里整个地板上铺着灰色的军用呢子，桌子上有一个蒙着灰色尘土的墨水瓶，瓶上雕着一个骑马的人像，举起一只拿着帽子的手，脑袋却打掉了。看门人给他提供了必要的消息：冯·季杰利茨住在老冈察尔纳亚街上他的私宅里，这所房子离旅馆不远，他生活优裕，阔气，自己有马车，全城的人都知道他。看门人把他的姓念成“德雷迪利茨”了。

古罗夫慢慢地往老冈察尔纳亚街走去，找到了那所房子。正好在那所房子的对面立着一道灰色的围墙，很长，墙头上钉着钉子。

“谁见着这样的围墙都会逃跑，”古罗夫看一看窗子，又看一看围墙，暗想。

他心里盘算：今天是机关不办公的日子，她的丈夫大概在家。再者，闯进她的家里去，搅得她心慌意乱，那总是不妥当的。要是送一封信去，那封信也许就会落到她的丈夫手里，那就可能把事情弄糟。最好是相机行事。他一直在街上围墙旁边走来走去，等机会。他看见一个乞丐走进大门，于是就有一些狗向他扑过来，后来，过了一个钟头，他听见弹钢琴的声音，低微含混的琴音就传过来。大概是安娜·谢尔盖耶芙娜在弹琴吧。前门忽然开了，一个老太婆从门口走出来，后面跟着那条熟悉的白毛狮子狗。古罗夫想叫那条狗，可是他的心忽然剧烈地跳动起来，他由于兴奋而忘了那条狮子狗叫什么名字了。

他走来走去，越来越痛恨那堵灰色的围墙，就气愤地暗想安娜·谢尔盖耶芙娜忘了他，也许已经在跟别的男人相好，而这在一个从早到晚不得不瞧着这堵该死的围墙的年轻女人的处境里原是很自然的。他回到他的旅馆房间里，在一张长沙发上坐了很久，不知道该怎么办才好，然后吃午饭，饭后睡了很久。

"这是多么愚蠢，多么恼人啊，"他醒过来后，瞧着乌黑的窗子。暗想：已经是黄昏时分了。"不知为什么我倒睡足了。那么晚上我干什么好呢？"

他坐在床上，床上铺着一条灰色的、廉价的、像医院里那样的被子，他懊恼得挖苦自己说：

"你去会带小狗的女人吧。……去搞风流韵事吧。……你可只能在这儿坐着。"

这天早晨他还在火车站的时候，有一张用很大的字写的海报映入他的眼帘：《盖伊霞》[3]第一次公演。他想起这件事，就坐车到剧院去了。

"她很可能去看第一次公演的戏，"他想。

剧院里满座。这儿如同一般的内地剧院里一样，枝形吊灯架的上边弥漫着一团迷雾，顶层楼座那边吵吵嚷嚷；在开演以前，头一排的当地大少爷们站在那儿，把手抄在背手，在省长的包厢里头一个座位上坐着省长的女儿，围着毛皮的围脖，省长本人却谦虚地躲在门帘后面，人们只看得见他的两条胳膊。舞台上的幕晃动着，乐队调音化了很久时间。在观众们走进来找位子的时候，古罗夫一直在热切地用眼睛搜索。

安娜·谢尔盖耶芙娜也走进来了。她坐在第三排，古罗夫一眼瞧见她，他的心就缩紧了，他这才清楚地体会到如今对他来说，全世界再也没有一个比她更亲近、更宝贵、更重要的人了。她，这个娇小的女人，混杂在内地的人群里，一点出众的地方也没有，手里拿着一副俗气的长柄眼镜，然而现在她却占据了他的全部生命，成为他的悲伤，他的欢乐，他目前所指望的惟一幸福；他听着那个糟糕的乐队的乐声，听着粗俗、低劣的提琴的声音，暗自想着，她多么美啊。他思索着，幻想着。

跟安娜·谢尔盖耶芙娜一同走进来、坐在她旁边的是一个身量很高的年轻人，留着小小的络腮胡子，背有点驼；他每走一步路就摇一下头，好像在不住地点头致意似的。这人大概就是她的丈夫，也就是以前在雅尔塔，她在痛苦的心情中斥之为奴才的那个人吧。果然，他那细长的身材、他那络腮胡子、他那一小片秃顶，都有一种奴才般的卑顺神态，他的笑容甜得腻人，他的纽扣眼上有个什么学会的发亮的证章，活像是听差的号码牌子。

头一次幕间休息的时候，她丈夫走出去吸烟，她留在位子上。古罗夫也坐在池座里，这时候就走到她跟前去，勉强做出笑脸，用发颤的声音说：

"您好。"

她看他一眼，脸色顿时发白，然后又战战兢兢地看他一眼，不相信自己的眼睛了；她双手紧紧地握住扇子和长柄眼镜，分明在极力支撑着，免得昏厥过去。两个人都没有讲话。她坐着，他呢，站在那儿，被她的窘态弄得惊慌失措，不敢挨着她坐下去。提琴和长笛开始调音，他忽然觉得可怕，似乎所有包厢里的人都在瞧他们。可是这时候她却站了起来，很快地往出口走去；他跟着她走，两个人糊里糊涂地穿过过道，时而上楼，时而下楼，眼睛前面晃过一些穿法官制服、教师制服、皇室地产管理部门制服的人，一概佩戴着证章。又晃过一些女人和衣架上的皮大衣，穿堂风迎面吹来，送来一股烟头的气味。古罗夫心跳得厉害，心想："唉，主啊！干什么要有这些人，要有那个乐队啊。……"

这当儿他突然记起那天傍晚他在火车站上送走安娜·谢尔盖耶芙娜的时候，对自己说：事情就此结束，他们从此再也不会见面了。可是这件事离着结束还远得很呐！

在一道标着"通往梯形楼座"的狭窄而阴暗的楼梯上，她站住了。

"您吓了我一大跳！"她说，呼吸急促，脸色仍旧苍白，吓慌了神。"哎，您真吓了我一大跳。我几乎死过去了。您来干什么？干什么呀？"

"可是您要明白，安娜，您要明白……"他匆忙地低声说。"我求求您，您要明白……"

她带着恐惧、哀求、热爱瞧着他，凝视着他，要把他的相貌更牢固地留在她的记忆里。

"我苦死了！"她没有听他的话，接着说。"我时时刻刻都在想您，只想您一个人，我完全是在对您的思念中生活着。我一心想忘掉，忘掉您，可是您为什么到这儿来？为什么呢？"

上边，楼梯口有两个中学生在吸烟，瞧着下面，可是古罗夫全不在意，把安娜·谢尔盖耶芙娜拉到身边来，开始吻她的脸、她的脸颊、她的手。

"您干什么呀，您干什么呀！"她惊恐地说，把他从身边推开。"我们两个都疯了。您今天就走，马上就走。……我凭一切神圣的东西恳求您，央告您。……有人到这儿来了！"

下面有人走上楼来了。

"您一定得走……"安娜·谢尔盖耶芙娜接着小声说。"您听见了吗，德米特利·德米特利奇？我会到莫斯科去找您的。我从来没有幸福过，我现在不幸福，将来也决不会幸福，决不会，决不会！不要给我多添痛苦了！我赌咒，我会到莫斯科去的。现在我们分手吧！我亲爱的，好心的人，我宝贵的人，我们分手吧！"

她握一下他的手，开始快步走下楼去，不住地回头看他，从她的眼神看得出来，她也确实不幸福。……古罗夫站了一忽儿，留心听着，然后，等到一切声音停息下来，他就找到他那挂在衣帽架上的大衣，走出剧院去了。

四

安娜·谢尔盖耶芙娜真的动身到莫斯科去看他了。每过两三个月她就从斯城去一次，告诉她的丈夫说，她去找一位教授治她的妇女病，她的丈夫将信将疑。她到了莫斯科就在斯拉维扬斯基商场住下来，立刻派一个戴红帽子的人去找古罗夫。古罗夫就去看她，莫斯科没有一个人知道这件事。

有一回，那是冬天的一个早晨(前一天傍晚信差来找过他，可是没有碰到他)，他照这样去看她。他的女儿跟他同路，他打算送她去上学，正好是顺路。天上下着大片的湿雪。

"现在气温是零上三度，然而下雪了，"古罗夫对他的女儿说。"可是要知道，这只是地球表面的温度，大气上层的温度就完全不同了。"

"爸爸，为什么冬天不打雷呢？"

关于这个问题他也解释了一下。他一边说，一边心里暗想：现在他正在去赴幽会，这件事一个人都不知道，大概永远也不会有人知道。他有两种生活：一种是公开的，凡是要知道这种生活的人都看得见，都知道，充满了传统的真实和传统的欺骗，跟他的熟人和朋友的生活完全一样；另一种生活则在暗地里进行。由于环境的一种奇特的、也许是偶然的巧合，凡是他认为重大的、有趣的、必不可少的事情，凡是他真诚地去做而没有欺骗自己的事情，凡是构成他的生活核心的事情，统统是瞒着别人，暗地里进行的；而凡是他弄虚作假，他用以伪装自己、以遮盖真相的外衣，例如他在银行里的工作、他在俱乐部里的争论、他的所谓“卑贱的人种”、他带着他的妻子去参加纪念会等，却统统是公开的。他根据自己来判断别人，就不相信他看见的事情，老是揣测每一个人都在秘密的掩盖下，就像在夜幕的遮盖下一样，过着他的真正的、最有趣的生活。每个人的私生活都包藏在秘密里，也许，多多少少因为这个缘故，有文化的人才那么恓恓惶惶地主张个人的秘密应当受到尊重吧。

古罗夫把他的女儿送到学校以后，就往斯拉维扬斯基商场走去。他在楼下脱掉皮大衣，上了楼，轻轻地敲门。安娜·谢尔盖耶芙娜穿着他所喜爱的那件灰色连衣裙，由于旅行和等待而感到疲乏，从昨天傍晚起就在盼他了。她脸色苍白，瞧着他，没有一点笑容，他刚走进去，她就扑在他的胸脯上了。仿佛他们有两年没有见面似的，他们的接吻又久又长。

“哦，你在那边过得怎么样？”他问。“有什么新闻吗？”

“等一等，我过一忽儿告诉你。……我说不出话来了。”

她没法说话，因为她哭了。她转过脸去，用手绢捂住眼睛。

“好，就让她哭一场吧，我坐下来等着就是，”他想，就在一个圈椅上坐下来。

后来他摇铃，吩咐送茶来，然后他喝茶，她呢，仍旧站在那儿，脸对着窗子。……她哭，是因为激动，因为凄苦地体验到他们的生活落到多么悲惨的地步；他们只能偷偷地见面，瞒住外人，像窃贼一样！难道他们的生活不是毁掉了吗？

“得了，别哭了！”他说。

对他来说，事情是明显的，他们这场恋爱还不会很快就结束，不知道什么时候才会结束。安娜·谢尔盖耶芙娜越来越深地依恋他，崇拜他；如果有人对她说这场恋爱早晚一定会结束，那在她是不可想像的，而且说了她也不会相信。

他走到她跟前去，扶着她的肩膀，想跟她温存一下，说几句笑话，这当儿他看见了他自己在镜子里的影子。

他的头发已经开始花白。他不由得感到奇怪：近几年来他变得这样苍老，这样难看了。他的手扶着的那个肩膀是温暖的，在颤抖。他对这个生命感到怜悯，这个生命还这么温暖，这么美丽，可是大概已经临近开始凋谢、枯萎的地步，像他的生命一样了。她为什么这样爱他呢？他在女人的心目中老是跟他的本来面目不同，她们爱他并不是爱他本人，而是爱一个由她们的想像创造出来的、她们在生活里热切地寻求的人,后来她们发现自己错了,却仍旧爱他。她们跟他相好的时候,没有一个人幸福过。岁月如流,以往他认识过一些女人,跟她们相好过,分手了,然而他一次也没有爱过;把这种事情说成无论什么都可以,单单不能说是爱情。

直到现在,他的头发开始白了,他才生平第一次认真地、真正地爱上一个女人。

安娜·谢尔盖耶芙娜和他相亲相爱,像是十分贴近的亲人,像是一对夫妇,像是知心的朋友。他们觉得他们的遇合似乎是命中注定的,他们不懂为什么他已经娶了妻子,她也已经嫁了丈夫;他们仿佛是两只候鸟,一雌一雄,被人捉住,硬关在两只笼子里,分开生活似的。他们互相原谅他们过去做过的自觉羞愧的事,原谅目前所做的一切,感到他们的这种爱情把他们两个人都改变了。

以前在忧伤的时候,他总是用他想得到的任何道理来安慰自己,可是现在他顾不上什么道理了,他感到深深的怜悯,一心希望自己诚恳,温柔。……

"别哭了,我的好人,"他说,"哭了一阵也就够了。……现在让我们来谈谈,想出一个什么办法来吧。"

后来他们商量了很久,讲到应该怎样做才能摆脱这种必须躲藏、欺骗、分居两地、很久不能见面的处境。应该怎样做才能从这种不堪忍受的桎梏中解放出来呢?

"应该怎样做?应该怎样做呢?"他问,抱住头。"应该怎样做呢?"

似乎再过一忽儿,解答就可以找到,到那时候,一种崭新的、美好的生活就要开始了,不过这两个人心里明白:离着结束还很远很远,那最复杂、最困难的道路现在才刚刚开始。

(汝　龙　译)

【注释】

①格林纳达:格林纳达岛,位于西印度群岛中向风群岛南部。　②犯了罪的女人:指"抹大拉的马利亚"。据《圣经》载,她本是个妓女,因受耶稣感化,忏悔了过去的罪恶。她的形象在文艺复兴时代的绘画中曾多次出现。　③《盖伊霞》:当时俄国流行的一个由英国作曲家琼斯(1861—1946)创作的轻歌剧。

【题解】

安东·契诃夫(1860—1904),19世纪末叶崛起的最为重要的俄国小说家和剧作家,小说成就与莫泊桑齐名,被认为是世界上最有影响的短篇小说家之一。主要小说有《一个文官的死》、《变色龙》、《万卡》、《草原》、《第六病室》、《约内奇》、《套中人》等。本文即选自《套中人》(北京燕山出版社,2000)。契诃夫早期的创作以揭露社会病象、讽刺人性弱点见长,1880年代中期以后的作品更加关注普通人的心灵活动和他们的心灵哀伤。他秉持"简洁是天才的姐妹"的艺术信条,其小说凭借言简意赅的叙事和含而不露的抒情而独树一帜。戏剧名作有《三姐妹》、《樱桃园》等。

《带小狗的女人》通过一个"婚外恋"的故事,揭示出在庸俗的生活环境下人的一种生存状态。男女主人公来自上流社会,由于生活意义的缺失而遭受精神痛苦。他们在生命的挣扎中彼此相爱,又因为各自的家庭而不得不过着双重生活。借助于男主人公古罗夫的心理活动,作家对这种"双重生活"作了具有发现性质的描述。就像《苦恼》反映"人与人的隔膜"的主题一样,"双重生活"的主题也表现了日常生活中的人生悲剧,彰显出人类生存的困惑和无奈。

古罗夫在小说中首先是以花花公子的面目出现的。他早已厌倦了婚姻生活,不断在外面拈花惹草,寻求刺激。他与安娜·谢尔盖耶芙娜一开始的交往,不过和从前一样是逢场作戏而已。古罗夫没有料到,这次他会动真情。"直到现在,他的头发开始白了,他才生平第一次认真地、真正地爱上一个女人。"爱情的降临带来了精神的觉醒,古罗夫对生活、对异性、对自己都有了新的发现和感悟。小说运用心理描写手法,逐步挖掘到人物的灵魂深处,刻画出一个性格层次丰富复杂的艺术形象。由令人反感到引人同情,古罗夫性格的这一变化体现了作家对生存困境和人性弱点的悲悯情怀。

女主人公安娜·谢尔盖耶芙娜的个性及心理,主要通过外貌表情和语言与动作描写得以展示。她天真幼稚,善良淳朴,一方面强烈不满丈夫的"奴才"性格,另一方面又因"越轨"行为而自我谴责,陷入痛苦的矛盾之中。她对古罗夫的赞誉与古罗夫的自我评价存有较大的距离。"她们爱他并不是爱他本人,而是爱一个由她们的想像创造出来的、她们在生活里热切地寻求的人,后来她们发现自己错了,却仍旧爱他。"对于深陷感情的旋涡而难以自拔的女性,作家似乎既怀有几分理解,又怀有几分批评。

小说的结尾是开放性的、不确定的。两个打算继续相爱下去的人,想结束那"像窃贼一样"的双重生活,却苦于找不到办法。契诃夫当然明白,生活中解决不了的问题，艺术也没法子解决。

【思考与训练】

1. 把握古罗夫的性格转化轨迹，体会小说所展示的社会人生内涵。

2. 阅读小说第二部分第三自然段，试说明这段关于安娜·谢尔盖耶芙娜的间接心理刻画反映了人物怎样的心理活动和心情。

3. 有研究者认为，"《带小狗的女人》是对《安娜·卡列尼娜》契诃夫式的翻版，其男女主人公是些小人物，他们缺少托尔斯泰的主人公所具有的光彩和优雅，也没有那种异常丰富的感情"（《契诃夫作品中的神话作用》，见叶舒宪选编《神话——原型批评》，陕西师范大学出版社，1987）。你赞同这样的说法吗？课外阅读《安娜·卡列尼娜》，并对两部作品的主要人物试作比较分析。

（王育松撰稿）

黄孟文

焚书

明天就要搬到永安花园和女儿女婿同住了，今天必须把这一盒盒再也找不到地方安放的书籍清除掉。

目前这间已经过手了的旧式单层洋房，虽说不大，也有八百多平方米的面积。要把这些成百成千册的书籍，从书房迁移到后花园那棵芒果树旁去烧，单靠君瑞一个老人，是相当吃力的，怪不得他早就倦态毕露。

其实，早在前几天，当他把一本本、一套套的书册选出来，丢进纸盒里时，已经觉得身心疲惫了，同时深感内疚。怪来怪去都怪自己没有远见，几十年来，只要是教授讲师推荐的，与课堂学业有关的，有兴趣阅读的，都一本本买下，后来排列在书房里，不但自己看了颇感快慰，还引来了不少爱书者的羡慕。

这些书本，不仅求学时有用，后来当教师时也有一点参考价值。感谢老爸，遗留给他偌大的一间房子，书本摆放完全没有问题。

可是现在呢？明天开始呢？唉……那一套十三经注疏和二十四史快要烧完了，君瑞赶快从盒子里抽出《古声韵学大全》、《说文解字》、《中华文史论丛》等，抛到火堆里去。

君瑞一边用枯枝去撩拨火堆里的书页，一边用手巾揩抹额角的汗珠。头顶上的幼细白发，依稀可见。

烈火熊熊，同时发出噼噼啪啪的声响。

明天开始就麻烦了。不久前，女儿怕自己年老孤寂，老伴已经去世，自己又刚退休，住在汤申路上段，又远又空虚，所以力劝自己把老房子卖掉，搬去住在他们的共管式楼房。过几个月孩子出世了，也好有个照顾。只是共管式楼房空间有限，分给自己的那间小房，根本容纳不下多少东西。女婿特别吩咐：有90%以上的书本要清除掉，只许留下一些儿童故事书，和一些实用的、有经济价值的成人读物。

本来，这些书，君瑞是无论如何都舍不得拿去烧掉的。这两个月来，他去访问了好几间中学的校长，图书馆的馆长，宗乡会馆的负责人，要把书本送给他们，央求他们妥善管理。可是，他们却给他猛浇冷水：

"这里没有地方放。"

"我们自己也在计划烧书呢，尤其是那些没有什么人会读的旧书！"

送书无门，君瑞咬紧牙根，决定把这些书籍付之一炬，反正迟早都是要烧掉的。试想，当自己两脚伸直以后，还有谁需要阅读这些方块字书本呢？

嗤、嗤、嗤……火光减弱了，阵阵白烟冒起。

君瑞急忙再用枯枝去撩拨。这些书本虽然大都很旧，纸张泛黄，但有点潮湿，书页又都粘贴在一起，不容易着火。火势较大后，君瑞又丢了几部书进去：《中国哲学史资料选辑》、《古史辨》、多本的中国文学史、文学批评史……

他伸直高瘦佝偻的身躯，捶了几下腰，又蹒跚走到书房去，半拖半拉地搬出另一盒书来。

嘘了一口气，他取下老花眼镜，抹去镜面上的水雾。

虽说已烧了几小时，却大约只烧掉一半。还有将近45%的书本待烧哩！旧典籍大都已经化为灰烬，接下来要烧现代的著作了。五四以来的书本多如汗牛充栋：几套现代中国文学大系、《鲁迅全集》、《巴金文集》、《艾青诗集》、《曹禺剧作集》、冰心、丁玲、郭沫若、於梨华、白先勇、余光中等人的作品，太多了。君瑞噙住眼泪，心痛地把它们一古脑儿地抛进烈火中。

过去购书的时候，因为是零散地买，不觉得太花钱。现在一整套一整套地把它们摧毁，怎不令他黯然神伤？

君瑞一边用枯枝拨松书页，一边怔怔地望着那一本本心爱的书灰飞烟灭。

这些书很多都是最近几年才买的，唉，早知如此，何必当初？记得前年，他从百胜楼买了好多本文艺书，在巴士车上翻开来看。坐在身旁那位穿乌鸦装的新潮青年，将 Walkman 耳机移开，好奇地盯着他问：

"先生，你是开书店的吗？拿这么多书！"

"……"

君瑞步回到那零乱不堪的书房，小憩片刻。

窗口边的大书桌上，堆叠着另一批约10%的"幸运"书本：*Encyclopaedia Britannica*，*Complete Works of William Shakespeare*，*An Anthology of American Literature*，*Caxton Junior Classics*，*Puffin Classics*，*Classics of Children's Literature*，*Horror Stories*，500 *Stories for Bedtime*，*A Guide to Business and Social Letters*……这些书还是女儿女婿在他们未曾搬去永安花园时买的呢！

还有几部英文版的中国古典小说如：*A Dream of Red Mansions*，*Water Margin*，*Monkey God*，*Romance of the Three Kingdoms* 等，女婿要把它们保留下来，说要寻根。

君瑞暗想：或许这棵原本甚为壮硕的根，已经快要被砸烂了，必须重新再去追寻。

君瑞垂头丧气，又拖拉一大盒的书刊到后花园去。现在轮到本地作品了：几套马华（新华）文学大系、新加坡共和国华文文学选集、吾土吾民创作选、成叠成叠的文艺杂志，以及许多本地作家的著作，统统丢进火堆里。火焰升腾声中，他仿佛听到苗秀、姚紫①在哀声叹息，泣涕涟涟。

一九八八年一月

【注释】

①苗秀、姚紫：新加坡著名作家。

【题解】

黄孟文（1937— ），新加坡著名华文作家，已出版小说集《再见惠兰的时候》、《我要活下去》、《昨日的闪现》（英文版）、《安乐窝》、《学府夏冬》和《黄孟文微型小说》及其他文集多种。本文选自《黄孟文文集》（鹭江出版社，1995）。

受历代迁徙定居的中华子民的影响，在新加坡这个多民族多文化的年青国家，中华文化曾经占据着主导地位。20世纪后期，随着经济的快速起飞，新加坡社会也面临着母体文化（很大程度上是中华文化）与西方文化的碰撞与冲突。作为一个深受中华文化熏陶的华文作家，黄孟文这一时期的创作集中表现了他对传统文化式微的深重忧虑。微型小说《焚书》即为颇有代表性的一篇。

作品通过退休教师君瑞为搬家而被迫烧书的故事，刻画了一个深爱传统文化的知识分子形象。他花费一生心血收藏的大批汉语文化典籍和文学作品，因为搬家而无处存放，又送书无门。小说对君瑞忍痛焚书的过程中的心理活动，进行了真实细腻的描写，人物内心的郁闷、忧愤和无奈溢于言表。年轻人（女婿和"新潮青年"）对传统的轻率和不理解，与主人公的痛惜之情形成鲜明的对比，加强了小说的艺术感染力。

【思考与训练】

1. 概括君瑞的个性特点。
2. 归纳小说描写君瑞的主要方法。
3. 谈谈你对传统文化的了解和看法。

（王育松撰稿）

波德莱尔

给一位交臂而过的妇女

大街在我的周围震耳欲聋地喧嚷。
走过一位身穿重孝、显出严峻的哀愁
瘦长苗条的妇女，用一只美丽的手
摇摇地撩起她那饰着花边的裙裳；

轻捷而高贵，露出宛如雕像的小腿。
从她那像孕育着风暴的铅色天空
一样的眼中，我像狂妄者浑身颤动，
畅饮销魂的欢乐和那迷人的优美。

电光一闪……随后是黑夜！——用你的一瞥
突然使我如获重生的、消逝的丽人，
难道除了在来世，就不能再见到你？

去了！远了！太迟了！也许永远不可能！
因为，今后的我们，彼此都行踪不明，
尽管你已经知道我曾经对你钟情！

（钱春绮译）

【题解】

沙尔·波德莱尔（Charles Baudelaire，1821—1867），法国诗人、文艺批评家，被称为现代派的鼻祖。他的诗歌理论和实践直接影响了19世纪下半叶和20世纪的文学创作。生前发表诗集《恶之花》，遗著有散文诗集《巴黎的忧郁》，评论集《美学珍奇集》、《浪漫派艺术》等。《恶之花》以死亡、梦幻和爱情为三大主题，用诡奇、阴冷、神秘等令人惊愕的意象，反映烦嚣、污秽的都市景象和处于社会底层的人们的生存状况，表达一种内心忧郁、精神孤独的"世纪病"。《恶之花》成功实践了波德莱尔自己的艺术观念：以丑为美，化丑为美；运用通感和象征手法；反对写浪漫派那种滔滔不绝的长诗，重新挖掘十四行诗并使之发出新光彩。《给一位交臂而过的妇女》即选自《恶之花》（人民文学出版社，1986）。

《给一位交臂而过的妇女》这首诗，按照波德莱尔研究专家本雅明的看法，乃是诗人经历的一次"震惊"性体验的艺术表现。本雅明把"震惊"看做决定波德莱尔人格的决定因素，同时也把它看做波德莱尔的诗的法则。一个裹在寡妇的面纱里的陌生女人被大众推揉着，神秘而悄然地进入了诗人的视野。她严峻的表情、高贵的气质以及性感的身姿，令诗人如遭雷击，目瞪口呆。尤其在双方交臂而过的刹那，女人那闪电似的一瞥，既充满销魂的诱惑，又显然是永远的告别。诗人在瞬间经历了由激动狂喜到沮丧失意的剧烈情感起伏。女人转眼已消失在茫茫人海，诗人踌躇街头，怅恨不已。

这首用象征手法写成的抒情诗，包容着多层面的丰富蕴涵。从诗的字面意义看，说它是一首爱情诗没什么不对。诗人的一次奇遇触发他狂热的爱情，他要"畅饮""爱"，"爱"使他"如获重生"。不过诗人以象征神秘和死亡的黑色（"重孝"）来装饰他心仪的女人，显示他对异性的"杀伤力"是心存戒备的。这个神秘莫测的女人，也可以看做是"艺术"和"美"

的象征，和她的交臂而过，正是诗人捕捉到创作灵感的写照。西哲说，美是难的。具有划时代意义的艺术创新使“我像狂妄者浑身颤动”，激动不已。诗的又一个主题面向涉及“偶然”和“时间”。“交臂而过”即是“偶然”，人生充满了“偶然”的不可预期，不可设计。同样叫人无奈的还有“时间”。“去了！远了！太迟了！也许永远不可能！”不得已只好祈求“来世”，梦想把瞬间化为永恒。这首诗由此表现出命运的不可捉摸和强烈的时间焦虑。

“孕育着风暴的铅色天空”和“电光一闪……随后是黑夜”用象征手法写妇女的眼神，意象新奇，构思独特，有效地渲染了中心意象“交臂而过的妇女”的神秘感，增加了诗歌主题的多义性。

【思考与训练】

1. 波德莱尔主要的艺术观念是什么？

2. 分析“交臂而过的妇女”这一意象的象征寓意。

3. 背诵这首诗。

（王育松撰稿）

东山魁夷

一片树叶

当我把京都作为主要题材来创作我的组画的时候，想起了圆山闻名的夜樱。我多么想观赏一下那坠满枝头的繁盛的花朵，同那春宵的满月交相辉映的情景啊！

那是四月十日前后吧，我弄清楚当夜确实是阴历十五之后，就向京都进发。白天，到圆山公园一看，却也幸运，樱花开得正旺，春天的太阳似乎同月夜良宵相约似的，朗朗地照着。时至向晚，我已经参观了寂光院和三千院，看看时间已到，就折向京都城里。

来到下鸭这地方，蓦然从车窗向外一望，东面天上不正飘浮着一轮又圆又大的月亮吗？我吃了一惊。本来我是想站在圆山的樱树林前，观赏那刚刚从东山露出笑脸的圆月。它一旦升上高空，就会失掉特有的风韵。我后悔不该在大原消磨那么多时光。

我急匆匆赶到圆山公园，稍稍松了口气。所幸，这儿靠近山峦，一时还望不见月亮的姿影。东山浸在碧青色的暮霭里，山前面一株枝条垂挂的樱树，披着绯红色华美的春装，仿佛将京都的春色完全凝聚于一身似的。地面上，不见一朵落花。

山头一片净明，月亮微微探出头来，静静地升上绛紫色的天空。这时，樱花仰望着月亮，月亮俯视着樱花。刹那之间，消尽了游春的灯火和杂沓的人影。四周阒无人声，只给月和花留下了清丽的好天地。

这也许就是常说的奇缘巧遇吧，花期短暂，难得碰上朗照的满月；再说，月华的胜景也只限于今宵，要是碰上阴雨天气，就什么也看不到。此外，还必须有我这个欣赏者在场才行。

这只不过是一个例子，不管在什么场合，应当意识到风景的惠顾只能有一次。因为自然是活生生的，它在不断地变化。而且，眼望着风景的我们自身，也在天天变化着。不断流转的命运在描画着生成和衰灭的圆环。从这一点看，自然和我们都连结在一条根上。

如果花儿常开不败，我们能永远活在地球上，那么花月相逢便不会引人如此动情。花开花落，方显出生命的灿烂光华，爱花赏花，更说明人对花木的无限珍惜。地球上瞬息即逝的事物，一旦有缘相遇，定会在人们的心里激起无限的喜悦。这不只限于樱花，即使路旁一棵无名小草，不是同样如此吗？

自然景物令人赏心悦目，这个体验是我在战争中获得的。那时想到自己的生命之火就要熄灭了，处在这样的境况里，才发觉自然景物却充满了旺盛的活力。于是，我受到了强烈的震动。过去在我的眼里，这些景物都是平淡无奇，不堪一顾的呢。

战争结束以后，在贫困的年代里，我也陷入苦难的深渊。冬天，我伫立在凄清寂寞的山峦上，大自然和我紧密相连，这才使我的心境感到充实而满足，我心中产生了对生活的切实而纯真的向往。

作为风景画家，我就是从这样的基点出发的。其后绘制的《路》，画面中央有一条路通过，两侧只有绿草，构图十分单纯，这风景随处都能找到。但是，这幅作品却表现了我的满心的情思，它所象征的世界，似乎是和许多人的心相通的。人们看到这幅画，都会想到自己走过的道路而感叹不已。

国立公园和名胜地的风景，各自具有优美的景观和意义。即使在最平凡的风景之中，人们也应当找到与自己的心灵息息相关的地方来。

我是个喜欢旅行的人。我在超越北极圈的遥远的拉普兰，午夜里看到过不落的太阳。那是多么神秘的光景。那是完全脱离人间的荒寥的风景。它强烈撼动着我的心。然而,我在北欧之旅中作为白夜的景色所描绘的是瑞典波的尼亚湾港湾的海滨,以及芬兰湖泊地带一望无垠的针叶林和湖泊的风景,那里都是人们可以居住的地带。

我所喜欢描绘的不是人迹罕至的景致,而是富有生活情趣的自然风物。然而,在我所描绘的风景里,可以说,几乎没有人物出现。其中一个理由是,我所描绘的风景是人们心灵的象征。我是通过自然景物本身抒写人们的内心世界的。

只有一次,在我的风景里难得地出现了点缀。那是一套组画,风景中出现的不是人,而是一匹白马。虽然远远看起来很微小,但白马却是画面的主题。整个风景都起着背景的作用,反映着白马所象征的世界。

我喜欢古拙、小巧的城镇。在那里,连房屋的墙壁上都浸染着几代人的体温。我感到山城镇里人们的生活,保持着人们特有的悠然情调。我看到德国的古都,每个窗边都开着美丽的花朵,那是向过路人亲切问候的语言。从屋内看上去,花朵全向外头开放,得不到从马路上看过来的美感。而且,窗户的造形也显得十分精巧有趣。

我常常揣摩画面的内容,创作散文,这是我接触了清新的自然和素朴的形象之后引起的感动所致。在战后时代的急流勇进中,我有很多时候,是走着同时代相游离的道路的。现在看来,这条路算是走对了。而且,我决心继续走下去。

为什么呢?因为我感到,现代文明的急速发展,破坏了自然和人类、人和人之间的平衡,地上仅有的生物失去生存的意义和自尊的危险性越来越大。不用说,世界有必要恢复平衡的感觉。应当珍视清澄的自然和素朴的人类,要形成一股制止人类着了魔一般的贸然的行为。人应当更谦虚地看待自然和风景。为此,固然有必要出门旅行,同大自然直接接触,或深入异乡,领略一下当地人们的生活情趣。然而,就是我们住地周围,哪怕是庭院的一木一叶,只要用心观察,有时也能深刻地领略到生命的涵义。

我注视着院子里的树木,更准确地说,是在凝望枝头上的一片树叶。而今,它泛着美丽的绿色,在夏日的阳光里闪耀着光辉。我想起当它还是幼芽的时候,我所看到的情景。那是去年初冬,就在这片新叶尚未吐露的地方。吊着一片干枯的黄叶,不久就脱离了枝条飘落到地上。就在原来的枝丫上,你这幼小的坚强的嫩芽,生机勃勃地诞生了。

任凭寒风猛吹,任凭大雪纷纷,你默默等待着春天,慢慢地在体内积攒着力量。一日清晨,微雨乍晴,我看到树枝上缀满粒粒珍珠,这是一枚枚新生的幼芽凝聚着雨水闪闪发光。于是我感到百草都在催芽、春天已经临近了。

春天终于来了,万木高高兴兴地吐翠了。然而,散落在地面上的陈叶,早已腐烂化作泥土了。

你迅速长成一片嫩叶,在初夏的太阳下浮绿泛金。对于柔弱的绿叶来说,初夏,既是生机旺盛的季节,也是最易遭受害虫侵蚀的季节。幸好,你平安地迎来了暑天,而今正同伙伴们织成浓密的青荫,遮蔽着枝头。

我预测着你的未来。到了仲夏,鸣蝉将在你的浓荫下长啸,等一场台风袭过,那嘒嘒蝉鸣变成了凄切的哀吟,天气也随之凉爽起来。蝉声一断,代之而来的是树根深处秋虫的合唱,这唧唧虫声,确也能为静寂的秋夜增添不少雅趣。

你的绿意,不知不觉黯然失色了,终于变成了一片黄叶,在冷雨里垂挂着。夜来,秋风敲窗,第二天早晨起来,树枝上已经消失了你的踪影。只看到你所在的那个枝丫上又冒出了一个嫩芽。等到这个幼芽绽放绿意的时候,你早已零落地下,埋在泥土之中了。

这就是自然,不光是一片树叶,生活在世界上的万物,都有一个相同的归宿。一叶坠地,决不是毫无意义的。正是这片片黄叶,换来了整个大树的盎然生机。这一片树叶的诞生和消亡,正标志着生命在四季里的不停转化。

同样,一个人的死关系着整个人类的生。死,固然是人人所不欢迎的。但是,只要你珍爱自己的生命,同时也珍视他人的生命,那么,当你生命渐尽,行将回归大地的时候,你应当感到庆幸。这就是我观察庭院里的一片树叶所得的启示。不,这是那片树叶向我娓娓讲述的生死轮回的要谛。

(陈德文译)

【题解】

东山魁夷(1908—1999),日本著名风景画家、散文家,有散文集《和风景的对话》、《听泉》、《探求日本的美》等。本文选自《东山魁夷散文选》(百花文艺出版社,1989)。东山魁夷的绘画艺术享有世界声誉,他的散文也独具风格。这些文章出自画家个人的生活经历和创作实践,写景叙事,生动如画,抒情议论,意蕴丰厚,既是优美隽永的随笔小品,又是富有独到见解的美学论文。

“我所描绘的风景是人们心灵的象征。我是通过自然景物本身抒写人们的内心世界的。”东山魁夷的这句“夫子自道”，向人们揭示了他的绘画与散文共同的艺术底蕴。在《一片树叶》这篇散文中，对自然景物的描写，对个体生命的感悟，对艺术奥秘的探寻，三者和谐相处，水乳交融。东山魁夷并不刻意为文，不在谋篇布局上多费周折，而是以率性真挚的艺术家情怀去感应与自然之美的每一次遇合。日月星辰，山川草木，在他的笔下不仅是静观和审美的对象，而且是人生和命运的象征。“自然和我们都连结在一条根上。”

一片树叶从萌生到凋落不过寥寥数月，每个人的生命都将以死亡作为归宿。“但是，只要你珍爱自己的生命，同时也珍视他人的生命，那么，当你生命渐尽，行将回归大地的时候，你应当感到庆幸。”来自自然的启悟让我们参透生死，认真地、乐观地面对生活。

【思考与训练】

1. “我所描绘的风景是人们心灵的象征。我是通过自然景物本身抒写人们的内心世界的。”结合作者对“一片树叶”的描述谈谈你对这两句话的理解。

2. 本文对“一片树叶”的叙写主要采用了什么修辞手法？叙述人称由第三人称改为第二人称的好处是什么？

3. 作为一个著名的风景画家，东山魁夷对自然景物的色彩捕捉得非常准确，试从课文中找出描写色彩的句子，细加体会。

4. 课外阅读美国作家欧·亨利的小说《最后的常春藤叶》，比较这篇小说在主题意蕴上与《一片树叶》的异同。

（王育松撰稿）

后　记

大学的根本使命是育人,大学不只是把人培养成有知识、懂技术、好使用的“器具”,而是要培养具有批判意识和理性精神的人,培养崇尚知识、追求真理的人,培养具有良好的人文素养而又富于创造精神的人。爱因斯坦曾从人的全面发展的角度指出:“只用专业知识教育人是非常不够的。通过专业知识他可以成为一种有用的机器,但不能成为和谐发展的人。”大学要培养的是爱因斯坦所说的“对价值有所理解并且产生热烈的感情”,同时“获得对美和道德上的善有鲜明的辨别力”的“和谐发展的人”。只有大学的管理者、教师和学生都站在这样的高度来认识大学教育,特别是认识包括《大学语文》在内的人文通识课程,我们的大学教育尤其是通识教育的现状才会有根本的改观。

本书是高等院校人文通识课程教材,体例上以史为经,以古今中外经典作品为主体,旨在提高当代大学生的人文知识水平,培养大学生的审美能力和综合素养,丰富大学生的生活内容,扩大大学生的思想空间,激发大学生的想象能力,启迪大学生的创新思维。

全书由文学史概述和经典作品选讲两部分构成。九篇文学史概述以简洁的文字对古今中外文学发展的概貌作了宏观的描述,既突出文学史的发展线索,又关注重要的文学现象和重点作家作品。每篇文学史概述冠于该部分作品选讲之前。全书力求做到对文学史发展的宏观把握与对经典作家作品的阅读理解相结合。每篇文学史概述后附经典文学作品选目若干篇(部),供学生拓展阅读。作品选讲部分由作品原文、注释、题解、思考与训练四部分组成。所选作品突出经典性原则,尽量避免与现行初、高中语文教材及其他《大学语文》教材篇目重复。各篇“题解”根据不同作品设计,大致包括了作者及作品创作背景、作家作品的文学史地位及影响、作品内容及艺术赏析等内容。“题解”突出学术的先进意识,尽量借鉴、吸收学界已有共识的研究成果,体现学术前沿意识,同时注意处理好教材的严谨、规范性与创新性、个性化的关系。作品解读突出审美意识,加强艺术分析和审美欣赏。

本教材由中南财经政法大学新闻与文化传播学院中文系教师共同编撰，参加编撰的有16位教授、副教授和博士，由胡德才教授主编，李军湘教授、周德梅副教授副主编。全书由胡德才教授提出编写大纲和初选篇目，然后广泛征求意见，经过全系教师多次讨论、增删，最后由正副主编和中文系主任姜金元副教授参加审定并分工。参加大纲和作品选目讨论的除编写组成员外，还有本系教师胡胜强教授、邱衍云副教授、苏新力讲师等。书稿完成后，由李军湘教授、周德梅副教授和胡德才教授分别对先秦至魏晋南北朝文学、隋唐至明清文学、现当代与外国文学分段统稿，最后由胡德才教授修改、审定全书。因外国文学部分选篇不同译文差异较大，所以注明详细的出处，其他只注明析出著作，特此说明；选文承各位著作权人慷慨授权以惠后学，谨致谢意（个别因无法联系而未能支付稿酬的，请著作权人与出版社联系，以便寄送样书和稿酬）。

责任编辑徐丹丽博士为本书的出版做了很多认真细致的工作，在此谨对北京大学出版社和徐丹丽博士致以诚挚的谢意！

《大学语文》编写组

2009年6月16日